제3판

가족과 젠더

박주현 · 정미현

창지사

3판 머리말

현대사회에서 일과 가족은 개인의 삶을 규정하는 중요한 두 영역이다. 성별이나 혼인 여부와 상관없이 개인은 평생에 걸쳐 일과 가족과의 연관 속에서 서로 영향을 주고받으며 살아간다. 이러한 일-가족 양립이라는 문제는 서구 복지국가의 정책적 대안의 차원을 넘어서서 더욱 구조적이고 역사적으로 접근해야 한다는 것을 우리 모두 인식하고 있다.

이제 우리는 일과 가족을 젠더 개념으로 바라보고자 한다. 막상 젠더 개념으로 일과 가족을 바라보니 어떤 느낌이 드는가? 기존에 당연하다고 여겨왔던 어떤 것들이 뭔가 이상하게 느껴지는 이유는 무엇일까? 젠더 개념의 등장으로 오랫동안 정치적 무의식 상태에 있었던 성차의 문제는 다양한 방식으로 도전을 받는다. 젠더는 사랑, 결혼, 출산, 양육, 노령화를 포함한 사적 영역부터 정치, 경제, 학교, 미디어 등의 모든 공적 영역에 작동하는 강력한 개념이다.

이 책은 젠더 개념으로 가족을 바라보고, 여러분 스스로 유용한 질문과 답을 찾아가도록 구성하였다. 2013년 1월 초판을, 2016년 1월 제2판을 출간하였으며, 많이 사랑해 주신 모든 독자께 감사드린다. 그런데 책을 사용한 몇몇 교수님과 학생들로부터 내용에 다소 어려운 부분이 있다는 조언을 들었다. 그래서 이번 제3판은 이러한 다양한 조언을 참고하여 전반적으로 수정하였는데, 상대적으로 많이 수정한 부분은 제1, 3, 5, 9, 10, 14장이다.

대단히 부족함에도 불구하고 그동안 사랑해 주신 독자들께 다시 한번 깊이 감사드리며, 모든 영광을 하나님께 돌린다.

2019년 1월

PREFACE

초판 머리말

'젠더(Gender)'라는 단어는 언제부터 일반화되었을까요? 이 용어가 일반화된 것은 그리 오래된 일이 아닙니다. 1980년대 초 여성을 연구하는 역사가들이 성적 차별화 구조를 연구하면서 사용하기 시작했습니다. 이후 섹스(sex)와 구별되면서 급속도로 퍼져 나갔습니다. 젠더라는 용어의 인기가 치솟은 까닭은 무엇일까요? 아마도 그만큼 우리 사회에서 남녀차별이 여전하기 때문일 것입니다. 근래에 와서 많이 개선되었다고는 하지만, 우리 사회 곳곳에는 아직도 알게 모르게 남녀차별이 존재하고 있습니다. 역사적으로 볼 때 여성은 여러 분야에서 극심한 차별을 받았습니다. 기본적으로 역사가 남성 중심이라는 사실 자체가 차별을 내포하고 있는 것입니다.

이제 우리는 가족을 성인지적 관점에서 바라보아야 할 것입니다. 그렇다면 성인지적 관점이 무엇입니까? 성인지적 관점이란 여성과 남성이 지닌 생물학적, 사회 문화적 경험의 차이에 의해 서로 다른 이해나 요구를 하고 있다고 보고, 특정 개념이나 정책 등이 특정한 성에 유리하거나 불리하지 않은지, 성 역할 고정관념이 개입되어 있는지 아닌지를 검토하는 관점을 의미합니다.

성인지적 관점은 성에 따른 사회적 기대와 역할이 구분되어 있거나 성차별적인 사회에서 여성과 남성은 서로 다른, 때로는 상호 갈등하는 이해관계와 사회적 기대를 지닌다는 점을 인식하는 것입니다. 더불어 이러한 인식을 바탕으로 생물학적인 성(sex)과 사회 문화적인 성(gender)을 분리하여 사고하는 데서 출발합니다. 즉, 우리에게 부여된 대부분의 성 역할, 기질과 특성은 우리가 불가피하게 받아들여야만 하는 선천적인 것이 아닙니다. 사회적으로 부여된 것인 만큼 우리는 이를 받아들일 수도 있고, 더욱 바람직한 다른 방향으로 변화시킬 수도 있습니다. 나아가 여성과 남성으로 이분화되어 배타적으로 범주화되는 현재 상황도 여성과 남성 간 차이보다는, 인간으로서의 공통점에 초점을 맞출 수 있습니다. 또한, 각각의 성이 지닌 긍정성을 모든 개인이 함께 공유할 수 있도록 격려하고 지지하는 지향(志向)을 지닌 사회로 변화시킬 수도 있는 것입니다.

따라서 이 책은 이와 같은 의도에서 시작됩니다. 이를 위해서는 먼저, 생물학적 성이 사회적 성을 규정하는 과정에 대한 분석이 필요합니다. 또한, 이러한 규정이 양성의 지위와 상호관계에 어떤 관련이 있는지 이해하는 것이 우선되어야 할 것입니다. 이와 함께 특정 사회적 관행이나 정책 프로그램, 법과 제도가 명시적 · 잠재적으로 요구하는 성 역할 고정관념에 기반을 두어야 할 것입니다. 그리하여 특정한 성이 다른 성과 비교해서 편파적으로 유리하거나 불리하지 않은지 신중하게 검토해야 합니다. 이 책에서는 가족 영역을 중심으로 이러한 성인지적 분석과 검토를 시도함으로써, 여성과 남성이 함께 자신의 고유 역량과 희망을 발휘하기를 기대합니다. 더불어 행복한 삶을 유지할 수 있는 가족과 사회로 변화될 수 있도록 이론적 · 실천적 기반을 제공하고자 합니다.

한편, 이 책의 또 다른 특징은 대상이 대다수 학생이라는 점을 고려하여 가능한 국어순화에 관심을 많이 기울였습니다. 아무런 저항감 없이 사용하는 일본식 표현이나 영어의 영향에 따른 단어가 그 대상입니다. 예를 들어 '~로 인해'를 '~로 말미암아' 또는 '~로 말미암은', '~ 때문에' 등으로, '~일 경우(境遇)'를 '~는' 또는 '~일 때' 등으로, '~기 위해'를 '~려고' 또는 '~고자' 등으로, '~에 있어서(~에게 있어)'는 '~의(~에)' 또는 '~에서' 등으로, 그리고 사람이 아닌 때의 복수 '~들'은 가능한 '~들'을 생략하였습니다. 그리고 명사에 '~하다'가 붙어서 자동사가 되는 단어는 '~되다'를 사용하지 않으려고 노력하였습니다. 그러나 이러한 시도는 지금까지의 습관으로 말미암아 독자가 다소 어색할 수도 있을 것입니다. 따라서 실제로 본문에서는 만족스러운 내용이 아닐 수도 있다는 점을 밝힙니다.

이 책을 쓸 수 있도록 모든 것을 주신 하나님의 축복과 은혜에 무한한 감사를 드립니다. 하나님은 지금까지 건강도 주셨고 충분한 시간도 주셨습니다. 그리고 세계 복음화, 특히 개혁주의생명신학을 주창하시고, 전 세계에 널리 알리기 위해 온 정열을 쏟으시는 백석학원 설립자요 저의 멘토인 하은(河恩) 장종현(張鍾鉉) 박사님의 뜻이 땅 끝까지 펼쳐질 수 있도록 하나님께 기도드립니다. 아울러 참교육을 이루기 위해 밤낮으로 고심하시는 백석예술대학교 총괄부총장이신 윤미란 박사님께도 하나님의 한량없는 사랑과 은혜를 기원합니다.

끝으로 원고를 의뢰한 도서출판 창지사 김기섭 대표이사와 어진용 영업부장, 출판을 위해 수고하신 모든 관계자분께 하나님의 한량없는 은혜를 기원합니다.

2013년 1월

차 례

C O N T E N T S

CONTENTS

제1장
젠더와 성인지적 관점

1 우리는 왜 젠더를 공부하는가?

젠더(Gender)란 무엇인가? 이에 대한 전제는 젠더에 대한 좋은 대화를 통해 여러분이 젠더에 대한 복잡한 학문적 연구를 서로 연관시킬 수 있을 것이며, 나아가 여러분의 삶에서 젠더가 차지하는 역할을 철저하게 조사하게 될 것이다(Ryle, 2014, 조애리 외 역, 2015: 15).

성(Sex)과 젠더의 차이점은 무엇인가? 성과 젠더의 차이에 대한 생물학적 혹은 사회 문화적 설명은 대개 그들의 현실을 확고히 하기 위해 이름을 붙이고, 이는 우리가 성과 젠더라는 단어의 차이에 주안점을 두도록 만든다. 학생들에게 성과 젠더의 차이를 물으면, 대체로 '성은 남자와 여자의 생물학적 차이를 뜻하며, 젠더는 사회적 차이와 관련된다.'라고 대답한다.

우리는 왜 젠더를 공부하는가? 이에 대한 일반적인 대답은 젠더 문제가 중요하기 때문이다. 아마 여러분은 자신의 삶에서 젠더가 어떻게 문제시되는지 이미 알아차렸을 것이다. 젠더에 대한 질문은 엄청나게 많고, 찾아야 할 답도 다양하다. 많은 답변은 서로 모순되기도 한다. 이처럼 젠더라는 단어는 우리들로 하여금 너무 많은 생각을 하게 만든다. 젠더 관련 질문이야말로 진짜 의미 있는 무언가를 찾아내는 첫걸음이며, 이 책에서 찾으려는 것이다(Ryle, 2014, 조애리 외 역, 2015: 28-44).

2 섹스와 젠더, 그리고 섹슈얼리티

성(Sex)의 어원을 어디에서 찾을 수 있을까? 성의 어원은 라틴어의 sexus에서 비롯된다. sexus란 말은 seco의 변형으로서 영어로 cut(나누다, 자르다)의 의미이다. 이 말은 모성으로부터 탯줄을 자름으로써 완전한 성이 된다는 뜻으로 이는 완전하게 탄생한 인간을 의미하는 것이다. 즉, 성이란 여성과 남성으로 태어난 독립된 인간을 의미한다. 우리말의 성(性)은 마음(心)과 몸(生)이 결합한 것을 의미한다고 하겠는데, 이것은 정신과 육체를 총칭하는 이른바 전인적 인간(全人的人間)을 말하는 것이다. 요컨대 어원으로 볼 때 성이란 인간, 이성 혹은 전인적 인간을 총칭하는 것이며, 단순한 성행동이나 육체적인 성의 결합만을 의미하는 것은 아니다(김상원, 2008; 이성희 · 한희선, 2009). 성의 개념을 좀 더 분석적으로 보면 선천적으로 결정된 여성, 남성이라는 생물학적 성(sex)과 사회 문화적으로 여자다움과 남자다움의 특성과 역할을 상징하는 사회 문화적 성(gender), 그리고 위 두 개념을 포괄하면서 전인적이고 전 인격적인 개념으로서의 성인 섹슈얼리티(sexuality)로 나누어 볼 수 있다.

1) 섹스(Sex): 생물학적 성

'섹스!' 하면 무엇이 떠오르는가? 이상하게 생각하지 말고 솔직하게 말해 보자. 아마도 '남녀가 육체적으로 관계를 맺는 것'이라는 생각을 먼저 하게 될 것이다. 물론 그렇게도 생각할 수 있겠지만, 여기서는 그 의미를 성별(性別), 즉 '여성과 남성'으로 이해하자. 외국여행에서 입국신고서를 작성하여 보았다면 바로 이해할 수 있을 것이다. 이 신고서 성별란에 'Sex'라고 표기되어 있었을 테니까! 우리가 흔히 말하는 여성과 남성이라는 두 개의 성은 성기의 모습이 서로 다른 생물학적 특성을 지니고 있다. 사람의 성별은 염색체, 생식기의 외부형태와 내부구조(자궁, 전립선 등), 생식선, 호르몬 등에 의해 결정된다. 유전학적으로 볼 때, 정상적으로 태어난 여아는 XX 염색체를, 정상적으로 태어난 남아는 XY 염색체를 지니게 된다.

그러나 난자가 정자에 의해 수정되는 순간, 즉 수태(受胎)와 함께 결정되는 초기의 성별 차이는 태아가 수태 후 6주에서 8주에 이를 때까지 염색체 결합상태 이외의 어떠한 차이점도 보이지 않는다. 그러다가 수태 후 6~8주가 지나야 비로소 내적 생식기관의 차이가 남녀별로 나타나기 시작한다. 일단 이 내적 생식기관이 발달하면 그다음 단계로 호르몬 생식이 시작된다. 즉, 태아가 3개월째 접어들면 남성호르몬의 하나인 테스토스테론(testosterone)[1]의 분비가 진행되면서 남아로서의 외적 생식기관이 발달하게 되고, 만일 테스토스테론이 분비되지 않을 때에는 여성 생식기관이 발달하게 된다.

테스토스테론은 출생 전에 남아로서의 표현형을 결정해 주는 데 매우 중요한 역할을 한다. 사춘기 때는 남성의 2차 성징 특징을 부여한다. 성인이 되어서는 건강, 스태미나, 의식, 성적 욕망 등에 관여하며, 사람을 적극적이고 자신감 넘치는 사람으로 만들 뿐만 아니라 공간파악 능력을 제공한다. 테스토스테론은 남성에서 신체의 에너지로 작용하여 전반적인 건강상태를 조절한다. 또한, 남성을 표현하며 성기능에 중요한 역할을 한다고 하여 남성호르몬 또는 파워호르몬이라고 불리기도 한다.

인간은 왜 늙는 것일까? 사람이 늙는 원인은 여러 가지가 있다. 그중 남성의 노화는 테스토스테론과 깊은 관련이 있다. 남성에게 나타나는 노화의 증상은 대부분 테스토스테론의 감소와 연관이 있기 때문이다. 이로 말미암아 체력의 저하, 근육 약화, 골다공증, 복부 비만, 백혈구 감소, 대사증후군, 인지능력 감소, 발기부전, 정신적인 감정 변화, 전립선 비대증, 성욕 감소, 피곤함, 우울증 등이 발생한다. 테스토스테론의 감소는 한마디로 육체적 기능의 약화는 물론이고 심리적 변화도 가져온다.

1) 테스토스테론은 남성호르몬인 스테로이드계(系) 유기화합물로, 남성 고환에서 95%가 생산되고 나머지는 부신에서 소량 만들어지는 호르몬이다. 분비된 테스토스테론의 대부분은 단백질에 연결되어 핏속에서 비활동적으로 순환하며, 단지 10%만이 묶이지 않고 신체를 돌며 남성의 조직과 근육형성에 사용된다. 또 남성의 성기능을 관장하며 인지기능과 정서, 조혈 기능 등에도 영향을 미친다.

한편, 8주 후에 남녀 태아는 호르몬 분비 여하에 따라 성분화가 본격적으로 진행되지만 일단 출생한 후에는 약 8세까지 호르몬의 분비가 거의 없는 편이어서, 이 기간 동안에는 호르몬이 성 차이의 발생에 전혀 기여하지 않다가 사춘기 때 이르러서야 남녀 모두에게서 성호르몬의 분비가 증가하게 된다. 이때 여성은 많은 양의 에스트로겐(estrogen)[2]과 프로게스테론(progesterone)[3]의 분비가 일어난다. 그러다가 난소의 기능이 약해져 폐경이 되면 에스트로겐 분비는 감소되지만, 부신의 테스토스테론 분비량은 변하지 않아 그 지배력이 높아져 씩씩하고 용감해지는 남성화가 진행된다. '늙어서 김치 뿌리 못 먹을 때 두고 보자!'라는 말이 있다. 젊어서 강압적인 남편과 사는 여성들이 하는 말이다. 이 말의 속뜻은 남편이 힘 떨어지면 보복하겠다는 것이다. 그러나 여성들은 마음속으로 이를 갈면서 보복을 다짐하지 않아도 된다. 세월이 흐르면 테스토스테론 때문에 자연스럽게 전세가 역전되기 때문이다. 남성들은 이 사실을

2) 에스트로겐은 1차적으로 여성 생식관의 발달·성숙·기능 등에 영향을 주는 호르몬의 총칭으로, 에스트라디올, 에스트론, 에스트리올 등의 3가지 주요 호르몬들이 있으며 이 가운데 에스트라디올이 가장 주된 것이다. 에스트로겐은 주로 난소와 태반(태아에 영양분을 공급하며 노폐물을 제거하는 역할을 하는 일시적 기관)에서 분비되며 부신과 남성의 정소에서도 소량 분비된다. 여성의 난소에서 실제로 에스트로겐이 생성되는 부위는 미성숙한 난자를 감싸고 있는 주머니 모양의 구조인 여포(濾胞)와 결합조직 내에 있는 간세포(間細胞)이다. 혈액 중의 에스트로겐 농도는 배란기와 월경 후에 가장 높으며 이때 황체라고 하는 조직이 여포의 빈 공간을 채운다.

3) 여성의 생식계에서 분비되는 호르몬으로 주로 자궁속막의 환경을 조절한다. 프로게스테론은 난소·태반·부신(副腎)에서 생성되는데, 난소에서는 황체(黃體) 조직에서 생성된다. 프로게스테론은 배란되기 전부터 생성되며 난자가 여포(濾胞: 난자 주위의 주머니 모양의 조직)를 빠져나간 후 속이 빈 여포를 채운다. 여포에서 배출된 난자가 정자와 결합하여 수정되면 이 수정란이 자궁에 착상하여 태반을 형성하고, 태반은 임신기간 동안 계속해서 프로게스테론을 생성한다. 난자가 수정되지 않으면 프로게스테론은 난소에서 월경이 시작되기 수일 전까지 분비된다. 프로게스테론의 농도가 떨어지면 자궁벽의 비후가 중단되며 곧이어 자궁벽이 허물어져 월경을 하게 된다. 프로게스테론은 자궁속막이 수정란을 수용·착상·성장할 수 있게 자궁벽을 준비시키며, 착상된 수정란을 방해하지 못하도록 자궁의 근육수축을 억제한다.

명심하고 젊어서 테스토스테론 수치가 높을 때 보험에 가입하는 마음으로 평소에 아내에게 잘해 주는 것이 유리하다.

여성과 남성이 느끼는 섹스의 감정은 다르다. 여성은 상대에 대해 '사랑받고 있다', '배려받고 있다'는 정서적인 관계가 섹스보다는 우선이다. 반면, 남성의 사랑과 섹스는 뇌 속에서 분리되기 때문에 사랑 없이도 섹스가 가능하다. 쉽게 말해 성적 자극만 있으면 언제나 섹스가 가능하다는 이야기다. 이처럼 언제나 출동할 자세가 되어 있는 남자가 나이가 들면서 서서히 남성의 야성이 사라지기 시작한다. 아내는 물론이고 양귀비(楊貴妃)나 클레오파트라(Cleopatra) 같은 미인이 다가와도 남성으로서의 늑대 본능이 영 나타나지 않고 수도승처럼 무덤덤하게 된다. 행여 잠자리에서 아내가 다가오면 어쩔 수 없이 이를 악물고 하지만, 도중에 하차하여 아내 눈치 보기가 일쑤다. 게다가 우람했던 음경 크기는 갈수록 작아진다. 이때 남성들은 과거에는 스치기만 하여도 폭발하는 화약통이었지만, 지금은 아무리 불을 질러도 타지 않는 물에 젖은 장작이 되어버린 자신을 보고 "아~ 옛날이여!" 하며 세월의 흐름을 한탄한다.

생물학적 성은 일반적으로 여성과 남성의 성기를 비롯하여 성관계와 생식에 관한 모든 것을 포괄하는 개념이다. 그러나 이러한 개념을 간과하는 일부 사람들은 성(sex)을 주로 성기적이고 성기 결합적인 것으로만 생각하기 때문에 성을 쑥스럽고 어색한 것으로 간주하는 잘못된 관념이 있다(김상원, 2008). 생물학적으로 성(sex)은 생식기를 사용한 성관계 및 그 어떤 대상과 성적인 접촉을 하는 것을 의미할 수 있으며, 성행위의 생리적이고 정신적 측면을 내포할 수도 있다. 사회적으로 성은 문화, 정치, 법적 측면과 연관될 수 있으며, 철학적으로는 규범적, 윤리적, 신학적, 영적 또는 종교적 측면과 모두 연결될 수 있다.

2) 젠더(Gender): 사회 문화적 성

'젠더'라는 용어가 일반화된 것은 그리 오래된 일이 아니다. 남녀 간의 신체적 차이가 여성성과 남성성의 이분화를 낳는다는 통념을 거부하며 등장한 것이 젠더 개념이다. 젠더는 원래 언어 분류체계의 여성형과 남성형을 지칭하는 문법적 용어였다. 그러나 1960년대부터는 생물학적 차이를 나타내는 섹스와는 구별되는 의미로, 사회 문화적 · 역사적으로 만들어진 '성적 차이'라는 의미로, 그러다가 1980년대 초 여성을 연구하는 역사가들이 성적 차별화 구조를 연구하면서 사용하기 시작했다. 이후 섹스와 구별되면서 급속도로 퍼져 나갔다.

그렇다면 젠더라는 용어의 인기가 치솟은 까닭은 무엇일까? 아마도 그만큼 우리 사회에서 남녀차별이 여전하기 때문일 것이다. 지금에 와서는 많이 개선되었다고는 하지만, 우리 사회 곳곳에는 아직도 알게 모르게 남녀차별이 존재한다. 역사적으로 볼 때 여성은 여러 분야에서 극심한 차별을 받았다. 기본적으로 역사가 남성 중심이라는 사실 자체가 차별을 내포하고 있다.

드 보봐르(S. de Beauvoir)는 "여성은 태어나는 것이 아니라 만들어지는 것이다."고 했고, 밀렛(K. Millet)은 "태어날 때는 두 성 사이에 아무런 차이가 없다."고 했다. 이러한 언급은 생물학적 성과 젠더라는 의미를 잘 나타내고 있는 주장이다. 젠더란 사회적인 환경과 훈련에 의해 남녀의 기질이 형성된다는 것을 강조한 여성학 용어다. 젠더는 자연적, 생물학적인 범주로 위치 짓는 섹스라는 말이 가지는 정치적 효과에 대항하기 위한 용어로, 여성과 남성의 사회적 관계를 드러내고 문제시하며 궁극적으로 변화시키기 위한 개념적 도구로 사용되기 시작하였다. 즉, 생물학적 성과 사회적 성을 구분하는 것은 사회적 성 정체성이 생물학적 속성 이외에, 사회적 속성에 의해서도 형성된다는 것을 강조하기 위해서이다. 이 용어는 1995년 베이징(北京)에서 열린 제4차 세계여성대회에서 이 개념의 용어를 사용하는 것이 바람직하다는 합의가 내려진 이후 일반적으로 사용되기 시작했다.

인간은 성장 과정에서 그가 태어난 사회적, 문화적, 심리적 환경에 따라 자신의 역할을 학습하게 된다. 이렇게 후천적으로 학습하게 되는 성의 특성을 사회 문화적 성, 즉 젠더라고 부른다. 전형적으로 볼 때, 흔히 "남자답다."라고 하면 적극적이고 강하고 크고 용감하고 이성적(理性的)인 것을 생각하고, "여자답다."라고 하면 소극적이고 연약하고 아담하고 아름답고 의존적이고 감성적인 것을 생각하는 성향이 있다. 이 개념은 생물학적으로 남녀가 다르다는 것을 부정하려는 것이 아니라, 현재의 여자다움 혹은 남자다움의 규정에는 사회 문화적인 영향이 있음을 분명히 하려는 것이다. 아울러 사회 문화적으로 형성된 젠더 개념 속에 숨어 있는 불평등하고 차별적인 특질을 극복해야 한다는 문제의식을 담고 있다.

3) 섹슈얼리티(Sexuality): 인격적인 성

섹슈얼리티란 무엇인가? 섹슈얼리티는 성적 욕망을 지칭하는 것인가, 아니면 성별 존재를 가르치는 것인가? 섹슈얼리티란 성생활에 대한 인간의 성적 욕망과 성적 행위, 그리고 이와 관련된 사회제도와 규범을 뜻한다. 즉, 욕망의 차원을 넘어 인간의 성 행동뿐만 아니라 인간이 성에 대해 가지고 있는 태도, 사고, 감정, 가치관, 환상, 성의 존재 의미 등의 모든 것을 포함한다. 다르게 말하면, 섹슈얼리티란 생물학적 성(sex)과 후천적인 성(gender)을 포괄하는 개념으로, 전성적(全性的)이고 전인적(全人的)인 인격적(人格的) 성을 말한다. 이는 성성, 성욕, 성애 등으로 표현되며, 인간의 구체적인 성행위뿐만 아니라 개인이 가지고 있는 성에 대한 관념, 가치관, 태도, 행동, 감정, 기호, 그리고 선호도 등을 포함하는 포괄적인 의미이다.

이러한 전면적인 성의 의미를 나타내는 섹슈얼리티는 섹스와 젠더에 의해서 영향을 받는데, 단순히 생물학적 차이에 의한 성에 영향을 받기보다는 살아가면서 환경으로부터 많은 영향을 받는다. 그래서 섹슈얼리티는 심리성적인 정체감과 더 많이 관련되어 있는 것으로 볼 수 있다. 즉, 인격적 성인 섹슈얼리티는 선천적, 생물학적으로 결정된 남녀의 특성과 후천적으로 학습된 사회 문화적 성 역할과 성 정체성을 인격체라는 틀 속에 통합시킨 개념이다. 이러한 섹슈얼리티 개념은 성을 개인적인 측면에서 더욱 사회적 구성물로 보고 있다(이재영 외, 2007). 여기에는 성적 욕망이 생물학적 욕구나 본능에 지배받는 것이 아니라 사회적으로 구성된 것이라는 의미가 포함되면서, 성과 관련된 관행 등의 자발적이기보다는 사회적 압력일 수 있음을 시사하고 있다. 따라서 이 속에 포함되어 있는 성적 위계, 차별적 요소의 문제와 이에 대한 분석과 평가가 필요함을 인식해 볼 수 있다.

전통사회에서 섹슈얼리티는 남성 주도로 이루어졌고 여성은 수동적 역할에 머물렀다. 남성 주도의 전통적 섹슈얼리티는 성폭력 위험을 안고 있다. 여성이 불편해 하거나 원하지 않을 수 있기 때문에, '남성 주도적' 섹슈얼리티는 성폭력이 될 수 있다. 이런 이유로 섹슈얼리티를 표현하는 데 있어서 상대의 입장을 배려하는 것이 중요하다. 그러나 섹슈얼리티에 대한 남녀 간 인식과 행동 차이가 크기 때문에, 어떻게 하는 것이 배려인지 알기가 쉽지 않다. 이러한 인식 차이를 이해하거나 줄이도록 노력하는 것이 중요하다. 유교적 영향력에 있는 우리 사회에서 성에 대해서 공개적으로 말하는 것은 점잖지 못한 것으로 치부되어, 성에 대한 논의는 음성화되는 경향이 있다. 우리의 성교육이 실질적이지 못한 이유도 이러한 문화적 배경에서 기인하는 것 같다. 남녀 섹슈얼리티 차이에 대한 공개적 담론의 활성화와 실질적 성교육을 통해서 남성 중심적 성문화에서 벗어나는 것이 그 어느 때보다 중요한 시점이다.

거리를 걷다 보면 슈퍼마켓 다음으로 흔하게 볼 수 있는 상점 중의 하나가 성인용품을 판매하는 성인용품점이다. 또는 사람들의 시선을 최소화하기 위해 도로 위의 트럭에서 성인용품을 판매하는 곳도 적지 않게 볼 수 있다. 몇 년 전만 해도 성인용품점은 불투명 비닐에 가려져 왠지 들어가면 안 될 것 같은 분위기를 띤 성인용품점들이 많았고, 온라인 성인용품 쇼핑몰은 여기서 주문하면 물건을 보내주기나 할까 하는 의구심이 들 정도의 사이트가 많았던 것이 사실이다. 하지만 요즘의 성인용품점을 방문해 보면 깔끔한 인테리어를 갖춘 업체들이 늘어나고, 온라인 성인용품 쇼핑몰도 화려하고 깔끔한 디자인과 다양한 고객 서비스로 전문성을 갖춘 업체들이 늘고 있다.

성인용품 쇼핑몰 시장의 대표로 인식되는 커플토이(http://coupletoy.co.kr) 관계자에 의하면, 예전에는 성인용품이라 하면 특수한 성적 취향을 가진 사람이나 쓰는 물건이란 인식이 많이 있었지만, 지금은 성인용품을 그런 시선으로 바라보는 사람은 보기 드물다고 말한다. 성인용품 같은 성생활 제품에 관심이 있었던 사람이라면 몇 년 전과 지금의 성인용품 판매점이 예전과 비교하여 많이 다르다는 것을 어렵지 않게 느낄 수 있다. 이런 배경에는 성문화의 개방화란 이유가 가장 먼저 꼽힐 만하다. 유교사상의 잔재가 아직도 남아 있는 우리 문화는 과거 성문화라는 단어 자체가 금기시될 정도였다. 하지만 현재는 이미 빠르게 개방된 외국보다 그 속도는 느리지만, 국내의 성문화도 미약하게나마 성숙하게 자리 잡아 가고 있다(뉴스와이어, 2012. 1. 10).

그렇다면 성문화의 메카로 여기는 이웃 나라 일본은 어떨까? 일본에서는 이미 성인용품은 대중화된 상품이다. 텐가(Tenga)라는 일본의 메이저급 성인용품 자위기구 개발사는 자사의 상품인 텐가플립홀에 자사의 이름인 텐가를 브랜드 이미지(BI: Brand Identity)화시켜 세계 시장에 수출하고 있으며, 자국민에게 도 이미 유명한 브랜드로 인식되어 있다. 이러한 배경에는 이미 성인용품을 하나의 정식 산업으로 인식하고 있는 자국민의 성문화 인식이 뒷받침되어 있었기에 가능한 이야기일 듯하다. 이런 개방화된 성문화 덕분에 텐가뿐 아니라 토이즈하트, 페페 같은 메이저급 성인용품 개발사가 일본에는 여럿 있다.

4) 양성성(androgyny)

과거에는 여성성과 남성성의 구분이 너무 엄격하여, 남성의 특질을 보이는 여성이라든지, 여성의 특질을 가지고 있는 남성을 비정상적인 것으로 간주하였다. 그러나 최근의 연구는 정서적으로 건강하고 사회적으로 적응을 잘하는 남성은 전형적인 남성성 특성을 강하게 지닌 사람이라는 전제에 의문을 품기 시작하였으며, 오히려 부드럽고 따뜻함의 인격을 통합한 남성이 더 적응적임을 제안하고 있다. 마찬가지로 여성도 얼마간의 '남성적' 특성을 지닌 여성이 전형적인 여성성을 지닌 여성보다 사회적 · 정서적 적응 능력이 높음을 제안하고 있다. 이처럼 여성성과 남성성을 공유한 사람을 일컫는 용어가 양성성으로, 이 유형의 사람이 다른 유형의 사람보다 훨씬 자신감이 높다. 또한, 과업성취 능력도 높고, 사회적으로 적응 능력이 높은 것으로 보고되고 있다. 즉, 양성성은 사회의 성 역할 고정관념을 이루는 내용 중 이른바 여성적 특성과 남성적 특성 중 바람직한 것만이 결합하여 공존하는 것으로 성격과 행동이 독립적이면서도(종래의 고정관념상 남성성) 부드러운(종래의 고정관념상 여성성), 기존의 성 역할에 매이지 않는 건강하고 적응적인 성격을 의미한다.

현대사회에 있어서는 사회변화에 따라 남녀의 역할이 변하기 때문에 여성, 남성의 특성을 모두 가진 사람이 사회적으로 적응하기 쉽다는 이론이 있다. 그런데 다른 시각으로, 모든 인간은 원래 여성, 남성의 두 특징을 모두 가지고 있기 때문에 원만한 인간이 되기 위해서는 이 양자의 특성을 모두 발전시켜야 한다는 이론으로도 양성성이 지지되었다. 일찍이 융(Jung)[4]은 인간은 남성적인 특성과 여성적인 특성 모두를 지니고 있는데, 사회화 과정에서 남성적인 것이 강조되면 여성적인 특성은 억압되고, 반대로 여성적인 특성이 강조되면 남성적인 측면이 억압된다고 하였다. 융은 남성의 무의식 속에 억압된 여성적 요소를 아니마(anima)라 칭하고, 여성의 무의식 속에 억압된 남성적 요소를 아니무스(animus)라 칭하고 있는데, 개인의 자아실현을 위해서는 이 아니마와 아니무스를 함께 발전시켜야 한다고 주장하였다. 이러한 양성성의 시각은 모든 인간을 종래의 성 역할 고정관념으로부터 해방시켜 자녀 키우는 방식, 남성과 여성의 자아개념, 사회의 성별 권력구조에도 변화를 초래하였다.

타브리스(Tavris, 1978)는 28,000명의 여성과 남성으로 하여금 이상적인 여성과 이상적인 남성의 특성을 기술해 보도록 하였다. 그들이 묘사하고 있는 이상적인 여성, 이상적인 남성의 특성을 순위별로 열거해 보면 〈표 1-1〉과 같다. 이 표에서 볼 수 있듯이 이상적인 남성에 대한 남성과 여성 응답자가 서술한 특성은 서로 비슷할 뿐만 아니라, 놀랍게도 이상적인 남성에 대한 목록이 이상적인 여성에 대한 목록과도 서로 밀접하게 연관되어 있었다. 즉, 남성과 여성 모두에게 같은 범주의 특성을 요구하고 있음을 알 수 있다. 이러한 서술은 여성, 남성을 동일한 시각으로 보아야 함을 시사하는 것이라 하겠다. 그러나 이 목록에서 주지해야 할 사실은 이상적 여성에는 '정숙한'이라는 문항이 있는 반면, 이상적 남성에는 '직업에서의 성공'이라는 문항에 대한 응답이다. 이는 여성과 남

4) 카를 구스타프 융(1875-1961)은 분석심리학의 창시자로 유명하다. 심리학의 문을 연 지그문트 프로이트의 수제자이자 그의 가장 강력한 라이벌이기도 했다. 융은 원형, 집단 무의식, 아니마와 아니무스 등 다양한 심리학 용어를 창조해내며, 20세기 최고의 심리학자 중 한 명으로 발돋움했다. 하지만 개인 생활은 엉망이었다. 평생 부인과 정부와의 삼각관계를 유지했고, 나치 독일의 지배하에서 학회 회장직을 맡아 물의를 빚기도 했다. 게다가 '집단 무의식'의 개념을 그의 학생에게서 훔친 것 아니냐는 의혹도 받았다.

성의 성 역할 규범에 기인하는 것으로 여성을 일차적인 표현적 · 정서적 역할의 담당자로, 남성을 일차적인 수단적 · 도구적 역할의 담당자로 인식하고 있는 현실의 반영이기도 한 것이다. 인간을 남성, 여성으로서가 아니라 동일한 개체로 인식하는 개념 정립을 위해서는 이러한 시각의 극복이 필수적이라 하겠다.

〈표 1-1〉 이상적인 여성과 남성에 대한 남녀의 응답 비교

이상적인 여성이란?		이상적인 남성이란?	
남성의 응답	여성의 응답	남성의 응답	여성의 응답
1. 사랑이 넘치는	1. 사랑이 넘치는	1. 사랑이 넘치는	1. 사랑이 넘치는
2. 따뜻한	2. 신념이 확고한	2. 신념이 확고한	2. 신념이 확고한
3. 신념이 확고한	3. 따뜻한	3. 따뜻한	3. 자신감 있는
4. 온화한	4. 자신감 있는	4. 자신감 있는	4. 가족을 위하는
5. 자신감 있는	5. 온화한	5. 온화한	5. 지적인
6. 가족을 위하는	6. 지적인	6. 지적인	6. 따뜻한
7. 지적인	7. 가족을 위하여	7. 가족을 위하는	7. 온화한
8. 낭만적인	8. 낭만적인	8. 직업에서의 성공	8. 직업에서의 성공
9. 부드러운	9. 정숙한	9. 낭만적인	9. 낭만적인
10. 정숙한	10. 부드러움		

3 성인지적 관점의 이해

이 힘든 세상을 살아가는 우리에게 가족이란 어떤 의미를 지닐까? 가족은 가장 작은 사회화 기관이기도 하고, 일차 집단을 설명할 때 대표적 사례가 된다. 그렇다면 가족구성원과 가족의 관계는 어떠한가? 가족구성원은 가족으로부터 태어나고, 다양한 지원을 받으며 생활하고, 생을 마감할 때까지 가족이라는 커다란 울타리 안에 머무르게 된다. 이처럼 가족은 우리에게 너무나 친숙하며, 밀접하게 연관되어 있는 제도이다.[5] 따라서 가족이나 가족과 연관된 현상은 매우

5) 1973년 8월 영국 최대 휴양지에서 대형 화재가 발생했다. 가족 또는 친구들과 함께 여름휴가를 즐기려고 호텔에 왔던 3,000여 명 중 50여 명이 사망하고 400여 명이 부상을 입어 영국 최대의 화재 사건으로 기록되었다. 몇 년 후, 한 심리학자가 이 사건 현장에 있었던 사람들을 대상으로 '위기 상황에 사람들은 어떻게 대처하는가?'에 대해 연구하기 시작했다. 당시의 기사와 생존자

당연하고, 자연스러운 일로 여겨져 특별한 논의의 대상으로 삼지 않았다. 한편, 가족과 관련된 가치나 규범은 가족구성원의 차원을 넘어서서 가족 자체의 구조적 차원에서 형성·작용하고 있으므로, 개인적 경험과 이해관계를 넘어서서 이를 객관적으로 분석하여 문제점을 찾아내고, 이에 대해 해결할 수 있는 방법이나 실마리를 더듬어 가는 일도 녹록한 일이 아니다(정영애·장화경, 2010: 2-6).

우리는 가족에 대해 어떠한 이미지를 가지고 있는가? '가족'이라고 하면 떠오르는 우리의 일반적인 이미지는 사적 영역, 신뢰, 안락함, 편안함, 따뜻함, 포근함 등의 단어일 것이다. 이와 함께 우리는 바람직하고 정상적인 가족에 대한 정형화된 이미지를 가지고 있다. 과연 정상적인 가족이 어떤 가족을 두고 하는 말인지에 대해서 여기서는 언급하지 않는다. 다양한 국가정책이나 프로그램도 대체로 이러한 정형적 가족 이미지를 기반으로 계획·시행되고 있다. 그러나 실제 상황에서 가족은 항상 변화하고 있을 뿐 아니라, 특정 사회의 보편적·정형적 가족 이미지와는 상당한 거리가 있는 다양한 가족(앞에서 말한 정상적인 가족과 상대적으로 비교하면 비정상적인 가족)이 존재하고 있다. 최근 들어 이러한 가족 다양성의 범위는 점점 넓어지고 있다. 예컨대 한 가족 내의 가족구성원에 대해 초점을 맞추어 보더라도 가족구성원의 이해관계는 서로 다르며, 가족의 변화과정에 따라 이러한 관계도 다양하게 변화한다.

이러한 가족 이미지에 대한 새로운 접근과 함께, 특히 사회구조적 필요나 내면화 과정을 통해 그동안 잘 드러나지 않았던 가족구성원 간의 성별 차이에 대해 주목하여야 한다. 즉, 가족을 둘러싸고 이루어지는 사회변화가 가족 내의 여성과 남성에게 각각 어떠한 영향을 미치는지, 가족 내의 성별관계가 다시 사회의 성별관계로 어떻게 이어지게 되는지에 대한 성인지적 분석이 요구된다. 아울러 가족 안팎의 변화를 가족 해체나 위기라고 생각하여 변화를 거부하고 현상을 유지하려는 견해에 대해서도 객관적인 분석을 해야 한다. 이러한 분석을 바탕으로 현재의 가족이 지닌 긍정적인 측면을 살리는 한편, 부정적인 측면

면접을 통해 그는 놀라운 결과를 밝혀냈다. 화재가 발생하자 가족 단위의 휴양객들은 서로를 찾아 잃어버리지 않고 함께 사력을 다해 도망쳐서 대부분 생존했다. 하지만 친구 단위로 왔던 휴양객들은 제각기 흩어졌고 불과 1/4만이 살아남았다. 이 연구를 통해 심리학자는 위기 상황에서 가족이 놀라운 대처 능력을 보여 줄 수 있었던 것은 가족의 신뢰 때문이라고 했다.

의 문제를 극복할 수 있는 바람직한 가족 변화의 방향과 전략을 수립할 수 있을 것이다.

그렇다면 성인지적 관점(性認知的 觀點, gender perspective)이란 무엇인가? 성인지적 관점이란 각종 제도나 정책에 포함된 특정 개념이 특정한 성에 유리하거나 불리하지 않은지, 성 역할 고정관념이 개입되어 있는지 아닌지 등의 문제점을 검토하는 관점을 말한다. 성인지적 관점은 성에 따른 사회적 기대와 역할이 구분되어 있거나 성차별적인 사회에서 여성과 남성은 서로 다른, 때로는 상호 갈등하는 이해관계와 사회적 기대를 지닌다는 점을 인식하고, 생물학적인 성(sex)과 사회 문화적인 후천적인 성(gender)을 분리하여 사고하는 데서 출발한다. 이 개념은 각종 제도와 정책이 여성과 남성에게 미치는 영향을 고려하고, 남녀 성차별의 개선이라는 문제의식에 기반을 두고 등장하였다.[6)]

우리에게 부여된 대부분의 성적 역할과 기질·특성은 우리가 선택의 여지없이 무조건 받아들여야만 하는 것이 아니다. 사회적으로 부여된 것인 만큼 우리는 이를 받아들일 수도, 혹은 그렇게 하지 않을 수도 있다. 더 나은 방법은 바람직한 다른 방향으로 변화시키는 것이다. 나아가 여성과 남성으로 이분화되어 배타적으로 범주화되는 현재 상황도 여성과 남성 간 차이가 아니라, 인간이라는 공통분모에 초점을 맞출 수 있다. 또한, 각각의 성이 지닌 긍정적인 측면을 모든 개인이 함께 공유할 수 있도록 격려하고 지지하는 지향(志向)을 추구하는 사회로 변화시킬 수도 있다.

이를 위해서는 먼저, 생물학적 성이 사회적 성을 규정하는 과정에 대한 분석과 이러한 규정이 양성의 지위와 상호관계에 어떤 관련이 있는지 이해하는 것이 우선되어야 할 것이다. 이와 함께 특정 사회적 관행이나 정부정책, 법과 제도가 명시적·잠재적으로 성 역할 고정관념에 기반을 두어야 할 것이다. 그래서 특정한 성이 다른 성과 비교해서 편파적으로 유리하거나 불리하지 않은지를 신중하게 검토해야 한다. 이 책에서는 가족 영역을 중심으로 이러한 성인지적 분석과 검토를 시도함으로써, 여성과 남성이 함께 자신들의 개성과 능력을 발

6) 바꾸어 말하면, 여성과 남성이 지닌 생물학적, 사회문화적 경험의 차이에 따라 서로 다른 이해나 요구를 가지고 있다는 사실을 제도나 정책에 반영하기 위해서다.

휘하며 더불어 행복한 삶을 유지할 수 있는 가족과 사회로 변화될 수 있도록 이론적·실천적 기반을 제공하는 데 목적을 둔다(정영애·장화경, 2010: 2-6).

4 성인지적 가족 연구

1) 가족의 개념

인류사회의 가장 보편적인 기본 형태인 가족, 우리는 가족을 어떻게 정의할 것인가? 가족은 개인의 발달과 성장에 필수적인 환경이고 체계이며 가장 기본적인 사회집단이다. 그렇다면 여기서 또 다른 질문을 해보자. 우리가 살면서 가장 상처받을 때는 언제일까? 우리는 언제, 누구 때문에 가장 행복해 하는가? 우리는 살아가면서 누구한테 가장 큰 위로를 받는가? 우리의 삶이 송두리째 흔들리는 느낌은 언제 가장 절실하게 느껴지는가? 우리가 이와 같은 여러 가지 형태의 질문을 받았을 때 어떻게 대답하는가? 아마도 우리는 가장 가까이 있는 가족, 그리고 그 가족과 관련된 여러 가지 행태로부터 가장 큰 상처를 받고 절망하거나 가장 크게 기뻐하고 위로를 경험한다고 대답할 것이다.

이와 같은 대답에도 가족의 범위 혹은 정의를 내리기는 대단히 어렵다. 우리나라 「민법」(법률 제11300호, 2012. 2. 10, 일부개정) 제779조에서는 가족의 범위를 "배우자, 직계혈족 및 형제자매"와 "직계혈족의 배우자, 배우자의 직계혈족 및 배우자의 형제자매(생계를 같이 하는 경우에 한함)"로 규정하고 있다. 즉, 생계를 같이 한다면 며느리와 사위, 장인, 장모, 시아버지, 시어머니, 처남, 처제까지 가족에 포함된다. 한편, 가족관계 내에서 배우자 간의 부양의무에 대해서는 같은 법 제826조 제1항(부부는 서로 동거하며 부양에 협조하여야 한다)에 규정하고, 미성년자인 자녀와 부모의 부양의무는 같은 법 제913조와 제974조 제1호(직계혈족 및 그 배우자 간에 부양의무가 있다)에 규정하고 있다. 형제자매는 생계를 같이 하지 않더라도 가족이지만(같은 법 제779조 제1항 제1호) 생계를 같이 하는 경우에만 상호간 부양의무가 있다(같은 법 제974조 제3호). 직계혈족의 배우자, 배우자의 직계혈족은 생계를 같이 해야만 가족이 되지만(같은 법 제779조 제1항 제2호, 제2항) 직계혈족의 배우자는 생계를 같이 하지 않더라도 상호간 부양의무가 있다(같은 법 제974조 제1호)고 명시하고 있다.

그러나 여기서 말한 가족의 범위는 오늘날의 여러 가지 형태로 공존하고 있는 가족의 다양성을 포괄하지 못하고 있다. 현대에 이르러 한부모가족, 독신부모가족, 동거가족, 미혼모가족, 노인단독가족, 동성애가족, 무자녀가족, 공동체가족, 그리고 다문화가족 등 다양한 가족이 출현하고 있으므로 전통적인 혹은 보편적인 가족의 정의만으로 가족을 설명하기는 어렵다. 따라서 이러한 가족의 다양성에 따라 〈표 1-2〉에서와 같이 많은 학자가 가족의 정의를 내렸으나 여전히 그 정의가 적절하지는 않은 것 같다. 가족의 의미는 사회적, 경제적, 정치적, 문화적, 그리고 개인적 상황에 따라 다르게 나타난다.

가족에 대한 보편적인 정의는 오히려 다음과 같은 몇 가지 중대한 문제점을 내포할 수 있다. 첫째로 가족에 대한 보편적인 정의는 특정한 가족에 대한 사회적 가치를 부여함으로써 다른 형태의 가족에 대해서는 관심을 두지 않거나 문제시하는 가치관을 지니게 된다. 둘째로 가족에 대한 보편적인 정의는 모든 가족이 동일하다는 잘못된 믿음을 유지시킨다. 셋째로 가족에 대한 보편적인 정의를 내림으로써 이 범위에서 벗어난 가족은 국가나 지역사회의 정책이나 혜택에서 제외시키는 잘못을 범하게 된다. 그래서 스테이시(Stacey, 1990)는 '가족에 대한 정의는 내릴 수 없다.'라는 주장을 하였다.

한편, 가족의 의미는 사람마다 다를 뿐만 아니라 상황의 변화에 따라 달라진다. 어떤 사람에게는 가족이 혈연관계로 묶어진 인간관계가 되겠지만, 다른 사람에게는 친하게 지내는 사람까지 가족에 포함되기도 한다. 또한, 결혼 여부, 동거구성원, 배우자나 부모와의 접촉 정도, 그리고 정서적 유대감 등에 의해서도 사람마다 가족의 정의를 다르게 말한다. 즉, 계모나 계부와 사는 아동은 정서적 유대감에 따라 계모나 계부를 가족으로 생각하기도 하고 그렇지 않기도 한다. 이처럼 가족에 대한 규정은 각자가 처한 상황이나 상황의 변화에 따라 달라질 수밖에 없다. 이러한 점에서의 가족의 의미는 각자의 일상생활에서 이야기하는 과정에서 그 범위가 정해진다.

이처럼 가족은 개념 정의의 기준이나 개인의 관점에 따라 매우 다양하게 정의할 수 있다. 그러나 우리는 가족정책에서 가족을 정의하여야 한다. 이럴 경우 가족정책의 다양한 목표를 놓고 볼 때, 모든 목적에 합당한 포괄적인 정의를 내리는 것은 거의 불가능하다. 그러므로 가족정책형성자가 특정한 정책(예: 다문화가족, 한부모가족, 저소득층가족 등의 지원정책)에 따라 가족을 정의하는 것이 더 생산적이라 하겠다. 이때 가족정책형성자가 주의할 점은 특정한 가족이 정책대상에서 제외되거나 참여해야 할 정책 과정에서 빠지지 않도록 하는 것이다(박주현 외, 2011; 최덕경 · 박주현, 2012).

〈표 1-2〉 학자별 가족의 정의

학자(연도)	가족의 정의
하트만(Hartman)과 라이드(Laird, 1983)	둘 이상의 사람이 친숙한 한 가족이라고 여기고, 밀접한 감정적 유대와 가정이라는 생활공간, 그리고 생물학적·사회적·심리학적 요구의 충족에 필요한 역할과 과제를 공유할 때 가족이다.
슈왈츠(Schwartz)와 스콧(Scott, 1994)	혈연, 결혼, 입양, 동거 등에 의하여 이루어진 관계로 다른 사회집단과 비교할 때 상대적으로 지속적인 관계를 유지하며, 구성원 간에 경제적 또는 정서적 지원을 제공하는 집단이다.
앤더슨(Anderson)과 사바텔리(Sabatelli, 1999)	구성원이 역사를 공유하고 정서적 유대감을 경험하며, 구성원 개인과 집단 전체의 욕구를 충족시키기 위한 전략을 개발하는 상호의존적 집단체계이다.
송정애와 정해은 (2007)	가족생활을 유지하기 위한 특정한 역할과 지위를 가지고 가족구성원 간의 상호 성장·발달을 지지하는 집단이다.
유계숙과 장혜경 외 (2008)	둘 이상의 구성원이 혼인이나 혈연, 입양, 동거 등에 의하여 성 또는 세대관계를 구성하고, 정서와 자원을 지속적으로 공유하며, 상호의존적으로 발달하는 집단체계이다.
정혜정과 공미혜 외 (2009)	가족은 매우 느슨한 형태로 우리가 일상에서 마주치는 일련의 대인관계 정도이다. 그러나 가족으로 규정된 일련의 대인관계는 몇 가지 조건을 충족시켜야 한다. 첫째는 관계의 지속성이 있어야 하며, 둘째는 경제적 지원과 공유성을 지니고 있어야 하며, 셋째는 정서적 친밀감을 가지고 있어야 한다.

출처: 최덕경 · 박주현(2012: 18). 가족정책론.

(1) 가족과 가정의 개념적 차이와 관계

가정의 정의는 사람에 따라 다를 수 있으나, 부부 · 자식 · 부모 등 가족이 공동생활을 하고 있는 장소(조직체)라고 보는 것이 보통이며, 영어의 홈(home)이나 독일어의 하임(heim)이 이에 해당한다. 이처럼 가정을 가족과 구별하는 잣대로 공간적 의미를 강조하고 있지만, 이런 단순한 공간적 개념뿐만 아니라 가족 구성원의 심리적 공간도 포함한다고 볼 수 있다. 이러한 측면에서 본다면 일정한 가정이 없을 때 정상적인 가족을 구성할 수 없는 것이다. 예를 들어 주말부부, 기러기가족 등과 같이 공간적으로 함께 생활하지 않는 가족은 가족의 기능이 제대로 이루어지지 않을 수 있다. 그렇다고 이러한 가족을 비정상적인 가족이라고 말할 수도 없다.

우리나라 가족 관련 기본법인 「건강가정기본법」(법률 제11045호, 2011. 9. 15, 일부개정) 제3조에서는 '가족'과 '가정'의 정의를 다음과 같이 내리고 있다. "'가족'이라 함은 혼인·혈연·입양으로 이루어진 사회의 기본단위를 말한다. '가정'이라 함은 가족구성원이 생계 또는 주거를 함께 하는 생활공동체로서 구성원의 일상적인 부양·양육·보호·교육 등이 이루어지는 생활단위를 말한다." 그러나 가족과 가정을 이렇게 정의하더라도 아직도 가족과 가정의 개념적 차이가 뚜렷해졌다고는 말하기 어렵다. 왜냐하면, 앞에서 언급하였던 주말부부 등과 같이 비록 공간적으로 함께 생활하지 않는 가족을 가정이 아니라고 말할 수가 없기 때문이다. 따라서 가족과 가정에 대한 개념적 차이는 매우 애매하므로 이 책에서는 가족과 가정을 구분하지 않고 사용한다.

(2) 가족과 관련된 용어와 개념

① 가 구

가구(家口)란 현실적으로 주거(住居)와 생계(生計)를 같이하는 사람의 집단 또는 독신으로서 주거를 가지고 단독 생활을 영위하는 사람을 의미한다. 다시 말하면, 결혼관계나 혈연관계 등을 전혀 고려하지 않고, 주거하는 공간과 가계라는 경제적 협력만을 기준으로 한 집단을 뜻한다(예: 이 지역에는 10가구가 산다).

참고자료 1-1

서울 100가구 중 12가구 '싱글女'

서울 시내 100가구 중 12가구는 여성 혼자 살며, 싱글 여성은 혼자 생활하기 위해 우선으로 갖춰야 할 조건으로 안정적인 일자리를 꼽은 것으로 나타났다. 서울시가 25~49세 여성 1인가구 570명을 대상으로 조사해 4일 내놓은 결과에 따르면, 서울 거주 여성 1인가구는 전체 357만 7,397가구의 12.6%인 45만 가구로 집계됐다. 싱글 중 가장 많은 미혼은 혼자 사는 이유에 대해 '적합한 배우자를 못 만나서'가 60%로 가장 많았고 '결혼할 생각이 없어서'(27%) 등 순이었다. '반드시 결혼해야 한다.'라고 답한 응답자는 40%에 그쳤다. 싱글 여성들의 월평균 소득은 150만 원 이하 16%, 150만~250만 원 이하 38.4%, 250만~350만 원 이하 21.5%, 350만 원 이상 11.6% 등이었다.

출처: 매일경제(2012. 6. 4). 민석기 기자.

② 세 대

사전적으로 세대(世代)는 같은 시대에 살면서 공통의 의식을 가지는 비슷한 연령층의 사람들, 부모가 속한 시대와 자녀가 속한 시대가 차이를 가지는 대략 30년의 기간, 그리고 부모와 자식, 손자로 이어지는 대 등을 의미한다. 세대는 청소년세대, 노인세대, 기성세대 등 나이나 생애 단계를 지칭하는 의미로 사용되기도 하고, 4·19세대, 5·16세대, 386세대, X세대 등 역사적 경험을 공유하는 사람들이라는 의미로 사용되기도 한다(예: 그녀는 특히 젊은 세대에게 폭발적인 인기를 얻고 있다).

일반적으로 세대는 10대, 20대, 30대 등과 같이 10년 단위로 구분하기도 하는데, 이러한 구분은 연령적 경계에 관한 명확한 기준을 제시할 수 있지는 않다. 또한, 세대는 성(性)이나 교육수준, 사회 경제적 지위, 지역 등으로 구분하기도 한다. 세대는 부모와 자녀를 연결하는 고리이며, 세대 과정을 통해 전통이나 감정, 가치관, 그리고 그 가족의 생활방식과 사고방식 등이 전달된다. 가족관계에서 세대는 그 과정이 영속적이며 변화시키기 어렵고, 인생 초기부터 시작하기 때문에 중요하다. 특히 세대는 현대사회와 같이 빠르게 변화하는 사회에서 세대 간 사회적 경험의 차이가 세대 간 의식과 행동에서 두드러진 차이를 나타내기 때문에 더욱 중요하다.

③ 친 족

친족(親族)은 혼인과 혈연을 기초로 발생하며 시간 경과에 따라 가족이 확대되고 누적되어 생기는 혈연집단으로서 부부와 자녀로 이루어진 가족보다 범위가 넓다. 우리나라 「민법」에서 친족의 종류는 혈족, 배우자, 인척을 기초(같은 법 제767조)로 하여 8촌 이내의 혈족, 4촌 이내의 인척과 배우자(같은 법 제777조)로 되어 있다. 혈연관계라도 친족으로부터 제외되는 경우가 있고, 반면에 양친자와 같이 혈연관계가 없더라도 친족관계가 인정되는 경우가 있다. 혈족은 자기의 직계존속과 직계비속을 직계혈족이라고 하고, 자기의 형제자매와 형제자매의 직계비속, 직계존속의 형제자매 및 그 형제자매의 직계비속을 방계혈족이라 한다(같은 법 제768조). 인척은 혈족의 배우자, 배우자의 혈족, 배우자의 혈족의 배우자를 뜻한다(같은 법 제769조).

2) 가족의 현실과 새로운 비전

우리는 가족에 대해 어떤 믿음을 가지고 있는가? 사람에 따라서 다르긴 하겠지만, 대부분 사람은 가족은 세상의 고통을 함께 나누는 것이라고 생각한다. 즉, 가족은 대가를 바라지 않는 사랑과 희생을 바탕으로 살과 피(flesh and blood)를 나눈 관계이고, 가족구성원 간의 애정적 요소가 가족의 본질이라는 강한 믿음이 있다. 그런데 가족을 사적 영역으로 간주하고, 가족 내에서 개인의 감정이 중요해진 것은 산업사회 이후이다. 산업사회 이전(以前)에 가족의 가장 중요한 기능 중의 하나는 경제공동체의 역할이었으며, 가족관계 내의 정치적 · 전략적 역할도 항상 중요하게 인식되었다. 또한, 가족은 공동거주나 혈연, 결혼관계 등에 의한 단위라기보다는 함께 노동하는 활동단위였다. 따라서 이 시기의 개별 핵가족 단위를 구분하는 것은 그렇게 중요하게 여기지 않았다(정영애 · 장화경, 2010: 8-10).

이처럼 산업화와 도시화를 거치면서 비로소 개별 핵가족의 정서적 역할이 중요한 가족의 기능으로 드러났다. 이와 함께 가족은 공적 영역과 대별(大別)되는 사적 영역으로 등장하게 되면서 가족관계나 역할, 가족과 가족 이외 사회와의 관계도 급격하게 변화하였다. 가족과 사회와의 분리로 말미암아 가족 내에 존재하는 갈등이나 문제는 사적 공간이기 때문에 공적 개입이 들어갈 자리가 없었다. 이러한 결과로 말미암아 가족 내의 문제 대부분은 은폐·억압되면서 공적 담론(談論, discourse)으로 발전하지 못하였다.

실제로 현실의 가족은 "다른 행위와 이해관계를 지닌 사람들이 서로 갈등하는 장소"이다(Hartman, 이효재 편, 1988). 예컨대 가족 내에는 성별에 따라 기대와 일정한 역할이 다르다. 남성 가장이 가족구성원을 부양하고, 여성은 모성적 역할을 담당한다는 성별 분업적 가족 관념이나 이데올로기(ideologie)는 어떤 결과를 가져왔는가? 결국, 가족 내에서 여성의 의존성을 강화하고, 여성의 정체성은 사적 영역으로 제한되었다. 피부양자로서의 여성은 노동시장 내에서도 불리한 위치에 놓이게 되며, 고용정책이나 사회복지정책에서도 여성의 일차적인 역할은 가족 내에서 돌봄 책임을 지는 것을 전제하고 있다. 그러나 가족 내 부양자와 피부양자의 구분은 선천적·생물학적 성차로 말미암은 것이 아니라, 사회 제도적 상황과 노동시장 내 여성의 경제적 조건과 밀접하게 연관되어 있다. 결혼과 출산, 양육의 가치나 행위도 개인이나 가족의 결정이 아니라, 오히려 사회 문화적 상황과의 복합적 상호작용의 결과이다.

대부분의 사회에서는 자녀의 성별에 특별한 관심을 나타내는데, 다수의 사회가 남아를 선호한다. 그 이유는 대체로 남아를 재산과 가문의 상속자로서, 농장의 노동자나 관리자로서, 그리고 부계가족의 영속성을 이어 주는 수단으로 생각하기 때문이다. 그러나 소수의 사회에서는 여아가 선호되기도 한다. 예를 들어 여성이 담당하는 활동이 특정 가족구성원의 생존에 중요한 역할을 하거나, 특정 지역의 주요 노동력이 여성화되어 남성들이 할 수 있는 일이 부족한 곳에서는 현실을 반영하여 여아를 원하기도 하였다(Gittins, 안호용 외 역, 1997). 즉, 아들과 딸에 대한 선호는 계급이나 지역의 경제상황, 가족구성원의 나이와 성별구조 등에 따라 다르게 나타난다. 따라서 아들과 딸에 대한 선호는 자연스러운 생물학적 상황이라기보다는 복잡한 사회 문화적 요인의 결과라 하겠다.

한편, 가족 간 역할 갈등이나 관계의 문제는 성별 문제 이외에도 가족의 경제적 수준 · 인종 · 문화 등 다양한 변수와 연관되어 있다. 가족 내에서 어떤 여성은 남성을 압도하고 권력을 행사하기도 하고, 어떤 남성은 실업이나 은퇴 등으로 자아상실감이나 외로움 · 불안 · 소외 등을 경험하게 된다. 따라서 여기에서 중요한 것은 여성이 억압받고 있다거나 갈등을 느낀다는 것보다는, 구조적으로 가족관계 속에 있는 다른 성별 경험과 권력관계가 무엇이고, 이를 어떻게 끄집어내어 놓고 공론(公論)의 장(場)에서 함께 논의를 거쳐 바람직한 대안을 모색할 수 있는가이다(정영애 · 장화경, 2010: 9-11).

그러므로 성인지적인 관점에서 가족 연구의 새로운 목적은 다양한 가족 경험의 밑바탕에 깔려 있는 성별화된 불평등과 개별 가족의 삶에 대한 다양성 · 복합성 · 모순 등을 인식하지 못하는 특정 가족 이데올로기에서 벗어나는 것이다. 그리하여 다양한 가족구성원의 다름과 존엄성을 받아들이는 바람직한 가족관(家族觀)과 사회에 대한 새로운 비전(vision)을 모색하는 것이다(Ferguson, 1977).

제2장 여성과 남성의 성차(性差)

1 성차에 대한 이론적 접근

여성과 남성 간의 관습적인 행동의 차이와 관습적인 위치의 차이는 성별에 적합하다고 여겨지는 과업이 포함된 것이며, 이것이 모여서 성 역할이 된다. 모든 사회에서 성장 과정 중의 하나로 자녀는 현재 행동해야 하는 것과 미래에 행동하도록 기대되는 것을 배우게 된다. 이러한 성 역할 사회화 과정을 통해서 우리 사회의 합당한 태도와 가치관을 습득하게 된다. 현재의 성향이 있기까지는 다양한 과정을 밟게 되는데, 이에 대한 관점으로는 생물학적 관점, 정신분석학적 관점, 인지발달론적 관점, 그리고 사회학습론적 관점 등을 들 수 있다.

1) 생물학적 관점

생물학적 관점은 여성과 남성 간의 차이가 자연적이고 필연적이라고 보는 것으로, 남녀 간의 기본적인 특징은 태어날 때부터 비롯된 것으로 본다. 생물학적 결정론자들은 '남녀 차이는 유전적이며, 그 이유는 호르몬'이라고 보고 있다. 남성의 주된 호르몬은 안드로겐(androgen)[7]과 테스토스테론이며, 여성의 주

7) 안드로겐(androgen)은 성 스테로이드 호르몬으로 남성 생식계의 성장, 발달 그리고 기능에 영향을 미치는 모든 남성호르몬을 말한다. 대부분의 안드로겐은 고환에서 생성되며, 일부는 부신피질과 난소에서 생성된다. 안드로겐 수용체는 다양한 조직에 존재하여 생리적인 기능을 유지하도록 도와준다.

된 호르몬은 에스트로겐과 프로게스테론이다. 이러한 호르몬의 차이가 성숙기에 접어든 남성과 여성의 이차성징 발달을 가져온다. 이뿐만 아니라 여성의 불안과 우울 등의 정서적인 변화와 남성이 가지고 있는 공격성 등이 호르몬의 분비수준과 관련 있는 것으로 설명하고 있다. 그러나 남녀 간의 성 정형화된 행동이 생물학적인 영향을 받았다는 주장은 대부분 인간을 대상으로 한 연구보다는 동물연구에서 잘 나타나고 있다. 또한, 테스토스테론 수준이 곧 공격성과 연결되지 않는다는 연구, 여성의 정서적 변화가 호르몬 때문이 아니라는 연구 등을 통해 이러한 관점이 비판되고 있다(송관재, 2003).

2) 정신분석학적 관점

프로이트(Sigmund Freud, 1953)는 '해부학적인 것이 운명'이라고 말하였다. 성역할 발달은 여성호르몬과 같은 생물학적 영향에 의해서가 아니라 자신들의 해부학적 신체 차이에 대해 반응함으로써 시작된다고 보고 있다. 남성과 여성의 근본적인 차이는 그의 이론인 '심리성적발달'의 단계 중 3단계에 해당하는 남근기에서의 서로 다른 경험에 의해서 형성되는 것으로 설명하고 있다. 즉, 남아는 오이디푸스 콤플렉스(Oedipus complex)[8]를 해결하기 위한 수단으로 성역할 동일시가 이루어진다. 말하자면 이성의 부모에 대한 근친상간적(近親相姦的) 성적 욕망을 갖게 되나, 현실적으로 이를 실천할 수 없음을 곧 깨닫게 되고 같은 성의 부모를 두려워하게 된다. 이때 남아는 거세 불안이 나타나고 이를 방어하기 위한 수단으로 아버지를 동일시하게 된다.

프로이트는 오이디푸스 콤플렉스를 약 3~5세 아동의 특징으로 보았다. 그는 보통 이 단계가 아동이 자기 자신을 동성 부모와 동일시하고 자기의 성적 본능을 억제하게 되었을 때 마무리된다고 했다. 부모와의 이전 관계가 비교적 애정이 깊고 심리적 외상이 없으며, 부모의 태도가 지나치게 강압적이거나 자극적

8) 정상적인 발달 과정에서 매우 중요한 단계이다. 프로이트는 『꿈의 해석(Die Traumdeutung, 1899)』에서 이 개념을 도입했다. 이 용어는 그리스 신화에 나오는 테베의 영웅 오이디푸스의 이름에서 따온 것으로, 그는 모르는 상태에서 자기 아버지를 죽이고 어머니와 결혼했다.

이지 않았다면 이 단계는 조화롭게 지나간다. 그러나 심리적 상처가 있었다면 '소아 노이로제'가 일어나며, 이는 아동이 성인기가 되어서도 비슷한 반응을 보일 수 있는 중대한 전조가 된다. 성인의 의식 있는 정신을 지배하는 도덕적 요인인 초자아(superego)도 오이디푸스 콤플렉스를 극복하는 과정에 그 근거를 두고 있다. 프로이트는 오이디푸스 콤플렉스에 대한 반작용을 인간정신의 가장 중요한 사회적 성취라고 생각했다.

한편, 여아는 거세 불안을 느낄 필요가 없으므로 엘렉트라 콤플렉스(Electra complex)[9]를 해결하고자 하는 동기에 대해 프로이트의 설명이 불충분하나, 아마도 어머니의 애정을 잃을까 봐 근친상간적 욕망을 억압하고 어머니를 동일시하여 여성성을 강화시키는 것이 아닌가 한다. 이 단계의 여자아이는 자신의 성기(clitoris)에 관심을 두는데, 남자아이의 성기(penis)에 비해 열등감을 느끼고 그것을 선망하게 된다. 그러나 남자와 같아지려는 희망을 포기하고 거세(castration)된 사실을 받아들이면서 아버지를 사랑하고 어머니에 대해 반감을 품게 된다. 엘렉트라 콤플렉스는 어머니와 자신을 동일시하고 초자아를 발전시킴으로써 해소되어 다음 단계인 잠복기로 넘어가는데, 이것이 이루어지지 않을 때에는 노이로제의 주요 원인이 된다. 그러나 거세 불안이 없는 만큼 동일시하고자 하는 동기가 남아보다 약하다고 한다. 여아는 자신이 갖기를 바라는 남근을 결코 가질 수 없다는 것으로 남근선망을 가지게 된다고 하였다. 이로써 여성은 남아보다 약한 초자아의 형성, 열등감, 피학성, 수동성, 공허함, 질투 등을 형성하게 된다고 설명한다. 그런데 이 점이 프로이트의 이론 중 가장 비판을 받고 있는 부분이다.

---

9) 프로이트가 제시한 이론을 융(Jung)이 명명하였는데, 여자아이가 아버지에게 애정을 품으면서 어머니를 경쟁자로 인식하고 질투하거나 적대시하는 경향을 말한다. 프로이트의 정신분석학에서 생식기 단계(phallic stage: 3~5세)에 나타나는 현상으로 그의 학문체계에서는 오이디푸스 콤플렉스와 대비가 되지만, 그것만큼 중요시되지 않고 있다. 엘렉트라는 그리스 신화의 인물로, 동생 오레스테스와 함께 어머니 클리템네스트라와 그녀의 정부(情夫) 아이기스토스를 살해했다.

정신분석학자 카렌 호니(Karen Horny)는 남근선망은 결코 존재하지 않으며 남근보다는 남성의 권력과 지위에 대한 여성의 부러움으로 표현해야 한다고 말한다. 또한, 오히려 많은 남성이 임신과 출산, 양육에 대한 선망을 가진다고 주장한다. 그러나 정신분석학에서 가정(假定)하는 성적 선망, 두려움, 공포, 불신 등 남녀 간의 긴장과 적대감, 서로에 대한 열정의 기원이 해부학적 차이에 의한 것이라는 해석은 남녀관계에 대한 하나의 시사점이라고 보기도 한다(송관재, 2003).

3) 인지발달론적 관점

인지발달론적 관점에서는 피아제(Piager)의 인지성숙 이론과 콜버그(Kohlberg)의 도덕발달 이론에 기초하여 개인의 성차를 설명한다. 이 관점에서는 성 역할 발달을 인지발달의 부산물이라고 본다. 즉, 아동은 자신이 여자인지 남자인지를 먼저 인지하고, 그런 다음 자신의 행동을 수정시켜 여자 혹은 남자로서의 성 정체감을 일관성 있게 유지하는 것으로 본다. 피아제(1932)는 아동의 성 역할 개념은 아동이 자기 자신의 경험을 능동적으로 구조화한 것이지, 사회적 훈련에 의해서 얻어지는 산물은 아니라고 보았다.

콜버그(1965) 역시 아동의 성 역할은 여러 발달단계를 거치는 동안 그가 가진 이 세상에 대한 인지적 조작화를 통해 발달한다고 보았다. 성 역할 발달은 2~3세에 시작하여 그 시기에 자신의 성에 대한 명칭을 붙이기 시작하고, 5~6세까지는 성이 변화하지 않는 특성이라는 것을 인식하지 못한다. 그러다가 7세 이상이 되어야 성은 변하지 않으며, 영속적이라는 성 연속성 개념을 인식한다고 콜버그는 주장하였다. 또한, 아이가 다른 사람을 통해 자신의 성별에 적합한 행동을 배우기는 하되, 이것은 보상 때문이 아니라 여자 혹은 남자로서 자아정체감을 유지하기 위해서이며, 인지적인 일관성을 추구하기 위해서라고 본다. 즉, '나는 여자(혹은 남자)다.'라는 인식이 먼저이고, 그에 맞는 적합한 행동, 물건 등에 가치를 부여하는 것은 다음 단계이다. 이 입장에서는 성 역할 학습이 일종의 지적 성숙의 결과라고 본다(송정아, 2006; 이성희 · 한희선, 2009).

4) 사회학습론적 관점

사회학습론적 관점은 주로 행동주의자들의 입장으로, 보상과 처벌이 행동을 통제한다고 본다. 어린 시기에 받은 보상과 처벌은 한 개인의 안정된 내적 기질로서, 그 개인이 특정 상황에서 특정한 방식으로 행동하도록 영향을 미친다고 본다. 즉, 아이는 많은 주변인물과 매체를 통한 모방과 관찰, 강화로 사회적, 문화적으로 인정된 역할을 각기 자신의 성에 적절한 방식으로 학습한다. 이처럼 아이가 행동을 모방하고 학습하는 데 영향을 미치는 몇 가지 요인은 다음과 같다.

첫째, 아이의 행동에 가장 영향을 미치는 요인은 보상과 벌이다. 아이는 보상(칭찬)이 유발되는 행동을 더 모방할 것이며, 벌(제재)이 유발되는 행동은 회피할 것이다. 부모는 성별에 적합한 모방일 때 칭찬을 해 주고, 적합하지 못한 모방일 때 제재를 가하게 된다. 이에 따라 아이는 자신의 성에 적합한 행동유형을 습득하게 된다.

둘째, 성인의 유형에 따른 영향이다. 아이는 어른이 보상과 벌을 주는 힘을 가지고 있다는 것을 아주 잘 인식하고 있다. 특히 어른 중에서도 더 권력이 있으며, 따뜻하고 지지적인 사람을 더 모방하며, 자신과 유사하다고 느끼는 어른을 더 모델링한다. 따라서 최대의 모방대상은 벌을 가할 수 있는 위치에 있고 따뜻하며, 지지적인 관계를 유지하는 동성의 부모가 된다. 그러나 가정 대부분에서 아버지가 더 권력이 있는 것으로 보이므로 남자아이는 아버지를 모방하게 되며, 여자아이는 어느 정도 양쪽 부모를 모방한다. 이는 남자아이가 어머니를 모방하는 것보다 여자아이가 아버지를 모방하는 행위가 덜 놀림을 받고 덜 수치스러우며, 제재가 덜 가해지기 때문이기도 하다.

셋째, 부모의 태도와 반응에 따른 영향이다. 실제 자녀가 여성성(혹은 남성성) 특성을 학습하는 데 밀접하게 관련되어 있는 것은 부모의 실제적인 여성성(혹은 남성성)보다 자녀를 대하는 부모의 태도와 반응이다. 이 관점에서는 개인의 생득적인 성차나 성 역할 경향성은 무시하며, 성 역할 행동을 이해하고 판단하는 제반 인지적 능력도 전적으로 학습된 것으로 생각한다.

2 성차의 특성

남녀차이를 살펴보려는 과학적인 다양한 연구는 심리학에서 많이 시도됐다. 이러한 연구 중 가장 주목할 만한 것은 심리학자 맥코비와 재클린(Maccoby & Jacklin, 1974)이 저술한 『성 차이의 심리학』이라는 책에서 여자와 남자를 서로 다른 측면에서 설명하고 있다. 그들은 특정 능력에서 한 성의 모든 구성원이 다른 성의 구성원보다 뛰어나다고 말할 수 있는 것은 아니라고 했다. 아울러 같은 성끼리도 특정 능력에서 서로 차이가 있을 수 있지만, 남녀를 비교하였을 때 평균적으로 차이가 나는 몇 가지 능력이 있다고 하였다. 이외에 여성과 남성은 심리적 특성과 의사소통, 리더십 등에서 차이가 나타나고 있다고 하였다(임정빈 · 정혜정, 1997; 송관재, 2003; 송정아, 2006).

그렇다면 남녀의 성차가 생물학적인가, 아니면 사회적인가? 남녀 사이의 차이에 대해 페미니스트들은 젠더라는 개념을 새롭게 제기했다. 젠더 개념을 제기하면서 그들은 성차에 관한 기존의 지식과 편견을 비판하고, 성차에 대해 새로운 문제제기를 하고자 했다. 시몬 드 보부아르(Simone de Beauvoir)의 "여성은 태어나는 것이 아니라 만들어진다."라는 구절은 이러한 문제의식을 압축적으로 보여 주는 문구로 자주 인용된다.

남녀 간 능력의 차이는 사실상 생물학적 차이라기보다는 사회적 기능에 따른 변화라고 해석하는 것이 일반적 견해이다. 모든 문제는 관심과 필요성 여부로 여성과 남성이라는 차이를 떠나 개개인의 독창성과 특징으로 보는 관점이 더욱 설득력을 지니고 있다. 따라서 성 역할 차이는 여성과 남성의 차이점만 가지고 해석하기보다는 개개인의 능력 개발과 성장에 초점을 맞추어 설명해야만 여성과 남성을 제대로 이해할 수 있을 것이다. 이러한 사실을 염두에 두고 성차의 특성을 몇 가지로 구분하여 살펴보자.

1) 능력에서의 성차

모든 사람이 알고 있듯이 여성은 예술이나 과학, 전문직에서 남성만큼 성공한 사례가 드물다. 간혹 학교에서 소녀가 소년보다 더 좋은 성적을 받았다 하더라도 사람들은 머리가 우수하였다고 생각하기보다는 노력을 많이 한 것으로 가정한다. 남녀는 신체적 발달에서 분명한 차이를 보이는데, 신체적 발달은 언어획득을 촉발시키며 언어적 능력이 더 일찍 발달하게 한다. 또한, 초기에 신체적으로 결정된 성차는 성장 과정에서 기술이나 흥미를 갖는 데 영향을 미치게 된다. 남녀 간 능력에서의 성차를 언어적 능력, 수학적 능력, 그리고 공간능력으로 구분하여 살펴보면 다음과 같다.

(1) 언어적 능력

대개 여성은 수다쟁이이고 쓸데없는 말이 많다는 고정관념이 있다. 이전의 연구에서 보면 여자아이가 남자아이보다 말하는 시기가 빠르고 말을 더 유창하게 하는 것으로 간주하여 왔다. 모든 연구에서 다 그런 것은 아니지만, 소녀가 소년보다 언어과제에서 우수하였다는 결과가 많이 제시되고 있다. 즉, 학령기가 시작되기 전까지는 어휘의 차이가 없었으나 10~11세에서는 여아의 언어능력이 남아를 능가하기 시작하여 대학교까지 계속된다고 보고하고 있다.

(2) 수학적 능력

우리 문화에서 여성은 사실이나 수 개념에 대해 큰 관심을 두지 않는 것으로 받아들여지고 있지만, 남성에게는 어울리는 것으로 생각하는 경향이 있다. 아주 어린 시기(2~3세경)에는 수학능력에서 성차가 나타나지 않는다. 그러나 사춘기에 들어서는 10세경부터 남성은 수학능력에서 여성보다 우수하게 나타나는데, 문제 풀기는 여성이 우위에 있거나 큰 차이가 없는 반면, 주어진 상황에서 문제를 추론하는 능력은 남성이 월등하다는 것이다. 수학에서는 추론능력이 더 중요해 남성이 여성보다 수학을 잘한다고 결론을 내릴 수 있다. 그러나 수학능력에서 성차는 남자가 우수하다기보다는 문화적 규범 때문이라고 믿는 예도 있다. 즉, 여자아이는 일찍부터 수학은 남성의 일이고, 여성은 수학 공포증이 있을 뿐만 아니라 수학을 잘하게 되면 자신이 여성적이지 못하게 된다는 두려움도 갖게 된다.

남녀 차는 결국 사회적 역할에 따른 것이라는 설이 유력하다. 수만 년 동안 남자는 사냥을 하며 가족을 부양했고, 여자는 자식을 돌보고 가정을 꾸리면서 달라졌다는 얘기다. 남녀 차이에서 논란이 큰 것이 수학 실력이다. 2005년 서머스(summers) 하버드대 총장이 "여자는 선천적으로 수학과 과학을 못한다."라고 말했다. 그는 "고교 수학 · 과학 우등생과 과학 · 공학 교수 중에 여자가 드물다."고 예를 들었다. 실제로 1990년대 이래 미국에서 배출된 수학박사 가운데 여성은 20% 선이었다. 종신 수학교수 중엔 3%밖에 안 됐다.

프린스턴 · MIT · 스탠퍼드대 총장들은 "여자가 수학분야에서 부진한 것은 타고난 능력 차가 아니라 문화적 · 사회적 여건 탓"이라고 반박했다. 여성 수학자가 적은 것도 '수학은 남자의 전유물'이라는 선입견과 학계 풍토 탓이라고 했다. 서머스는 버티다 이듬해 물러났다. 서머스 파문 뒤 미국 과학재단과 위스콘신대 팀이 각각 학생 700만 명의 시험 성적을 분석했다. 결과는 남녀 수학능력에 거의 차이가 없다는 데 일치했다. 2012년 3월 치른 고3 학력평가 '수리 가형'에서 남학생의 5.4%가 1등급을 받았는데, 여학생은 2.9%에 그쳤다. 문과 학생이 주로 선택하는 '수리 나형'에서도 남 5.1%, 여 3.6%가 1등급을 받았다. 이를 두고 우리 교육전문가들도 고정관념 탓이라고 분석한다. 여학생들이 지레 '여자는 수학을 잘 못해'라며 공부를 소홀히 하거나 포기한다는 얘기다(조선일보, 2012. 4. 12).

(3) 공간능력

공간능력의 성차에 관한 연구결과는 꽤 일관된 결과를 보이고 있다. 즉, 청년기까지는 공간능력에서 남녀 차이가 없고, 청년기 이후가 되면 남성의 공간

능력이 여성보다 더 우수하다는 결론이 나타나는데(김정휘 외, 1995; Frieze et al., 임정빈 · 정혜정, 1997, 재인용), 이는 부분적으로 학습된 능력이라는 해석도 있다. 아동기의 놀이를 보면 성차가 두드러지게 나타나 남아는 적목(積木)놀이나 적목 플라스틱 모형의 조립, 기계 장남감 등을 사용하는 놀이를 즐기는데, 이는 공간지각 능력을 발달시키는 데 중심역할을 할 수 있다. 또한, 남아는 여아보다 더 많이 자신의 환경을 탐색하고 조작해 보는 것이 허용되며, 남성은 공간지각 검사와 비슷한 일상생활 활동에 종사하기 때문에 공간능력이 우수하다는 해석을 할 수 있을 것이다(Frieze et al., 임정빈 · 정혜정, 1997, 재인용).

참고자료 2-1

여자는 선천적으로 운전을 못 한다?

여성은 남성보다 선천적으로 운전을 못 할까? 이러한 편견은 1974년 미국의 심리학자 엘리너 맥코비와 캐럴 재클린이 성차의 심리학(Psychology of Sex Difference)이라는 보고서를 통해 '여성은 언어능력이 뛰어난 반면, 남성은 공간적 능력이 뛰어나다.'고 주장하면서부터 시작되었다. '브레인 섹스'의 저자인 유전학 박사 앤 무어도 여성의 공간지각능력이 남성보다 떨어지기 때문에 여성이 운전이나 주차에 서툰 것이라고 설명했다. 그러나 운전은 선천적인 차이가 아니라 개인적인 차이라고 주장하는 학자들도 있다. 부산대 심리학과 이재식 교수는 남녀의 성격상 여성은 안전한 공간에서만 주차를 하지만 남성은 좁은 공간에서도 주차를 하기 때문에 상대적으로 여성이 운전을 못 하는 것으로 보인다고 설명했다. 또한, 충북대 심리학과 이순철 교수는 여성의 운전 역사가 남성의 운전 역사보다 짧기 때문에 능숙한 운전자가 비교적 적고 초보운전자가 많은 것이라고 주장했다.

출처: 한겨레(2009. 4. 24). KISTI의 과학향기.

2) 성격에서의 성차

(1) 사회성과 사랑

심리학자들은 소녀가 소년보다 사회적이라고 생각해 왔다. 아주 어린 시절부터 심리적 발달에서 남자아이는 대상이나 조작에 더 큰 흥미를 가지지만, 여자아이는 사람이나 대인관계를 형성하는 데 더 큰 관심을 보이기 때문이다. 또한, 사춘기가 되면 소년은 더 큰 무리를 만들어 노는 것을 선호하지만, 소녀는 짝을 짓거나 적은 수의 집단을 이루어 노는 예가 많다.

그렇다면 성인의 사회성은 어떠할까? 사회성에서 남녀 간의 성차는 나타날까? 심리학자들은 다른 사람에 관한 관심의 정도를 유친 욕구(Need for affiliation)라고 말한다. 그들은 사람의 환상, 즉 꿈이나 야망 혹은 '당신을 행복하게 만드는 것이 무엇입니까?'라는 질문에 대한 답을 분석함으로써 유친 욕구의 강도를 측정한다. 이러한 연구에 의하면, 여성은 인생에서 중요한 측면으로 일보다 사랑과 가족을 택하는 비율이 남자보다 높았다. 즉, 여성이 사랑 혹은 유친과 관련된 환상을 더 많이 하는 것으로 나타났다. 다시 말하면, 여성은 사람에 대한 관심이 남성보다 많으며, 특히 가족이나 집단에서 좋은 관계를 유지하는 데 우선순위를 두고 있음을 뜻한다.

(2) 성취동기

성취동기에 대한 고정관념은 남성이 여성보다 성취동기가 더 강하다는 것이다. 그러나 초등학교부터 대학까지의 학력성취에 대해서는 여성의 성취수준이 남성보다 뒤떨어진다고 단정할 수 있는 증거는 없다(김정휘 외, 1995). 성취를 지향하는 분야는 성 역할 규범에 따라 차이를 보이는 경향이 있었다. 이것은 내적 동기 요인이라기보다 사회적인 부정적, 긍정적 결과를 예견하기 때문이라는 견해가 지배적이었다. 호너(Horner)는 여성이 성취행동에서 적극적이지 않은 것은 성취동기가 없어서가 아니라, 성공한 여성에 대한 사회의 부정적 견해와 거부, 그리고 여성성의 상실을 두려워하기 때문이라는 견해이다. 즉, 자신이 성공한다면 여성성을 잃어버릴지도 모른다는 불안감을 갖고 있다고 볼 수 있다. 이러한 불안감이 여성으로 하여금 성공을 회피하게 만들 수 있는 것이다. 성공에 대한 두려움은 여성에게만 해당되는 것은 아니다. 남성이 여성과 유사한 일을 하면서 여성이 자신보다 성공하여 지위가 높을 때 당황해하는 것은 성 역할에 기인하는 것으로 해석할 수 있다(이성희 · 한희선, 2009).

(3) 감정이입

감정이입(empathy)[10]이란 다른 사람의 입장에서 생각하거나 다른 사람의 감정 · 욕구 · 사고 · 행위 등을 이해하는 능력을 말한다. 일반적으로 여성은 남성보다 사람들의 감정이나 행동에 더 민감하다는 고정관념이 있다. 이러한 가정은 틀린 것으로, 남성과 여성 모두가 정서적 반응을 이해하는 데는 거의 차이가 없다는 것이다. 여성이 남성보다 본질에서 더 감정이입적인 것은 아니라 하더라도, 우리 사회에서 감정이입은 여성의 전통적인 성 역할과 관련되어 있고 여성에게 그렇게 행동하도록 요구한다. 즉, 어린아이를 키우는 엄마는 아이의 웅얼거림과 같은 비언어적 말을 다른 사람보다 더 잘 해석하는데, 이는 여성이 생존하기 위해 다른 사람의 표현을 정확하게 읽을 줄 알아야 했다는 것이다.

(4) 의존성

의존성(依存性)은 도움, 인정, 주의를 얻기 위하여 다른 사람에게 기대어 존재하려는 성질을 뜻한다. 대부분 여성이 남성보다 더 수동적이고 의존적이며 더 쉽게 영향을 받는다고 여겨져 왔다. 이는 성 고정관념적 기대로 말미암아 보통의 여성이 실제보다 더 의존적이라고 평가될 가능성이 높은 것으로 해석된다. 독립적인 사람은 인생의 어떤 크고 작은 좌절 상황에서 능동적이고 의욕적으로 대처한다. 의존적인 사람은 그대로 서서 운을 믿거나 무사히 지나가기만을 바라는 경향이 있다. 한 예로써 부모와 아이의 신체적 접촉이 많아지면 아이는 무엇인가를 탐색하려는 욕구가 줄어들고 의존적이게 된다. 여아의 엄마는 남아의 엄마보다 3개월 정도 더 많이 바라보며 말을 주고받고, 더 많이 접촉하며 껴안아 준다고 한다. 이를 통해 볼 때 남자아이는 어려서부터 여자아이보다 자율적으로 행동하는 것을 배우게 됨으로써, 독립적으로 보이는 부분도 있을 것이다.

---

10) 20세기 초에 생겨난 용어로 독일어로는 'einfühlung'이며 'sympathy(공감)'를 본떠서 만들었다. 이 용어는 항상 그렇지는 않지만, 특히 심미적 경험과 관련하여 사용되는데, 가장 분명한 예로는 배우나 가수가 자신이 연기하고 있는 역할을 진짜 자기처럼 느끼는 것이다. 또한, 예술작품에서 관객이 일종의 내면투사작용으로 감상하거나 바라보는 대상 속에 자신이 들어가 있는 듯이 느끼는 것을 말하기도 한다. 미국의 심리학자 칼 로저스가 개발한 상담기술에서 감정이입 방법은 아주 중요한 부분을 차지한다.

(5) 공격성

공격성은 다른 사람에게 수치심을 느끼게 하거나 고통을 주거나 혹은 상해를 입히는 행동을 말한다. 퍼거슨과 비버(Ferguson & Beaver, 2009)는 공격 행동을 '다른 우위에 있는 사람에 대해 자신의 사회적 지위를 높이려는 행동'이라고 정의했다. 공격성은 사람에서 여러 형태로 일어나게 되는데 물리적, 정신적, 언어적일 수 있다. 사회적 상황 대부분에서는 남성이 여성보다 더 공격적인 성향을 나타내지만 차이가 있다. 즉, 유아기와 학동기에서의 공격성은 여아가 남아보다 더 공격적이다. 남성은 신체적 공격성이 높고 여성은 언어적 공격성이 더 높으며, 여성은 신체적 공격성의 부족을 언어적 공격성으로 보충한다고 한다. 또한, 남성과 여성에 대한 역할기대는 공격적 행동을 결정하는 중요한 요인으로 작용할 수 있다. 즉, 공격적 행동이 사회 문화적으로 비여성적인 것으로 정의됨으로써, 여성은 남성보다 공격성에 대한 불안이 높고, 공격적인 충동이 있더라도 공격적인 행동을 덜하게 된다. 또한, 여성은 개인적이고 수용적인 상황이나 간접적인 방법으로 공격적인 반응을 한다(Archer & Lloyd, 임정빈 · 정혜정, 1997, 재인용).

(6) 양육성

양육성이 남을 도와주려는 기질이라고 볼 때, 여성이 남성보다 더 양육적이라고 할 만한 증거는 거의 없다. 그러나 문화 대부분에서 남자아이보다는 여자아이에게 자기보다 어린아이를 돌보는 일을 시키는 경우가 많고, 여성은 아이를 낳기 때문에 양육성을 가지도록 요구받으며 양육성은 어머니가 되도록 준비시킨다. 이렇게 볼 때 양육성은 타고난 특성이라기보다는 성 역할과 밀접한 관련이 있다. 즉, 일상생활에서 남녀는 서로에 대해 양육적으로 행동한다. 여성은 아이와 가정을 돌보고, 남성은 이들을 보호하는 역할을 맡기 때문에 남녀 중 어떤 한 성이 더 양육적이라고 말하기는 어렵다.

3) 의사소통에서의 성차

의사소통은 인간 행위의 중요한 부분이기 때문에, 남녀별로 서로 다른 정체감을 습득해 나가는 과정을 이해하기 위해서는 의사소통에 대한 이해가 필수적이다. 여성과 남성은 언어적인 의사소통에서 실제 많은 차이를 보인다고 한다. 남성은 대부분 공적인 자리에서의 대화에 편안함을 느끼고 여성은 사적인 대화를 좋아한다. 여성의 대화방식은 다정다감한 것이 특징이며, 대화의 주제도 다른 사람의 사생활에 관한 얘기를 많이 한다. 또한, 서로 은밀하게 정보를 공유하는 것이 친밀감을 높이는 데 결정적인 역할을 한다고 생각한다. 반면, 남성의 대화방식은 자신의 독립을 확보하고 사회에서 지위를 놓고 협상하거나 지위를 유지하기 위한 수단으로 인식된다. 따라서 친구를 만나 개인적인 사생활보다는 정치적인 것, 권력이나 시사문제 등을 주로 얘기한다.

남녀의 비언어적인 의사소통의 차이를 보면, 여성은 상대방과의 관계를 중시하고 자신의 의사를 암시하기 위해 더 적극적이고 가능한 신체언어를 많이 사용한다. 반면, 남성은 말하는 것 자체에 의미를 두기 때문에 의사소통할 때 비언어적 표현을 덜 사용한다고 한다. 예를 들면, 남성은 대화 시 상대방을 직접 바라보면 상대방이 적대감을 가질지도 모른다고 생각하지만, 여성은 상대방의 눈을 바라보는 것을 친밀감을 표시하는 것으로 해석하여 비언어적 의사소통을 많이 사용하게 된다. 친교에 대한 남녀의 인식 차이를 살펴보면, 남성은 감정적 가까움을 누군가와 나란히 서서 무엇인가를 함께하는 것으로 정의하는 경향이 강하지만, 여성은 친교를 흔히 얼굴을 마주하고 대화를 나누는 것으로 본다. 남성은 상대방 얼굴을 정면으로 보지 않은 상황에서 말이 더 많아지고 편안함을 느낀다. 반면, 여성은 가까이 앉아 서로의 눈을 빤히 바라보면서 자신의 감정을 표현해 가며 대화를 나누는 것을 즐긴다고 한다. 혹시 남성이 차를 운전하면서 꽤 어려운 문제를 놓고 곧잘 토론을 벌이는 것을 목격한 일이 없는가?

4) 리더십에서의 성차

리더십에서 남녀 차이가 있는가? 먼저 생물학적 성에 따른 리더십의 차이를 살펴보면 일반적으로 여성이 남성보다 리더십이 부족하다는 것을 지지하는 증거는 없다. 그러나 젠더에 따른 남녀의 차이를 주장하는 여러 연구는 남녀에 대한 성 역할 고정관념적 특성이 관리적 행동에 반영되어 남녀 간 리더십 스타일에 차이를 나타내게 한다고 설명한다(Engly & Steffen, 1984). 남녀의 리더십 행동차이에 관한 연구에서 남성은 과업 주도적 행동을, 여성은 인간관계 중심적 행동을 보이는 경향이 강하다는 결과가 많다. 즉, 성차에 따라 리더십이 다르다고 보는 연구에 의하면, 종합적으로 여성은 사회적, 민주적 혹은 배려적 리더십 스타일(행위)을 자주 보이는 것으로 나타나고 있다. 여성은 오랫동안 남성 중심의 문화 속에 살아왔고, 여성 스스로 인식하는 자신의 젠더는 이러한 환경에 영향을 받기 때문에, 앞으로 리더십의 연구는 남성 중심의 제도적, 사회적 환경을 충분히 고려하는 것이 바람직할 것이다(이성희 · 한희선, 2009).

3 성차의 특성을 강조한 결과

모든 여성이 같을 수 없듯이 또한 모든 남성도 같을 수 없다. 어떤 여성은 남성이 가지고 있는 것보다 더 전형적인 남성적 특성을 나타내며, 남성 또한 마찬가지이다. 우리는 너무나 자주 여성과 남성을 개인으로 보는 통찰력을 상실하고 규정된 틀에 맞추려는 사회적 억압에 시달리고 있다. 이것이 바로 콤플렉스[11]를 형성하는 요인이다. 따라서 규정된 성별 역할이 아니라 개인으로서의 정체감을 형성해 나갈 수 있는 진정한 '개인다움'을 창조해 나가야 할 것이

11) 사회가 만들어 준 규정된 삶을 끊임없이 추구하고 그것에 집착함으로써, 우리의 행동은 영향을 받으며 계속 이어지게 되는데 이를 콤플렉스라고 부를 수 있다. 즉, 콤플렉스란 전체 성격 속에서 어떤 것에 강하게 집착, 강박하는 것으로, 이는 억압에서 벗어나지 못하여 행동에 크게 영향을 미치게 된다.

다. 흔히 콤플렉스는 의식하지 못하는 사이에 이루어지기 때문에 자신이 어떤 콤플렉스를 가졌는지를 잘 알지 못한다. 사회에서 규정한 여자다운 삶, 남자다운 삶에 파묻혀 나타나는 여성과 남성의 콤플렉스를 관련 자료(여성을 위한 모임, 1992, 1994)를 참조하여 살펴보자.

1) 여성 콤플렉스

고정적인 성 역할에서 여성에게 강조되는 것은 자신의 욕구를 포기 혹은 양보하고 다른 사람을 위해 사는 것이다. 또한, 온순하고 비공격적인 여성은 자신의 감정을 솔직히 표현하는 기회를 갖지 못하게 된다. 여성에게 주어진 이러한 역할은 여성에게 좌절감, 모호함, 자기 비하, 고립감 등의 부정적 감정을 경험하도록 이끈다. 전통적인 여성의 역할에 대한 반응으로 나타나게 되는 여성의 일곱 가지 콤플렉스는 다음과 같다(여성을 위한 모임, 1992).

첫째, 착한 여성 콤플렉스다. 이는 여자가 순종적이고 착하다는 주위의 평판을 듣기 위해 자신의 내면과 갈등하는 심리상태를 말한다. 여성은 착한 여자로 살아야 한다는 고정관념에 얽매여 항상 다른 사람의 눈에 비치는 자신을 의식하고, 자아실현의 잠재력을 희생하면서 남편, 가정, 주변 사람들로부터 칭찬을 받으려 하기에, 사회에서 요구하는 순종적인 여성상에 자신을 맞추기 위하여 끝없이 노력하면서 갈등을 겪는 예가 많다.

둘째, 신데렐라 콤플렉스다. 이는 자기 자신의 능력과 인격으로 자립할 자신이 없는 여성이 마치 신데렐라처럼 자기의 인생을 상승시켜 줄 왕자가 나타나기를 고대하는, 즉 남성의 보호를 받으며 살아가고 싶어 하는 여성의 의존 심리를 뜻한다. 신데렐라 콤플렉스의 특징은 의존성, 두려움, 열등감, 결혼에 대한 경제적·정서적 집착과 무기력증, 취업이나 자기 일에 대한 회의와 공포심 등이 있다.

셋째, 성 콤플렉스다. 이는 정숙하고 교양 있는 여자는 성적 쾌락을 즐겨서는 안 되며, 다만 출산의 수단이어야 한다는 그릇된 성 규범을 무의식적으로 받아들여 성적 욕망과 성적 표현, 성에 대한 흥미를 억제하는 동안 갖게 되는 심리적 갈등을 말한다. 이러한 갈등이 깊어지면 성적 부적응이 생기고, 성적 표현이 어눌해지며, 성적 불만과 긴장, 강박 관념과 자기 분열이라는 병리적 현상을 드러내기도 한다.

넷째, 외모 콤플렉스다. 이는 남자의 의미는 사회적 성취에 있고 여자의 의미는 아름다움에 있다는 생각이 남녀 관계를 지배하는 심리상태를 말한다. 외모가 자신의 생애에 중대한 영향을 미친다고 생각하는 여성은 더 예뻐지고 싶어 하는 외모 콤플렉스를 갖게 된다. 사회적 지위 확보를 위한 중요한 기준으로 외모가 강조되는 사회 분위기에서 여성은 생존 전략으로서 자신의 미(美)에 관심을 쏟게 되고, 이로 말미암아 원치 않았던 심리적, 육체적인 폐해에 시달리게 된다.

다섯째, 지적 콤플렉스다. 이는 자신의 지적 능력이 다른 사람과 비교하여 열등하다는 것을 내재화함으로써 나타나는 열등감을 말한다. 어떠한 이유로든 자신이 자라나는 과정에서 지적 능력을 발휘할 기회가 제한됨으로써, 자신의 지적 능력을 사회활동에서 적재적소에 발휘하기 어렵게 될 때 심한 열등감을 느낄 수 있다.

여섯째, 맏딸 콤플렉스다. 이는 전통적으로 맏딸은 맏이면서 딸이라는 이유로 아들인 장남만한 대우를 받지 못한 채 부모의 갈등이나 가정 문제에 더 신경을 써야 한다. 그뿐만 아니라 가사도 도외시할 수 없는 등 '살림 밑천'의 역할을 톡톡히 하였다. 이렇게 맏딸의 모습을 부각해 맏딸만이 느끼는 공통적인 갈등을 '맏딸 콤플렉스'라 한다.

일곱째, 슈퍼우먼 콤플렉스다. 이는 여성 자신이 갖춘 능력에 관계없이 직장인, 주부, 어머니, 아내, 며느리라는 다양한 역할을 완벽하게 하려는 경향이다. 많은 여성이 신체적 · 심리적으로 갈등하며 자신도 모르게 슈퍼우먼 콤플렉스에 빠지게 된다. 그에 따라 모든 것을 완벽하게 하지 못하면 심한 불안감, 초조감, 죄책감 등으로 고통을 받는다.

2) 남성 콤플렉스

성 고정관념은 여성에게만 불리한 결과를 가져오는 것은 아니다. 여성과 마찬가지로 남성도 정형화된 성 역할 속에서 어려움을 겪는다. 우리 사회에서 남성은 무엇보다도 능력 있어야 하고 남자다워야 하며, 강해야 한다는 것은 남성을 부담스럽게 하는 요인이 되고 있다. 전통적인 남성의 성 역할이 강조되면서 나타나는 남성의 일곱 가지 콤플렉스는 다음과 같다(여성을 위한 모임, 1994).

첫째, 가장(家長) 콤플렉스다. 가장이 한 집단의 기둥으로 그 가정의 경제를 책임지고 꾸려가야 한다는 역할을 강요받아 오면서 자연스럽게 습득된 것이 가장 콤플렉스이다. 이들은 가족의 생계를 책임져야 한다는 의무감으로 자신의 꿈과 적성을 뒤로 한 채 안정적인 직장과 현실 순응적인 성향을 가지게 되고, 변화나 위험 부담이 따르는 일은 기피하는 모습을 보여 주기도 한다.

둘째, 사내대장부 콤플렉스다. 이는 다른 사람보다 우월해야 한다는 강박관념 때문에 성공한 남자, 믿음직한 남자, 대범한 남자라는 인상을 심어주기 위해 자신의 욕망과 개성을 희생하는 데서 오는 열등의식을 말한다.

셋째, 온달 콤플렉스다. 이는 자의건 타의건 처가나 아내 덕을 보고자 하는 남성의 의존 심리를 말한다. 온달형 남성상은 여성의 능력이나 물질에 의존하여 살아가거나 출세하려 한다는 점에서 기존의 사내대장부 남성상과 모순된다.

넷째, 성 콤플렉스다. 이는 남성이 성행위의 주도권을 갖고 이끌어야 한다는 강박관념에서 오는 콤플렉스를 말한다. 성 콤플렉스는 그릇된 성규범과 성문화를 받아들여 성을 통해 남자다움을 과시하고, 성적 욕구와 능력에 집착하는 심리 혹은 자신의 성적 능력이 그러한 기준에 미치지 못하므로 위축되고 갈등하는 심리를 말한다.

다섯째, 지적 콤플렉스다. 이는 남성은 여성보다 다양한 지식을 가져야 하며 여자가 감정적인 데 비해 남자는 지성적이라는 통념이 여전히 절대적인 데서 온다.

여섯째, 장남 콤플렉스다. 이는 장남에 대한 특별한 관심에서 오는 콤플렉스로 한없는 신뢰와 기대가 때로는 무겁고 힘겨운 부담을 안겨 주기도 한다.

일곱째, 만능인 콤플렉스다. 이는 남성은 성공과 자신에 대해 높은 자부심이 있어야 하고, 명철하고 이성적인 판단을 할 수 있어야 하며, 직장과 가정의 모든 일을 잘 해내는 만능인이어야 한다는 심리상태를 말한다.

4 언제 성차가 강조되는가?

자연과학적으로나 사회적으로 두 가지 성이 확고히 자리를 잡은 후일지라도 언제나 성차가 강조되는 것은 아니다. 예를 들어 전쟁 등으로 말미암아 사회적으로 노동력이 부족한 시기에는 여성의 모성적 운명론은 어디론가 사라지고, 커리어우먼(career woman)의 자질이 강조되면서 여성의 능력이 남성에 못지않다는 것이 부각된다.

성차에 대한 관심의 역사적 추이를 살펴보면, 차이에 대한 관심이 증폭되는 시기는 바로 여성의 사회적·정치적 역할이 급속한 전환을 겪는 때라는 것을 알 수 있다. 그 대표적인 시기가 바로 19세기 전환기와 1970년대다.

19세기 전환기는 자본주의의 발흥(發興)과 함께 오늘날과 같은 현대적인 성별 분업체계가 자리를 잡기 시작한 때며, 19세기 초부터는 유럽과 북미에서 여성 참정권 운동이 일어났다. 또한, 1970년대는 여성운동의 '제2의 물결'을 비롯해 인권운동 등 전반적인 사회운동이 활발히 일어난 때다. 특히, 이 시기는 '성차 연구의 르네상스'로까지 불리는데, 이때 쏟아져 나온 사회생물학 지식은 과학적 신념을 배경으로 여성들뿐만 아니라 유색인이나 경제적 하층민 등 기존 지배질서에 저항하는 집단 모두에게 생물학적 자질을 이유로 왜 그들이 다르게 대접받는지를 설명해 주었다. 생물학적 차이는 생물학에만 머물지 않고 사회적 차별을 정당화하는 데 사용되었다. 생물학적 차이는 그저 단순한 다름이 아니라, 사회정치적 소수집단의 열등함을 강조했다.

19세기부터 오늘날까지 이루어진 생물학적 성차에 관한 지식 생산은 그 세부적 내용을 크게 세 부분으로 묶을 수 있다. 첫째, 뇌의 형태적 특징으로부터 생리화학적 반응까지 차이의 근거를 뇌에서 찾는 뇌신경생리학이다. 둘째, 차이의 근거를 진화에서 찾는 진화론으로 사회생물학이 대표적이다. 셋째, 성호르몬에서 차이의 근거를 찾는 성 내분비학이다. 이 세 가지 기준은 때로는 역사적으로 각각 독립해서 등장하지만 때로는 서로 조합을 이루어 나타난다. 예를 들어 성 내분비학과 뇌세포생리학의 결합과 같이 등장하기도 한다(한국여성연구소, 2014: 142-143).

제3장 가족에 대한 새로운 상상

1 거주 공동체로서의 가족

가족은 주거와 생활을 함께 하며, 정서적 친밀감을 갖는 공동체다. 우리나라에서는 '한 집안에서 한솥밥을 먹고 같이 사는' 혈연집단(피붙이 혹은 살붙이)을 가족이라고 생각해 왔다. 이처럼 가족의 개념에는 인간관계에 관한 규정 못지않게 주거와 재산의 공유라는 물질적 기반도 매우 중요하다. 가족구성원은 가족을 통해 '나는 누구인가?'라는 자신의 정체감을 부여받고, 정서적 안정을 얻게 된다. 모든 사람이 태어나면서 가장 먼저 속하게 되는 집단은 바로 가족이다. 따라서 가족은 개인과 사회를 연결해 주는 일차집단이다. 가족은 각 개인의 일생과 일상생활에서 불가분한 관계이고, 전체 사회구조에서 가족제도가 갖는 의미는 매우 크다. 자신의 가족을 통해 사회를 이해하게 되고 여러 가지 다른 관계를 맺게 된다. 가족은 사회 변화와 무관할 수 없기 때문에, 끊임없이 사회와 교류하는 열린 공간으로서의 특징도 갖는다.

가족이란 구성면에서 혈연 · 인연 · 입양으로 연결된 일정 범위의 사람들로 구성된 집단[12]이고, 기능적인 측면에서는 공동으로 의식주를 해결하는 일상생

12) 가족에서의 혈연관계는 부모-자녀관계를 기본으로 하고 그 확장을 포함한다. 예컨대 조손관계는 부모-자녀관계가 수직적으로 확장(직계친)된 것이며, 형제관계는 부모를 공유하는 수평적 확장(방계친)이라 할 수 있다. 그리고 인연(姻緣)관계는 부부관계를 기본으로 하고 그 확장을 포함하며, 고부관계는 한 여성의 부부관계와 그 남편의 모자관계의 결합으로 볼 수 있다. 한편, 입양은 생물학적 자녀가 없는 경우에 특정의 목적을 위하여 사회적인 자녀관계를

활의 단위이며, 정서적 · 정신적 유대와 공동체적 생활방식을 공유하는 집단이다. 가족은 사회적 상호작용의 장이고 가족구성원 개개인이 사회라는 거시적 구조와 만나는 접점을 제공하는 사회제도이다. 가족생활과 가족관계에 대한 사회의 다양한 영향과 압력은 가족구성원 간의 관계에도 영향을 준다. 이런 의미에서 가족은 가족구성원 간 협력의 장소가 되기도 하고, 때로는 갈등의 장소가 되기도 한다(정영애 · 장화경, 2010: 14-16).

가족을 혈연 · 애정 · 거주의 공동체라고 할 때, 과연 오늘날 그러한 정의에 부합하는 가족이 얼마나 될까? 입양을 통해 가족관계를 구성하는 사례도 늘어나고 있으며, 부부간의 애정이 사라져 정서적 이혼 상태에 이른 '쇼윈도 부부'나 별거 · 이혼 후의 한부모가족이나 조손가족, 재혼가족의 비중도 커지고 있다. 또 교육이나 취업을 위해 부모와 자녀가 떨어져 사는 기러기가족이나 주말에만 만나는 주말가족 등 거주 형태도 다양해지고 있다. 나아가 법적 혼인 절차를 거치지 않은 동거 가족이나 동성애 가족도 통계적으로 확인되지 않았을 뿐, 우리 사회에 상당수 존재하는 것이 엄연한 사실이다. 따라서 페미니스트들은 '가족(the family)'이 아니라 '가족들(families)'이라고 이름 붙여야 하며, 부부와 자녀로 구성되는 핵가족이 바람직하다는 생각은 '정상가족 이데올로기'에 불과하다고 비판한다.

2 가족의 기능과 유형

1) 가족의 기능

가족이 인간사회에서 가장 보편적으로 존재하는 기본 구성단위가 된 이유는 무엇일까? 그 이유는 바로 가족이 개인의 욕구 충족과 생존뿐만 아니라, 사회 유지와 존속에도 핵심적 기능을 수행하고 있기 때문이다. 가족은 개인을 사회제

맺는 것을 말한다.

도적 구조와 결합시키고 문화적 가치와 연결시킨다. 가족의 기능이 수행된 결과로 사회가 유지·존속되고, 가족구성원은 욕구를 충족시킨다. 가족의 기능은 복합적이며 시대와 지역, 사회체계의 변천, 문화적 배경에 따라 다르게 나타난다.

가족은 개인과 사회의 중간에 위치한 체계로서 전체 사회에 대하여는 하위체계로, 개인에 대하여는 상위체계다. 따라서 가족의 기능은 가족제도가 전체 사회에 대해 작용하는 기능(대외적 기능)과 가족구성원에 대한 기능(대내적 기능)으로 구분할 수 있다. 가족의 기능을, 구미 학자들은 교육(사회화), 성, 자녀 출산 및 재생산, 정서적 만족·지지, 애정·동료감, 보호·양호, 사회적 지위 부여, 사회적 정체감, 종교, 오락, 사회참여 등을 제시하고, 우리나라 학자들은 교육(사회화), 양육, 성, 자녀 출산 및 생식, 경제, 휴식, 오락, 보호·양호, 종교, 정서적 만족·지지, 사회적 지위부여 등을 제시한다. 이처럼 학자에 따라서 관점이 다르고 기능의 내용이 다르지만, 이 가운데 성적 기능, 자녀 출산, 교육, 경제적 기능의 4가지는 대다수가 공통으로 제시하는 내용이다. 정영애와 장화경(2010: 16-20)이 제시한 기능을 소개하면 다음과 같다.

(1) 성관계의 허용과 통제 기능

인간은 생물학적으로 성적 욕구를 충족하려는 생리적 특성을 가지고 태어난다. 만약 성적 욕구 충족에서 완전한 자유나 개방이 허용된다면, 이로 말미암은 갈등과 불화로 사회는 기본질서를 유지하기 어렵게 된다. 개인에게 혼인이라는 사회적 공시(公示) 절차를 통해 부부의 지속적인 결합이 법적으로나 사회적으로 승인되고, 이에 따라 사회적으로 성적(性的) 질서가 유지된다. 가족은 근친상간을 금기(禁忌)로 하고, 바람직하지 못한 혼외 성관계를 제지한다.

(2) 자녀 출산 및 사회화 기능

무한한 사회는 유한한 존재인 인간으로 구성된다. 출산이라는 생물학적 행위는 개인적 차원에서 일어나지만, 결과적으로는 새로운 사회구성원을 만들어 낸다. 가족의 출산 기능은 사회구성원을 공급함으로써, 사회를 유지·존속·발전시킨다. 그리하여 인간이라는 종의 영속에 이바지한다.

갓 태어난 아이는 독립적 생존이 불가능하므로 일정 기간 성인의 보호를 받아야 바르게 성장한다. 생물학적 부모 대부분은 사회적 부모의 구실을 하게 된다. 태어난 아이 대부분은 생물학적 부모의 자녀라는 지위를 갖게 되고, 자신의 부모가 속한 사회계층에 속하게 된다. 가족은 태어난 아이를 키우는 과정을 통해 원초적인 사회화를 담당한다. 또한, 자녀가 사회에 긍정적으로 적응하는 바람직한 사회인으로 성장하도록 돕는다.

(3) 정서적 안정의 제공 기능

가족구성원 상호관계의 복합체가 가족이므로, 가족의 정서적 토대는 관계의 형성과 유지의 기초 요인이 된다. 가족의 정서적 기능은 가족관계에서 친밀하고 지속적인 상호작용을 구체적으로 경험하는 것이다. 가족은 구성원들이 사회생활에서 경험하는 긴장감을 없애 주고, 애정을 바탕으로 친밀한 관계를 유지하도록 정서적 안정과 심리적 만족감을 준다. 가족구성원은 사회생활로 지친 몸과 마음을 가정에서 피로와 긴장을 없애고, 일상적 노동력을 재생산한다. 경제적 · 정신적 부담과 복잡한 인간관계로 무한 경쟁체계인 현대사회에서 가족이 주는 안정감은 매우 중요하다.

가족은 감정적 욕구를 표현하는 기회를 제공한다는 의미에서 현대사회에서 개인의 피난처라고 할 수 있다. 가정과 직장이 공간적으로 분리되어 있어서 직장생활에서 경쟁이 심할수록 가정에서 편안한 휴식을 얻으려는 욕구는 정비례한다. 가족은 '안식처'로서 사회생활과 이해관계에서 분리된 사적 공간 · 사생활의 영역으로 확보되어야 한다. 애정과 친한 관계는 개인을 정서적으로 지원해 주고 인간적 성장과 성숙을 가능하게 한다. 가족이라는 집단에서 구성원들은 자신의 생활과 인생에서 경험하는 실망과 기쁨을 함께 나누는 동료이다. 가족구성원은 서로의 성공을 진심으로 기뻐해 주고, 실패했을 때 고통을 함께 나눈다.

(4) 경제적 협동 기능

가족은 함께 생활하면서 생산과 소비를 공동으로 수행하는 경제공동체다. 전통적 농경사회에서는 가족이 자급자족의 단위로서 생산의 주체였고, 생산노동이 가족을 통해 이루어졌다. 그러나 가족관계에 기초한 가구 생산체계로부터 자본과 노동 사이에 계약이 존재하고, 시장조건에 영향을 받는 공장 생산체계로 전환되면서 남성은 가정 밖에서 주로 생산활동을 전담하고, 여성은 가정에서 소비 및 가사노동을 하는 성별분업체제가 형성되었다.

이제 가족은 일차적인 소비단위이며, 남녀 간의 경제적 협력단위가 되었다. 가족의 소비기능은 의식주와 같은 일상생활을 중심으로 이루어진다. 생필품 대부분은 생산업체가 만들어서 제공하는 상품을 시장에서 구매하여 소비하게 되었다. 산업사회의 가족에게는 상품선택과 구매에 대한 소비자로서의 대처능력이 필요하고, 한정된 수입으로 가족구성원의 욕구를 충족시킬 수 있는 공평하고 합리적인 재정관리가 요구된다.

(5) 사회보장 기능

가족은 각종 질병과 개인적·사회적 위협 등으로부터 가족구성원과 재산을 보호해 준다. 또한, 가족은 부양과 보호가 필요한 노약자나 장애인을 보호한다. 가족은 이들의 안정적 일상을 보장하는 물질적·정서적 보호를 제공한다. 오늘날에는 정부가 사회보장·사회복지제도를 통해 아동이나 노인, 환자, 장애인 등 사회적 약자에 대한 보호와 부양의 일부를 담당하고 있다. 사회활동에 참여하는 취업여성의 가족은 가정 내에서 수행되는 아동과 노인에 대한 보호 기능을 어린이집, 유치원, 노인학교, 양로시설 등의 사회적 시설 혹은 기관을 활용하여 충족시키고 있다.

(6) 기타 기능

이상의 기능 외에도 가족은 여러 가지 기능을 수행하는데, 몇 가지만 살펴보자. 첫째, 가족은 교육 기능을 갖는다. 아이는 가족 내의 교육을 통하여 규범, 도덕, 생활지식 등을 익힌다. 그러나 산업화 이후로 생산 기능이 회사 등 기업으로 이전되면서 가족이 가진 경제적 역할이 약화되어, 자녀 양육 및 교육이나 노인 보호 기능도 줄어들고 있다.

둘째, 가족은 여가 기능을 갖는다. 여가는 생활에 활기를 주고 재충전할 수 있는 기회인 동시에, 자아가 확대되고 삶의 의미를 중시하게 된 사회에서는 일 자체의 기능만큼이나 중요한 기능으로 드러나고 있다. 가족구성원이 함께 모여 시간을 보내는 그 자체로 마음이 편안해지고 가족구성원 간의 대화는 심리적 안정감을 느끼게 한다. 최근 들어 가족 간의 문화 활동이나 휴가 문화 등이 발달하면서 친밀함을 유지하려는 노력이 많아지고, 정서적 유대 기능은 점점 늘어난다.

셋째, 종교적 기능도 가족의 정서적 유대에 이바지한다. 그러나 오늘날 가족의 종교적 유대는 약화되었다. 가족단위로 이루어지던 종교행사가 교회나 사찰 등의 종교단체로 이양되면서, 가족은 종교기관의 활동에 참여하는 수동적 위치가 되었다. 신앙의 자유가 확산되어 종교는 가족단위가 아닌 개인의 선택사항으로 전환되었고, 한 가족 내에서 서로 다른 종교를 갖는 사례도 나타나고 있다.

2) 가족의 형태

가족의 형태는 역사적 시기별로, 문화적 전통과 사회 경제적 배경에 따라 매우 다양하다. 가족의 형태를 분류하는 기준으로는 ① 배우자의 수, ② 배우자의 선택범위, ③ 가족의 구성방식 및 거주 원칙 ④ 가계계승의 원칙, 그리고 ⑤ 가족 내 권위의 소재 등이 있다(정영애 · 장화경, 2010: 20-22).

(1) 배우자의 수

어느 사회에서나 보편적으로 발견되는 형태가 한 남자와 한 여자가 결합하는 단혼제(單婚制)로 일부일처제라고도 한다. 이와 비교되는 복혼제(複婚制)는 배우자 중 어느 한쪽이 두 사람 이상인 경우인데, 일부다처제와 일처다부제가 있다.[13] 일처다부제는 경제적으로 빈곤하여 인구를 줄이기 위해 여아살해 풍습이 있는 사회에서 나타나고 있다. 일부다처제 사회에서는 여성배우자의 수가 남성의 위신을 나타내는 상징이 된다. 그러나 모든 남성이 여러 명의 아내를

13) 머독(Murdock, 1971)이 행한 565개 사회의 비교연구에서는 약 80% 이상의 사회에서 복혼제를 허용하고 있었고, 그중에서 일처다부제는 1% 미만에 불과하였다(조승연 역, 1991).

갖는 것은 아니다. 남성의 경제 및 남녀성비 탓에 남성 대다수는 실제로 부인이 한 명이다.

(2) 배우자의 선택범위

결혼상대자를 정하는 범위를 기준으로 족내혼(endogamy)과 족외혼(exogamy)으로 나눈다. 족내혼이란 혼인이 같은 사회집단 내에서만 이루어지는 것을 뜻한다. 즉, 일정한 친족관계, 같은 종교, 계층, 인종집단 등 한 집단의 구성원 간에만 통혼이 인정되는 혼인을 말한다. 족외혼은 근친상간의 금기가 확장된 것이다. 배우자를 친족 밖에서 선택하게 함으로써 친족집단의 성립과 사회적 질서를 유지한다. 예를 들면, 예전 우리나라 「민법」의 동성동본금혼 규정은 같은 혈족 이외의 혼인만을 공식적으로 인정하는 일종의 족외혼제였다.

(3) 가족의 구성방식 및 거주 원칙

일반적으로 가족이라고 생각하는 부모와 자녀로 이루어진 오늘날의 가족이 핵가족이다. 이와 비교되는 확대가족은 부모와 기혼자녀의 가족 등 3세대(世代) 이상이 같은 집에서 함께 사는 형태이다.[14] 가족구성원의 범위 혹은 구성형태와는 상관없이 가족 수가 많으면 대가족[15]이 되고, 3세대로 구성된 확대가족이라도 홀어머니와 며느리, 손자만으로 구성된 3인 가족은 소가족에 해당된다.[16]

핵가족이 제도적으로 정착된 사회에서는 혼인한 남녀 한 쌍이 새로운 곳에서 독립된 생활을 하는 신거제(neolocal system)를 채택한다. 신거제는 출생가족(family of orientation)과 출산가족(family of procreation)을 공간적으로 분리시키는 제도이다.

---

14) 확대가족의 경우 남편의 출생가족과 함께 사는 형태를 부거제(patrilocal system), 아내의 출생가족과 함께 사는 형태를 모거제(matrilocal system)라고 한다. 부거제의 가족형태 중에서 함께 사는 가족이 직계에 속하는 가족, 즉 조부모와 부모, 부모와 자녀와 같은 경우를 직계가족이라고 한다. 예를 들면, 우리나라에서 장남이나 외아들이 혼인하여 부모를 모시고 사는 3세대 가족은 전형적인 직계가족에 해당한다.

15) 참고로, 대가족이라는 용어는 구성방식이 아니라, 가족규모를 기준으로 규정한 것이다.

16) 참고로, 모계 또는 부계의 단일혈통집단 구성원들이 한 장소에서 한 사람의 권위 아래 배우자 및 자손들과 함께 사는 가족 형태를 결합가족이라고 한다. 결합가족은 가족구성원들이 따로 떨어진 곳에서 살지 않고 모여 산다는 점에서 확대가족과는 다르다.

출생가족은 태어나고 성장한 가족인데, 보통 부모와 형제로 이루어진다. 출산가족은 자신이 혼인함으로써 새로 형성된 가족으로 배우자와 자녀가 포함된다.

(4) 가계계승의 원칙

가계의 계승은 친족범위의 설정과 밀접한 관련이 있다. 계승의 원칙에 따라 가족의 재산이 한 세대에서 다음 세대로 상속된다. 부계제(patrilineal system)는 가명(家名)과 친족의 계보와 가산(家産)이 아버지의 혈통을 따르는 것이고, 모계제(matrilineal system)는 어머니의 혈통을 따르는 것이다. 양계제(bilateral system)는 임의로 부계나 모계를 선택할 수 있는 경우를 말한다. 가장 보편적인 유형은 부계제 중 장자 상속제인데, 법정 추정 호주 상속인을 장자로 하는 상속 형태를 말한다. 현행 「민법」은 호주 상속을 호주 승계로 바꾸어 재산 상속에서 분리하여 법률상 인정하면서, 호주의 직계 비속 장남자를 호주 승계 순위의 제1순위로 규정하고 있다(제984조 1호 및 제985조 2항). 현대사회에서는 과거와 비교해서 양계제적 경향이 나타나고 있지만, 부계제가 아예 없어진 것은 아니다.

(5) 가족 내 권위의 소재

가족은 가족구성원 각자의 삶에 관련된 여러 일을 결정 · 집행하는 집단이다. 가족집단과 구성원의 방침을 결정 · 집행하는 권위가 부계에 집중되어 있으면 부권제 또는 가부장제(patriarchalism)[17]이고, 권위가 모계에 집중되어 있으면 모권제(matriarchalism)이다. 현대사회에서는 가족 내의 인간관계가 점차 평등을 지향하고 있고, 부부의 책임과 권위가 과거보다는 균등하게 배분되는 방향으로 개선되는 경향이 있다. 그러나 가부장권이 조금 약화된 형태의 부권 가족이 대다수이고, 부권과 모권이 완전히 평등하게 분배된 가족형태는 아직은 거의 없는 것 같다(정영애 · 장화경, 2010: 20-22).

---

17) 최근의 여성학계에서는 가부장제를 여성에 대한 남성의 일반적인 억압체계를 가리키는 개념으로 사용하고 있다. 여성학계의 이와 같은 개념 정의는 가부장제의 한 측면, 즉 여성에 대한 남성의 지배라는 측면을 부각시킨 것이며, 기존 사회과학계의 개념 정의에 모순된다기보다는 특정 측면을 발전시킨 것이라고 보아야 하겠다.

참고자료 3-1

노르웨이 테러범, "한 · 일처럼 가부장제 회복"

노르웨이 연쇄 테러사건의 범인 안드레스 베링 브레이비크(32)는 한국과 일본처럼 가부장제가 확립돼야 한다고 주장을 폈던 것으로 영국 일간 텔레그래프가 24일 보도했다. 브레이비크는 범행 2시간 40분 전에 '2083: 유럽 독립선언'이라는 선언문을 인터넷에 올려 페미니즘에 대한 혐오감을 피력하면서, 이는 1960년대부터 본격화된 여권 신장 운동 탓이며 가부장제 회복을 강조했다. 그는 선언문에서 "가부장제 회복이 대안이며 일본이나 한국 모델이 해결책"이라면서 유럽이 일본이나 한국 같이 되는 것을 보고 싶다고 말했다. 브레이비크는 한국과 일본이 보수주의와 민족주의와 가까운 것으로 본다고 주장했다.

출처: 연합뉴스(2011. 7. 25). jianwai@yna.co.kr.

3 가족생활주기

가족이 안고 있는 임상적 문제는 어떤 발달단계에서 다음의 발달단계로 이행할 때 생기는 어려움과 관련된 경우가 많다. 따라서 상담자는 각 개인이나 가족생활주기에 관한 지식을 가지는 것이 바람직하다. 상담자는 특히 어떻게 하면 가족이 이행이라는 발달 과정을 수용하고 촉진할 수 있는가와 연결하여 생각할 필요가 있다. 한 개인에게 발달단계가 있듯이 가족 역시 시간의 흐름에 따라 정서적 발달을 하는데, 그 같은 발달을 달성하기 위해 가족이 수행해야 하는 발달과제가 있다. 그런데 가족이란 믿음이나 기대, 가치 등을 공유하는 정서적 체계이므로 가족생활의 각 단계에서 요구하는 발달과제를 달성하는 것은 그다지 간단한 일이 아니다. 개인이 어떤 발달단계에서 요구하는 과제를 충분히 달성하지 못하면 그 단계에 고착하는 것처럼, 가족도 어떤 단계에서 요구하는 과제를 수행하지 못하면 어려움을 겪게 된다.

이처럼 가족이 생활주기에서 각 단계의 이행이 순조롭게 진행되지 못하면 스트레스를 받기 쉽다. 이 같은 스트레스에 직면하면 가족은 이전의 단계로 돌아가려는 퇴행현상을 보이는 것이 일반적인 반응이다. 예를 들면, 자녀가 청소년기를 맞이하여 겪게 되는 스트레스를 생각해 볼 수 있다. 이 시기는 부모와 자녀 모두에게 어려운 시기다. 자녀는 자신에게 부여된 여러 가지 역할이나 과제 중에서 부모에게서 독립하려는 것, 즉 자아정체감의 확립에 커다란 비중을 둔다. 그런데 때로는 이 같은 자아정체감의 확립과정에서 생기는 자녀의 반항이 자신의 원 가족과, 해결하지 못한 부모의 문제를 가진 부모를 자극하여 그들은 자녀에게 더욱 통제를 가할 수도 있다. 이처럼 자녀의 독립과 부모의 통제라는 문제가 복잡하게 얽혀 가족이 가진 어려움은 가중될 수 있다.

여기서는 핵가족이 가족생활주기의 각 단계에서 직면하는 발달과제와 가족문제를 중심으로 살펴보려 한다(김유숙, 2006).

1) 가족생활주기의 의의

우리는 다원화된 사회에서 살기 때문에 정상적인 가족은 물론, 전형적인 가족의 정의도 내리기 어렵다. 가족 연구자들은 이러한 어려움을 극복하기 위해 가족생활에서 정상적인 과정을 밝히려는 노력을 꾸준히 해 왔다. 그러나 무엇이 전형적인가의 해답이 될 수 있는 정상적인 과정이란 개인과 가족을 둘러싼 체계와 관련이 있는 것으로 시대적·사회적 배경에 따라 달리 정의될 수 있기 때문에 여전히 어려운 과제로 남아 있다. 여기서는 가정 모습의 기초선을 제공하는 가족생활주기를 통해 전형적인 가족을 살펴보고자 한다.

가족생활주기는 그 자체가 하나의 정서적 발달의 기본 단위이다. 이것은 특유한 단계와 경과를 가진 가족구성원의 움직임과 상호관계를 이해하는 준거틀로서 의의가 있다. 모든 가족은 개인과 마찬가지로 결혼, 첫아이의 출생, 청소년기의 시작과 같은 어떤 예측 가능한 사건이나 국면을 통과하게 된다. 즉, 가족 대부분은 두 성인이 그들이 출생한 가족에게서 분리하여 결혼하고, 남편과 아내로서 서로에게 조화해 가는 것을 학습하며, 첫 자녀가 태어나면서 부모로서의 새로운 역할을 하며, 그 후 가족 수가 증가하면서 가족구조와 생활방식을 바람직한 방향으로 재조직하게 된다. 이렇게 가족이 성숙해 감에 따라 부모-자녀관계는 새롭게 발전하여 그 과정을 통해 부부관계도 변화하게 된다.

그러나 가족생활주기를 거치는 동안 각 단계에서 요구되는 발달과제를 해결해야 하는데, 발달과제가 순조롭게 해결되지 않을 때는 외부의 도움이 필요하다. 가족이 당면한 위기나 문제행동은 그 가족이 어떤 단계인지에 대한 발달적 맥락에서 이해하려고 할 때 더욱 잘 파악될 수 있다.

상담자들은 최근 생활주기에 대한 인식을 새롭게 하고 있다. 즉, 각 발달단계에서 요구되는 개인의 발달과제가 달성되느냐의 여부는 그 개인의 정신건강에 커다란 영향을 준다고 보았다. 이것은 종래의 출생부터 5, 6세까지의 시기가 한 개인의 인격을 형성한다고 보았던 결정론의 시각과는 달리, 인간은 전 생애에 걸쳐 끊임없이 변화한다는 생각을 지지하는 것이다. 이러한 관점은 인간의 정신적 성장에 대해 더욱 낙관적이며 희망적인 가능성을 제공하는 것이기도 하다. 최근의 생활주기 이론은 종래의 발달론적 관점에 성인기 이후 노년기까지의 인간의 생물학적·심리적·사회적인 변화를 그 이전의 발달 과정과 연결해 더욱 포괄적으로 볼 수 있게 한 것이다.

(1) 가족생활주기의 역사적 동향

가족생활주기의 관점은 각 개인의 생활주기 이론을 토대로 하므로 가족생활주기 과정을 살펴보기 전에 각 개인의 생활주기에 대해 언급하려 한다. 생활주기의 각 단계에서 요구되는 발달과제에는 어떤 사회가 개인 또는 가족에게 요구하는 것을 포함하고 있다. 근대사회처럼 전통적인 가치관이나 생활양식이 고정되어 있어 안정된 사회에서 개인이나 가족은 거의 유사한 가치관이나 적응방식을 가지므로 생활주기를 지키는 것이 비교적 쉬웠다. 그러나 문화의 다양성이 강조되는 현대사회에서는 사회변동이 크기 때문에 개인은 자신이 어린 시절 형성한 가치관이나 생활양식에만 근거해 설계된 삶을 유지하기는 어려워졌다. 특히 이 같은 인생설계는 청년기 이후 급격한 변화를 맞게 되며 성인기와 노년기에도 많은 변화를 경험하게 된다. 즉, 한 개인의 생활주기 속에도 다양한 가치관이나 생활양식이 존재하게 되었을 뿐 아니라, 각 단계에서 달성해야 하는 발달과제도 급속히 변화하고 있다. 개인 생활주기에서는 영·유아기에서 아동기, 청소년기, 청년기, 성인기라는 한 개인의 시간적 변천을 따라 변화가 이루어진다. 이와는 달리 가족생활주기는 결혼으로 새롭게 탄생한 가족이 변화해 가는 과정을 시간적 변천에 따라 구분하게 된다.

가족생활주기를 중심으로 한 가족연구는 1970년대부터 본격적으로 이루어졌다. 정신분석적 입장에서 질바크(Zilbach)는 '가족발달(family development)'이라는 논문에서 이미 가족을 한 단위로 보았다. 그는 시간의 경과와 함께 일어나는 가족발달을 가족 내의 각 개인의 발달과는 별개의 특수한 작은 집단의 발달로 설명하였다. 여기서 말하는 발달이란 가족은 일정한 구조와 기능을 가진 전체로서 정해진 어떤 발달단계에서 예기된 다음 단계로 전진하는 것을 의미한다고 보았다. 그러므로 발달의 개념보다는 생활주기라고 불러야 한다는 점을 강조하면서 단계를 제1단계에서 제6단계까지로 나누었다. 또한, 이와 같은 가족생활주기를 규정하는 기본적 요인으로 결혼, 첫 자녀의 출생, 첫 자녀의 사회참여, 막내 자녀의 사회참여와 가족기능의 축소, 부모 - 자녀관계의 새로운 재구성, 첫 자녀의 결혼과 독립, 별거, 부모의 조부모화 등을 들고 있다(Zilbach, 1978).

가족생활주기에 관한 역사적 흐름을 간략하게 살펴보기로 하자. 1948년 힐과 듀발(Hill & Duvall)이 가족을 각 구성원의 개별적 생활주기의 집합으로 취급하며, 가족은 이와 같은 집합 안에서 상호 의존적인 관계라고 주장한 것이 출발점이 되었다. 이러한 관점에서 보면 청소년, 성인, 노년의 3세대가 각각의 발달과제를 가족 안에서 어떻게 서로 관련을 맺어 가느냐가 주요한 관심사가 될 것이다. 1950년대 듀발은 결혼, 출산, 자녀의 성장, 죽음 등의 가족 수가 줄거나 느는 것을 중심적 사건으로 설정하여 가족생활주기를 8단계로 나누었다. 그러나 이 같은 접근은 가족심리적 접근이라기보다는 사회학적 관점에 머물러 있다는 한계가 있었다. 1950~1960년대에 보웬(Bowen), 애커먼(Ackerman), 잭슨(Jackson), 사티어(Satir) 등 가족을 주로 만나는 상담자들은 자신의 임상적 경험을 토대로 새로운 가족발달 또는 가족생활주기의 모델이 확립되어야 한다고 강조하였다. 보웬은 가족에게 치료적 접근을 하기에 앞서 가족평가를 통해 가족생활주기의 전체상을 그려내는 것이 중요하다고 주장하였다. 그는 3세대 사이에서 이루어지는 교류, 출산, 결혼, 질병, 이별 등이 어떤 경과를 거치는가는 가족을 이해하는 중요한 부분이 된다고 보았다. 사티어도 가족과 만나는 최초의 면담에서 중심적으로 다루어야 하는 과제로 가족생활주기를 6단계로 나누고 가족 스트레스는 어떤 단계에서 다른 단계로 이행하는 시점에서 자주 나타난다고 강조하면서, 가족은 이러한 시점에서 증상을 나타내는 경우가 많다고 지적하였다. 미뉴친(Minuchin)은 가족을 하나의 체계로 볼 때, 기존 도식의 중요한 구성 요인으로 가족의 발달적 주기를 들고 있다. 그는 또한 어떤 상태에서 새로운 상태로 이행하는 과정에서 가족은 고통을 경험하는 경우가 많다고 지적하였다.

(2) 체계론적 관점의 가족생활발달주기

1980년 카터와 맥골드릭(Carter & McGoldrick)은 일반체계이론을 통합한 새로운 가족생활주기의 개념을 정리해 발표하였다. 그들은 가족생활주기의 기본적인 단계를 나눌 때, 현대사회의 새로운 동향이 반영된 과제를 첨가해야 한다고 주장하였다. 이들은 이 같은 경향으로 소속되지 않은 어른(young adult)과 이혼 및 재혼가정을 들었다. 그들은 현대사회에서는 자신의 원 가족과 결혼가족 어디에도 소속되지 않은 어른의 기간이 있으므로 이것을 가족의 출발점, 즉 첫 단계로 보아야 한다고 주장한 것이다. 또한, 이혼이 동반하는 가족생활주기의 혼란과 그 전후의 가족과정이나 재혼에 의한 새로운 가족 형성의 문제를 예외적 현상으로 생각하지 않고 기본적인 가족과정으로 보았다. 또한, 그들은 가족발달과제를 가족이라는 전체 속에서 관계를 확대하거나 축소, 그리고 재편성하는 것으로 보았기 때문에 이들이 제안한 가족생활주기의 단계는 실제 가족상담과정에 많은 도움을 준다.

가족생활주기의 관점에서 가족역동을 생각할 때, 일반적으로 문제행동으로 생각하는 개념은 가족항상성, 이중구속, 거짓 상호작용, 부모의 연합, 세대 간 경계의 확립, 성별 역할의 유지, 가족규칙, 가족신화 등이다. 이들 개념 대부분은 조현병(정신분열증)의 가족연구에서 발전된 것이지만, 현재는 어떤 문제를 가진 가족관계나 가족역동을 이해하는 데도 유익한 관점으로 인식되고 있다. 이러한 관점에 근거해 각 단계에 대한 간단한 고찰을 하기로 한다.

첫 번째 단계는 자신이 태어난 원 가족과 앞으로 만들어 갈 결혼가족 중간에 있으며, 원 가족에서는 분리했으나 아직 다른 가족을 구성하지 않아 소속되지 않은 어른의 단계이다. 이 단계에 속한 개인은 원 가족에서 자신이 분화했다는 의식을 가지는 것이 중요하며, 더 나아가 적절한 직장을 찾는 동시에 동료와 친밀한 관계를 형성하는 능력을 몸에 익혀야 한다.

두 번째 단계는 결혼에 의한 가족결합이다. 이 과정에서 두 사람은 서로에 대한 헌신이 필요하며, 그 결과 새로운 부부체계가 형성된다. 이 단계의 개인에게는 확대가족이나 친구 사이에서 생기는 관계를 적절히 조절하는 것이 필요하며, 결혼을 계기로 원 가족과의 관계를 재구성해야 한다.

세 번째 단계는 어린 자녀가 있는 가족이다. 자녀의 등장은 가족체계에 많은 변화를 요구한다. 이미 존재하는 부부체계에 새로운 부모 - 자녀체계가 더해지는 것이다. 새로운 세대를 가족체계에 받아들이는 것뿐만 아니라, 확대가족과의 관계에서도 변화가 일어난다. 이들의 부모는 조부모의 역할을 담당하는데, 이 같은 역할을 어떻게 수행하는가도 중요한 부분이다.

네 번째 단계는 청년기 자녀가 있는 가족이다. 여기서는 부모 - 자녀관계에서 자녀가 자립하기 위한 단계이지만, 커다란 변화가 예상된다. 일반적으로 청소년기의 자녀는 가족체계를 들락거리면서 가족경계를 유연하게 하는 역할을 한다. 이상적인 것은 부모세대가 이 같은 자립을 위한 자녀의 발달과 발달과제를 수용하면서 지금까지 부모로서 더욱 많은 관심을 가졌던 자신들의 관점을 부부에게로 전환하는 것이다. 때로는 자녀 양육을 위해 집에 있던 어머니가 다시 새로운 사회활동을 시작하는 경우도 있다.

다섯 번째 단계는 자녀가 집을 떠나는 자립의 시기다. 이 시기는 젊은 세대가 자립하는 시기이므로, 가족구성원의 들락거림이 더욱 심해진다. 또한, 조부모가 노약하여 질병으로 시달리거나 부모세대에 의존하게 된다. 자녀는 사회에서 자립한 성인으로 역할하게 됨으로써 가정에서도 자녀를 평등한 어른으로 인정하는 새로운 부모 - 자녀관계를 모색해야 한다. 그리고 자녀가 결혼해 그들의 자녀를 가지면 조부모로서의 역할도 필요하다. 자녀는 친인척과도 관계를 맺는데, 이 시기 윗세대의 질병이나 죽음과 직면해야 하는 경우가 생긴다.

마지막 단계는 노후이다. 부모세대는 조부모세대로서 둘만 남게 되므로 이들은 새로운 관심이나 사회생활을 만들 필요가 있다. 동시에 중간세대가 가족 속에서 더욱 중심적 역할을 하게 되며, 윗세대의 지식과 경험을 존중하며 수용하지만, 그들에게 의존하기보다는 오히려 그들을 돌보는 위치로 바뀐다. 동시에 이 시기는 배우자, 형제, 동료에게 영향을 주는 윗세대의 질병이나 죽음을 경험하는 것이 일반적이다.

2) 가족생활주기의 발달과제

(1) 제1단계: 새롭게 출발하는 가족

이 단계의 주요 과제는 남녀가 각자 출생한 가족에게서 물리적 · 심리적으로 분리해 두 사람만의 세계를 만드는 것이다. 결혼한 두 사람은 자신의 기본적인 욕구충족을 원 가족에서 추구하지 않고, 자신의 배우자에게서 만족하려고 노력해야 한다. 이같이 상대방의 욕구에 반응하는 것은 쉬운 것처럼 보이지만, 젊은 부부는 자신이 자라 온 원 가족의 경험에 의해 욕구의 표현방식을 달리하기 때문에 갈등을 일으키는 경우도 있다.

가족체계 수준에서 남녀가 부부로서 잘 기능하기 위해서는 기본적인 규칙과 유형을 만들어야 한다. 이러한 규칙에는 ① 상대방의 욕구에 반응하는 것, ② 의견이나 사고의 차이를 조정하는 것, ③ 가족경계나 집안일 같은 일상생활의 활동에 협력하는 것, ④ 부부가 하나라는 일체감을 느끼는 동시에 개인으로서의 자립을 손상시키지 않도록 확고한 경계를 만드는 것, 그리고 ⑤ 원가족과 배우자와의 관계에서 적절한 균형을 유지하는 것 등이 있다. 한편, 원 가족, 특히 부모는 결혼하여 독립한 자녀의 독립성을 존중하며 적절한 거리를 갖도록 관계를 재구성해야 한다.

이 단계에서의 가족 발달과제는 다음과 같다.

첫째, 결혼에 의한 새로운 부부체계가 바람직하게 형성되기 위해서는 성숙한 남녀의 결합이 중요하다. 카터와 맥골드릭의 주장처럼 가족생활주기의 첫 단계를 어떤 가족에도 소속되지 않은 젊은 성인의 단계로 보는 것은 의의가 있지만, 한국 문화에서는 아직 생소한 느낌이 든다. 따라서 가족생활주기의 제1단계를 결혼으로 본다면, 가족생활주기의 출발점에 서 있는 각 개인의 성숙은 더욱 중요한 요소이다.

결혼상담에 임상경험이 풍부한 미국 정신과 의사 마틴(P. Martin)은 부부의 성숙도를 파악하는 것으로 ① 개인의 자립여부, ② 상대방을 도울 수 있는지의 여부, ③ 상대방의 도움을 받아들일 수 있는지의 여부, ④ 성적 능력, ⑤ 신체적 친밀감, 그리고 ⑥ 정서적 친밀감 등의 여섯 가지를 들고 있다(김유숙, 2006, 재인용).

둘째, 결혼은 각자의 원 가족에서 정서적으로 자립한다는 것을 전제로 성립해야 한다. 그런데 실제로는 부모에게서 자립하지 못한 채 지내다가, 결혼을 자립하는 하나의 과정으로 생각하는 경우가 많다. 이 같은 생각으로 결혼을 한다면 결혼생활은 순탄치 못할 것이다. 예를 들면, 배우자의 선택 그 자체가 부모의 대체물이 되어 결혼 후에 원 가족의 관계에서 해결되지 않은 정서적 문제가 신혼부부의 결합과 발전을 방해할 가능성이 있다. 첫 단계의 발달과제인 부부체계가 이처럼 잘 형성되지 않으면 이어지는 각 단계에도 영향을 미친다.

셋째, 결혼에 의해 하나의 가족단위로 성립되기 위해서는 기본적인 가족기능을 원만히 수행할 필요가 있다. 가족생활주기의 첫 단계에서 획득해야 할 기본적인 기능은 거주, 식생활, 취업, 가족건강의 유지 등과 같은 물리적인 요소이다. 이와 더불어 가족기능의 정서적 · 심리적인 요소도 상당히 중요하다.

이와 같은 가족기능은 가족체계 사이의 친밀감을 갖는 것과 가족 또는 가족 이외의 세계와 어떻게 관계를 맺는가 하는 것이다. 특히 결혼을 애정관계와 정서적 결합으로 본다면 남녀의 친밀한 결합이란 그 이후의 가족생활주기의 방향을 결정하는 데 커다란 영향을 미친다. 즉, 가족으로 형성된 초기단계에서 친밀감이라는 기본기능이 확립되면 그 후의 가족생활주기 각 단계는 안정된 기능을 유지하기 쉽다. 예를 들면, 처음부터 충분한 주거조건을 확보하고 출발한 가족과 주거문제에 대해 끊임없는 고민을 안고 시작한 가족의 생활을 비교해 볼 수 있다. 식생활에 대해서도 마찬가지다. 어떤 아동이 '우리 엄마가 만든 음식이 최고'라고 하는 경우와 '나는 햄버거가 가장 맛있다.'라고 하는 아동의 차이는 1단계인 가족을 형성하는 단계에서 시작되었다고 추론할 수 있다. 자녀가 생길 때까지 맞벌이를 하면서 매일 외식을 하거나 부부가 함께 저녁식사를 만들어서 먹을 기회가 없었던 1단계의 가족 패턴은 자녀가 출생해도 그대로 이어질 가능성이 있기 때문이다.

제1단계에서 다음 단계로 이행하는 분기점은 부부가 부모가 되겠다는 결심과 아내의 임신을 들 수 있다. 결혼하면 당연히 자녀를 가진다고 생각하던 과거의 통념과는 달리, 피임방법의 보급 등으로 출산을 자유롭게 통제하는 현대사회에서 언제 자녀를 출산할 것인가의 문제는 부부간의 중요한 과제이다. 때로는 여성이 적극적으로 사회활동을 하며 상당한 지위와 역할을 가지면, 부부간의 이 같은 문제를 둘러싼 심리적인 갈등은 더욱 크게 주목받을 수 있다. 이러한 아내의 내적 갈등이나 부부 사이의 의견 불일치가 가족이 다음 단계로 이행할 때 커다란 문제로 대두한다.

(2) 제2단계: 어린 자녀를 둔 가족

이 단계는 첫 자녀의 출생과 태어난 자녀가 전적으로 부모에게 의존하는 상태에서 출발한다. 그 이후 가족체계에 몇 명의 새로운 자녀가 더해지고, 첫 자녀가 유치원 또는 학교라는 가족 이외의 사회에 참가해서 자녀가 청소년기에 이를 때까지를 가리킨다. 따라서 이 단계는 어린 자녀를 둔 가족이라고 정의해도 좋을 것이다.

신혼부부 사이에 자녀가 태어나면 가족체계는 두 사람의 관계에서 세 사람의 관계로 변화한다. 남편에게는 아버지의 역할이, 아내에게는 어머니의 역할이 기대된다. 일상생활의 시간 배분, 소비 계획, 여가를 지내는 방법, 방의 사용 등 모든 것이 태어난 자녀에 의해 영향을 받게 된다.

가족체계 관점에서는 부부체계에 어린 자녀가 더해지면 새로운 경계와 역할을 만들어야 한다. 이때 부부체계와 부모체계가 함께 기능할 수 있도록 고려하는 것이 중요하다. 부모로서의 부부는 자녀의 요구에 응할 의무와 책임을 둘러싼 육아분담에 관한 기본적인 규칙을 결정해야 한다. 핵가족은 아내의 직업 유무와 상관없이 남편이 어느 정도 육아에 참여하는 것이 바람직하다. 그것은 남편이

[그림 3-1] 산후우울증을 어떻게 극복?

부성을 몸에 익히는 데 도움이 될 뿐만 아니라, 어린 자녀도 어머니 이외의 다른 성인과 사귈 수 있는 기회가 되므로 아버지와 자녀 모두의 성장에 도움이 된다.

그런데 이 시기의 과제를 잘 수행하지 못하면 다양한 어려움을 겪기도 한다. 가장 자주 언급되는 문제는 부부 중 어느 한 쪽이 자녀 돌보는 데에만 전념해 부부 대화나 친밀감, 부부관계 등이 소홀해지는 것과 관련된 불만이다. 이처럼 어느 한 쪽이 자신의 부부관계를 무시할 정도로 지나치게 자녀와 친밀할 때 위기를 가져올 수 있다. 때로는 부모의 의무에 수반된 스트레스에 압도되어 부부 한쪽 또는 모두가 침울해지고 정서적인 어려움을 겪는 경우이다. 특히 아내는 출산 후 겪는 산후우울증(産後憂鬱症)[18]으로 심각한 어려움을 겪기도 한다.

이 단계에서의 가족 발달과제는 다음과 같다.

첫째, 자녀의 자립성과 가족에 대한 소속감, 충성심과의 균형을 지닐 수 있도록 노력하는 것이다. 자녀를 가족에게 구속하거나 반대로 배제해서는 안 된다.

둘째, 자녀가 부모의 지나친 기대로 말미암아 중압감을 느껴서 힘들어 하지 않도록 부모와 자녀 사이의 균형을 유지해야 한다.

부모와 자녀 사이의 경계나 부모 - 자녀를 둘러싼 경계가 명료하게 변화하면 부모와 자녀의 경계는 이전보다 더욱 확고해진다. 동시에 자녀는 친구나 학교

18) 산후우울증(postpartum depression)은 출산 후 4주에서 6주 사이에 나타나게 되는 기분 변화를 말한다. 이는 산후 에스트로겐(estrogen), 프로게스테론(progesterone) 등의 갑작스런 호르몬 변화와 출산 및 육아 스트레스 때문에 나타나게 된다. 아무런 이유도 없이 불안하거나 눈물이 나고, 식욕이 없으며, 죄책감을 경험하고 밤에 잠을 이루지 못하는 모습을 보이게 된다.

등 가정 밖의 체계에 관계를 가진다. 이처럼 체계 사이의 경계가 명료하면서도 유연하다면 자녀의 성장을 촉진할 것이다.

가정에 두 명 이상의 자녀가 생기면 형제체계가 생긴다. 또한, 자녀가 성장하면 가정 내에는 남성체계와 여성체계가 첨가되기도 한다. 이 같은 가족체계의 확대는 부부간의 경계, 부모체계의 경계에 변화를 초래한다. 자녀가 부모 어느 한 쪽이나 양쪽 모두와 함께 지내는 시간이 많아지면 상대적으로 부모끼리만 지내는 시간은 감소한다. 어머니가 자녀와의 관계를 지나치게 중시해 부부관계가 소원해지는 경우가 종종 있다. 그러나 부모세대와 자녀세대 간의 경계를 유지하는 것도 필요하지만 부부간의 의무와 부모로서의 의무와 균형을 유지하는 것도 중요하다.

전업주부는 막내가 초등학교에 입학하면 불안, 우울, 고독 등을 호소하는 경우가 많다. 부모 역할을 상실했다는 느낌이 그러한 반응을 초래한다고 생각되는데, 가족체계가 건강하지 못한 징표일 수 있다. 같은 맥락에서 가족체계의 병리를 자녀가 문제행동으로 드러내는 경우도 있다. 학교 가기를 두려워하는 등교거부의 자녀가 전형적인 예이다. 자녀가 글자 그대로 학교를 두려워하면서 등교하지 않는 것이다. 이러한 행동의 배경에는 자녀의 부모에 대한 책임이나 충성심이 관여된 경우도 많다. 자녀의 불안과 부모의 불안이 서로 미묘하게 어우러져 자녀의 사회 참여를 방해하여 그들은 가정 안에 머물게 된다. 어떤 자녀는 퇴행하여 야뇨증이나 천식과 같은 증상이 나타나기도 한다.

(3) 제3단계: 청소년기 자녀를 둔 가족

자녀가 청소년기에 접어들면 부모를 떠나기 시작한다. 자녀의 청소년기 발달에 동반해 생기는 가족 변화를 살펴보면 다음과 같다.

청소년기 발달은 신체뿐만 아니라 심리적인 변화를 특징으로 들 수 있다. 자녀는 신체의 성숙에 적응해 가면서 부모에게서 자립하게 된다. 십대 자녀는 아동기에 형성한 자기상의 일부를 확립해 가면서 새로운 자아정체감을 확립하는 과제에 직면하게 된다. 이 시기 부모와 자녀관계에서는 자립과 의존의 갈등이 더욱 심하게 표면화된다. 부모-자녀관계는 자녀의 성장에 적합한 형태로 변화하는 것이 바람직하다. 따라서 이러한 단계의 가족을 둘러싼 중심과제는 부모-자녀관계가 재정립되는 것이다. 즉, 자립, 책임, 통제라는 제각기 다른 세 면이 기본적인 신뢰관계를 파괴하지 않으면서 통합되는 것이 중요하다.

가족체계에서 볼 때 이 단계에서 보이는 커다란 변화는 부모와 자녀의 경계가 모든 면에서 명료해진다는 것이다. 이 같은 변화는 부모-자녀 사이의 신뢰관계가 확실히 형성된 가정이더라도 긴장을 동반한다. 자녀는 가정 외의 활동에 대해서는 부모에게 거의 언급하지 않기 때문에 자녀에 대한 부모의 신뢰가 동요하기 시작한다. 특히 부모가 아동기처럼 자녀가 자신들에게 순종하기를 기대할 때에는 자녀에 대한 부모의 불신감은 더욱 증폭된다.

한편, 부모에 대한 자녀의 불신감은 자신들의 의사를 인정하지 않는 부모의 완고한 태도에 직면하면, 그들이 자신의 나이에 부응하는 자립성과 자유를 인정하지 않는다고 생각해 더욱 심화된다. 그런데 자녀가 보이는 이 같은 강한 자립 요구 이면에는 부모에게 의존하고 싶은 요구가 아직 남아 있기 때문에 부모와 자녀 간의 신뢰문제는 점점 더 뒤엉키게 된다. 부모는 아동기 자녀와 나누었던 즐거운 교류의 경험이 더 이상 지속될 수 없다는 상실감을 느끼는 시기이기도 하다.

십대의 자녀 중에는 외모, 신장, 체중 등에 지나치게 신경을 써서 사회생활을 회피하는 예도 있다. 폭식이나 거식과 같은 식이장애의 문제를 가진 청소년의 사례에는 위에서 언급한 가족관계나 구조가 유사하여 부모와 자녀 모두 의존과 자립의 갈등이 있다. 그러나 자녀는 자신이 어려움을 가졌다는 문제의식이 전혀 없어서 스스로 상담기관에 도움을 청하는 예가 많지 않다. 가정에서 이들의 신체적인 폭력이나 언어에 의한 공격이 심해지면 다른 가족이 그것을 견디지 못하고 상담기관을 찾는 경우가 대부분이다.

이 단계에서의 가족 발달과제는 다음과 같다.

첫째, 부모-자녀관계에서도 자녀가 가족체계를 자유롭게 드나들도록 허용하는 것으로 이행한다. 결혼생활 이후 십여 년 이상을 안정된 가족경계로 유지해 온 가족에게 갑자기 경계를 확대해 유연성을 높이도록 요구하는 것은 어려운 일이다. 청소년기 자녀는 자유롭게 가족 밖으로 나가 또래와 친밀한 관계를 가지며 때로는 그들 중 부모의 대리역할을 기대하면서 부모에게서 벗어나 자기를 확립한다. 그리고 이 시기에 이성과의 정서적 친밀감을 경험하는 것도 중요하다.

그러나 이 시기의 부모-자녀관계는 가족체계 밖에 머물던 청소년이 필요에 따라 가정으로 돌아올 때 보호와 피난 장소가 될 수 있는 안정된 심리적 대상으로 계속 남지 않으면 안 된다. 특히 부모는 의식적으로는 부모에게 반항하거나 거부하는 청소년기 자녀에게 가족 또는 가정이라는 중간적인 영역이 중요한 정신적 피난처가 된다는 사실을 이해해야 한다. 자신의 방, 자신만의 공간, 영·유아기부터 이어지는 연속성을 가진 가정의 심리적 또는 물리적인 구조는 그들의 정신적 안정과 연속성을 지지하는 역할을 한다.

둘째, 청소년기 자녀의 다양한 행동과 병행해 중년기를 맞이한 부모가 청소년의 자녀로 말미암은 이 같은 가족경계의 확대에 어떻게 적응하느냐의 문제이다. 우선 부모는 자녀를 위한 물리적 또는 심리적 공간을 제공하면서 가족 내에 자녀의 부재를 인내해야 한다. 때로는 청소년기 자녀가 가지고 온 이질적이지만 새로운 생각을 존중하는 것도 필요하다. 그러나 이것은 부모세대가 지금까지 이상적이라고 믿어 온 생각을 넘어선 어떤 사물이나 사고를 이해하며 수용해야 하는 것으로 쉽지 않은 과제이다. 무엇보다 부모는 자녀의 반항에 현명하게 대처하고 자녀가 독립해 가는 것에 대한 불안을 견디지 않으면 안 된다.

더욱이 청소년기 자녀 발달에 관한 문제와 부모 자신의 중년기 문제가 서로 얽혀 있는 경우가 있다. 즉, 자녀 양육 등으로 은폐되었던 부부관계의 갈등이 표면화되거나 아버지의 사회적 또는 직업적 문제, 어머니가 새로운 형태로 사회참여 하는 것 등이 중요한 과제가 될 수 있다. 그리고 때로는 부모가 자신들의 청소년기를 회상하면서 그들의 부모와 분리되는 과정을 다시 한번 돌이켜 보아서 부모 자신의 청소년기 과정을 검토하는 계기가 되기도 한다.

셋째, 조부모와 관련된 여러 가지 문제와 직면하게 된다. 조부모가 노화하여 허약해지면서 동거하는 문제나 병든 조부모를 돌보는 데 따른 여러 가지 스트레스가 가족에게 부각될 가능성이 높다. 그러나 한편으로는 조부모와 동거하거나 교류가 친밀해지면서 부모세대에 여러 가지 변화가 일어나며, 그 같은 내면 변화가 부모의 인간적 성숙을 돕는 바람직한 방향으로 전개되기도 한다. 또한, 조부모와 손자세대의 상호작용이라는 새로운 체계의 발전을 초래한다.

(4) 제4단계: 자립하는 자녀를 둔 가족

이 시기는 첫 자녀가 독립하여 사회적으로 자립할 때부터 막내 자녀가 독립하는 시기까지를 지칭한다. 이 단계는 자녀가 청년기를 맞이하고 가정에 소속되지 않은 어른의 단계에 진입하면서 심리적 또는 물리적으로 가족에게서 벗어나 밖의 세계에서 자기를 확립한다. 이 경우 자녀의 수나 터울에 따라 가족 상황은 다양하게 전개된다. 첫 자녀 또는 그 이후의 자녀가 결혼해 계속 가족에게서 독립하는 경우는 물론 자녀가 어떤 가정 형태에도 소속되지 않은 어른의 단계에 들어서는 경우도 있다. 그러나 자녀 수가 많은 가족은 막내가 자신의 정서적 결합을 가족 외의 사람들에게서 추구하는 청소년기에 접어들면서 이러한 움직임이 시작된다.

이 단계의 가족에게는 부모-자녀라는 근본적인 끈을 단절하지 않은 채 부모와 자녀가 분리되는 것이 중요한 과제이다. 이때 가족은 분리에 동반되는 상실감을 인내해야 한다. 그리고 서로가 물리적으로 떨어져 생활함으로써 계속 좋은 관계를 유지하고 각자의 생활이나 일을 충분히 자립적으로 수행할 수 있는 능력을 갖추어야 한다. 부모는 일상생활에 중심이 되었던 자녀가 떠나면서 정도의 차이는 있지만 슬픔을 경험하는데, 이러한 상태를 '빈 둥지 증후군(공소증후군)'이라고 부른다. 가족관계가 큰 장애나 문제에 직면하지 않고 순조롭게 발달하려면 부모와 자녀 모두 자녀의 독립에 대해 많은 준비를 해야 한다.

이 단계에서의 가족 발달과제는 다음과 같다.

첫째, 2인 1조인 부모의 부부체계를 더욱 긴밀한 협력관계로 재구성하는 것이다. 즉, 부모세대가 다시 한번 부부로서 결합해 친밀한 인생을 보내는 것이다. 그러나 이 시기는 이들의 신혼시절과는 달리 가족경계는 더욱 확대된 상태이다. 다시 말하면, 한편에는 연로한 조부모가 있으며, 다른 한편에는 독립한 자녀와 그 자녀의 새로운 배우자와 그들의 자녀, 즉 손자 세대까지 포함되었다는 것이다. 그러므로 이 단계의 부부는 확대된 가족체계 속에서 풍부한 정신생활을 하거나 때로는 이와는 대조적으로 자녀 등 모든 것을 잃고 부부만의 공허한 생활을 하는 대조적인 가족 모습이 가능하다.

둘째, 성장한 자녀와 그 부모가 어떻게 서로를 성인으로서 인정하면서 더욱 안정된 가족관계로 이어가느냐의 문제이다. 이상적으로는 이 단계에서 부모는 자신의 일, 대인관계, 여가활용 등에 대해 더욱 자기중심적인 생활이 가능하며, 자녀도 자신의 사회적 활동에 충실할 수 있는 단계이다. 따라서 바람직한 가족관계를 영위해 가는 방법을 확보하는 것이 중요한 발달과제이다.

셋째, 부모세대가 자녀의 배우자나 손자와 어떻게 관계를 맺는가를 포함한 새로운 확대가족과 관계 형성의 문제이다. 구체적으로 고부관계, 사위와 장인관계, 그리고 조부모와 손자관계를 더욱 건전하게 발전시키려는 노력이 필요하다.

넷째, 부모의 노화와 동반된 신체장애나 사별에 어떻게 대처하느냐의 문제이다. 특히 자신의 부모가 사망함으로써 겪게 되는 상실감정의 처리는 이 시기의 중요한 과제이다. 때로는 이러한 문제를 전후해 유산상속 등으로 어린 시절 잠재되었던 형제간의 갈등이 재현되는 퇴행현상이 일어나기도 한다. 그리고 중년기 우울증을 비롯해 각종 정신의학적인 문제가 노출될 가능성도 잠재되어 있다.

(5) 제5단계: 인생의 만년을 보내는 가족

결혼으로 출발한 가족생활주기가 부부의 노년을 맞이함으로써, 가족발달의 마지막 단계로 접어든다. 이 시기는 모든 가족이 다양한 상실을 경험한다. 나이가 들면서 부모세대는 노화현상이 나타나며, 의사소통이나 운동능력을 상실하게 되고 경제적인 능력도 저하된다. 때로는 배우자, 형제, 친구 등 가까운 사람의 죽음에 직면한다. 자녀 역시 언젠가는 부모의 죽음을 받아들이지 않으면 안 된다. 따라서 이 단계의 과제는 지금까지 쌓은 신뢰관계를 손상하지 않으면서 어떻게 이 같은 상실경험을 수용하느냐의 문제이다.

가족구조에서 자신의 자녀와 동거하는 경우, 별거하지만 좋은 관계를 가지는 경우, 전혀 교류가 없거나 자녀가 없는 경우 등 여러 가지 형태가 있을 수 있다. 어떤 경우라도 경계와 역할은 반드시 변화를 요구한다. 일반적으로 이 시기 부모-자녀관계는 기존의 돌보는 사람과 돌봄을 당하는 사람의 역할이 바뀌게 된다는 점을 염두에 두어야 한다.

이 단계에서의 가족 발달과제는 다음과 같다.

첫째, 부부의 기능을 유지하는 것과 사회적 또는 육체적인 약화에 대응하는 것이다. 대표적인 예가 은퇴이다. 은퇴는 사회적으로 의미 있는 역할이나 지금까지의 사회적 인간관계를 상실하는 경험을 하게 된다. 배우자와 함께하는 경우라면 그들은 지금까지의 패턴에서 벗어나 새로운 일상생활 형태가 필요하기 때문에 부부관계 재적응이 중요한 과제가 될 것이다.

한편, 이 단계에서 배우자가 생존해 있는지의 여부는 중요하다. 배우자를 상실한 노년기는 나머지 인생을 오랜 세월을 함께 한 반려자와 함께 하지 못하는 데서 오는 고독, 상실감 때문에 자살이라는 극단적인 선택을 하는 경우도 있다. 따라서 배우자를 상실한 노년의 경우에는 자녀 부부와 갖는 관계가 더욱 중요하다.

둘째, 부부세대가 중년에 접어든 자녀에게 가정 내의 중심적인 역할을 이양하는 것이다. 가족 내의 각종 권한이나 지도력을 원만하게 이행하도록 노력하는 것은 이 시기의 중요한 문제이다. 노년기를 맞이한 부모세대는 자녀세대에게 의존하면서 그들이 더욱 중심적인 역할을 수행하도록 도와주는 것이 바람직하다.

셋째, 부모가 연장자로서의 지혜와 경험을 가족체계 속에서 적절히 살릴 수 있는 기회를 갖는 것이다. 대표적인 예가 손자에 대한 바람직한 조부모의 역할에 순응하는 것이다. 조부모 대부분은 손자와의 교류를 통해 자신의 어린 시절을 회상하는데, 이것은 그들에게 커다란 즐거움을 줄 수 있다. 또한, 손자와의 관계는 부모-자녀관계와는 달리 긴장이나 갈등이 없으므로 양면적인 감정을 초월한 애정관계를 맺을 수 있는 이점이 있다(김유숙, 2006).

4 영화에서 본 가족에 대한 새로운 상상

2013년 개봉한 송해성 감독의 《고령화 가족》은 천명관의 동명 소설을 영화로 만든 코미디 드라마 작품이다. 중학생부터 할머니까지 평균 연령이 47세인 가족의 좌충우돌 이야기다. 출가할 나이가 훌쩍 지났음에도 불구하고 화장품 외판원으로 생계를 이어 가는 노모에게 빌붙어 사는 삼 남매에 관한 이야기다. 하루도 쉴 틈 없이 자식들을 위해 희생했지만, 자식들은 변변치 않다. 첫째는 동네 삼류 건달이고, 가장 반듯하고 공부를 잘해 온 가족의 기대를 모았던 둘째는 영화감독으로 데뷔작이 실패하면서 쫄딱 망한 채 엄마 집으로 슬며시 들어왔다. 시집보낸 것으로 끝인 줄 알았던, 결혼만 세 번째인 뻔뻔한 로맨티시스트 셋째 딸은 버릇없는 사춘기 딸을 데리고 친정으로 돌아온다.

《고령화 가족》은 소위 스펙도 없고 직장도 없고 마흔 넘어 장가도 못 간 남성과 이혼한 여성에 관한 영화로, 우리의 현실과도 가까운 이야기다. 우애 좋고 효심 지극한 이상적인 가족상과는 거리가 먼 이들은 서로 피를 나눈 친형제들도 아니다. 그러나 영화는 한솥밥을 먹는다는 의미의 식구(食口)가 실제로 핏줄을 나눈 형제들만큼이나 가족구성원 간의 정을 깊이 쌓고 또 나눌 수 있다고 말한다. 사회적으로 인정받아야만 부모 노릇, 자식 노릇, 형제 노릇을 제대로 하는 것인지, 또 돈 잘 벌고 잘 나가야만 그 인생이 훌륭한 인생인지에 대해 생각하게 한다. 둘째 아들의 대사가 인상 깊다. "모든 생명은 살아 있다는 것만으로도 존중받아 마땅하다. 좋거나 나쁜 삶이란 없다. 초라하면 초라한 대로, 지질하면 지질한 대로 자기에게 허용된 삶을 살면 그뿐이다. 아무도 기억하지는 않겠지만 그것이 개인에게 주어진 삶이고 역사다."

그런데 영화 《고령화 가족》에서 흔들리는 가족을 지탱해 주는 것은 어머니다. '가족관계의 붕괴와 그 이후의 가족'을 그린 이 영화에서조차, 어머니는 희생과 사랑의 화신으로 존재한다. 그런 의미에서 아직은 우리 사회에서 '가족의 신화', '모성의 신화'가 완전히 사라져 버렸다고 말할 수는 없을 것이다. 신자유주의 시대의 가족에게 어머니란 자식 교육의 로드매니저로 권력을 행사하며,

자녀와의 관계에서 가해자가 되기도 하고, 때로는 피해자가 되기도 한다. 그렇지만 사회는 그것을 '가족의 이름으로' 용인(容認)한다. 가족의 신화, 모성의 신화를 넘어 새로운 상상을 시작해야 할 이유가 바로 여기에 있다.

어떤 가족이 바람직한 가족인지, 나는 어떤 가족을 이룰 것인지, 나와 가족 모두가 다 같이 행복해지는 방법은 과연 있기나 한 것인지 등 가족과 관련한 무수한 의문에 대한 답은 쉽게 얻어지지 않을 것이다. 그러나 우리는 사회에서 정해 놓은 이상적인 가족의 기준에 맞추기 위해 혼신을 다하거나 쉽게 절망해서는 안 된다. 오히려 이전에는 깊게 생각해 보지 않았던 다양하고 다채로운 가족관계, 유쾌한 가족에 대해 더욱더 자유롭게 상상할 수 있을 것이다. 이러한 시도는 더 많은 가족을 웃게 할, 그리고 더욱더 많은 사람을 자유롭고 행복하게 할, 가족의 새로운 기준을 마련하는 데 이바지할 것이다(한국여성연구소, 2014: 326-327).

제4장

사회와 가족의 변화

1 대한민국 사회의 변화

1) 저(低)출산 · 고령화의 심화

우리나라의 합계출산율은 1980년 이후 지속해서 떨어져 왔으며, 이 같은 추세는 2000년 이후 국가의 적극적 홍보와 정책으로 약간의 조정은 있으나 큰 변화는 보이지 않는다. 1970년 4.53명이던 합계출산율은 2005년 1.08명까지 감소한 이후 2014년 1.21명, 2017년 1.05명으로 합계출산율이 1.3명 이하인 초저출산 현상은 20년 가까이 이어지고 있다.[19] 통계청의 발표를 보면, 2012년 6월 23일 오후 6시 18분 인구가 5,000만 명[20]을 넘어섰다. 지난 1948년 건국 당시 2,000만

19) 합계출산율은 2018년 2분기에 0.97명, 3분기에는 0.95명으로 나타나, 2018년에 사상 처음으로 '0명 대'를 기록할 것으로 예상된다.

20) 여기서 말하는 인구 5,000만 명은 국적과 상관없이 최근 3개월 이상 국내에 체류하는 외국인이 포함되고, 3개월 이상 외국에 있는 우리나라 국민은 제외된다. 따라서 2010년 9월 30일 행정안전부가 발표한 '5,000만 번째 주민등록 발급자'와는 차이가 있다. 5,000만 시대, 그 숫자 뒤에 숨겨진 두 얼굴, 즉 아래와 같은 수치의 '성취와 경고'가 우리에게 주는 의미는 무엇일까?

구 분	내 용
0.71%	세계 인구에서 한국이 차지하는 비율. 현재 세계 인구는 70억 5,000만 명이다.
28만 명	지난 5년간 외국으로 빠져나간 내국인보다 들어온 외국인이 28만 3,000명 더 많다.
49.7%	2060년 생산가능인구 비율. 생산가능인구 10명이 노인 8명과 어린이 2명을 부양해야 한다.
2016년	생산가능인구는 2016년 정점을 찍고 2017년부터 감소한다.
2030년	인구는 2030년 5,216만 명으로 정점을 찍고 2031년부터 다시 감소한다.

명 수준에서 64년 만에 3,000만 명이 늘어난 것이다. 인구는 1967년 3,000만 명을 넘어선 후 4,000만 명(1983년)까지 16년이 걸렸지만, 출생률 감소로 5,000만 명까지는 29년이 걸렸다.

한편, 우리나라는 2000년에 이미 고령화 사회에 진입하여 2018년에 고령사회, 2026년에 초(超)고령사회가 될 것으로 예측한다[21]. 그러나 이 같은 고령화 예상추이는 해마다 더 빠른 진행을 보고하고 있다. 한국보건사회연구원(2011)은 통계청 예상보다 평균수명이 약 3년 연장되고 있으며, 출산율이 1.28명 수준에서 개선되지 않으면 2050년 노인 수는 1,871만 명으로, 노인인구 비중이 통계청 예상 38.2%보다 많은 42.3%에 이를 것이라고 발표하였다(최덕경 · 박주현, 2012).

전문가들은 5,000만 명을 기점으로 사회 전반이 분기점에 놓일 것으로 보고 있다. 인구감소와 고령화로 성장잠재력이 떨어지고 소비 패턴 변화로 산업지도도 흔들린다. 반면, 주택 초과공급 문제가 불거지고 노인부양비 문제로 세대 간 갈등이 증폭될 것으로 예상된다. 정부의 한 고위관계자는 "5,000만 명이라는 숫자는 또 다른 미래를 설계해야 하는 중요한 시기에 도달했음을 의미한다."라고 말했다(서울경제, 2012. 5. 20).

2) 사회 양극화 현상의 심화

우리는 글로벌 혹은 세계화라는 단어를 낯설지 않게 말하고 있다. 이것은 현대사회가 세계 경쟁의 시대가 되었다는 것을 의미한다. 이러한 세계화 추세 속에 세계 경제화의 경쟁이 불가피하게 되었다. 그리하여 무한경쟁 시스템에 노출되는 상태에서 국가와 국가, 기업과 기업 간의 경쟁뿐 아니라, 사람과 사람 간에도 경쟁이 심화하면서 우리 사회는 양극화라는 말이 흔하게 등장하고 있다. 양극화는 크게 계층과 소득의 양극화, 그리고 인적 자본 투자와 사회적 자본획득 기회의 양극화로 나누어볼 수 있다.

첫째, 우리 사회는 계층과 소득의 양극화가 더욱 심해질 것이다. 경제협력개

21) 고령화 사회는 총인구 중에 65세 이상의 인구가 차지하는 비율이 7% 이상, 고령사회는 14% 이상, 초고령사회는 20% 이상인 사회를 말한다.

발기구 기준 2009년 우리나라 중산층은 66.7%로 발표되었는데, 2003년 조사에서는 70.1%였다. 즉, 중산층이 6년 만에 3.4%P 감소하였고, 같은 기간 상류층은 1.9%P, 빈곤층은 1.5%P 증가하는 등 해마다 계층 간 격차가 심해지고 있다. 이 같은 결과로 고(高)숙련 · 고(高)임금, 저(低)숙련 · 저(低)임금의 일자리 양극화가 고숙련 근로자와 그렇지 못한 계층 간의 소득격차를 낳고, 그 결과 지위의 양극화가 두드러지게 나타나고 있다.

통계청이 발표한 2012년 '1/4분기 가계동향'을 보면, 전국 가구 2인 이상 기준 소득 5분위 배율[22]은 5.44배로 조사됐다. 통계치가 제공된 2003년 이후 2009년 1/4분기 5.93배로 최정점을 찍은 후, 다소 낮아지는 추세를 반영했다. 하지만 여전히 양극화는 5배 이상을 유지한 셈이다. 월평균 소득기준으로 보면, 상위 20%는 월 818만 4,200원, 하위 20%는 120만 9,200원으로 조사됐다.

월평균 가계지출 규모로도 하위 20%는 156만 2,100원으로 상위 20%(573만 6,200원)보다 3.67배 낮았다. 부문별 소비지출의 경우, 상위 20%와 하위 20% 간 교육 부문 격차가 6.83배로 가장 컸다. 교통(5.33배)과 가정용품 및 가사서비스(4.76배), 의류 · 신발(4.62배), 오락 · 문화(4.38배), 기타 상품 · 서비스(4.13배) 등이 4배 이상의 격차를 나타냈다. 흑자율(흑자액×100/처분가능소득)에서도 상위 20%는 37.5%인 반면, 하위 20%는 -37.3%로 대조를 이뤘다. 평균 소비성향(소비지출×100/처분가능소득)에서는 오히려 하위 20%가 137.3%로 상위 20%의 62.5%보다 높아, 저소득층의 낮은 소득은 고물가 및 고주택가, 교육비 가중 등 외부 여건에 따라 악순환을 가져온 것으로 분석됐다(중도일보, 2012. 5. 21).

둘째, 계층과 소득의 양극화는 다시 인적 투자의 격차와 사회적 자본획득 기회를 심화시키는 결과를 가져오고 있다. 통계청(2009)이 발표한 한국의 '사회동향 2009'에 따르면, 학생 1인당 월평균 사교육비 지출액이 월 소득 100만 원 미만에서는 5만 4,000원이지만, 700만 원 이상의 소득 가구에서는 47만 4,000원으로

22) 5분위 계층(최상위 20%)의 평균소득을 1분위 계층(최하위 20%)의 평균소득으로 나눈 값으로 지니계수와 함께 국민소득의 분배상태를 나타내는 대표적인 지표로 사용된다. 지니계수가 모든 정보를 이용하는 데 비해 5분위 배율은 5분위와 1분위의 소득만으로 간편하게 소득 불평등의 정도를 측정할 수 있다는 장점이 있다.

약 9배의 격차가 발생하고 있다. 한국은행 경제연구원의 '한국 사회지표 변화' 보고서를 보면, 소득 상위 20%(5분위) 계층의 교육비 비중은 2003년 12.3%(31만 9,420원)에서 2010년 15.1%(54만 2,946원)로 확대됐으나, 소득 하위 20%(1분위) 계층의 교육비 비중은 7%대를 유지했다(연합뉴스, 2012. 2. 20).

이 같은 인적자원 투자의 양극화는 당연히 사회에서 소득계층별로 자본을 더욱 많이 가지고 있는 상위집단이 질 높은 정보를 획득하게 된다. 이는 상위집단이 더 유리한 위치를 선점하는 등 불평등한 구조를 낳게 한다. 이 현상은 앞서 살펴본 노동시장에서 고숙련이 아니면 저숙련으로 일하는 결과를 가져오고, 자연스럽게 고숙련자는 고임금, 저숙련자는 저임금을 받는 소득자로 굳어진다. 즉, 이러한 현상은 바퀴처럼 순환하여 더욱 양극화를 자극하게 될 것이다.

특히 우리나라는 지난 40여 년간 경제성장 위주의 정책을 폈기 때문에 분배와 나눔을 주요 가치로 삼거나 제대로 논의하고 실현하지 못하고 있어, 계층 간 갈등과 소득의 빈부격차는 그 어느 국가보다 심각한 상황으로 치달을 것으로 예측된다(권금주, 2011).

3) 기술 발전과 유연 문화 확대

지금 기술은 얼마나 빠르게 발전하고 있는가? 기술은 하루, 아니 시간을 예측할 수 없을 정도로 발전하고 있다. 특히 정보통신 및 생명공학 등 신기술로 말미암아 대규모 변화가 예상된다. 예를 들어 정보통신 기술이 사람, 사물, 환경 속으로 스며들고, 이들이 네트워크로 연결되어 컴퓨터의 존재를 의식하지 않은 상태에서 생활공간 전체가 거대한 네트워크로 연결되는 유비쿼터스(ubiquitous)[23)]

23) 유비쿼터스란 시간과 장소, 컴퓨터나 네트워크 여건에 구애받지 않고 자유롭게 네트워크에 접속할 수 있는 정보기술(IT) 환경 또는 그 패러다임을 말하는 것으로, 유비쿼터스 컴퓨팅 또는 퍼베이시브 컴퓨팅(pervasive computing)이라고도 한다. 미국 제록스 팰러앨토연구소(PARC)의 마크 와이저가 유비쿼터스 컴퓨팅을 차세대 컴퓨터의 비전으로 제시하면서 알려졌다. 유비쿼터스 컴퓨팅이란 모든 사물에 컴퓨터 칩을 내장하여 상호 의사소통을 통해 보이지 않는 생활환경까지 최적화하는 인간 중심의 컴퓨팅 환경을 의미한다. 유비쿼터스가 실현되려면 가전제품 · 가구 · 자동차 등 모든 일상적인 사물에 적용할 수 있는 정보기술 · 나노기술 · 생명공학기술의 고도화가 전제되어야 한다. 진정한 유비쿼터스는 현재 개발되는 모든

사회를 실현해 나가고 있다.

이러한 기술의 발전은 영역의 경계를 무너뜨리고 있다. 예를 들어 공(公)과 사(私)의 영역 경계가 무너지면서 일과 삶이 융합되어 일과 놀이의 경계가 약화하는 등 노동의 시간적·공간적 유연화로 나타나고 있다. 그래서 스마트폰과 같은 다양한 기기와 클라우드 컴퓨팅(cloud computing)[24] 기술 등으로 언제, 어디서나 일과 동시에 여가도 즐길 수 있는 사회로 변화하고 있다. 일과 여가의 동시 수행은 재택근무 가능성이 높아져 가족의 결속력이 향상될 것으로 예측되기도 한다. 하지만 이는 가족의 고유기능과 역할이 가족구성원에 의해 수행되기보다는 가족 외부의 다양한 시스템에 의해 충족되는 등 가족 경계도 유연해질 수 있다. 그리하여 가족구성원의 상호 연대나 의존성은 오히려 약화할 가능성도 높다(권금주, 2011).

우리 사회에서 또 다른 큰 변화는 무엇일까? 바로 다양한 성 정체성을 통합하는 새로운 패러다임의 전개이다. 이는 여성과 남성이라는 이분법적 경계를 약화시켜 유연한 성 담론으로 확대될 것이다. 이로 말미암아 다양한 측면에서 차별금지 및 인권보장에 대한 요구가 전개될 것이다. 즉, 성(gender), 세대, 계층별로 요구하는 내용이 상충(相沖)되고, 주장하는 관점도 다양한 가치에 기반을 둘 것이다. 따라서 사회갈등은 더욱 복잡한 양상으로 나타날 수 있다.

4) 지식노동자와 영감노동자의 중요성 부각

지식노동자란 생산노동자인 블루칼라와 사무노동자인 화이트칼라에 이어 등장한 새로운 용어인 골드칼라로 전문기술직에 종사하는 노동자를 말한다. 지식노동자라는 용어는 경영학의 대가로 불리는 피터 드러커(Peter Drucker)가

첨단기술이 모이는 최종단계에 구현된다고 할 수 있다.

24) 인터넷을 이용한 정보기술(IT) 자원의 주문형 아웃소싱 서비스를 말한다. 클라우드(cloud)로 표현되는 인터넷상의 서버에서 데이터 저장과 처리, 네트워크, 콘텐츠 사용 등 IT 관련 서비스를 한 번에 제공하는 혁신적인 컴퓨팅 기술이다. 복수의 데이터센터를 가상화 기술로 통합해 사용자에게 각종 소프트웨어와 보안 솔루션, 컴퓨팅 능력까지 온디맨드 방식으로 제공하는 기술인데, 대형 컴퓨터에 프로그램이나 문서를 저장하고 사용자는 PC나 휴대폰, PDA 등 다양한 단말기를 통해 접속해 원하는 작업을 할 수 있다.

1959년에 처음 사용했는데, 물리적인 노동을 바탕으로 하는 산업시대의 전형적인 공장노동자들과 대비되는 개념으로 이용되었다. 실제로 PC 혁명과 인터넷 혁명을 거치면서 이러한 지식을 중심으로 하는 새로운 기업 및 개인의 경쟁력은 날이 갈수록 높게 평가를 받았고, 그런 기업 및 개인이 실제로도 성공하는 사례가 많아지면서 지식노동자들이 주도하는 지식사회가 현대사회의 가장 중요한 용어로 자리를 잡았다. 따라서 지식기반 경제로의 이행에 따라 지속가능한 발전을 유지하기 위해서는 고숙련 · 고기술 직종인 지식노동자의 중요성이 부각될 것이다. 우리나라는 다른 나라와 비교할 때 젊은 세대와 여성이 높은 교육수준을 갖추어 지식정보화 시대의 인적자원으로 활용 가능성이 높다.

그러나 오늘날 가장 주목받고 있는 지식노동자의 가치가 이전만 못 할 것이라는 예측도 있다. 예를 들면, IBM의 슈퍼컴퓨터 왓슨(Watson)이 세계 최고의 퀴즈쇼인 제퍼디(Jeopardy)에서 역대 최고의 전설적인 상금왕 2명을 상대로 자연어를 바탕으로 한 대결에서 크게 승리하였다. 또 그 여세를 몰아 실제로 미국의 민간의료보험 회사의 컨설팅을 인간처럼 돈을 받고 하고 있다. 이 사례에서 보듯이 이제는 지식 자체를 많이 가지고 있고, 어디에 지식이 있는지 찾는 정도로는 개인의 경쟁력을 논하기 어려운 시대가 올 것이다. 지식노동자들 특유의 경쟁력은 되레 스마트폰과 클라우드, 그리고 인간과 컴퓨터의 인터페이스 기술의 발달 때문에 가장 쉽게 자동화에 의해 대체 가능한 것으로 전락할 가능성이 많다. 이런 점을 고려할 때, 이제는 지식노동자를 대체할 새로운 미래 시대의 노동자 또는 주인공의 모습을 고민해야 한다. 이를 바탕으로, 새로운 직업이나 삶의 모습, 그리고 미래의 주역이 될 우리 아이들에 대한 교육방식도 바뀌어야 할 것이다.

이와 관련하여 보스턴 컨설팅 그룹의 리치 레서(Rich Lesser)는 "Big Think"라는 인터뷰를 통해 새로운 미래의 노동자 모습으로 "영감노동자(Insight Worker)"라는 개념을 제시하였다. 미래에는 지식노동자의 주된 역할인 정보를 다루고 찾아내며, 컴퓨터가 계산한 내용을 바탕으로 새로운 지식을 만들어 내고 분석하는 일들도 새로운 기술에 의해서 가능할 것이다. 따라서 결국 판단과 비판적인 사고, 공감 등 기계가 대체하기 어려운 새로운 기술이 필요하게 된다. 지식

노동자가 비즈니스를 어떻게 관리하고 운영하는지 알았다면, 영감노동자는 비즈니스가 어떻게, 그리고 왜 필요한지에 대한 근본적인 의문에 답을 할 수 있어야 한다. 또한, 지식노동자에게 전문가들을 중심으로 하는 자신들의 네트워크가 커다란 힘이 되었다면, 영감노동자들은 자신들의 동료, 그리고 고객들까지 포함한 진정성 있는 관계가 가장 커다란 힘이 될 것이다(주간경향, 2012. 3. 27).

미래의 인재에게 필요한 것은 사회적인 가치를 알아보고 실제 의미가 있는 문제 해결방법을 만들어 내는 능력과 사람들의 뜻을 모으고, 이들에게 영감을 불어넣는 공감의 능력이다. 이를 위해서는 자신의 전문영역에서 지식이 풍부한 것만으로는 부족하다. 우리가 함께하는 사회에 대한 이해와 자신의 전문영역을 넘어설 수 있는 모험심과 새로운 관계를 받아들이고 과감한 협업을 시도할 수 있는 유연함을 길러야 한다. 여기에 새로운 가치를 창출한다는 목표를 향하여 전문가 중심의 사고방식에서 벗어나서 보다 소비자들과 사회가 원하는 것을 내부와 외부의 협력자들과 같이 만들어 가는 공동창조(co-creation) 과정으로 바라보는 시각이 미래를 준비하는 개인이나 기업의 발전에 또 하나의 중요한 방향성이 될 것이다.

2 우리나라 가족의 변화

1) 가족기능의 변화

(1) 재생산 기능의 약화

출산은 부모의 초혼연령, 첫 자녀 출생연령과 밀접한 관계가 있다. 〈표 4-1〉에서와 같이 여성의 초혼연령은 2010년 28.9세에서 2017년 30.2세로, 남성의 초혼연령은 같은 기간 31.8세에서 32.9세로 나타났다. 결혼연령대가 높아진 가운데, '결혼 적령기'라는 개념이 사라졌다. 남성은 지난 2003년, 여성은 2016년 각각 평균 초혼연령이 30세를 넘어섰다. 초혼연령의 상승은 초산 및 둘째, 셋째

출산연령의 증가에 이바지하여 만산(晩産)화로 이어진다. 이는 가임기간을 축소하는 동시에 후천성 불임증, 육체적 · 자녀 양육 등의 물리적 부담 증가로 합계출산율 저하로 나타난다.

〈표 4-1〉 혼인 건수와 초혼연령 (단위: 천 건, 세)

연 도		1990	2000	2005	2010	2011	2014	2015	2016	2017
혼인 건수		399.3	332.1	314.3	326.1	329.1	305.5	302.8	281.6	264.5
초혼 연령	남성	27.9	29.3	30.9	31.8	31.9	32.4	32.6	32.8	32.9
	여성	24.9	26.5	27.7	28.9	29.1	29.8	30.0	30.1	30.2

출처: 통계청(www.nso.go.kr). 인구동태건수 및 동태율 추이; 국가통계포털(http://www.kosis.kr).

(2) 돌봄과 보호 기능의 약화

사회보장적 기능의 의미가 있는 돌봄과 보호 기능은 가족의 다른 기능보다 더욱 약화하였다고 할 수 있다. 통계청(2008) 조사에 의하면, 부모의 노후생계에 대해 가족과 국가, 사회가 공동으로 책임져야 한다는 견해가 43.6%로 가족이 책임져야 한다는 견해 40.7%를 앞질렀다. 또 서울시민 45세 이상 1,000명을 대상으로 조사한 서울연구원(2011)의 정책 보고서를 보면, 65세 이상 응답자의 28.1%가 자녀의 부양을 기대하지만, 55~64세 응답자의 18.6%, 그리고 베이비붐 세대인 45~54세 응답자는 11.0%만이 자녀가 노후에 자신을 부양하기를 원한다고 하였다.

과거 가족이 담당하던 아동보호나 노인부양의 기능을 공공부조나 사회보장제도가 담당하게 되면서, 가족이 돌보지 못하는 가족구성원을 위한 사회보장의 인적 · 물적 자원 확보가 이루어지고 있으며, 각종 법과 정책이 다양하게 시행되고 있다. 그 예로 2008년 7월부터 시행된 노인장기요양보험제도는 그동안 전적으로 가족의 몫이었던 치매 · 중풍 노인의 요양을 요양보호사나 간호사의 전문적인 서비스로 대체하는 제5의 사회보험으로, 일명 '효의 세대 간 품앗이'라고도 한다.

2) 가족 가치관의 변화

(1) 개인 중심적 가치관의 확산

현대사회에서 인구의 고학력화 현상이 지속되고 개인의 자기실현과 삶의 질을 중요하게 여기는 경향이 확대되면서 삶에 있어 일 중심의 가치관이 확산되고, 취업이 개인의 생애주기에서 중요한 단계로 정착되고 있다. 이러한 생활상의 변화는 가족 가치관에도 변화를 가져오고 있다.

보건복지가족부(현 보건복지부, 2009. 2. 26)의 자료를 보면, 미혼여성의 결혼에 대한 태도는 긍정적 태도와 소극적 태도가 거의 반반으로 나타나고 있다. 이렇게 미혼여성이 결혼에 대해 부정적인 태도를 보이는 것은 행복한 삶과 가족에 대한 기대는 상승하였지만(여성가족부, 2006), 결혼이 개인생활을 희생시키고 가족생활에 대한 의무와 책임을 요구하는 것으로 인식되기 때문으로 해석된다.

(2) 성(性) 역할 가치관의 변화

오늘날 가족은 빠른 속도로 사회변화를 수용하고 있다. 사회의 개인 중심적이고 개방적인 가치관의 확산은 가족구조를 수직적 질서체계에서 수평적 질서체계로 변화시키고 있다. 그러나 이러한 변화에도 보편적인 가족 가치관에는 아직도 전통적인 성 분업의식이 고착되어 있다. 이러한 보수적 역할의식은 가족의 기능 수행에 있어 성 간의 마찰을 일으키고, 그에 따라 가사노동의 분담에서 불균형을 가져오고 있다. 보수적인 성 분업의식에도 여성의 역할은 다중화되고 있다.

(3) 조형적 섹슈얼리티 등장

조형적 섹슈얼리티(plastic sexuality)[25]는 기존 남녀관계, 성적 욕망, 재생산에

25) 조형적 섹슈얼리티란 피임법의 발달과 자녀 수의 제한 경향이 확산되면서 개인이 자신의 성적 정체성을 만들어 가는 것을 말한다. 즉, 임신과 출산이라는 재생산이 자연의 섭리이자 거부될 수 없던 현대 이전 사회에서는 섹슈얼리티 역시 자연으로부터 이미 결정되어 주어지던 것이었다. 그러나 피임이라는 재생산 없는 섹슈얼리티가 등장한 현대사회에서는 성이 단지 인간에게 주어진 것이 아니라 선택하고 결정하는 문제가 된다. 이러한 상황을 조형적 섹슈얼리티라고 말한다.

대한 인간의 선택권이 피임약의 개발과 보급, 시험관 시술, 성전환, 생명복제 기술 등의 향상에 따라 대거 등장하고 있다. 즉, 인간 배아복제의 추진으로 여성의 재생산 능력을 대체하는 인공물이 발달하게 되면서 결혼, 성관계, 자녀출산 등의 전통적이고 생물학적인 필연성이 변화되고 있다. 따라서 부부의 성관계를 통한 재생산 기능이 축소되어 자녀 양육을 통한 사회구성원의 배출 기능이 약화될 것으로 전망된다.

3) 가족구조와 형태의 변화

(1) 소규모 가족과 세대구성의 단순화

우리나라 가족구조의 변화를 통계청 자료로 살펴보면, 그 규모가 점진적으로 축소되고 있음을 알 수 있다. 1가구당 평균 가구원 수는 1980년 4.54명에서 1990년 3.71명, 1995년 3.34명, 2000년 3.12명, 2005년 2.88명, 2010년 2.69명으로 나타나 가족의 소규모화가 점진적으로 이루어지고 있음을 알 수 있다. [그림 4-1]에서 보는 바와 같이 1990년 이후 가장 주된 유형의 가구는 4인 가구였으나, 2010년에는 2인 가구가 가장 주된 가구 유형으로 등장하였다.

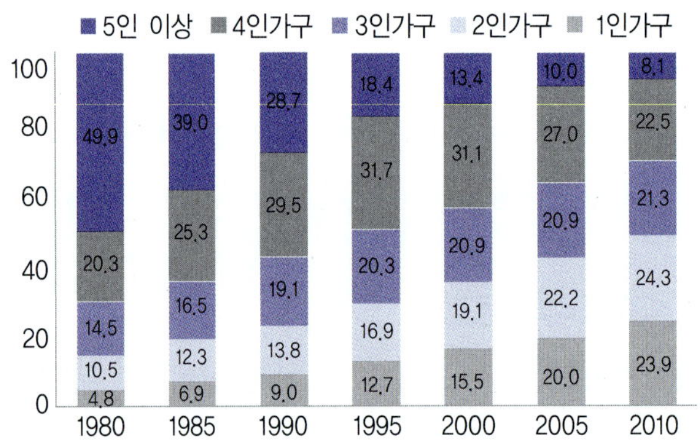

[그림 4-1] 연도별 가구원 수 규모 추이

출처: 통계청(각 연도). 인구주택총조사; 국가통계포털(http://www.kosis.kr).

세대구성 추이를 살펴보면, 1세대 가구는 2005년 16.2%에서 2010년 17.5%로 1.3%P 늘어난 반면, 주된 세대 유형인 2세대 가구는 55.4%에서 51.3%로 4.1%P 감소하였다. 또 3세대 이상 가구도 2000년 8.4%, 2005년 7.0%, 2010년 6.2%로 나타나 지속적으로 감소하고 있다. 이는 가구 분화가 계속 진행되고 있음을 의미한다(그림 4-2 참조). 또한, 한 쌍의 부부와 그들의 미혼 자녀만으로 이루어진 핵가족이 차지하는 비율은 1975년에는 64.6%이었으나 2000년에는 82.0%로 크게 증가하였다. 그러나 2010년에는 61.6%로 2005년 65.0%보다 3.4%P 감소하였다.

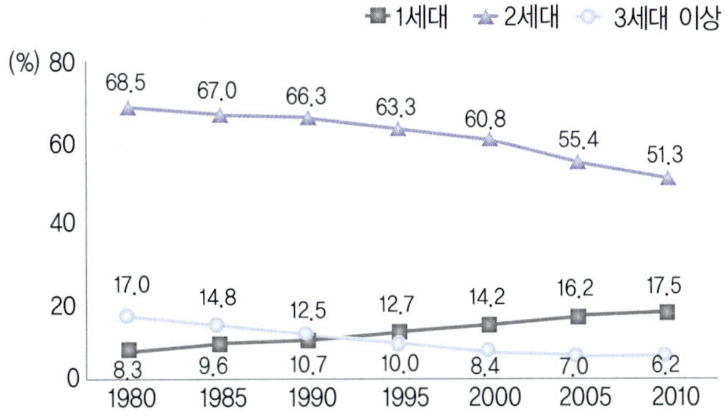

[그림 4-2] 연도별 세대구성 추이

출처: 통계청(각 연도). 인구주택총조사; 국가통계포털(http://www.kosis.kr).

한편, 2000년 가구주의 연령계층별 가구원 수를 보면, 30대 미만 가구주는 1인, 30~40대 가구주는 4인, 50대 가구주는 3인, 60대 이상 가구주는 2인이 가장 많은 것으로 나타났다. 2010년 가구주의 중위연령은 49.0세로, 2005년 46.7세보다 2.3세가 높아져 가구주가 고령화되고 있는 것으로 조사되었다. 그리고 2005년에 21.9%였던 여성 가구주는 2010년 25.9%로 4.0%P 증가하였는데(그림 4-3 참조), 이는 가구주의 여성화가 빠르게 진행되고 있음을 의미한다.

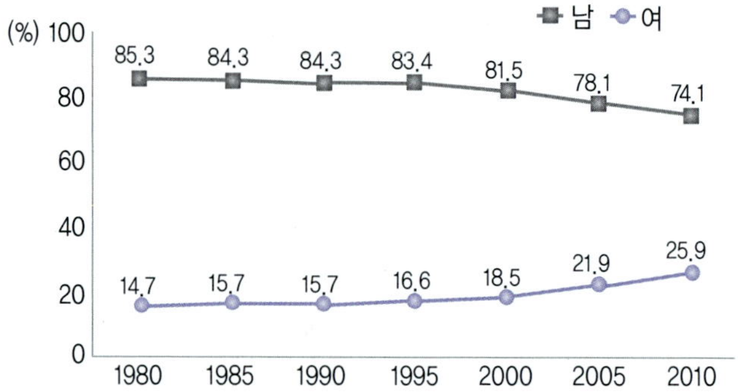

[그림 4-3] 연도별 성별 가구주 구성비 추이

출처: 통계청(각 연도). 인구주택총조사; 국가통계포털(http://www.kosis.kr).

[그림 4-4]에서와 같이 배우자 있는 가구주의 비율은 2000년 75.0%에서 2005년 70.0%, 2010년 66.6% 등으로 지속해서 낮아지고 있다. 배우자 있는 가구주의 비율은 불과 5년 사이에 3.4%P 감소(2005년과 비교할 때)하였으며, 미혼(1.6%P), 사별(0.2%P), 이혼(1.6%P)은 증가하였다.

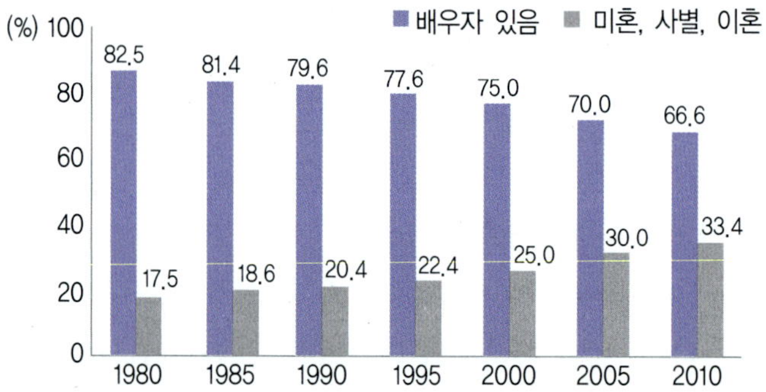

[그림 4-4] 연도별 가구주 혼인상태 추이

출처: 통계청(각 연도). 인구주택총조사; 국가통계포털(http://www.kosis.kr).

(2) 다양한 가족형태의 출현

가족은 개인의 행복과 삶의 질을 위해 선택 가능한 영역이라는 가족의식이 확산되면서 다양한 가족형태가 나타나고 있다. 이러한 가족형태의 다양성과 관련한 특성 몇 가지를 제시해 본다. 첫째, 자녀에 대한 인식변화로 자녀출산을 필수가 아닌 선택으로 보는 경향이 늘어나 가족구성이 부부형태로 나타난다. 둘째, 남성연상의 전통적 결혼형태가 감소하고, 동갑과 여성연상의 결혼이 증가하고 있다. 셋째, 지속적인 이혼 증가로 한부모가족, 재혼가족이 늘어나고 있다. 넷째, 국제결혼 건수와 비중이 늘어나는 동시에 다문화가족의 이혼도 크게 증가하고 있다. 다섯째, 맞벌이가구, 주말부부, 기러기가족, 공동체가족, 조손가족, 동성애가족, 그리고 생계부양자 아내와 전업주부 남편 등 가구형태와 생활방식은 더욱 다양해지고 있다.

〈표 4-2〉 세계 동성결혼 관련 국가별 법제화 현황

구 분	국 가
동성결혼 허용	• 네덜란드, 벨기에, 스페인, 캐나다, 남아프리카공화국, 노르웨이, 스웨덴, 포르투갈, 아르헨티나, 아이슬란드 등 10개국 • 미국: 매사추세츠 주 등 6개 주와 워싱턴DC
동성결합 허용	• 덴마크, 프랑스, 영국, 독일, 핀란드, 룩셈부르크, 그린란드, 뉴질랜드, 스위스, 헝가리, 우루과이, 오스트리아, 브라질 등 다수 • 미국: 캘리포니아 주 등 12개 주
동성결혼·결합 금지	• 한국, 일본, 중국, 대만, 베트남, 사우디아라비아, 이란, 아프가니스탄, 수단 등 다수 • 미국: 나머지 32개 주

참고자료 4-1

가족의 변화, 위기인가 변화인가?

가족을 둘러싼 최근의 급격한 변화는 다양한 매스미디어를 통해 소위 '가족의 위기'라 일컬어지며 우리 사회의 주요한 사회문제로 부각되고 있다. 이러한 작금의 현실에 대해 가족은 해체의 위기에 있다는 입장과 가족은 단지 변화할 뿐이라는 입장이 다양한 논리로 전개되고 있는 상황이다. 핵가족은 지속적으로 감소하여 2011년 현재 전체 가구의 41.1%를 차지하고, 1인가구는 20.3%까지 증가하였으며, 재혼가족, 한부모가족, 동거가족 등 다양한 가족이 증가하였다. 경기도의 경우 부부와 자녀로 구성된 전통적인 핵가족이 2000년에는 전체 가구의 53.3%를 차지하였으나, 2011년 현재 46.1%까지 감소하였다. 또한, 2011년 현재 1인가구는 약 68만 6,000가구로 전체 가구의 17.2%를 차지하는 것으로 나타났다. 이외에도 재혼가구가 1999년 이후 2009년까지 5%P 안팎으로 증가하고 있는 것도 변화하는 현상이다. 한편, 가족에 대한 사람들의 인식 변화도 두드러진다. 여성가족부가 실시한 2010년 제2차 가족실태조사에 의하면, 우리나라 국민이 인식하고 있는 가족의 범위는 점차 좁아지고 있다. 1차 조사와 비교할 때 2차 조사에서는 조부모, 사위와 며느리, 손자녀를 가족으로 인식하는 비율이 절반 이하로 현저하게 낮았다.

출처: 서울시정일보(2011. 3. 28). msnews.co.kr.

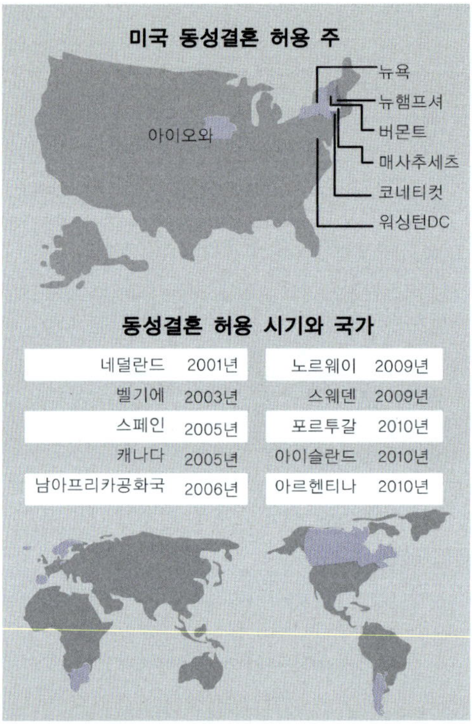

[그림 4-5] 지도로 본 동성결혼 허용 국가와 미국 동성결혼 허용 주(州)

3 국제화 시대의 다문화가족

1) 국제화 경험의 증대

(1) 국제화 시대의 변화

국제화 시대에 들어서 외국인과의 교류가 늘어나고 다른 문화를 자주 접함으로써 미래 한국사회에서는 다른 인종에 대한 관용과 이해심이 늘어날 것으로 기대되고 있다. 실제로 한국사회에서는 1988년에 개최된 올림픽을 계기로 외국인과의 교류가 부쩍 늘어났다. 과거에는 최상층이 아니면 기대하기 어려웠던 외국여행이 점차 일반인에게도 확대되었고, 2011년 현재는 고등학생의 수학여행이나 대학생의 산업시찰과 수학여행까지 국외 지역을 택할 정도로 외국여행이 대중화되는 추세이다. 가족 단위의 외국여행도 증가하고 있으며, 부모가 초등학생 자녀를 동행할 때 현장체험으로 인정하여 학교 출석을 대체해 줌으로 초등학교 학생의 외국 체험 또한 증가하여 다른 문화에 대한 접촉 기회가 더욱 확대되고 있다(손승영, 2011).

이 같은 국제화 시대를 반영이라도 하듯 한국인은 영어 열풍에 휩쓸리고 있다. 특목고 진학을 위한 목적이나 영어성적 증명을 위해 토플과 토익과 같은 영어 인정시험을 치르는 청소년의 수도 늘어나고 있다. 영어 유치원에 다니는 학령 전 아동의 수와 영어 학원에 다니거나 과외를 받는 초등학생의 숫자도 증가하는 추세이다. 이러한 추세를 반영하여 몇몇 지자체에서는 영어마을을 설립해서 영어권 문화 체험과 외국인과의 단기 어학연수 기회를 제공하기 시작하였다. 이에 한 걸음 더 나아가 외국으로 어학연수나 조기 유학을 떠나는 초등학생과 중·고등학생의 숫자도 늘어나고 있다. 그 결과 중상층에서는 부모의 교육열과 영어권에 대한 선호가 맞물려서 세계화의 최첨단 형태라고 할 수 있는 신(新)글로벌 모-자녀 가족유형인 기러기가족이 등장하였고, 계속 증가 추세에 있다(조은, 2004).

통계청(2012)이 발표한 '2011년 국제인구이동 통계'에 의하면, 2011년 내국인 입국자는 35만 1,000명으로 1년 전보다 1만 2,000명(3.6%) 늘어난 반면, 내국인 출국자는 35만 명으로 4,000명(1.1%) 감소했다. 이에 따라 내국인이 1만 6,000명 순유출됐던 2010년과는 달리 1,000명 순유입됐다. 이런 결과는 한국으로 돌아온 유학생이 늘어난 영향이 컸다. 대학생(20~24세)의 입국자 수는 8만 2,000명으로 1년 전보다 5,000명이나 증가해 연령대로 살펴볼 때 증가 폭이 가장 컸다. 우리나라를 떠난 내국인은 줄었다. 유학생 주 연령층인 10대(2.8%) · 20대(3.3%) · 30대(0.7%) 모두 감소했다. 반면, 이민 주 연령층인 40대(4.8%)와 50대(10.8%)는 출국자 수가 다소 늘었다.

2011년 우리나라에 들어온 외국인은 30만 7,000명으로 1만 4,000명(4.8%) 증가했다. 기술연수제도 도입으로 단기체류(19.5%)를 목적으로 들어 온 외국인이 3.5%P 늘어난 영향이 컸다. 반면, 유학(5.1%)과 관광(7.9%)을 목적으로 입국한 외국인은 각각 0.6%P, 0.9%P씩 줄었다. 취업(40.8%)을 목적으로 들어온 외국인도 3.8%P 감소했다. 국적별 입국자 수는 중국(14만 9,000명)이 가장 많았다. 다음은 미국(2만 8,000명) · 베트남(2만 8,000명) 순이었다. 1년 전과 비교해 베트남 입국자는 5,000명이 늘었고 중국인 입국자는 6,000명 감소했다. 2011년 우리나라를 떠난 외국인은 21만 8,000명으로 2만 2,000명(11.1%) 증가했다. 이는 취업비자 만료자가 늘어났기 때문이다. 국적별 출국자 수는 중국(9만 5,000명)이 가장 많았고 미국(2만 3,000명)과 베트남(1만 4,000명)이 그 뒤를 이었다. 한편, 2011년 장기체류를 목적으로 우리나라를 오고 간 사람이 122만 6,000명으로 집계됐다. 이는 2010년보다 4만 4,000명(3.7%) 증가한 것으로 2008년 금융위기 이후 3년째 증가세를 이어가고 있다.[26)]

(2) 기러기가족의 등장과 증가

세계 여러 지역에서 부부나 가족이 국경을 넘어 서로 떨어져 지내면서 교류하는 이른바 초국적 혹은 다국적 가구가 등장하고 있다. 글로벌 가족으로 약칭

26) 국가통계포털에 따르면, 2014년 11월 기준 체류외국인은 186만 81명이고, 같은 해 12월 기준 장기 체류외국인(등록외국인)은 109만 1,531명이다.

되는 초국적 가족의 등장은 역사적으로 새로운 현상은 아니지만, 자본주의 세계 체제하에서 그 속도와 범위가 급속하게 확장되고 있다(Gross, 2001, 조은, 2004, 재인용). 이는 우리나라도 예외는 아니어서 늘어나는 조기 유학 탓에 기러기가족의 숫자가 많이 늘어났다. 가족이 오랜 기간 서로 떨어져 살아야 한다는 것이 개별 가족에게는 매우 버거운 과제임에도, 가족주의와 사회적 과시 규범이 묘하게 결합하여 자연스럽게 수용되고 있다.

이전의 초국적 가족은 대체로 노동이민자에게서 일시적으로 나타나는 현상이었다. 주로 미혼여성이나 생계 책임을 진 남성이 가족을 본국에 남겨 놓고, 부자 나라에 가서 돈벌이를 하는 형태로 진행되었다. 하지만 최근의 초국적 가족은 기혼여성이 외국에 나가서 돈을 벌거나 아이교육을 목적으로 아이와 엄마는 외국에서 거주하고, 남편은 본국에 남아서 돈을 버는 신(新)글로벌 가족의 형태로 나타난다(Parrenas, 2001; Piper & Roces, 2003, 조은, 2004, 재인용). 일명 기러기가족으로 불리는 초국적 가족은 과거 남편이 돈을 벌기 위해 독일에 광부로 간 사례나 중동 건설노동자로 간 사례와는 다르다. 홍콩이나 대만도 우리나라처럼 자녀교육을 명분으로 중산층의 기혼여성이 아이를 데리고 해외로 떠나고 생계 책임을 진 남편이 본국에 남는 초국적 가족이 등장하였다(UNESCO, 2003; Chee, 2003, 조은, 2004, 재인용). 화교(華僑)[27]를 중심으로 아시아의 부유층에서는 자녀교육을 위해 비행기로 오가며 외국에 둔 자녀를 돌보는 소위 '우주가족'과 홀로 외국에 있는 아이를 뜻하는 '낙하산 아이'가 등장했는데, 이들 가족도 기러기가족과 유사한 사례로 해석된다(Ong, 1999; 조은, 2004, 재인용).

특히 기러기가족은 우리나라 가족의 가장 중요한 과업인 자녀교육을 중심으로 발생하고 있어서 부모의 교육열과 더불어 사회적 파급효과가 증대하고 있다(최양숙, 2006). 통계청(2012)의 '2010 인구주택총조사'에 의하면, 우리나라의 부

27) 화교는 중국 국적을 가지고 다른 나라에 정착하여 그 나라에 활동하는 사람을 말한다. 동남아시아, 미국, 일본, 영국, 오스트레일리아, 러시아 등 국가에 거주하고 있으며, 그 수는 약 4,000만 명으로 추정되고 있다. 주로 광동, 복건계가 많지만, 최근에는 상하이나 베이징계 화교도 증가하고 있다. 이들은 출신지와 거주 지역의 언어를 사용하며, 최근에는 표준 중국어와 영어도 널리 쓰이고 있다. 동남아시아의 화교는 주로 광동, 복건 등의 화남 지방 출신이 많으며, 소수민족이면서도 자본의 대부분을 차지하는 등 현지의 정치, 경제에 많은 영향력을 끼치는 사례가 많다.

부 10쌍 중 1쌍은 따로 사는 '기러기부부'인 것으로 나타났다. 특히 전체 가구(1,733만 9,000가구)의 14.1%인 245만 1,000가구는 가족 일부가 타지에서 따로 살고 있었다. 현재 가구주의 혼인상태가 '배우자 있음'임에도 배우자와 함께 살고 있지 않은 가구는 115만 가구였다. 이는 가구주가 기혼자인 가구의 10.0%에 달하는 수치다. 배우자가 따로 사는 비동거 부부는 2000년 5.9%(63만 3,000가구)에서 2005년 7.5%(83만 5,000가구), 2010년 10%(115만 가구)로 급증 추세를 보이고 있다. 특히 학업을 이유로 국외에 가족이 떨어져 있는 가구는 21만 9,000가구로, 가구주의 학력이 '대학교 졸업'인 가구는 9만 3,000가구로 전체의 42.7%를 차지했다. 뒤를 이어 '고등학교 졸업' 6만 가구(27.2%), '대학원 졸업' 4만 2,000가구(19.2%)의 순이었다.

기러기가족은 전통적인 가족에서의 전형적인 남녀 역할 수행이라는 의미까지도 함축하고 있다. 돈을 버는 아빠의 도구적 역할과 아이를 돌보는 엄마의 정서적 역할이 외국이라는 장소로 이동했을 뿐 그대로 전이되어 나타나는 것이다(조은, 2004). 조기 유학을 결정할 때 부모는 우리나라보다 훨씬 덜 경쟁적인 선진국의 자유로운 교육환경이나 아무리 못 배워도 영어만큼은 확실히 배워 올 수 있다는 점을 높이 산다. 정말 공부를 잘해서 조기 유학을 가는 아이도 있지만, 실력 부족으로 우리나라에서 원하는 대학에 못 갈 것 같은 아이나 대학 진학이 어려워서 보내는 아이 등, 조기 유학의 이유는 매우 다양하다. 이들 부모는 표면적으로 우리나라의 공부 환경이 너무 경쟁적이므로 아이가 힘들다는 핑계를 댄다. 그러나 마음속에는 자녀의 경쟁력을 강화하고 미래의 지위를 높이고자 하는 계산이 깔려 있다. 그 이유가 무엇이든 조기 유학은 우리 사회에 작동하는 과잉 교육열 경쟁을 심화시킨다는 점은 부인할 수 없다(손승영, 2011).

(3) 외국인 노동자의 유입

외국인의 유입은 외국인 노동자의 증가로 말미암아 두드러지고 있다. 1987년 중국과의 국교 수립 후 친척 방문 등을 이유로 한 중국 교포의 유입을 시작으로, 1991년부터는 필리핀인이 대거 몰려왔고 1992년부터는 방글라데시 동남아시아인이 유입되기 시작하였다. 외국인 노동자들의 수가 증가하고 장기체류화

경향과 함께 결혼과 출산이 증가하면서 외국인 노동자 가족의 숫자도 늘어나게 되었다(이혜경, 1997; 장혜경 외, 2003).

행정안전부 등의 자료에 의하면, 2011년 현재 이주노동자가 약 54만 명이다. 사회적으로 다문화 지원 분위기가 높아지고 있지만, 이주노동자들에게는 다른 세상 이야기다. 이주노동자들은 우리 사회에서 분리돼 살아가지 않는다. 최소한 2~3년에서 길게는 8년까지도 한국에서 생활인으로 살아간다. 과거 컨테이너 등에 기거하는 때도 있었지만, 지금은 대부분 방을 구해서 생활한다. 엄연히 현재 대한민국 사회를 구성하는 구성원이다. 우리 사회에서 이주노동자 가정은 분명히 수십만 가구가 존재하지만, 법적으로 '없는 가정' 취급을 받고 있다. 우리나라의 현행법상 이들에게는 가족과 함께하는 것이 금지돼 있기 때문이다. 배우자가 한국에 방문하는 것조차도 허용되지 않는다. 과거 아무 문제 없이 4년 10개월을 지낸 뒤 재입국하는 '검증된 노동자'에게도 가족을 동반하는 것이 제한된다(이투데이, 2012. 5. 10).

2) 다문화가족의 형성과 사회 문화적 배경

(1) 세계화와 다문화가족의 증가

〈표 4-3〉에서 보는 바와 같이 2010년 국제결혼 건수는 34,235건으로 총 결혼의 10.5%를 차지하고 있다. 2005년 국제결혼은 총 결혼의 13.6%로 8쌍 중의 1쌍이 국제결혼에 해당한다. 한국 남성과 외국 여성과의 결혼은 전체 국제결혼의 3/4 정도이고 한국 여성과 외국 남성과의 결혼은 1/4 정도이다. 1994년까지는 한국 여성과 외국 남성의 결혼이 다수를 이루었으나, 1995년 이후에는 여성결혼이민자(한국 남성과 외국 여성의 국제결혼)가 훨씬 많아졌다. 2005년부터 국제결혼 비율이 총 결혼의 10.0% 이상을 차지하다가, 2011년은 9.0% 수준으로, 2017년에는 7.9%까지 떨어진 상태다.

〈표 4-3〉 연도별 국제결혼 현황

구분 연도	총 결혼	국제결혼		외국인 아내		외국인 남편	
		혼인 건수	구성비	혼인 건수	구성비	혼인 건수	구성비
1991	416,872	5,102	100.0	663	13.0	4,439	87.0
1995	398,484	13,494	100.0	10,365	76.8	3,129	23.2
2000	334,030	12,319	100.0	7,304	59.3	5,015	40.7
2005	316,375	43,121	100.0	31,180	72.3	11,941	27.7
2010	326,104	34,235	100.0	26,274	76.7	7,961	23.3
2015	302,828	21,274	100.0	14,677	69.0	6,597	31.0
2017	264,455	20,835	100.0	14,869	71.4	5,966	28.6

출처: 국가통계포털(http://www.kosis.kr). 인구동향조사.

2010년 다문화가구는 38만 7,000가구로 우리나라 총 1,757만 4,000가구의 2.2%를 차지하며, 가구원은 93만 9,000명(남자 49만 9,000명, 여자 44만 명)으로 나타났다. 연령계층별로는 30대가 20만 5,000명으로 가장 많고, 40대(19만 4,000명), 20대(18만 2,000명) 순이며, 10대 미만(4만 8,000)이 가장 적게 조사되었다(그림 4-6 참조). 평균 가구원 수는 2.43명으로 일반가구의 평균 가구원 수(2.69명)보다 0.26명 적었다.

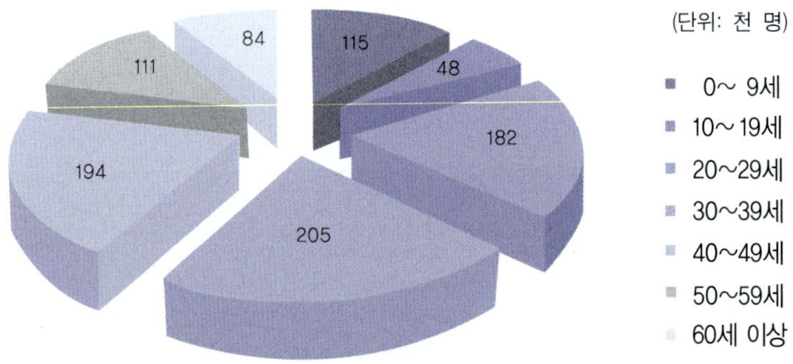

[그림 4-6] 연령별 다문화가구원 구성비

출처: 통계청(각 연도). 인구주택총조사; 국가통계포털(http://www.kosis.kr).

(2) 다문화가족의 구성과 성격

1990년대 초에는 국제결혼의 대상 여성이 대부분 미국과 일본 여성들로 1% 미만의 소수였으나, 1992년 중국과의 수교 이후 한국계 중국인 여성을 중심으로 국제결혼이 증가하였다. 그러나 문화적 차이와 위장결혼을 포함한 실패 사례가 언론에 대대적으로 노출되면서, 1990년대 후반부터는 중국인과의 결혼이 감소하였다. 반면, 도망가지 않고 참으며 살아갈 신붓감으로 언론에 소개된 필리핀, 태국, 베트남 등 동남아시아 여성들과의 결혼이 증가하였다. 이외에도 구(舊)소련 지역과 몽골 등 중앙아시아로까지 배우자 출신국의 범위가 넓어지고 있다. 최근에는 동남아 여성 중에서도 특히 베트남 여성과의 결혼이 급증했는데, 그 이유로 문화적 유사성으로 말미암은 동질성과 유교문화의 영향으로 대가족에서 시부모를 잘 모실 것에 대한 기대도 함께 작용하였다(김현희, 2007; 박경동, 2008).

(3) 국제결혼 증가의 사회 문화적 배경

여성이 국제결혼을 통해 다른 나라로 이주하는 현상에는 여러 가지 사회 문화적 배경이 작용한다. 그 이면에는 전 지구적 자본주의 체계의 국제사회에서의 작동 방식, 송출국과 유입국의 사정과 정부 정책, 국제결혼중개업체 등 다양한 사회적 요인이 영향을 미친다(설동훈, 2005). 신자유주의 시장질서에 의한 각국의 개발정책은 저개발 국가의 빈곤을 심화시키고 있으며 국가 간 불평등을 확대시켰고, 그 결과 노동자들과 빈곤층의 이주가 증가하고 있다.

최근 국제결혼을 목적으로 한 여성의 이주가 증가하고 있는데, 이는 여성의 빈곤 현상과도 관련이 있다. 즉, 송출국에서의 악성적인 '빈곤의 여성화'(Tharan, 2004)가 이주의 여성화로 이어지는 것이다. 하지만 여성들의 이주가 단순히 빈곤 때문만은 아니며, 새로운 삶을 개척하려는 젊은 여성들의 의지가 표출된 측면도 있다(김현미, 2003). 자신과 가족을 가난에서 벗어나게 하고 경제적 상승을 할 수 있다는 가능성을 생각해서 코리안 드림을 갖고 국제결혼을 택하는 것이다(한국염, 2007). 또한, 한류열풍이 불면서 한국의 대중문화를 접하게 된 저개발국 여성들이 한국을 동경하게 된 결과 한국으로의 이주를 쉽게 결정하기도 한다. 즉, 이들 여성이 국제결혼을 선택하게 된 배경에는 물질적 풍요로 표상되는 한국에 대한 기대와 호기심이 작용한다(박경동, 2008).

또 국제결혼이 증가하게 된 배경에는 다음과 같은 우리 사회의 특수성이 한몫하고 있다. 첫째, 결혼 적령기에 속한 연령층의 성비 불균형이 심화하였고, 도시와 농촌 간의 생활 수준의 차이 탓에 농촌 총각이 배우자를 구하기가 어려워지자 외국에서 여성 배우자를 구할 수밖에 없다. 둘째, 국제결혼중개업체가 증가하게 되었고, 이는 결혼시장에서 소외된 한국 남성을 대상으로 외국 여성을 소개하는 새로운 시장이 형성되었다. 셋째, 농촌 총각의 문제를 해결하기 위해 농촌진흥청을 중심으로 지방정부에서 국제결혼에 대한 대대적인 지원을 펼치고 있다. 전국 246개 기초 지자체 중 1/4이 넘는 60개 이상이 결혼비용을 지원해 주고 있고, 이 중 26개 기초 지자체는 조례까지 만들어 적극적인 사업을 추진 중이다. 넷째, 결혼중개업체나 지자체가 동남아 여성이 한국 여성과 비교해서 조건을 따지지 않고 남편에게 순종적일 것이라는 이미지를 부각한 결과이기도 하다. 특히 결혼중개업체는 가부장적인 남성의 기대 심리를 이용하여 이주여성은 '숫처녀'로 현모양처라고 선전하기도 했다. 즉, 한국 여성과 달리 이주여성은 순수하면서도 일을 잘하고 생활력이 강한 여성으로 이미지화되었다. 다섯째, 국제결혼이 국내결혼보다 결혼비용도 저렴하다는 점이 또 다른 장점으로 주목받았다. 경제적 수준이나 여건 탓에 한국 여성과 결혼하기 어려운 형편에 있는 농촌 총각 중에는 저렴한 비용으로 결혼하고 안정된 생활을 할 수 있다는 기대로 이주여성을 선택하기도 한다(김현미, 2007).

(4) 상업화된 결혼시장

앞서 잠시 언급한 바 있듯이 우리나라에서 국제결혼이 비약적으로 증가한 것은 2003년 이후인데, 그 원인은 국제결혼중개업체의 난립과도 관련이 있다. 한국 남성에게 국제결혼을 장려하기 위하여 국제결혼중개업체는 아시아의 여성을 미화시키고 상업화한다. 이러한 현상은 국제결혼정보업체가 내건 사이트 분석에서 잘 드러나고 있다(한국염, 2007), 예를 들면, 필리핀 여성은 영어권에서 왔기 때문에 자녀의 영어 교육에 유리하고, 종교의 영향으로 말미암아 절대로 이혼하지 않는다는 점을 강조한다. 또 베트남 여성은 순종적이고 순결하며 모성애가 강하다는 점을 부각한다. 이들 상업 업체는 한국 남성이 어떤 성격의 여성을 필요로 하는지를 미리 파악하고, 그들의 가부장적 특성에 맞게 다른 나라 여성의 성격을 마음대로 바꿔 선전하고 있다. 이들 여성은 상당히 양성평등한 시각을 지니고 있음에도, 결혼정보업체는 단순히 결혼성사 숫자를 늘릴 심사로 아시아 여성을 가부장제에 순응하는 이미지로 미화시키고 상품화시키는 경향을 보인다.

결혼정보업체나 개인중개인을 통한 국제결혼은 때로 한국 남성의 직장이나 경제적 지위를 속이는 등 허위 정보를 남발하고 있어서 심각한 사회문제가 되고 있다. 과장되거나 왜곡된 정보를 좇아서 한국에 결혼하러 온 여성은 사기결혼이라는 생각을 하게 되어 결혼 초기부터 갈등이 빚어지는 사례도 있다. 최근에도 지방에 가면 쉽게 볼 수 있는 국제결혼중개업체가 내건 현수막 광고 또한 가관이다. 이주여성은 '돈만 주면 쉽게 살 수 있는 여성들'이라는 이미지를 심어 주어 인신매매적 성격을 띠기도 한다. 이처럼 돈으로 살 수 있는 여성을 데리고 산다는 이미지는 한국 남성이 일상에서 '내 돈으로 내가 사왔으니 마음대로 부려먹어도 된다.'는 생각을 하게 하여 때로는 가정폭력이나 인격모독으로까지 이어지기도 한다(김현희, 2007; 한국염, 2007).

3) 다문화가족의 특성

(1) 부계 중심 가족주의

계층 간 동류혼(同類婚)이 지배적인 한국사회에서 이주여성과 결혼하는 남자는 상대방이 자신보다 못하다고 생각한다. 그리하여 자신의 권세나 지위를 강조하면서 결혼생활을 유지하는 경향이 있다. 이주여성은 남편에 대한 내조를 잘하고 시부모를 수발하면서 자녀를 잘 키우고, 가족 경제에도 도움을 줘야 한다는 이상화된 이미지에 적응해 나가고 있다. '이상화된 타자의 모습'으로 결혼생활을 해 나가는 이들 이주여성은 한국사회의 가부장적 가족을 유지하기 위해 헌신하는 이미지에 부합하고자 노력할 것을 강요받고 있다(김혜순, 2008).

아들 · 딸 구분 없이 권한과 의무를 행사하는 동남아의 양계제(兩系制) 가족문화에서 살던 이들은 한국에서의 가부장적인 부계혈통주의에 의해 많은 고통을 받고 있다. 부부간의 재산권뿐만 아니라 여성의 경제활동이나 평등한 가사분담을 자연스럽게 받아들이던 이들 여성에게 현모양처로서의 생활을 요구하는 한국식 가족문화는 매우 어렵게 느껴진다. 남성 중심의 가족문화나 여성의 복종과 강요를 당연시하고 남편의 가사 참여를 막는 시어머니 역시 도무지 이해할 수 없는 문화적 차이로 다가오게 된다. 핵가족 체계에 익숙한 베트남이나 태국 출신 여성에게 시부모와 시댁 식구를 위한 가사를 며느리인 자신이 혼자 알아서 척척 하지 않는다고 비난하는 모습은 전혀 생각하지 못했던 바였다고 한다. 더욱이 자신의 권한을 침해하며 부부간의 대화와 의사결정, 자녀 양육 등에 관여하는 시댁 식구의 태도나, 이를 당연시하면서 자신의 문제 제기를 무시하거나 오히려 화를 내는 남편의 태도는 당황스럽기 그지없었다고 한다. 이들 이주여성은 무엇보다도 과중한 가사와 자녀 양육 부담에 시달리고 있으며, 시댁과 친정의 비대칭적 관계 등 한국의 남성 중심적인 가족관계와 경직된 젠더구조에 문제를 제기하며 변화를 요구하고 있다(김이선, 2008).

국제결혼을 하는 농촌 남성이 이주여성보다 경제적 지위가 높은 경우도 있지만, 실제 경제적 상황이 더 어려운 사례가 많다. 그리하여 결혼 이후에 외국인 부인이 농사일이나 집안일, 그 외의 부업 등을 홀로 담당해야 하는 예가 많다(이수자, 2006). 결혼이주자 여성은 이주 후 정착 과정에서 자신의 나라보다 훨씬 부유하고 경제적으로 발전한 한국의 남성이 보여 주는 보수성과 낡은 젠더 개념을 발견하고 놀랍게 여기기도 한다(Freeman, 2005, 김현미, 2007, 재인용). 하지만 이들 이주여성은 남편의 한국에서의 경제적 지위나 현실을 잘 알지 못하기 때문에 이상화된 남편의 이미지를 그대로 수용하면서 결혼생활을 해 나간다. 아이를 낳고 기르는 것 역시 여성의 자발적 선택에 의한 것이기보다는 주위의 권유에 따르는 사례도 있다. 중개업체는 이주여성에게 결혼생활에 가장 빨리 적응하는 방법으로 임신을 권한다. 집안의 대를 이어 줌으로써 여성의 결혼이 안정될 것이라는 부계혈통주의적 기대 때문이다.(김현미, 2007).

(2) 일방적 가족문화의 전수

문화적 차이로 말미암아 결혼이주여성이 겪는 가장 큰 어려움은 한국사회와 가족에서 상황에 따라 적절하게 대응하고 행동하는 법을 터득하는 것이다. 이들 여성이 공통으로 지적하는 가장 큰 어려움은 언어소통의 문제로 한국어 구사가 힘들다고 한다. 언어소통의 문제는 가족 간 의사소통이나 부부간 친밀감 형성에도 어려움을 가져오고 있다. 다문화가족에서 특히 시어머니는 외국인 며느리를 한국식 가족으로 바꾸고 가르치는 것을 자신의 중요한 임무로 생각하고 있다. 식습관, 예절, 외모관리, 심지어는 잠자리에 이르기까지 관리와 통제를 하는 사례가 많다. 심층면접을 적용한 한 연구에 의하면, 한국 생활에 빨리 적응해야 한다며 밥과 김치만 먹이는 시어머니의 예도 등장한다(김현미, 2007; 김이선, 2008).

결혼이주여성의 일상은 자신과는 다른 문화적 배경을 지닌 사람과의 만남으로 이루어진다. 한국 사람이 되라는 가족의 요구는 주로 언어와 음식, 시댁과의 관계, 예절 등에 집중되어 있으므로 지속적이고 반복해서 요구되기도 한다. 그러므로 요구에 잘 적응하지 못하는 때에는 끊임없이 오류를 지적받을 정도로 한국 사람이 되는 것은 힘들고 그 기준은 엄격하기만 하다(김이선, 2008). 이주여성은 농촌사회가 갖는 보수성으로 말미암아 하루하루의 일상생활을 지배당하면서 한국 문화의 일방적 수용을 강요받고 있다(이수자, 2006). 그러나 그들은 자신에게 제공되는 한국어 교육이나 한국의 풍습 배우기를 수용하면서도, 자신의 한국 사람 되기 노력과 비슷한 수준에서 남편이나 가족에 대한 자국문화 교육의 필요성을 지적한다. 그들은 아직도 전근대적 세대 간 결합을 통해 가족이 유지되는 한국식 가족문화에 대해 가장 큰 어려움을 느낀다고 말한다(김현미, 2007). 이주여성은 한국 문화에 익숙해지려고 노력하지만, 때로는 자신의 문화를 이해해 주지 않는 한국 문화의 불합리성에 문제를 제기하기도 한다.

4) 다문화가족에서의 부적응과 갈등

국제결혼은 남성과 여성 모두에게 가능성과 딜레마라는 양면성을 부여한다. 여성과 남성 모두 국제결혼을 선택했지만, 결혼생활 과정에서 다양한 갈등을 경험하고 있다. 이주여성은 한국의 며느리나 아내로 잘 적응하기도 하지도 있지만, 폭력과 학대를 당하는 예도 있고 한국어를 잘 못해서 왕따를 당할 가능성도 있다(김혜순, 2006). 한 상담원은 상담 시 이주여성이 너무 많은 답답함을 호소한다고 한다. 언어가 통하지 않아 늘 어린아이처럼 취급당할 뿐 아니라 미국, 일본, 유럽처럼 잘 사는 나라에서 온 사람이 아니므로 한국인보다 미개하다고 생각하는 것처럼 여겨진다고 한다. 또 모든 기준이 '한국적'인 것에 맞춰져 있어 다양성을 허용하지 않는 것이 일상적인 고통이라고 한다(이인경, 2007).

(1) 결혼생활의 불신

이주여성의 가슴앓이도 심각하지만 한국인 배우자와 그 가족이 느끼는 고민도 만만치 않다. 한국인 배우자와 가족은 국제결혼알선업체의 거짓 정보에 피해를 경험했다고 토로하고 있다. 이들 가족은 이주여성이 언제 도망갈지 모른다는 걱정을 하고 있고, 때로는 가족이 번갈아 가면서 감시하는 역할을 할 뿐만 아니라 도주를 방지할 목적으로 이주여성에게 인권침해를 행하고 있기도 하다. 놀랍게도 이러한 행위는 결혼알선업체의 업주가 사후관리 차원에서 부추긴 행동이기도 했다(이인경, 2007). 최근 우리 사회에서 이주여성의 이미지는 미심쩍은 부인, 도망가는 아내로 그려지기도 한다. 그 때문에 이주여성이 외부 사람으로부터 나쁜 영향을 받지 않도록 집에만 머물게 하는 등 간섭과 통제를 행하고 있다. 이러한 강요된 압박은 이주여성에게 커다란 스트레스로 작용하며 갈등의 소지로 남게 된다.

(2) 경제문제로 말미암은 갈등

국제결혼이주여성이 한국 남성과의 결혼을 선택하는 이유는 한국이 모국보다 경제적으로 풍족하다는 사실 때문이다. 그들은 남편이 결혼 상대자를 구하러 모국에 왔을 때 준비해 간 돈을 펑펑 쓰기도 하고, 처가에 돈을 주기도 하는 행동을 보고 부자라는 생각을 가졌다고 한다. 하지만 이는 한국 남성이 결혼하기 위해 진 빚이나 모아 두었던 목돈을 한차례 과시한 결과였다. 그리하여 이주여성은 한국에 도착해서 남편의 경제적 사정을 알고 회의를 느끼게 된다.

또한, 송금을 둘러싼 갈등도 나타나는데, 아내는 남편이 자신(아내)의 집에 송금하는 것을 당연한 의무로 생각하는 반면, 남편은 정기적으로 송금하는 것을 부담으로 생각하기 때문이다. 이처럼 부부 사이에 송금에 대한 인식 차이가 존재하고 있다. 특히 베트남이나 필리핀 여성은 한국 남성과의 국제결혼에 송금을 통한 가족부양이 당연한 항목으로 포함된다고 사고하는 경향이 짙다. 이들은 자신의 희생으로 가족이 잘살게 되는 것을 국제결혼의 보람으로 여기기 때문에 송금을 통해 친정 식구를 돕는 것을 중요하게 생각한다. 그뿐만 아니라 이는 좋은 사람과 결혼해서 잘살고 있다는 증거도 된다고 생각한다. 하지만 이에 대한 계약이나 합의가 이루어지지 않은 상태여서 서로 다른 주장에 갈등만 커지는 결과를 초래한다(박경동, 2008).

(3) 가정폭력

여성가족부의 '2007~2010년 이주여성 가정폭력 피해 및 조치현황' 자료에 의하면, 부부 · 가족갈등, 이혼 · 법률, 체류 · 노동, 성폭력과 가정폭력 등 결혼이주여성의 각종 인권피해로 말미암은 상담 건수가 2007년 1만 8,401건에서 2008년 2만 6,634건, 2009년 5만 4,980건, 2010년 6만 1,393건으로 3년 사이에 4만여 건 이상이 급증했다. 여성가족부에서는 이주여성의 인권침해 발생 시 이주여성긴급지원센터에서 상담을 진행하고 있는데, 이 센터를 찾은 이주여성의 상담사유는 부부 · 가족갈등이 3만 8,580건으로 가장 많았다. 이어 이혼 · 법률 2만 6,472건, 체류 · 노동 2만 4,247건, 성폭력과 가정폭력 등 폭력피해 1만 8,077건 등이었다.

이어 이주여성긴급지원센터의 조치현황을 살펴보면, 직접상담이 72.38%로 거의 대부분을 차지했고 2차 상담권고 13.54%, 전문기관 의뢰 4.28%로 90% 이상이 주로 상담하는 것에만 머물렀다(헤럴드경제, 2011. 2. 14).

5) 진정한 교류를 위한 다문화의 인정과 양성평등

양성평등은 지구화와 정보화로 대변되는 현대사회가 요구하는 시민적 자질과 인적 특성의 핵심이다. 결혼이주여성과 한국 가족이 하나의 가족으로 안정되기 위해 지원되어야 할 핵심 요소는 양성평등 의식인데, 이는 다문화주의의 빠른 정착을 위해서도 필요하다. 그런데 현재와 같이 이주여성의 필요성이 한국의 가부장적 가족 유지나 자녀 출산에 있다면, 다문화주의나 양성평등 의식을 실현하기 어렵다. 이주여성이 지닌 장점과 문화적 다원주의를 일상에서 실현하기 위해서라도 양성평등주의적 시각이 요청된다.

이주여성에 대한 논의도 추상적이거나 이론적인 차원에 머물 것이 아니라 결혼이주여성이 한국 생활에 실질적으로 필요한 것을 일상의 삶에서 갖출 수 있도록 지원하는 것이 중요하다. 결혼이주여성은 종종 한국사회와 한국인의 정체성에 대한 질문에 직면하게 되는데, 그 질문의 핵심에는 한국의 순혈주의, 배타주의, 폐쇄성, 가족의 남성 중심성과 가부장성이 내재해 있다(김혜순, 2006). 여성결혼이민자를 한국 가족과 한국사회에 통합해야 할 대상에 국한한다면, 이들을 세력화하고 이들이 가진 에너지를 발휘할 수 있도록 지지하는 정책을 이루어 내지 못하게 된다. 여성결혼이민자를 한국 사람 만들기 식으로 그저 교육받고 복지 지원을 받아야 할 대상으로 여기지 말고, 이 여성도 주체적인 존재임을 인식해야 한다. 이들이 가장 잘할 수 있는 것을 하도록 격려할 때 진정한 다문화가족이 될 수 있을 것이다(한국염, 2007).

이들 여성이 모국에서 지녔던 모계혈통주의 관습이나, 노동권과 재산권에 대한 양성평등 의식을 존중하기 위해서는 가부장적 가족문화의 강요에서 벗어날 필요가 있다. 따라서 이주여성에게 한국의 생활문화를 익히는 기회를 주되, 오히려 한국 가족의 의식을 바꾸어 양성평등한 문화를 강화하는 쪽으로 병행해 나갈 필요가 있다. 다문화란 한국의 일방적인 문화와 풍습으로 이주여성이 흡수되는 것이 아니라, 상호 다른 문화의 공존 가능성을 인정하고 넓혀 나가는 것이다. 여성결혼이민자의 다양한 사회 문화적 배경과 함께 이들의 정체성을 존중해 줌으로써 더욱 풍부한 한국 문화로 만들어 나갈 수 있을 것이다.

이외에도 다문화가족의 문화통합과 사회통합을 위한 프로그램도 지원되어야 한다. 이를 위해서는 한국 문화 내에서 다문화를 경험할 활동기회와 프로그램의 확대, 지역주민 간의 한국 문화와 이주민문화의 교류활동 확대, 이주민의 문화를 소개할 수 있는 프로그램이나 활동기회의 제공도 중요하다. 더불어 교사를 대상으로 이주민 자녀에 대한 차별예방 교육을 시행하는 등 학교 내에서의 차별을 예방하기 위한 프로그램도 개발되어야 할 것이다. 또한, 같은 문화배경을 바탕으로 형성된 다문화가정의 자조 집단 지원과 상담지원서비스 제공, 지역사회센터를 중심으로 하는 다문화 교류활동의 제공, 다문화가정의 지역사회 활동 참여를 유도하는 등의 지역사회 내 다문화가족과의 연계망 확충과 교류활동 프로그램의 보급이 요구된다(손승영, 2011).

제5장 가부장적 가족의 형성과 종교

1 근대화와 서구 가족의 변화

1) 근대가족과 가부장제

(1) 가부장적 가족제도

좁은 의미의 가부장제(家父長制)는 아버지 또는 가장 연장의 남성(가부장)이 절대적인 권위를 가지고 다른 가족구성원을 지배·통솔하는 가족형태를 말한다. 개념사적으로는 고대 로마법의 가장권(patria potestas)에서 이 용법의 기원을 찾을 수 있을 것이다. 그러나 이것이 더욱 확대되어 가족 구성원에 대한 가장의 지배를 뒷받침해 주는 사회체계를 일컫는다. 군주를 가부장과 같은 수준(level)으로서 왕권으로의 절대복종을 설명한 필머(Robert Filmer)의 『가부장권론(家父長權論, *Patriarcha*)』(1680)[28]은 그러한 용법의 전형일 것이다. 그런데 이 개념에 의해 일반적인 정의를 내린 것은 이것을 '전통적 지배'의 가장 순수한 형태로서 정식화한 베버(Max Weber)이다. 그에 의하면 가부장제(Patriarchalismus)란 전통에 따라 신성화된 지배자 개인의 인격에 구성원이 공순(恭順: 공손하고 온순)의 뜻을 나타

28) 그는 신이 인류의 원조 아담에게 가족과 자손을 지배할 권리를 수여하고 이 권리는 장자(長子) 상속에 의하여 대대로 가부장에게 전해지며 왕권도 여기에 연유한다고 주장하면서, 국민의 동의에 의한 권력의 성립을 주장하는 사회계약설에 반대하였다. 그후 그는 로크(John Locke)의 『정부이론(政府二論, *Two Treatises of Government*)』(1690)에 의하여 날카로운 비판을 받게 된다.

냄으로써 성립한 지배형태를 말한다. 여기에서 가부장제는 지배의 모든 유형의 하나를 구성하는 정치학적 개념으로서 확립된 것이라고 할 수 있다.

이러한 의미에서의 가부장제는 그 개념사적인 유래와 함께 일반적으로 전근대적인 사회의 고유한 것이라고 간주되어 왔다. 그러나 다른 한편에서 가부장제를 근대사회와 결부시켜 받아들이려는 논의도 적지 않다. 특히, 1970년대 이후의 페미니즘의 조류에 있어서는 근대사회에 각인된 남성에 의한 여성지배의 구조를 설명하는 개념으로서 가부장제(또는 부권제, patriarchy)가 종종 사용되고 있다. 이러한 용법은 원래 가부장제에 포함되어 있던 '부(父)의 지배'라는 측면을 더욱 강조한 것이라는 점에서 확실히 일정의 타당성을 가지고 있다. 또한, 베버의 틀에서는 볼 수 없었던 근대사회의 성차별적인 권력구조를 분석할 수 있다는 점에서 매우 유효한 용법이기도 하다. 이러한 함의도 포함하고 있어서 개념의 의미내용이 다양하다.

그러나 여기서는 가부장제가 17세기 이후 근대적 가족형태와 상호 연결되는 과정에 초점을 맞추어 살펴보고자 한다. 17세기는 봉건주의가 붕괴하고, 전통주의 세력과 공동체적 가치는 약해졌으나, 상대적으로 산업화와 도시화, 자본주의화, 관료화 등 근대사회의 특징이 등장하기 시작하는 시기이다. 또한, 계몽주의 사상을 기반으로 변화와 진보에 대한 가치관이나 합리적 사고방식과 세속화, 그리고 개인의 권리와 개별 가족의 중요성 등이 근대화를 주도하는 중요한 가치로 자리 잡게 된 시기이다. 그리고 이러한 사회적 변화는 전근대사회와 비교하여 전적으로 새로운 성별분업구조와 사회적 관계와 가치의 변화를 초래하게 된다(정영애 · 장화경, 2010: 67).

(2) 근대가족

사회가 근대화함에 따라서 가족의 구성은 핵가족화하였으며, 그와 함께 가족이 지니고 있던 본래의 기능과 구조도 변화하였다. 즉, 전통적인 모든 기능이 없어지고 사회적인 다양한 기관이 그 기능을 대신하게 되었으며, 가족 내의 구성원 관계는 가부장적 지배관계로부터 애정을 중심으로 한 부부 · 친자관계로 변화하였다.

한편, 핵가족을 생활단위의 측면에서 보면, 구성이 단순하고 구성원의 수가 한정되어 있기 때문에 위기가 닥치면 쉽사리 해체될 가능성을 지니고 있다. 현대 사회의 다종성(多種性) · 다양성은 가족생활에서 생활의 다종성 · 다양성을 드러내고, 구성원 개개인의 생활목표 사이에 여러 갭(gap)을 가져온다.

이와 같은 핵가족화 현상은 도시의 가정에서 더욱 뚜렷하나, 농가에서도 점점 가족의 기능적 복합성이 사라지고 근대화되고 있다. 예를 들면, 부업농가나 탈농가(脫農家)의 증대에 따라 가족의 생산적 기능이 감소되거나, 전래의 농사법에 입각한 생산의 여러 형태가 아버지에게서 아들로 전수된다는 의의를 이미 잃은 것 등이다.

2) 가부장적 가족의 형성과 공 · 사 영역의 분리

(1) 인구구조 변화와 가족

전(前)근대사회와 근대사회를 구분하는 가장 중요한 요소는 사망률의 차이다. 즉, 19세기에 이르기까지 대다수 사람의 기대수명은 매우 낮았으며, 사망률, 특히 영유아사망률은 매우 높았다. 예를 들어 잉글랜드의 17세기 후반 기대수명은 32세, 독일의 브레슬라우(현 브로츠와프) 지역은 27세에 불과하였다(Gittins, 안호영 외 역, 1997). 1900년 미국의 평균 기대수명은 50세 정도였으며, 1930년대 우리나라의 평균 기대수명도 여성은 35세, 남성은 32세 정도였다.

이러한 높은 사망률이 가족에 대해 지니는 의미는 매우 크다. 부모의 입장에서 성인기까지 생존할 수 있는 자녀를 얻기 위해서는 무리해서라도 많은 수의 자녀를 출산할 수밖에 없었다. 이처럼 영유아사망률이 높았던 당시 사회에서는 자녀가 어느 정도 자랄 때까지 이름을 지어 주지 않거나, 같은 이름을 다른 자녀에게 지어 주기도 하였다. 자녀를 잃거나 부모 또는 배우자를 잃는 경험으로 가족은 빈번하게 해체 · 재구성되었다. 이때 가족의 빈곤과 영유아사망률은 정비례하였고, 따라서 가족의 변화 가능성은 더 높을 수밖에 없었다.

1700년대의 한 기록에 의하면, 한 여성이 세 번 결혼하는 데 소요된 기간은 12~15년 정도에 불과하여, 과거의 가족이 더 결속력이 강하고 안정된 제도라는 일반적 통념은 잘못된 지식으로 보아야 하는 것이 타당하다. 즉, 당시의 사망률을 감안한다면 결혼하는 사람 중 30% 이상이 홀아비와 과부였을 것이고, 조부모를 거의 알지 못했으며, 설령 알았다 해도 함께하는 기간은 그렇게 길지 않았을 것이다. 따라서 안정된 대가족제도는 사회적 이념에 불과하였을 것이다. 이러한 사망률 위기는 17세기 이후 점차 감소하기 시작하여 1800년대에 들어서면서 사라지게 된다(Gittins, 안호영 외 역, 1997: 24).

한편, 전(前)산업사회에서는 높은 사망률과 더불어 출산율도 매우 높았던 것으로 나타난다. 앞에서도 말했지만 높은 사망률에 대응하기 위해서는 많은 수의 자녀를 출산하는 것은 당연한 일이었다. 아울러 당시 사회에서 잠재적 노동력을 늘리는 확실한 방법 또한 많은 수의 자녀를 출산하는 것이었다. 19세기 후반에 이르기까지 높은 출산율은 유지되어, 서유럽에서 20세 이하의 인구는 당시 전체 인구의 절반가량을 차지하는 '젊은 사회'였다. 20세기에 들어오면서 시작된 '노령화 사회'로의 인구구조 변화는 가족자원과 가족관계, 가족구성원의 역할에 커다란 영향을 미치게 된다(Gittins, 안호영 외 역, 1997; Tilley & Scott, 김영 외 역, 2008; 정영애 · 장화경, 2010: 67-70).

(2) 자본주의의 발전과 성 역할구조의 변화

한편, 같은 시기에 진전된 자본주의화 과정은 자본의 합병과 임노동(賃勞動)[29]의 보편화를 통해 도시 부르주아 계급[30], 도시와 농촌의 프롤레타리아 계급[31]을 성장시켰다. 부유층은 입법을 통해 공유지를 사유지화하는 등 부(富)를 집중시키고, 소규모 자작농은 임노동자화되었다. 한편, 임노동의 기회가 증가하면서

29) 임노동이란 자기의 노동력을 자본가에게 제공하고 그 대가로서 임금을 받는 노동 형태를 말한다(예: 자본주의 사회에서 임노동이 없이는 자본도 성립할 수 없다).

30) 부르주아 계급(bourgeois 階級)이란 자본주의 사회에서, 생산 수단을 소유하고 노동자를 고용하여 사업을 해서 이윤을 얻는 계급을 말한다.

31) 프롤레타리아(proletariat)란 자신의 노동력을 팔아 생활하는 산업노동자 계급을 말한다. 넓은 의미로는 자본을 소유하지 않아 자신의 노동으로 살아가는 사람들로 이루어지며 농업노동자도 포함된다. 고대 로마 시대에 토지를 소유하지 못한 가난한 자유민을 뜻했던 라틴어 'proletari'에서 유래했다. 마르크스주의에 의하면, 프롤레타리아는 고난과 투쟁에 의해 단련되어 자본가와는 다른 의식을 가지게 된다. 이러한 자각을 통해 프롤레타리아는 궁극적으로 모든 경제적 계급을 폐지하고 무계급사회를 건설하기 위해 스스로를 조직한다.

결혼 전 생계수단 마련을 위한 시간이 단축되어 혼인연령이 낮아지고 출산율도 높아졌으며, 특히 전체 인구에서 차지하는 젊은 인구 비중이 확대되었다.

다른 한편, 기계화의 결과 이루어진 탈숙련화와 프롤레타리아화(-化) 과정에서 숙련기능공을 중심으로 하는 남성노동조합은 여성노동자를 차별하거나 제외하였다. 19세기 후반까지 대부분 조합은 가장 숙련된 직종과 기술을 가진 남성들로만 구성되었으며, 이들의 주요목표는 '가족임금'[32]을 획득하는 것이었다. 그러나 가족임금제는 중간계급의 생활방식과 가치에 따라 형성된 것으로, 19세기에 가족임금을 받을 수 있는 노동계급 가족의 비율은 극소수였다. 대신 노동계급의 대다수를 차지하는 반숙련노동자, 미숙련노동자, 병약자, 과부, 별거인, 미혼모 등은 자신들의 삶을 '남성 단독 가계부양'의 이상에 맞추어 나가야 했으므로, 그들이 어려운 상황을 벗어날 수 있는 길은 더욱 멀어져만 갔다. 이처럼 실제 상황과 관계없이 '생계부양자로서의 남성가장'과 '피부양자로서의 여성'이라는 이미지가 구축됨으로써 '남성의 공간인 일터'와 '여성의 영역인 가정'이라는 공·사 영역 간의 새로운 성별분업이 강화되었다.

이러한 '여성과 가정' 사이의 적합성은 중간계급이 등장하는 역사의 특정 시점에 발생한 현상이었다. 그러나 일단 만들어진 남녀 역할 분리는 자연적·생물학적이며 보편적인 것으로 재정립되었다. 또한, 성별 역할 분리와 공·사 영역 간의 분리로 말미암아 공적 영역에서의 보수를 받는 '생산적' 일과 사적 영역에서의 보수를 받지 않는 '비생산적' 일이 구분되고, 여성의 일은 그 가치를 제대로 인정받지 못하였다. 예를 들어 공·사 분리 이전에는 목축이나 방적, 요리, 바느질 등은 생계유지에 중요한 일로 간주하며 가구 경제의 한 부분을 차지하고 있었으나, 분리 이후에는 이러한 일이 가구 생계유지를 위해 마찬가지로 중요함에도 무보수의 일이라는 점에서 '비생산적 작업'으로 평가절하되었다. 아울러 집과 일터가 공간적으로 분리되면서, 어린 자녀가 있는 여성은 일하는 동안 아이를 돌봐야 하는 문제에 부딪치게 되었다. 따라서 이들의 상당수는 임시직·시간제·계절제로 고용되거나 집안에서 할 수 있는 성냥갑 만들기,

---

32) 가족임금이란 남성노동자 혼자 일한 대가로 자신뿐 아니라 아내와 자녀를 부양할 수 있는 수준의 임금을 말한다.

밀짚모자 만들기, 장갑 만들기, 바느질 등의 단순노동이었다.

당시의 여성은 토지나 가업 등을 상속받지 못하였고, 임금은 남성의 절반 정도에 불과하였으므로, 아버지 집에서의 생활과 비슷한 수준으로 지내기 위해서는 동등한 배경의 남성과 결혼해야 했다. 실제로 여성의 고용기회가 부족한 지역에서 여성이 상대적으로 빨리 결혼하는 경향이 있었다. 많은 여성이 재정적인 이유로 결혼한 결과, 결혼관계 내에서 여성은 남편에게 종속되고, 가사(家事)에 대한 책임을 지는 가부장적 가족관계에 편입되었다(Gittins, 안호영 외 역, 1997).

이 과정에서 교회와 국가도 가부장적 가족제도가 굳어지는 데 중요한 역할을 하였다. 종교개혁 이후 교회와 국가는 빈곤의 구원에 일차적 책임을 지고 있었는데, 16세기부터 시작된 사회 경제적 변화에 따라 빈곤이 심각해지고 실업자가 증가하면서 그 부담이 기하급수적으로 증가하게 되었다. 한 예로, 사생아를 데리고 있는 여성은 국가와 교구의 가장 주요한 구빈대상자였는데, 결혼 당시 임신상태에 있었던 신부(新婦)가 19세기 전반 38%에 이르렀다는 것은 혼외 임신·출산이 빈번하고, 구빈대상도 많았다는 것을 알 수 있다. 따라서 교회와 국가는 재정적 부담을 줄이고자 가부장적 전제, 즉 여성은 남성에 의존해야 한다는 기초 위에 결혼 및 혼인 내 임신과 출산을 장려하였다.

그럼에도 가부장적 가구 내에서 살 수 없거나, 살려고 하지 않았던 독립적인 여성이 전체 여성인구 중 무시 못 할 소수집단을 형성하고 있었다. 이들은 결혼제도 내의 가부장적 통제와 권위에서는 벗어났지만, 제도 밖의 여러 사회적·경제적·성적 위험에 노출되었다. 제도 내에 편입되지 않으려는 여성에 대한 가부장제 사회의 두려움과 의심은 16세기, 17세기 유럽과 미국의 '마녀'에 대한 가혹한 박해와 처형으로 귀착되기도 하였다.

당시의 여성은 가족의 재산 정도로 여겼던 것으로 보인다. 예를 들어 앵글로색슨[33] 시대 이래 강간을 처벌하는 엄격한 법률이 존재해 왔는데, 그 내용은 기본적으로 여성을 보호하기 위한 것이었다. 즉, 가족이 보호하는 처녀나 기혼

33) 앵글로색슨(Anglo-Saxon)이란 5세기부터 노르만 정복시기(1066년)까지 잉글랜드를 지배하던 게르만족의 일파를 말한다. 앵글로색슨이라는 용어는 8세기 말 유럽 대륙의 저술가들이 브리튼 색슨족과 유럽 대륙에 살던 색슨족을 구분하기 위해서 처음 사용했으며, 가경자(可敬者) 비드(Bede)는 유럽의 색슨족을 특히 고대 색슨족이라 불렀다.

여성에 대한 강간은 엄중한 처벌대상이지만, 가부장제 가구 밖에 있는 여성, 예를 들어 노처녀, 과부, 별거녀, 이혼녀 등에 대한 강간의 처벌은 상대적으로 약하거나 때때로 오히려 여성이 강간을 자초한 것으로 여겼다(Gittins, 안호영 외 역, 1997; Tilley & Scott, 김영 외 역, 2008).

새로이 형성된 근대의 가족 이데올로기는 구조와 형태뿐 아니라 내적 특성이나 태도, 심성의 측면에서도 전 시대와 차별화하면서 개인의 가치와 사회제도의 틀을 확립하는 데 이바지하였다. 이 과정을 살펴보면서 우리는 가족이 무엇이고, 또 무엇이어야 하는가에 대한 이상(異相)과 진술(陳述), 즉 가족 이데올로기의 중심에 젠더관계에 대한 신념이 자리하고 있음을 알 수 있다. 다른 한편, 사회제도와 문화가 특정 가치와 행동을 유도하거나 강제하고, 다른 가치나 행동은 금하는 방식을 분석해야 한다. 왜냐하면, 그렇게 함으로써 특정 시기의 '가족'이 실제로 의미하는 바에 대한 역사적·문화적 특수성을 꿰뚫어 알아차릴 수 있기 때문이다. 이러한 인식은 가족관계와 규범을 포함하는 현재의 제도와 법 및 문화도 변화할 수 있고, 도전받을 수 있다는 사실을 우리에게 알려주는 긍정적 메시지(message)다(정영애·장화경, 2010: 67-70).

2 우리나라 자본주의 근대화와 가족의 변화

일본 제국주의 식민지 통치하인 1937년 일제가 전쟁 협력 강요를 위해 취한 조선통치정책인 내선일체(內鮮一體),[34] 천황제 군국주의와 식민지 여성의 성노예

34) 내선일체(內鮮一體)란 일본과 조선은 한 몸이라는 뜻으로, 일제 강점기 때 일본이 조선인의 정신을 말살하고 조선을 착취하기 위하여 만들어 낸 구호이다. '내(內)'는 일본이 제2차 세계대전 전, 그들의 해외식민지를 '외지(外地)'라 부른 데 대한 일본 본토를 가리키는 '내지(內地)'의 첫 자이며, '선(鮮)'이란 조선을 가리키는 말로, 일본과 조선이 일체라는 뜻이다. 그들은 이미 1931년 만주사변 때 일만일체(日滿一體)라는 용어를 만들어 내기도 했다. 1937년 일본이 중국 침공을 개시하자, 당시의 조선총독 미나미지로(南次郎)는 이 대륙 침공에 조선을 전적으로 동원·이용하기 위한 강압정책으로 '내선일체'라는 기치를 들고 나섰다. 한민족의 저항을 초기부터 말살·차단하려는 철저한 민족말살정책이었다.

화 등으로 말미암아 가부장적 사회관계와 제도는 더욱 강화되었다. 특히, 일제는 1909년 식민지 통치의 목적으로 가족구성원에 대한 통제와 감시를 강화하기 위해 일본식의 「민적법(民籍法)」[35]을 시행하였다. 다시 말하면, 우리의 전통과 어긋나는 호주제는 일제가 우리나라 사람들을 쉽게 지배할 속셈으로 호주인 아버지에게 모든 식구를 속하게 한 제도로, 우리나라 전통처럼 해방 후 가족법에 포함하였다.

이러한 호주제는 기존의 호구조사를 위한 수단으로서 존재하던 호적제도의 좁은 개념을 뛰어넘어, 가(家) 또는 집안 내에서 개인의 신분관계를 증명하는 넓은 개념의 호적제도로 작용하게 되었다. 이와 함께 호구상의 가구주로서 남녀 모두 가능했던 호주의 지위도 남성으로 자격을 제한하면서 가독상속자(家督相續者)의 지위로 강화되었다.[36] 이 제도의 도입으로 여성은 분재권(分財權)과 상속권을 상실하게 된 것이다. 부계가족 호적은 본적을 기반으로 하였으며, 호적에 입적될 수 있는 가족의 범위도 호주를 중심으로 하는 부계친족으로 제한하기에 이르렀다. 이렇게 함으로써 가부장제는 새로운 형태로 강화되어 오랜 기간 부계우선 혈통주의와 남성 우월의식 및 성차별을 조장했다.

해방 이후 자본주의적 근대화가 본격적으로 추진됨에 따라 가족제도와 구조도 급격한 변화가 이루어졌다. 이 시기는 서구사회의 가족제도가 수 세기 동안 거쳐 온 과정을 20~30년간에 단축시킨 급격한 변화의 기간이기도 하다. 즉, 소비와 휴식처로서의 가족기능이 강조되는 한편, 생산영역과의 경계는 점차 강화

35) 1909년 3월 4일 법률 제8호로 공포 · 실시한 호적법으로, 인구수를 조사 · 파악하고 신분을 공시하는 제도로서는 식년호적제도(式年戶籍制度)와 이를 보완하는 인보정장법(隣保正長法) · 호패법(號牌法) 등이 있었다.

36) 여기서 가독(家督, かとく)이란 일본 역사에 등장하는 단어로, 가부장제도 아래 가장, 그리고 가장의 권리를 의미한다. 즉, 가족을 총독(總督)하는 사람으로 옛날에는 일족(一族)의 수장(首長)을 의미했다. 헤이안시대(平安時代)의 후반기부터 부흥한 무인(武人) 사이에서는 혈족적(血族的) 단결의 풍조가 강해지기 시작했다. 혈종적 단결은 일족(一族), 일문(一門), 일류(一流) 등으로 불렸으며, 그 일족의 수장을 '가독'이라 불렀다. 무로마치시대(室町時代)에 들어서는 재산의 단독 상속법이 발달하여, 아버지의 영지(領地)가 모두 적자 한 사람에게만 상속되고, 다른 아들들은 보조를 받는 것으로 되었다. 에도시대(江戸時代)에 들어서서 에도막부의 절대적인 권력에 힘입어, 가독의 적자 단독 상속이 확립되었다. 「메이지(明治)헌법」 아래 가족제도의 일환으로 존속했으나, 「일본국헌법(日本国憲法)」 시행 직후 민법대개정(民法大改正)에 따라 폐지되었다.

되었다. 또한, 남성은 경제적 활동을 담당하고, 여성은 가정 내에서 보호와 배려를 제공하는 정서적 역할을 담당하는 성별 역할분업에 기초한 새로운 가부장적 가족이 본격화되었다.

그러다가 1960년대 이후 본격적인 국가 주도의 산업화가 급격히 진행되는 동안에 형성된 공·사 영역 간의 엄격한 구분, 공적 영역의 중요성 강조, 성장과 저임금 위주의 가부장적 노사관계도 가부장적 가족을 재강화하는 데 일정한 역할을 하였다. 그러나 가부장적 가족제도나 이데올로기와는 달리, 현실에서의 가족은 계급, 가족유형, 그리고 시기에 따라 매우 다양한 양상을 나타낸다. 예를 들어 식민지하에서 남성이 주로 전쟁터에 나가거나 징용에 끌려감으로써 아버지나 남편의 역할을 할 수 없었던 시기가 있었고, 이후 산업화가 진행되는 과정에서도 교육이나 노동을 위해 아버지가 없는 어머니 중심 가족이 상당히 보편적으로 존재하였다. 오히려 어떤 형태로든 일을 하는 여성이 사적 영역에 한정된 역할만 하는 여성보다 많았다. 그런데도 자리를 비운 아버지의 공식적·상징적 권위는 여전히 강하였고, 영향력을 발휘하였던 것으로 나타난다.

우리나라 가부장적 가족제도를 유지해 온 3대 원칙으로 부계혈통주의에 기반을 둔 '동성동본불혼', '성(姓)불변의 법칙', '타성양자(他姓養子)금지'를 들고 있다. 이 중 동성동본불혼은 1998년 가족법[37] 개정에 의해 폐지될 때까지, 그리고 나머지 원칙은 2005년 호주제 폐지 때까지 지속됨으로써 현재의 가족제도 이념과 기본 틀을 이루어 왔다.

호주제를 폐지할 때 수많은 전통가족 옹호론자는 우리나라 고유의 가족이 붕괴될 것이라고 우려하며 강하게 저항하였다. 그런데 호주제 폐지는 조선조 이후 확립된 '부계혈통 가족'의 붕괴를 의미하는 것에 불과하였다(정영애·장화경, 2010: 71-81). 호주제도는 호주와 다른 가족구성원 간의 관계를 종적이고 권위적인 관례로 규율함으로써, 남녀차별을 조장하고 가족구성원들의 화합과 복리를 저해하는 전근대적 가족 관념을 형성하여 왔다. 따라서 호주제 폐지는 한국

37) 일반적으로 「민법」 제4편 친족법(親族法)과 제5편 상속법을 통칭하여 가족법이라 부른다. 이 중 친족법은 친족의 정의(定義)와 범위 등을 규율하는 좁은 의미의 친족법, 호주와 가족관계를 규율하는 좁은 의미의 가족법·혼인법·친자법(親子法)·후견법·부양법·호주승계법 등으로 구성된다. 상속법은 재산상속·유언·유류분(遺留分)에 관하여 규정한다.

사회의 남녀평등과 민주화의 진전을 의미한다고 평가할 수 있다.

3 가족과 종교

1) 유교가족의 지속성과 상호보완성

유교(儒敎)는 중국 춘추시대(기원전 770~403) 말기에 공자(孔子)가 체계화한 사상인 유학(儒學)을 종교적 관점에서 이르는 말로, 시조 공자의 이름을 따서 공교(孔敎)·공자교(孔子敎)라고도 한다. 인(仁)은 모든 도덕을 일관하는 최고 이념으로서 일종의 윤리학·정치학이며, 수천 년 동안 중국·한국·일본 등 동양사상을 지배하여 왔다. 공자는 인을 가장 중시하면서 "인은 곧 효(孝)이자 제(悌)"라고 하며, 인의 근본을 가족적 결합의 윤리에서부터 시작해 육친(肉親) 사이에 진심으로 우러나는 애정을 강조하고, 그것을 인간 사회의 질서 있는 조화로운 결합의 원리로 삼아 정치에까지도 전개시켰다.

유교사상의 핵심은 일원론으로 자연과 그 자연 밖의 초자연을 구분하지 않는다. 동양사상에서 자연이란 '스스로 그러함'을 뜻하는 말로, 사물의 존재나 생성의 원인이 그 자체에 내포되어 있어, 자체의 역동적인 힘으로 살아서 움직이는 생명체이고, 만물은 자연으로부터 생성된다. 인간의 질서도 이러한 자연의 질서와 상호 긴밀한 관계를 맺고 있는데, 유교에서는 가족윤리가 모든 윤리의 기본이며 국가나 다른 사회제도는 가족의 연장이다. 유교에서 가족을 바라보는 구체적인 특징은 다음과 같다(서선희, 1997; 이숙인, 1999; 정영애·장화경, 2010: 83-88).

첫째, 유교에서는 이 세상의 모든 생명은 유한(有限)하다. 그러므로 유한한 생명과 생명을 연결함으로써, 즉 조상과 후손 간의 혈연관계를 통해서 이러한 인간의 유한성을 극복하고자 한다. 따라서 유교의 가족은 과거의 시조로부터 조상을 거쳐 미래의 자손에 연결되는 시공간을 초월하는 관념적 집단으로, 사회

제도 중에서 가장 중심적 위치를 차지하게 된다. 이러한 상황에서 가족의 가장 중요한 기능은 대를 잇는 것이며, 부부간의 성적 결합의 가장 중요한 의미도 생식(生殖: 낳아서 불림)이라는 차원에 맞춘다. 또한, 제례(祭禮)[38]는 생명의 영원성을 확인하는 제도로 중요한 위치를 차지하게 되며, 효(孝)는 과거와 미래를 현재라는 실재에서 접속시키는 구체적 도구인 동시에 모든 생명체를 계속해서 유전시켜 나가는 지속력의 원천으로 핵심적 가치가 된다.

둘째, 유교에서 인간은 수신(修身)·제가(齊家)·치국(治國)·평천하(平天下)의 실현을 목표로 꾸준히 수련하는 존재다. 가장 기본단계인 수신의 중심이 되는 기준은 인사상(仁思想)이다. '인'은 인간의 본질이며 삶 그 자체로 보았다. 인은 인간이 성취할 바람직한 가능성이며, 어느 일면으로만 규정할 수 없는 유연성과 다양성을 내포하고 있다. 이때 가족은 투철한 도덕적 자아를 확립하기 위한 원리를 구체화하는 장소로서 가장 기본적 역할을 하게 된다.

셋째, 가족은 자연의 질서에 상응하는 제도로, 가족질서의 원리는 자연의 질서를 기초로 미루어 추측한다. 유교에서 자연은 살아 있는 생명체이며, 전체를 위해 각각의 고유한 기능을 수행하는 여러 부분으로 이루어져 있다. 각 부분은 각자가 지닌 고유한 성분에 따라 분별되는 것이 자연스럽고 올바른 상태라고 여긴다. 따라서 유교의 가족규범에 의하면, 가족구성원은 하나의 부분으로서 전체 가족에 대해 가지는 역할이 다르다. 유교에서 자연은 끊임없이 변하고 변하지만, 만물의 위치는 절대로 변하지 않는다. 즉, 하늘과 땅이 끊임없이 변하지만, 하늘은 항상 위에 있고 땅은 언제나 그 아래에 있다. 따라서 우주 안에 있는 온갖 사물과 현상은 전체와의 관계에서 처음과 끝(本末)의 차이, 먼저와 나

38) 제례(祭禮)는 『가례(家禮)』의 관혼상제(冠婚喪祭) 사례(四禮)의 하나이다. 제례는 돌아가신 조상을 추모하고 그 근본에 보답하고자 하는 정성의 표시이다. 제례는 "돌아가신 조상이 마치 계신 듯이 모신다(事亡如事存)."라고 하여, 사당은 대체로 집의 동쪽에 위치하며, 사당 안에는 서쪽부터 고조부모, 증조부모, 조부모, 부모 순으로 4대 조상의 신주(神主)를 모셨다. 그리고 '고서비동(考西妣東)'이라고 하여 아버지 신위는 서쪽, 어머니 신위는 동쪽에 모셨다. 오늘날에는 핵가족화로 기제와 설, 추석의 차례가 조상 제례로 인식되었다. 특히, 설과 추석이 법정 휴일로 정해져 가족과 친족들이 많이 모이는 명절이라는 점 때문에 차례는 기제사보다 훨씬 더 화려한 제물을 차리는 경향을 보인다. 그리고 제사의 참여를 유도하기 위해 합사 등으로 제사 일수를 줄이고, 제사 시간도 출퇴근 시간을 고려하여 기일 저녁 시간으로 옮기는 추세이다. 또한, 제물의 준비나 운반 등의 어려움으로 제사 대행업체도 성행하고 있다.

중(先後)의 차이, 친하고 친하지 아니함(親疎)의 차이가 존재한다.

가족윤리에서도 "어른과 아이 사이에는 차례와 질서가 있어야 한다."는 장유유서(長幼有序), "부모는 자식에게 인자하고 자녀는 부모에게 존경과 섬김을 다하라."는 부자유친(父子有親), "남편과 아내 사이에는 서로 침범하지 못할 인륜의 분별이 있어야 한다."는 부부유별(夫婦有別) 등 가족구성원 간의 서열이 규정되며, 이러한 차이와 서열이 잘 수용되고 유지될 때 덕(德)의 상태를 이룰 수 있으며, 자연의 생명이 유지될 수 있다.

그러나 다른 한편, 이러한 위계적 차이는 상호보완성을 전제로 한다. 즉, 유교의 자연은 여러 부분이 그물처럼 연계되어 있어, 한 부분의 존재나 기능은 반드시 다른 부분의 존재와 기능에 의존한다. 예를 들어 여자와 남자의 역할은 서로 다르다. 그러나 각각의 역할은 상대적이며, 상호의존적이다. 또한, 이러한 위계성은 겸도(謙道: 마땅히 지켜야 할 도리)를 전제로 한다. 천지와 음양이 만나 만물을 화생시키는 교감이 되기 위해서는 일정한 이치를 따라야 한다는 것이다. 즉, 하늘이 높고 땅이 낮지만, 하늘이 낮아져서 땅을 받들어야 교감이 가능하고 만물이 화생할 수 있는 것으로 위계적 차이를 기본으로 하면서도 상보적 배려의 도(道)를 강조하고 있다.

이러한 유교의 기본 윤리와 가족관은 앞에서 살펴본 바와 같이 고려 말·조선 초 우리나라에 도입되면서 지배집단의 정치적 목적과 결합되어, 보수적이고 위계적 유교 윤리와 요소가 강조되면서 가부장제 가족을 확립하는 주요 이념적 도구로 기능하였다. 그러나 유교의 원리적 측면과 역사 과정에서 구체화된 유교를 구분해서 그 순기능과 역기능을 균형적으로 검토하는 일은 앞으로 우리가 풀어야 할 중요한 숙제다(서선희, 1997; 이숙인, 1999; 정영애·장화경, 2010: 82-84).

2) 불교의 평등성과 자비사상

불교에서 가족관계는 은(恩)·선업(善業) 개념을 중심으로 해석한다. 따라서 가족은 '서로 은혜로 맺어진 집단'이다. 이처럼 '은혜를 베풀고 그 은혜를 알고 갚는 혈연 공동체'가 바로 가족이다. 불교의 가족윤리는 불교 윤리의 근본사상과 사회 또는 시대적 조건에 따라 변할 수 있는 구체적 내용으로, 층(層)으로 이루어져 있다. 바탕을 이루는 층 부분인 근본사상 속의 가족윤리를 파악하기는 쉽지 않으나, 이러한 기본적 가족윤리는 어느 사회에서나 보편적으로 적용될 수 있다. 그러나 구체적 가족윤리를 제시하고 있는 내용은 사회 문화적 상황에 따라 다르게 해석될 수 있다. 기본적 불교 가족윤리에 의하면, 남편과 아내는 같은 진리의 길을 가는 도반(道伴)이며, 결혼은 오백 번 윤회(輪回)라는 인연을 통해 이루어지는 가장 의미 깊은 만남이라고 설명하고 있다. 그러나 깨달음을 통한 중생제도의 '하화중생(下和衆生)'[39] 사상과 같이 사회의 가정화와 가정의 불교화를 지향하는 한편, 현세적 가정을 부정하기도 한다. 불교의 가족윤리는 불교의 근본 개념인 자비(慈悲), 연기(緣起), 해탈(解脫), 공성(空性), 중도(中道)사상 등에 녹아나 섞여 있다.

첫째, 자비사상은 평등성과 무아성(無我性), 역동성, 실천성이 내포된 사랑의 개념이다. 이를 바탕으로 하는 가족윤리에서 부부간의 관계는 인격적으로 평등하다. 또한, 부모는 부모의 위치에서 자녀는 자녀의 위치에서 서로 다름의 무아적 통합을 이루므로, 부모 - 자녀 간의 쌍방적 의무를 지닌다. 즉, 남편은 아내에 대해, 아내는 남편에 대해, 그리고 부모는 자식에 대해, 자식은 부모에 대해 지켜야 할 도리를 지키는 평등성과 무아성을 바탕으로 사랑이 실천되어야 참된 자비가 이루어진다.

둘째, 연기(緣起)[40]사상에 의하면, 원인인 인(因)과 조건인 연(緣)이 상호관계하여 성립하며, 인연이 없으면 아무것도 존재할 수 없다. 이러한 상의상관(相依相關) 속에서 나타나는 가족윤리의 상(象)인 윤리관계(가정 내의 부부간, 부모 - 자식 간, 형제자매 간)는 혈연을 중심으로 하는 것이 아니라, 자타합일(自他合一)의 자비, 즉 무아적 합일의 사상에 기초하는 것이다. 또한, 부부는 일심동체이며 부모 - 자

39) 참고로 상구보리하화중생(上求菩提下化衆生)이란 위로는 깨달음을 구하고, 아래로는 중생을 교화하는 보살의 수행을 말한다.

40) 연기(緣起)는 여러 가지 원인에 의하여 생기는 상관관계의 원리이다. 연기란 인연(因緣)의 이치를 말하며 이를 차연성(此緣性: 이것에 연유하는 것, 相依性)이라고 하는데, 현상의 상호 의존관계를 가리킨다. 현상은 무상하며 언제나 생멸(生滅), 변화하는 것이지만, 그 변화는 무궤도적(無軌道的)인 것이 아니라 일정한 조건하에서는 일정한 움직임을 가지는 것이며, 그 움직임의 법칙을 연기라 한다.

식 간의 관계가 천륜이라는 것은 혈연에 기반을 둔 것이기보다는 인연에 의한 깊은 상호의존관계에서 기인하는 것이기 때문이다.

셋째, 해탈(解脫)은 영원한 죽음을 의미하는 생사윤회(生死輪廻)[41]의 해탈이 아니라, 인간의 참된 모습을 깨달아 속세적(俗世的)인 모든 속박으로부터 벗어나 자유롭게 되는 상태를 의미한다. 이처럼 세상의 본래 모습과 자신의 불성을 자각하는 깨달음의 결과 모든 생명은 스스로 자신의 주인이 되며 한 몸이 되는 세계를 이루게 된다. 해탈관을 토대로 나타나는 가족윤리 상(象)은 가정과 사회가 서로 일치하되 가정의 사회화가 아니라 사회의 가정화를 이루는 것이다. 불교의 해탈적 가정관은 모든 갈등과 망상이 가라앉은 열반의 세계, 모든 고통으로부터 해방된 세계, 자신의 불성을 자각하는 깨달음의 세계가 가정이 되도록 주체적으로 변화시켜 나가야 한다는 적극적 의지를 지닌다.

넷째, 공성(空性)[42]사상에 의하면, 일체 만물에 고정불변하는 실체가 없다. 따라서 현상계에 나타나는 모든 사물은 다른 것과의 관계 속에서 생멸(生滅)하는 존재이며, 고정불변하는 자성(自性)이 없으므로 모든 것이 공(空)이다. 이때 공 개념은 정적 개념이 아니라 동적인 개념이다. 우주도 인생도 공이며 주관도 객관도 공이고, 공 자체도 공이라는 무아의 사상을 말한다. 공성사상을 기초로 하는 불교 가족윤리에 의하면, 가족구성원 각자는 서로 의존관계 속에서 존재한다. 이때의 의존관계는 자신의 존재를 가능하게 하는 연기적 인연에 절대적으로 의존하는 것이다. 즉, 가정에서의 공은 상대방을 통해 자신의 생존이 가능하다는 공동체 윤리의 철저성을 의미하므로, 가정생활은 능동적이고 활동적인 속성을 근본으로 한다. 부모는 자녀가 자기의 생활을 충실하게 할 수 있도록 뒷받침하고, 자녀는 부모가 평안하도록 모심으로써 가족구성원 각자는 전체 가족의 부분이면서 동시에 주인으로서 적극적인 생활의 장을 조화롭게 만들어 갈 수 있다.

다섯째, 중도(中道)[43]사상은 불교의 근본사상을 생활화할 때 지켜야 할 실천

41) 생사윤회(生死輪廻)란 수레바퀴가 끊임없이 구르는 것과 같이, 중생이 번뇌와 업에 의하여 삼계 육도(三界六道)의 생사 세계를 그치지 아니하고 돌고 도는 일을 말한다.

42) 공성(空性)이란 '진여(眞如)'를 달리 이르는 말로, 공(空)의 이치를 체득할 때에 나타나는 실성(實性)이라는 뜻이다.

율로, 무엇이든 지나침은 피해야 한다는 사상이다. 특정 가치를 지나치게 추구하는 것은 그 자체로 의존관계의 균형을 깨뜨리게 되므로 적절하지 않다. 가족구성원 사이에서도 자비적 관계가 너무 지나치지도, 너무 부족하지도 않아야 한다. 중도사상에서 강조하는 가족윤리에 의하면, 혈연적 관계를 우선하기보다는 가정과 사회의 중간, 즉 은혜의 많고 적음, 인연의 깊음과 적음을 기준으로 삼는 것이 옳다.

한편, 초기 불교에서 재가자가 지켜야 할 실천규범, 즉 세속적 일상생활의 도리와 예절을 가르치고 있는 『육방예경(六方禮經)』에서도 가족구성원의 역할을 구체적으로 제시하고 있다. 남편은 아내를 존경하고, 아내에 대해 예절을 지키며, 스스로의 정의(情義)를 지키고 가정 일을 아내에게 맡기며 아내에게 의복과 패물을 주어야 한다고 제시하고 있다. 반면, 부인의 도리는 가정의 질서를 지키고, 집안에서 부리는 사람을 인격적으로 대하고, 스스로의 정조를 잘 지키며, 남편의 수입을 낭비하지 말고, 가사에 부지런하여 게으르지 않을 것을 강조하고 있다. 이와 함께 자식이 부모를 섬기는 도리나 부모가 자식을 대하는 도리에 대해서도 효도와 순종, 그리고 교육적, 경제적 지원 등에 대해서도 제시하고 있다. 그러나 이 경전은 구체적 생활지침을 제시한 것이니만큼 가족구성원 간의 신뢰와 화목, 상호 의무를 강조한 근본 의도를 수용하고, 구체적 내용에 대해서는 시대적 변화를 감안하여 유연하게 대처하는 것이 현명하다(이정덕, 1997).

참고자료 5-1

관계 회복은 명상 수행으로

관계를 바로 보게 하는 붓다의 가르침은 『육방예경(六方禮經)』에 잘 나타나 있다. 발달주기별 인간관계에 대한 붓다의 가르침을 이 경전을 통해 살펴보면 독특하게 부모 영향기, 선생 영향기, 배우자 영향기, 친구 영향기로 나누고 있다. 해가 떠서 지는 것과 사계절의 변화를 은유한 동·남·서·북의 네 방위를 활용하여 1차적으로는 삶을 돌아보게 하고 2차적으로는

43) 중도(中道)란 두 극단을 떠나 한편에 치우치지 않는 공명한 길을 이르는 말로, 불교에서는 유(有)나 공(空)에 치우치지 않는 진실한 도리, 또는 고락의 양편을 떠난 올바른 행법을 뜻한다.

'나'라는 자기 이미지를 형성하는 데 중요한 영향을 미친 대상들과의 관계를 통해 자신의 성장을 파악하도록 하고 있다. 개인의 발달시기와 그 기간에 중요한 역할을 하는 '주요한 타자'와의 관계를 통해 성장을 설명하고 있는 것이다.

관계 회복 명상 과정 중에 명상을 통해 관계에 대한 이해가 깊어진 참가자들에게 하는 질문이 있다. "내가 만약 부처님이라면 무엇이 조금 다를까"라는 '미라클 질문'이다. 이를 통해 자신의 정체성을 점검해 볼 수 있다. '붓다로 살자'로 시작한 관계명상인데 그 취지에 맞게 수행을 하고 있는지 자문해 보는 것이다. 질문에 보태어 붓다의 행동, 언어 그리고 생각을 써보게 하면 세상의 거의 모든 청정함을 표현하고 대부분 자신의 본성을 자각한다. 이어서 공동체를 위한 자신의 역할과 그에 맞는 명상법을 질문하면 기발한 발상으로 주변 사람들을 도울 수 있는 관계 명상 방법을 쏟아낸다.

출처: 현대불교(http://www.hyunbulnews.com, 2018. 9. 21), 선업 스님.

3) 기독교의 이중적 여성 이미지

인간 행위의 반성으로서의 기독교 윤리는 하나님의 은혜에 대한 바른 응답 행위, 즉 행위의 근거와 목적, 동기의 규범, 수단과 결과 등을 문제 삼는다. 기독교 윤리는 전통적으로 기본 영역을 가정 · 국가 · 교회로 본다. 이 세상은 물론 우주의 모든 제도와 사물은 하나님(신)의 창조적 질서에 따라 이루어졌다. 그러므로 인간은 신의 질서에 속하는 사회제도 안에서 신의 뜻에 따라 생활해야 할 의무가 있다.

하나님의 창조적 질서 중에서 결혼과 가족은 다른 제도의 기본이 되는 매우 중요한 제도이다. 기독교에서는 하나님과 인간과의 관계를 가족관계에 비유한다. 즉, 결혼하고 가정을 이루는 것은 단순한 법적 계약과 성적 결합이 아니라, 하나님과 그리스도를 머리로 모시고 남녀가 한 몸으로 연합하여 이룬 성스러운 일이다. 따라서 기독교에서는 『성경』의 가르침에 따라 가정생활을 하고, 자녀를 양육함에 있어서도 도덕적 · 종교적 훈련과 훈계를 신앙으로 하도록 권면하고 있다.

가족관계에 관한 가르침을 살펴보면 다음과 같다. "남자가 홀로 있는 것이 좋지 않음으로 … 여자를 창조했다. … 남자가 온전한 인간됨은 여자를 알게 됨으로 결혼하여 가정을 이룰 때 형성된다. 그러므로 남자는 아버지와 어머니를 떠나 아내와 결합하여 한 몸을 이루는 것이다."(창세기 2:18, 23, 24), "남편이신 여러분, 그리스도께서 교회를 사랑하셔서 교회를 위하여 자기를 내주신 것 같이 아내를 사랑하십시오. … 남편들도 자기 아내를 자기 몸과 같이 사랑해야 합니다. 자기 아내를 사랑하는 사람은 자기를 사랑하는 것입니다."(에베소서 5:25-28), 그리고 "남자는 저마다 자기 아내를 두고, 여자도 저마다 자기 남편을 두도록 하십시오. 남편은 아내에게 남편으로서의 의무를 다 하고, 아내도 그와 같이 남편에게 아내로서의 의무를 다하도록 하십시오."(고린도전서 7:2-4). 이러한 내용은 부부간의 상호존중과 사랑을 기반으로 하는 가정의 완전성을 강조하고 있다. 더 나아가 "유대 사람이나 그리스 사람이나 종이나 자유인이나 남자나 여자나 차별이 없습니다. 그것은 여러분이 그리스도 예수 안에서 다 하나이기 때문입니다."라는 갈라디아서(3:28-29)의 내용처럼 남녀 간의 평등, 모든 인간의 동등성을 직접적으로 강조하고 있다.

그러나 동시에 "아내이신 여러분, 주님께 순종하는 것 같이 남편에게 순종하십시오. 그리스도께서 교회의 머리이심과 같이 남편은 아내의 머리이기 때문입니다. … 교회가 그리스도께 순종하는 것 같이 남편에게 순종하십시오."라는 에베소서(5:22-24)의 다른 구절과 같이 남편에 대한 아내의 복종을 요구하기도 한다. 이브가 아담을 유혹했다는 내용을 기록한 '창세기'에서는 여성을 사악하고 색정적이고 신뢰할 수 없는 존재로 여기게 한다. 그러나 동정녀 마리아의 잉태는 임신의 기적에 대한 모든 명예와 구원의 기회를 신에게 돌리며, 동정녀 마리아를 신의 의지를 전달하는 수단으로서 선한 존재로 여긴다.

『성경』의 내용을 개략적으로 살펴보면, 예수 그리스도는 모든 이의 영적 평등을 강조했고, 많은 수의 여성 사도를 거느렸지만, 사도 바울과 후기의 신학자들은 상대적으로 여성차별적 메시지를 설교하기도 하였다. 로마 가톨릭교회(천주교)와 국가가 조직화되고 중앙집권화될수록 여성은 더욱더 권력의 자리에서 멀어지게 되고, 남성과 가족에 봉사하는 존재로서 권리보다는 의무가 더 강조됨을 알 수 있다(김병서, 1997; 정영애 · 장화경, 2010: 83-88).

이러한 상호모순적 기독교 역사기록을 놓고, 『성경』이라는 텍스트의 특성을 어떻게 이해하고 어떻게 해석해야 할 것인지에 대해 근본주의와 비(非)근본주의(자유주의)적 사람들은 입장을 달리한다. 근본주의 교파에서는 "『성경』은 하나님께서 직접 쓰신 것이나 마찬가지이므로 문자 그대로 해석해야 한다."고 주장하고 있다. 하지만 비근본주의(자유주의) 교파에서는 "『성경』은 다양한 시대와 다양한 문화적 여건에 있던 사람이 각자의 체험과 사고의 틀을 토대로 하나님의 계시에 대하여 서술한 책이므로, 『성경』의 내용이 궁극적으로 지향하는 바가 중시되어야 한다."고 주장한다(김병서, 1997).[44]

참고자료 5-2

『성경(聖經, Bible)』

『성경』은 하나님께서 자신과 자신의 뜻을 사람들에게 계시해 주신 말씀이다. 곧 하나님의 영감에 의해 기록된 하나님의 말씀이다(딤후 3:16). 성도의 신앙과 생활에 있어서 규범이 되는 책일 뿐만 아니라, 구원의 길을 제시하는 생명의 책이기도 하다. 『성경』의 특성을 살펴보면 다음과 같다. 구원에 이르게 한다(딤후 3:15). 마음의 생각과 뜻을 감찰한다(히 4:12). 거듭나게 한다(벧전 1:23). 행실을 깨끗하게 한다(시 119:9). 범죄하지 않게 한다(시 119:11). 인생의 앞길을 인도한다(시 119:105). 거룩하게 한다(요 17:17). 생명을 얻게 한다(요 20:31). 악한 자를 물리치게 한다(엡 6:16-17). 앞길이 평탄하고 형통하게 한다(수 1:8). 진리 가운데서 자유하게 한다(요 8:32).

44) 본 내용은 특정 종교인의 입장에서 서술하지 않았기 때문에 기독교인 입장에서 볼 때는 다소 무리한 측면이 있을 수 있다. 『성경』은 한 권의 문서가 아니라 기원전 1000년경으로부터 기원후 2세기에 이르는 동안에 기록된, 저자와 내용과 형식과 부피가 다른 66권의 책의 묶음이다. 구약(舊約)은 유대교의 경전으로서 서기 90년경에 현재의 39권으로 확정되었고 신약(新約)은 서기 397년에 현재의 27권이 정경(正經)으로서 확정되었다. 이때의 편집에서 제외된 문서를 외경(外經)과 가경(假經)이라고 한다. 『성경』은 계시에 의해 기록된 하나님의 말씀으로서 절대적이고 유일한 권위를 가진다고 믿어진다.

제6장 성 평등한 결혼과 갈등

1 결혼을 보는 관점

1) 유교적 관점

전통사회에서 강력한 사회이념이었던 유교는 고려와 조선시대 혼인제도의 근간이 되었다. 유교에서는 다른 사회관계와 마찬가지로 우주적 질서의 일환으로 결혼관계를 이해한다. 『주역(周易)』[45]에서는 "천지가 있은 후에 만물이 있고, 만물이 있은 후에 남녀가 있고, 남녀가 있은 후에 부부가 있고, 부부가 있은 후에 부자가 있고…"라고 하였다. 이처럼 부부관계를 발생론적으로 가장 선행하며 중요한 관계로 인정하였고, 혼인을 '인륜지대사(人倫之大事)'라 하여 백년해로의 혼인관을 강조하였다(최홍기, 2006). 『예기(禮記)』[46]에서 혼인의 의의를 "위로 종묘를 섬기고 아래로 후세를 잇는 것"으로 표현하고 있듯이, 인구의 재생산 기능을 혼인의 가장 중요한 기능으로 보았다. 그러므로 일부일처제(一夫一

---

45) 『주역』은 경(經)과 전(傳)의 두 부분을 포함하며 대략 2만 4,000자이다. 주(周)의 문왕이 지었다고 전해지며 『역경(易經)』이라고도 한다. 괘(卦)·효(爻)의 2가지 부호를 중첩하여 이루어진 64괘·384효, 괘사(卦辭), 효사(爻辭)로 구성되어 있는데, 괘상(卦象)에 따라 길흉화복을 점쳤다. 주나라 사람이 간단하게 8괘로 점을 치는 책이었으므로 『주역』이라고 했다.

46) 원문은 공자(BC 551~479)가 편찬했다고 전해진다. 공자가 직접 지은 책에는 '경(經)'자를 붙이므로, 원래 이름은 『예경』이었다. 그러나 BC 2세기경 대대(大戴: 본명은 戴德)와 그의 사촌 소대(小戴: 본명은 戴聖)가 원문에 손질을 가한 것이 분명하므로 '경'자가 빠지게 되었다. 1190년 성리학파의 주희(朱熹)는 『예기』 중의 대학·중용 2편을 각각 별개의 책으로 편찬하여 유교 경전인 『논어』·『맹자』와 더불어 4서(四書)에 포함시켰다.

妻制)를 원칙으로 하되, 자녀가 없는 남자가 첩(妾)을 얻는 것에 대해서는 사회적으로 당연시하였다.

이러한 전통적 혼인관의 밑바닥에는 여성과 남성이라는 생물학적 두 범주를 자연의 법칙 혹은 천리(天理)로 여기는 음행오행(陰陽五行)[47]사상이 있다. 음양설은 하늘의 기(양)와 땅의 기(음)가 상호작용할 때 무수한 사물(자손)이 번창한다고 보았으며, 이를 바탕으로 양을 상징하는 남성과 음을 상징하는 여성은 근본적으로 서로 다르지만, 상호보완적인 관계로 인식되었다. 음양이론의 근본에는 성별 간의 균형과 조화를 강조하며, 일체만물의 절대 평등을 주창하는 세계관을 내포하고 있다. 이는 남녀가 생물학적으로 같지는 않지만, 남성은 남성대로, 여성은 여성대로의 역할과 모습 속에 평등성을 가지며 두 성이 상호의존적임을 가정한다. 이처럼 우리의 전통적인 결혼관이 음양이론을 바탕으로 남녀의 차이와 조화, 균형을 중요시했음을 알 수 있다.

그런데 음양설에서 양은 '강직함'이고 음은 '양보'이므로 남성은 힘으로써 존경받고, 여성은 온순함으로 아름답다고 본다. 그러나 남성과 여성의 역할이 무질서해질 때 음과 양의 질서가 상실되고, 그 결과 재앙이 발생한다는 주장은 음의 지나친 기운이 순리에 어긋난다는 논리로 귀결되었다. 나아가 양은 우월하고 음은 열등하다는 철학적 이론을 발전시켜 2000년 동안 중국의 차별적 성 관계를 지배했다. 중국의 남성 중심적 사회는 여성의 지위를 낮추는 방향으로 진행했고, 그 결과 여성은 점차 독립적 지위와 경제권을 잃은 채 남성에 의존하게 되었다. 유교적 차별주의를 이념으로 하는 인(仁)의 원리가 성별 간의 위계를 강조하는 방향으로 발전되면서 점차 여성을 억압하는 요소 또한 늘어나게 되었다. 그리하여 이론적으로 동등했던 음양/남녀 관계는 역사 속에서 점점 '차별'로 변질하였다.

47) 음양오행설은 음양(陰陽)설과 오행(五行)설을 함께 묶어 부르는 말이다. 음양설은 우주나 인간의 모든 현상이 음(陰)과 양(陽)이 확장하고 소멸함에 따라 결정된다는 것이며, 오행설은 목(木), 화(火), 토(土), 금(金), 수(水)의 다섯 가지가 음양의 원리에 따라 행함으로써 우주의 만물이 생성하고 소멸하게 된다는 것이다.

(1) 고려의 결혼제도

유교가 고려시대 가족제도에 영향을 미치기는 하였지만, 그것은 일부 귀족계층에 국한된 것이었다. 현존하는 고려조 문헌에 일부다처제적인 사례가 제법 나오지만, 이는 일부 특권층의 사례일 뿐 『고려사(高麗史)』[48] 열전(列傳)[49]편의 기록을 살펴보면 고려는 제도적인 일부다처제 사회가 아니라는 것을 알 수 있다(최홍기, 2006). 합법적인 배우자인 처(妻)와 그렇지 않은 배우자인 첩(妾)이 법적, 사회적으로 구별되었던 일부일처제 사회였다. 13세기 말 장기간의 몽고 침입으로 말미암아 미혼녀와 과부가 많아져 그것을 해결하기 위해 조정에서 다처제가 거듭 논의되기는 했지만, 고려 여성에 의해 끝내 좌절되었다. 따라서 제도상으로는 신분과 관계없이 일처로 제한되어, 아들이 없는 경우에도 공식적으로는 첩을 취할 수 없었다. 그러나 상류층에서는 정절을 강요하고 여성의 재혼을 최대한 막았지만, 일반인 남자는 배우자 있는 자가 거듭 혼인을 하는 일(重婚)이나 첩(妾)이 비공식적으로 만연하였다(최홍기, 2006).

고려시대의 결혼풍습은 부계제와 모계(처계)제를 함께 가지고 있는 양계제의 성격이 강했으며, 결혼 과정에서도 남녀가 비교적 평등했다. 비록 귀족계층에서는 중국의 부계제를 따랐지만, 일반 백성 사이에서는 남녀가 좋아지면 곧 맺어질 수 있었고, 혼례는 처가에서 신랑을 맞아 치렀으며 혼수나 예물은 없었다. 혼인 후에 신랑은 처가에서 살며 자녀를 낳아 성장시킨 후에 아내를 데리고 본가에 들어갔다. 장가든다는 어원은 장인, 장모 집에 들어간다는 서류부가혼(胥留婦家婚)에서 유래한 것이다(고려대학교 민족연구소, 1970; 정혜정 외, 2009).

---

48) 『고려사(高麗史)』는 조선 초기 김종서(金宗瑞, 1390~1453), 정인지(鄭麟趾, 1396~1478) 등이 세종의 교지를 받아 1449년(세종 31)에 편찬하기 시작해, 1451년(문종 1)에 완성된 고려시대의 역사책이다.

49) 열전(列傳)이란 역사편찬 방식의 하나인 기전체(紀傳體) 사서의 한 편목으로, 주로 인물의 사적을 기록하여 실었으나, 외국 및 변경 소수 민족들의 역사나 특정 주제에 관련된 자료를 수집하여 넣기도 하였다. 현존하는 최초의 기전체 정사의 한 편목으로서의 열전은 『삼국사기』에 수록된 것을 들 수 있다. 그 이후 비록 기전체 정사는 아니었으나 개인 인물의 전기물은 꾸준히 편찬되었으며, 일부는 사략(史略) 체재 혹은 강목(綱目) 체재의 사서와 같이, 기전체 사서가 아니면서도 별도의 열전이 추가되기도 하였다. 역사서에 수록된 인물열전은 대체로 저명한 인물을 다루고 있었지만, 일반 문인들의 전기물 속에는 사회적 지위가 낮거나 유명하지 않은 사람에 대한 기록도 많아, 인물 전기의 대상 폭이 생각보다 넓었음을 알 수 있다.

(2) 조선의 결혼제도

조선조는 새로운 왕조의 창업을 계기로 유교적 개혁을 단행하여 엄격한 부계 중심의 가부장적 혼인제도를 확립하였다. 재가한 여성의 자손은 관직에 오르지 못하게 하였으며, 배우자가 있는 남성이 거듭 혼인을 하는 일을 막았고, '처(妻)'와 '첩(妾)'을 엄격히 구분하였다. 그러나 축첩제도(蓄妾制度)를 유지함으로써 형식상 중혼을 금지하면서 실질적으로는 '첩'과 '서'라는 신분으로 여성과 그 자녀를 차별하여 가부장적 질서를 공고히 하였다(최홍기, 2006). 이러한 성리학의 가부장제와 부계 중심의 결혼문화는 서서히 고려시대까지 존속된 오랜 양계제의 풍습을 대체하기 시작하였다.

조선 명종조 이후 일반 대중도 중국의 혼례양식에 영향을 받게 되었고, 그리하여 고려의 풍습과 절충된 결혼문화가 확산되었다. 즉, 처가에서 혼례를 치루지만 처가에 머무는 기간이 짧아지고 시가에 들어가 자손을 낳고 결혼생활을 하는 문화가 자리 잡게 되며, 이러한 전통은 오늘날의 혼례에도 남아 있다(이기숙 외, 2001). 유교의 강력한 영향을 받은 조선조의 가부장적 제도가 결혼생활을 규제하면서 남편과 아내의 역할이 엄격하게 분리된 성별 이원체계를 고수하게 되었고, 이로 말미암아 남녀 모두 서로의 역할을 넘볼 수 없게 되었다.

가부장적 결혼제도에서 문제가 제기되었던 것은 성별분업 자체가 아니라 사회와 가족을 관통하는 엄격한 위계질서로 말미암아 결혼관계 안에서 여성이 자율권을 행사하지 못하는 불평등한 구조였다. 상호보완적 남녀관계에 대한 음양오행의 담론과는 별개로 실제 가부장적 가족제도하의 결혼생활에서는 남편이 아내를 지배하고 아내는 복종해야만 하는 억압적 구조를 가졌다. 결혼생활의 이러한 억압적 구조는 근대화와 더불어 큰 도전에 직면하게 된다(정혜정 외, 2009).

참고자료 6-1

450년 전 판결로 본 조선 상속소송 "요절한 부인 재산, 친정에 절반 줘라"

시집간 딸이 젊은 나이에 요절했다. 사위가 곧바로 재혼하자 친정에서 "시집갈 때 가져간 재산을 돌려달라"고 요구했다. 후처와 후처의 자식들에게 재산을 상속하는 것이 부당하다는 이

유였다. 결혼한 뒤 자녀 없이 죽은 딸의 재산을 친정이 돌려받을 수 있을까?

서울중앙지방법원에서 열린 '법문화축제'에서 공개된 조선시대 판결서 '경주부결송입안(慶州府決訟立案)'의 내용을 보면, 친정에서 재산을 상당 부분 돌려받을 수 있었다. 당시엔 배우자보다 친정의 혈족 상속권을 중요하게 여겼기 때문이다. 고려시대와 조선 초까지는 결혼해 일찍 죽은 딸의 재산은 친정으로 귀속시켰다. 하지만 16세기 전후로 죽은 딸의 제사를 시댁에서 챙긴다는 이유로 시집 측에도 상속하는 경향이 생겨났다. 조선시대 상속 법규를 담은 '경주부결송입안'은 현존하는 가장 오래된 판결문이다. 1560년(명종 15년) 11월 1일부터 12월 10일 사이 있었던 조선시대 문신 집안 경주 손 씨와 화순 최 씨 간의 소송내용이 담겨 있다. 판결서에는 조서와 증거까지 기재돼 소송의 전체 모습을 한눈에 파악할 수 있다.

출처: 중앙일보(2012. 10. 5). 정원엽 기자.

2) 구조기능주의 관점

19세기 말부터 20세기 초까지 서구에서는 다윈(Darwin)[50]의 생물학적 진화론을 사회현상에 적용하려는 사회과학자들의 시도가 활발하였다. 구조기능론적 관점은 사회유기체론적 입장에서 개인과 사회를 연결하는 가족의 역할과 성, 출산 등 가족의 재생산기능에 초점을 두고 결혼과 가족의 기원을 설명하였다(한국가족학연구회, 1991). 이러한 관점은 산업화가 한창 진행되던 19세기 말에서 20세기 초 당시 서구 사회의 결혼 상황을 바탕으로 발전된 것으로, 공적 영역으로부터 분리된 부계 중심 가족을 정상가족으로 여기던 때였다. 이 당시에 가부장제 가족, 직계가족, 핵가족 등의 개념이 정리되었다. 구조기능주의에 입각한 이론은 당시 남성학자를 중심으로 구축되었기 때문에 이후 여성주의자에 의해 '남성들의 결혼과 가족'이라는 비판을 받게 된다.

50) 찰스 로버트 다윈(Charles Robert Darwin, 1809~1882)은 영국의 생물학자, 박물학자이며 철학자로 인정받기도 한다. 진화론을 체계적으로 정리한 뒤 저서『종의 기원』을 통해 공식적으로 진화론을 발표하여 논란이 되었다.『종의 기원』에서 생물의 진화론을 내세워 코페르니쿠스의 지동설만큼이나 세상을 놀라게 했다. 당시 지배적이었던 창조설, 즉 지구상의 모든 생물체는 신의 뜻에 의해 창조되고 지배된다는 신중심주의 학설을 뒤집고 새로운 시대를 열어, 인류의 자연과 정신문명에 커다란 발전을 가져오게 했다. "인간과 원숭이는 공통 조상을 갖는다."는 그의 발언은 당시 유럽 사회에 충격을 주었고, 진화론과 창조론 간의 논쟁에 본격적으로 불을 붙였다.

서구 구조기능주의 관점에서도 대표적으로 파슨스(Parsons)를 비롯한 남성 사회학자들을 중심으로 발전된 성 역할 이론은 성별분업을 가족의 범문화적 특징으로 보고, 가족 내 성을 기본 축으로 남녀의 역할과 기능을 설명하였다. 이들은 가족의 핵심 기능을 재생산, 즉 자녀의 사회화와 가족구성원의 정서적 건강유지라고 보고 가족의 안정과 균형을 강조하였다. 이러한 맥락에서 결혼과 가족의 기능성과 역기능성을 변별하는 객관적인 기준을 제시하고자 노력했다.[51] 아내가 직업을 갖는 것은 적절하지 않다고 보았으며, 취업모의 상황을 역기능적으로 보는 '역할긴장'과 같은 용어가 만들어졌다(임정빈 · 정혜정, 1997).

아내와 남편의 애정관계는 역할관계와 비교하면 부차적인 것이며, 부부의 결혼관계 역시 성별에 따라 주어진 역할을 얼마나 잘 수행하는지에 영향을 받았다. 남편이 생계부양의 역할을 잘하고, 아내가 정서적인 역할을 잘 수행할 때 결혼관계도 돈독하게 유지된다고 보았다. 산업혁명 이후 자유연애를 통한 결혼이 확산되면서 남편과 아내의 역할관계보다 부부간의 애정과 성적 욕구에 대한 충족, 친구와 같은 파트너십을 더 중시하게 되었지만, 성 역할에 대한 오랜 전통은 최근까지도 허물어지지 않고 있다.

3) 미시교환 이론

모든 사회적 관계는 호혜성의 과정, 즉 주고받는 과정이라는 사회교환 이론은 구조기능주의 관점의 반작용적 대안으로 20세기 중엽에 제창되었다. 사회교환 이론은 사회제도적 변동에 대한 설명이란 심리학적 원리에 기반을 둔 것이며, 인간은 자신의 이익이 극대화될 수 있도록 손실이 큰 행동을 피하고 투자한 이상의 보상을 얻을 수 있는 방향으로 다른 사람과 상호작용한다고 본다. 이를 결혼과 가족현상에 적용한 것이 미시교환 이론이다.

51) 예컨대, 여성의 표현적 역할과 남성의 도구적 역할은 시대와 공간을 초월한 가족의 특징으로, 성별 역할분업은 건강한 결혼관계의 잣대로 규정되었으며, 여기서 벗어나는 결혼관계는 역기능적인 것으로 보았다. 즉, 남편은 가족 밖에서 가족생계 부양의 역할을 하고, 아내는 가족 안에서 자녀 사회화나 남편의 안녕을 위한 양육적이며 정서적인 역할을 하는 것이 자연스러우며, 그러한 결혼을 기능적이라고 보았다.

미시교환 이론은 배우자 선택, 맞벌이부부관계, 가정폭력, 이혼 등 결혼관계에서의 다양한 상호작용 현상을 설명하는 이론적 틀로 각광을 받아 왔다. 예컨대 배우자 선택은 여성과 남성이라는 상품을 중심으로 한 결혼시장에서 벌어지는 현상이며, 이때 교환은 이들이 가지고 있는 물질적, 비물질적 자원에 의해 결정된다고 본다(한국가족학연구회, 1991).[52] 결혼 이후에도 부부간의 권력관계는 부부 각각이 가지고 있는 상대적 자원에 의해 결정되며, 그 자원이란 경제적 · 사회적인 것일 수도 있고, 심리적인 것일 수도 있다.

경제학적 관점에서 볼 때, 결혼은 하나의 계약이며 계약 당사자인 두 사람은 상호 간의 특정한 권리를 허용하고 의무를 수행하는 것으로 볼 수 있다. 미시교환 이론은 인생을 자유시장으로 가정하고, 결혼과 가족 안에서 개인 행위의 예측에 합리적인 설명 틀을 제공한다. 그러나 일부 학자는 교환이론 자체가 인간성의 본질보다 현대 자본주의의 산물로, 사회적 관계 안에서 일어나는 헌신과 같은 이타적 행동을 설명하기 어려우며, 개인주의와 교환을 가치 있게 여기는 미국인의 이념일 뿐이라고 비판한다(한국가족학연구회, 1991).

4) 남성주의 관점

여러분은 진정한 '남성성' 혹은 '남자다움'이 무엇이라고 생각하는가? "사내대장부가 되어서…!", "남자답지 못하게!" 등과 같은 흔히 하는 말은 '남자다움'에 대한 사회의 왜곡된 신화를 강화시켜 왔다(김정휘 외, 1995; 함인희, 2005). 남성학은 인간성 회복운동의 성격이 강한 학문분야로 남성다움의 진정한 의미와 역할을 정립하고자 하는 목적으로 남성운동과 함께 전개된다. 1984년 미국 전국남성연맹 산하 남성학 담당부서가 조직되어 남성학이 공식적인 학문적 분과로 출범하였다. 이후 독일, 스웨덴, 일본 등에서도 남성운동이 전개되면서 좋은 아버지, 평등문화를 가꾸는 남성모임이 꾸준히 생겨왔다. 이들은 여성운동에 따른 남성 위상의 변화와 더불어 문명 전환에 의한 성 개념과 성 역할의 변화,

52) 다른 예로 최근 늘어나는 결혼 연기 혹은 독신가구의 증가 현상에 대해서는 결혼이 줄 수 있는 보상(예: 경제적 안정, 심리적 · 사회적 소속감 등)이 결혼에 의해 발생하는 비용(예: 가사노동 가중, 시댁관계의 어려움 등)보다 작기 때문에 발생한다고 설명한다.

탈산업사회, 포스트모더니즘 시대에서 위기에 처한 남성성의 정체성 등 남성 관련 문제를 연구하고 있다(조정문 외, 2000; 정유성, 2005).

인류 역사상 남성은 짐승을 죽여 식량을 구하거나 전장에서 적을 죽이거나 돈지갑을 열 수 있을 때만 자신의 가치를 인정받았다. 남성주의자들은 '남자는 도구가 아니라 인간'이라고 외치며, 이제는 생명을 길러내고 감정에 솔직한 남자가 가치를 인정받아야 한다고 주장한다. 남성이 자신의 존재의 왜곡을 거부하며 '반란'을 일으킨 사건은 1960년대 미국의 '히피(hippie)족'[53] 출현을 들 수 있다(김정휘 외, 1995; 조정문 외, 2000). 이들은 전통적으로 남성이 짊어졌던 가족에 대한 부양의 의무를 거부한 최초의 집단이라 할 수 있다.

우리 사회는 아직까지도 남성성에 대한 사회적 기대가 강하기 때문에 남성은 자신들의 힘없고 연약한 모습을 솔직하게 드러내기 어렵다. 강인한 여성 또는 부드러운 남성이 상대방을 양성평등의 파트너이자 인생의 동반자로 기꺼이 받아들일 수 있는 사회라면 특정한 성에 갇히지 않고 자신의 모습을 드러낼 수 있을 것이다. 남성운동가들은 가부장제를 유지하자는 것이 아니라고 강조한다. 이들은 여성이 주도하는 사회가 되는 것을 반대하는 것이 아니라, 남성과 여성이 모두 억압되거나 소외되지 않고 양성평등의 파트너이자 인생의 동반자로서 수용되도록 형평성을 유지하는 것이 중요하다고 주장한다.

실제로 이들의 주장은 우리 사회에서 남자다움에 대한 압력이 여자다움에 대한 사회적 압력보다 더 혹독하며, 가부장제도 또한 여성에게보다 남성에게 더 강력한 사회적 억압기제를 통해 개인의 정체성을 강하게 규정하고 획일화한다고 본다. 남성주의자들은 반남성적 여성 해방이나 남성 해방이 아니라, 여성과 남성이 가족의 경직된 역할을 벗어나 유연한 선택을 지향하는 성별 역할 전환운동을 주창하고자 한다.

53) 히피족(hippie族)은 기성의 사회 통념이나 제도, 가치관을 부정하고 인간성의 회복과 자연에의 귀의(歸依) 등을 주장하며 자유로운 생활 양식을 추구하는 사람들로, 1960년 후반부터 미국에서 청년층을 중심으로 하여 생겨나기 시작했다. 극단적인 자유주의를 추구하고 기존 사회 질서에 대한 개인적인 비판을 시도했으며, 전후 기술주의와 업적주의 등의 문명맹신적인 문화에 대한 저항을 펼치고자 했다. 구체적으로는 미국의 베트남 전쟁 개입과 참전, 사회 도처에 만연해 있던 인종적·계층적 갈등, 보수적인 이념 일색의 지배문화에 대한 저항으로 1960년대 미국의 학생운동·신좌파운동과 그 궤를 같이하고 있다.

최근 남성성이 재평가되고 있다고는 하나 여전히 사회는 남성에게 강인함, 대범함, 역동성, 진취성, 장래성, 지배 성향 등과 같은 전통적인 남성적 덕목을 요구하며, 가부장적 고정관념으로 남성을 속박하고 있다. 여성이 이상적으로 생각하는 남성의 조건은 업적, 지도력, 직업 · 경제적 능력의 순이다. 결혼시장에서도 남편감의 가장 중요한 기준은 여전히 '경제력'과 '직업'이라는 점도 남성성에 대한 사회의 시각이 변하지 않고 있음을 단편적으로 보여 주는 좋은 예다(김정휘 외, 1995; 정혜정 외, 2009).

5) 여성주의 관점

전통적인 결혼제도 아래에서 과연 여성은 인간적이며 행복한 삶을 영위하였는가? 1960년대 이래 결혼에 대한 오랜 시각, 즉 구조기능주의 관점은 여성주의 관점으로부터 큰 도전을 받게 된다. 마르크스(K. Marx)의 갈등이론에서 비롯된 여성주의 이론은 결혼의 균형과 질서를 강조한 기존의 시각에 반발하며 가족과 성별의 기본구조에 관한 새로운 관점을 제시하기 시작하였다(임정빈 · 정혜정, 1997).

여성주의자들은 그동안 익숙했던 결혼과 가족에 대한 정의나 개념이 실은 남성의 결혼 혹은 이에 대한 관점이었다고 반박하였다. 여성주의 관점에서 볼 때 봉건적인 결혼제도는 여성을 억압하고 희생시킴으로써 유지되어 온 비합리적인 제도였다. 이들은 고대 철학에서부터 현대 구조기능론적 연구에 이르기까지 대부분의 가족 연구가 남성의 관점에서 남성의 경험을 바탕으로 이루어져 왔다고 비판한다(정영애, 1998).

여성주의 운동은 사회와 가족의 불평등한 성별구조에 대해 비판하고 봉건적 가족구조 속에서 신음하던 여성들이 이 구조로부터 탈피하는 데 공헌하였다. 많은 여성이 교육과 노동시장, 정치참여의 기회를 갖게 되었으며 여성의 인권이 향상되었다. 그러나 활발한 여성의 사회 진출은 또 다른 문제, 즉 여성의 역할 가중과 여성의 남성화를 초래했다는 지적을 받고 있다.

구조기능주의 시각과 대비하여 여성주의 관점에서의 결혼과 가족의 의미는 다음과 같다.

첫째, 구조기능론자들은 가족을 가장 자연스러운 생물학적 단위로서 정서적 안정을 제공하는 '안식처'라고 보지만, 여성주의자들은 가족이란 자연 발생적 단위 이상의 사회적 구성물이며 하나의 이데올로기라고 주장한다.

둘째, 여성주의자들은 구조기능론자들이 주장하는 성 역할에 대한 이분법적 시각에 동의하지 않는다. 도구적 역할을 수행하는 여성에 대해 역기능적으로 보는 관점도 매우 남성 편향적이라고 비판한다. 역사적으로 결혼관계 안에서 여성이나 남성 모두 도구적 역할과 표현적 역할을 병행했다.[54]

셋째, 여성주의자들은 전인격적인 정서관계가 반드시 가족 안에서만 이루어지는 것이 아니며, 가족 밖에서도 경험될 수 있다고 지적한다(임정빈 · 정혜정, 1997). 그래서 여성주의자들은 기능주의자들이 자녀양육과 남편에 대한 정서적 자원과 같은 표현적 역할을 여성의 일로 강조함으로써, 여성을 가족 안에 묶어 두어 사회의 남성지배구조를 유지했다고 비판한다.

넷째, 여성주의자들은 '정상가족'에 대한 낭만성과 가족이 공동운명체라는 관점에 도전한다(임정빈 · 정혜정, 1997). 이들이 보는 결혼생활은 성별화된 경험이며, 여성과 남성은 결혼관계를 같게 경험하지 않는다. 예컨대 가정폭력이나 외도 등의 문제에서 여성과 남성이 겪는 지배와 갈등, 폭력의 경험은 다르다.

다섯째, 결혼의 평등성은 궁극적으로 가족 밖의 세계에서 남녀평등으로 보장된다고 보았다. 근대 계몽주의 영향을 받아 발전된 여성주의는 여성도 남성과 마찬가지로 독립된 개체로 보았고, 남성과 여성의 동일성과 평등성을 추구하였다. 여성주의의 목표는 여성과 남성이 경제적 · 정치적 · 사회적으로 평등한 기회를 보장받는 것이다.

6) 현상학적 관점

개인 자신의 주관적 경험을 강조한다. 즉, 개인이 자기 자신과 주변세계를 어떻게 지각하고 해석하는가에 따라 행동이 다르게 나타난다고 보는 관점에서

54) 실제 구조기능론자들이 성별 이분화를 정상적 가족의 기준이라고 주장한 19~20세기조차 결혼을 하지 않거나, 직업을 가졌거나, 이혼을 한 여성이 상당수 존재하였으며 이들은 도구적 역할을 감당하였다.

의 접근방법이다. 이 관점은 구체적으로 경험하는 현상에 대한 아주 새로운 접근법, 즉 가능한 한 개념적 전제를 벗어던지고 그 현상을 충실히 기술하려는 시도를 의미한다.

현상학적 관점에서는 사회현실을 개인 외부에 존재하는 그 무엇으로 규정하지 않고 행위자의 주관적 세계 자체를 하나의 현실로 규정한다. 이 관점에서는 사람들이 사회적 실재에 대한 주관적 상태나 감각을 어떻게, 어떤 방법으로 구성하고 유지, 변경시켜 나가는가를 탐구하게 된다. 따라서 결혼관계에서 각자의 서로 다른 경험의 세계가 미치는 영향을 분석하며, 부모-자녀 간의 사회화 과정에 미치는 영향을 탐색하기도 하며, 가족구성원의 일탈이나 폭력 등 부정적 행위에 대한 해석적 판단의 근거로도 사용한다.

7) 갈등론적 관점

갈등 이론에서, 갈등은 인간의 기본적 속성과 사회자원의 제한성 등에 따라 피할 수 없는 것이며, 사회적 진보를 위하여 필요한 것이라고 본다. 엥겔스(Engels)는 막스(Marx)의 기본개념을 가족과 여성남성관계에 적용하고 있다. 즉, 가족을 자본주의를 위한 노동력과 자본주의적 가치와 관계를 재생산하는 단위로 파악, 자본주의의 착취적 속성이 개인으로 하여금 사적 생활과 친밀감 등의 주관적 세계를 가족에 더욱 의존케 하였다고 분석한다. 그리하여 이러한 안식처로서의 기능의 강조는 오히려 부정적 영향을 미쳤다고 주장한다.

이 관점은 구조기능론자들이 주장하는, 가령 가족이 기능적이기 때문에 존재한다는 태도에서 가족제도로 말미암아 희생될 수 있는 가족구성원의 피해를 지적함으로써, 가족이 가지고 있는 조화와 갈등의 양면성과 가족갈등문제를 공론화하는 데 이바지하였다. 그러나 이러한 주장은 역할과 권력과 같은 사회규범이 가족 간에는 경쟁적 갈등기제로만 작용하지 않은 점, 가족관계에 존재하는 사랑과 유대감, 희생 등의 가족 정서에 대한 중요성을 간과한 점 등에서 비판을 받는다.

2 성 평등한 결혼문화

1) 배우자 선택

(1) 배우자 선택의 경향

배우자 선택은 당사자 개인뿐만 아니라 가족의 삶의 질에 큰 영향을 미치기 때문에 여성과 남성 모두에게 일생의 가장 중요한 선택 중의 하나다. 남녀 모두 초혼인 부부 중 남자 연상 부부의 구성비는 감소하는 추세이나, 동갑 혹은 여자 연상 부부는 매년 증가하고 있다. 배우자 선택의 중요성은 과거보다 현대사회에서 더욱 커지고 있다. 과거의 결혼은 부모와 가문의 영향력이 중시된 중매혼(仲媒婚)이 많았지만, 최근에는 혼인 당사자의 자유의사가 중시되는 연애결혼이 늘고 있다.

그런데 연애결혼이 늘면서 개인적인 애정과 더불어 신체적 매력요인이 배우자 선택의 주요한 조건으로 드러나고 있다. 이에 따라 신체적 매력을 높이기 위해 무리한 다이어트나 성형수술 등을 감행하는 젊은이가 증가하여 사회문제가 되기도 한다. 한편, 사회인구학적 배경이 유사한 동질혼의 경향은 여전한 것으로 나타나고 있다. 한국결혼문화연구소의 조사(2005)에 의하면, 동향 간 결혼이 타향 간 결혼보다 높으며, 같은 종교를 가진 경우가 상대적으로 높고, 학력도 유사한 경우가 많았다.

전통적으로 남성은 여성의 외모, 나이, 경제력 등을 중시하며, 여성은 남자의 사회적 지위, 학자적 인격을 선호하였다. 이러한 경향은 현대에도 그대로 지속되고 있으며, 교환적 성격의 배우자 선택이 결혼시장에서 여성의 남성에 대한 종속으로 연결된다. 가부장적인 결혼관과 함께 우리 사회에서 여성의 경제구조적인 열등함은 개개인의 자율적인 의사와 선택에 의한 결혼계약에 장애가 되고 있다. 이로 말미암아 여성은 배우자 선택 과정에서 주도권을 행사하지 못하게 된다. 아울러 결혼하고 나서도 부부관계에서 자신의 역할을 공평하게 협상할 수 없게 만든다(이기숙 외, 2001; 정혜정 외, 2009).

참고자료 6-2

男 넷 중 셋 "순결한 여성이 이상적"

'예쁜 여성'과 '순결한 여성' 중 어떤 여성이 더 인기 있을까? 남자들은 '이상적 배우자감'의 조건을 따질 때 미모보다는 순결을 더 선호하는 것으로 드러났다. 다만, 예쁘다면 연애경험이 많아도 상관없다는 응답도 적지 않았다.

결혼정보회사 비에나래와 연애결혼 정보업체 필링유가 전국 미혼남녀 548명을 대상으로 설문 조사한 결과, 남성 응답자 넷 중 셋(74.8%)은 'B급 외모의 순결한 여자'를 이상적인 배우자감이라고 답했다. 미모를 선택한 남성도 적진 않았다. 응답자 중 1/4가량인 25.2%는 'A급 외모에 연애경험 많은 여자'를 이상적인 배우자감으로 꼽았다. 여성 역시 순결을 중시했으나, 남성에 비해선 미모를 선택한 비율이 더 높았다. 여성 응답자의 67.5%는 '순결한 B급 외모'의 남성을 선호한다고 대답했고, 32.5%는 '연애경험 많은 A급 외모'의 남성을 택했다.

업계 관계자는 "젊은 세대의 성 의식이 개방적으로 바뀌면서 여성들 역시 '경험 많은 남자'에 대해 많이 너그러워진 경향이 있다"고 밝혔다. 한편, '이성관계 복잡한 전문직 배우자'와 '가정에 충실한 대기업 회사원' 중 하나를 택하는 질문엔 남녀를 불문하고 '가정에 충실한 회사원'을 더 높게 보는 사람이 많았다. 남성 응답자의 92.7%, 여성의 93.1%가 "가정에 충실한 회사원이 더 이상적인 배우자감"이라고 했다. '이성관계가 복잡한 전문직'을 선호한 응답자는 남성 7.3%, 여성 6.9%에 불과했다.

출처: 조선일보(2012. 10. 4). 최연진 기자.

(2) 배우자 선택의 조건

과거부터 지금에 이르기까지 배우자 선택의 조건은 성별과 시대에 따라 변화되어 왔다. 현재 우리나라의 배우자 선택은 집안 간의 결합이라는 전통적 요인과 결혼 당사자의 사랑을 중시하는 현대적 요인이 혼재하는 경향을 보인다. 그러나 배우자 선택에서 부모의 영향력은 점차 약화되고 있으며, 결혼 당사자의 사랑은 더욱 중시되는 추세다.

근대부터 현대까지 우리 사회에서 주요한 배우자 선택 조건을 살펴보면 다음과 같다. 1958년 조사에서는 학력, 성격, 가문의 순이었으며, 1970년대 조사에서는 성격, 건강, 가문, 1980년대에는 건강, 성격, 장래성, 직업, 1990년대 조사에서는 성격, 애정, 장래성의 순으로 나타났다. 배우자 선택 조건에서는 시대

차이와 더불어 성차가 나타나는데, 예컨대 1987년과 2000년의 조사를 비교해 보면, 남성이 여성을 선택할 때 1980년대에는 성격, 정신적·사회적 성숙도, 건강, 사랑, 외모를 중시하던 것이 2000년에는 성격, 사랑, 외모, 장래 가능성, 집안, 직업의 순으로 변화되었다(이동원 외, 2002).

맞벌이가 보편적인 최근에도 배우자 선택 조건에서의 성차는 여전히 존재한다. 결혼정보회사의 조사에 의하면, 여성은 능력, 성격, 가정환경, 외모 순으로, 남성은 외모, 성격, 능력, 가정환경 순으로 상대의 조건을 고려해서 배우자를 선택하고 있다. 즉, 여성은 남성의 능력을 가장 중요하게 생각하지만, 남성은 여성의 외모를 가장 중요하게 생각한다. 이는 배우자 선택에서 나타나는 거래 관행의 특성을 보여 주는 것이다(이동원 외, 2002; 정혜정 외, 2009).

참고자료 6-3

'된장녀' 한국 세계 최고…결혼조건 1위는 경제력

한국을 비롯한 각국의 여성들은 배우자를 선택할 때 경제력을 가장 많이 보는 것으로 조사됐다. 특히, 외국 여성들보다 한국 여성들이 남성의 경제력을 더 중시하는 것으로 나타났다. 결혼정보회사 선우의 글로벌 사이트 커플닷넷(couple.net)은 남녀 만남의 조건을 경제력(사회 경제적 조건), 외모(신체적 매력), 가정환경, 성격 등 4가지로 정리해 백분율로 나눈 다음 합이 100이 되게 하는 방식으로 남성과 여성의 배우자 선호도를 조사했다. 그 결과, 세계의 싱글 남성과 여성들은 4가지 조건을 모두 고려해 배우자를 선택하는데 대륙과 국가별로 비중이 다른 것으로 드러났다. 한국 여성들은 유별나게 경제력을 따지는 대신 외모를 가장 적게 보는 것으로 나타났다. 경제력을 크게 고려하는 여성들은 북미(32.0%), 오세아니아(31%), 아프리카(29.3%), 유럽(28.3%), 아시아(28.2%), 남미(26.1%) 순으로 많았다. 한국 여성은 북미 여성보다 더 높은 36.2%로 집계됐다.

출처: 뉴시스(2012. 9. 28). realpaper7@newsis.com.

2) 결혼 준비 과정

(1) 결혼의례

① 혼례식의 변천 과정

결혼의례, 즉 혼례(婚禮, 결혼식)는 한 시대의 결혼문화를 보여 주는 중요한 의식으로, 결혼의 사회적 기대를 수용하는 것이며, 사회가 그 결혼을 승인한다는 의미를 공유하는 자리이다. 혼례를 통해 커플은 가족과 친지에게 부부가 된다는 것을 공인받는 것으로 혼례 과정은 혼수준비와 결혼식, 신혼여행까지의 전 과정을 의미한다.

우리나라의 전통혼례는 입장제(入丈制), 친영제(親迎制), 반친영제(半親迎制) 등의 세 가지로 나눌 수 있다. 첫째, 입장제는 고려와 조선 초까지 보편적이었던 혼례방식으로 신랑이 신부집에서 혼례를 치르고 처가에 머물며 자녀를 낳아 양육한다(이기숙 외, 2001). 따라서 입장제는 우리 고유의 모계전통을 반영하는 형태라고 할 수 있다. 둘째, 친영제는 조선조의 억불숭유책에 의거 중국의 부계전통을 따른 것으로, 신랑이 혼인날에 신부를 데리고 와 신랑집에서 혼례를 치르며 신부는 혼인 직후부터 시가에서 살게 된다. 친영제는 상류층 중에서도 특별히 부유한 계층에서 시행되었다. 셋째, 반친영제는 입장제와 친영제의 중간 형태로 처가에서 혼례를 치르고 단기간 처가에 머물지만, 곧 시가에 들어가 생활하게 되는 형태로, 현재 우리가 전통혼례로 알고 있는 방식이 반친영제인 셈이다.

조선 후기부터 정착된 신부집에서 혼례식을 치르고 3일 후 신랑집으로 돌아오는 반친영(半親迎)으로 혼례 과정이 변화된 것도 출가외인에 대한 사상을 정착시키는 데 이바지하였다. 남성은 소속집단의 변경 없이 일생 동안 부계혈연집단 구성원으로 남아 있을 수 있었으나, 여성은 친정과 단절하게 되면서 남편의 부계집단에 충성하게 되었다.

우리나라의 근대적 혼례문화는 19세기 후반 서양 문물이 들어오면서 시작되었다. 우리나라 최초의 신식혼은 1895년 정동교회에서 이루어진 기독교식 결혼식이었으며, 이후 신교육을 받은 지식인 계층 중심으로 신식혼이 확산되었다(김주희, 2005). 1934년 일제는 '의례준칙'을 발표하였고 혼례 장소로 교회, 절, 신사 등을 제시하였으며 혼례복도 양복을 제시하였다(이기숙 외, 2001). 그리하여 혼례의식에 피로연이 등장하였고, 혼례복도 한복과 일본 옷, 양복 등 다양해졌다.

오늘날 혼례는 전통혼례(반친영제)와 서구식 혼례가 절충된 형식이다. 궁합, 사주, 택일, 함, 그리고 폐백 등은 전통혼례의 형식이다. 반면, 신부의 순결을 상징하는 웨딩드레스와 턱시도, 신혼여행 등은 서구식 혼례의 형식이다. 최근 낙하산 결혼식이나 수중결혼식 등 다양한 형태의 결혼식이 등장하는 것을 볼 때, 우리의 혼례문화가 계속 변화하고 있음을 실감할 수 있다.

② 혼수와 결혼비용

전통혼례의 기본은 부모와 천지, 배우자에게 도리를 다하여 잘살 것을 서약하는 삼서정신(三誓精神)[55]과 남녀가 동등하다는 평등정신을 기초로 하였으며, 주자가례에서도 과다한 혼수비용에 대한 제재가 있었다고 한다(조희선 · 류미현, 1999). 그러나 조선 후기에는 과다한 예물과 매매혼적 성격의 풍습으로 가정경제를 뒷받침하지 못하는 빈곤계층에서 가장권이 약화하기 시작하였다.

근대화 이후에는 부모가 결혼을 주관하게 되면서 시가 중심의 혼인관행과 과다혼수관행이 문제가 되었다. 현대의 혼수는 자본주의 사회에서 무직의 여성이 경제력을 가진 남성과의 결혼 대가로 준비하는 교환적 성격을 갖고 있다. 주로 신부가 혼수를 준비한다는 면에서 성차별적이며, 호화혼수는 사회문제로 등장한 지 오래다. 특히, 우리 사회에서는 권위적인 특성으로 말미암아 부모가 자신의 체면 때문에 종종 무리한 비용을 들여 예물과 피로연을 치르기도 한다. 그 결과 혼수문제는 물질만능주의, 사회적 지위에 대한 허황된 욕구, 과잉기대, 그리고 가부장적 가족 가치관 등이 맞물린 사회적 문제가 되었고, 과도한 혼수 요구가 이혼의 원인이 되는 일도 있다. 이처럼 혼수문제는 부계가족의 영향력

55) 삼서정신(三誓精神)이란 혼례(婚禮)에 임하여서 하는 세 가지 서약을 의미한다. 첫째는 서부모(誓父母)로, 신랑과 신부가 혼인예식을 거행하기 전에 부모에게서 서약하는 것이다. 이것은 자기를 있게 하신 조상과 부모에게 은혜의 고마움을 기리며 자식의 도리를 다할 것을 서약하는 것이다. 둘째는 서천지(誓天地)로, 혼인이 천지의 음양이치, 즉 대자연의 섭리에 순응하는 것이므로 음양의 표본이며 창조의 절대자인 초능력자, 하늘과 땅에 대해 서약하는 것으로 부부가 무궁하고 불변하는 사랑과 천지의 이치에 따르겠음을 서약하는 정신이다. 셋째는 서배우(誓配偶)로, 서로가 배우자에게 사랑과 신뢰로 일생을 살아가면서 남편과 아내로서의 도리를 다할 것을 서약하는 것이다.

을 보여 주는 가부장제의 또 다른 모습이라고 할 수 있다.

최근의 조사에 의하면, 미혼남녀들은 결혼할 때 신혼집과 혼수, 예단 등 결혼에 필요한 제반 비용을 양가의 가정형편에 따라 배분하는 것이 합리적이라고 생각하는 것으로 나타났다. 결혼정보회사 비에나래가 연애결혼 정보업체 커플예감 필링유와 함께 전국의 결혼희망 미혼남녀 528명을 대상으로 '양성평등 시대를 맞아 신혼집, 혼수 등 결혼에 필요한 제반 비용의 신랑신부 간 합리적 배분 방법'에 대해 설문조사를 실시한 결과, 남성응답자의 45.5%와 여성응답자의 44.7%가 '양측의 가정형편을 고려하여 배분한다.'고 답했다. '남성은 집, 여성은 혼수'로 일반화되어 있는 국내의 결혼문화를 감안할 때 이례적인 결과다. 이어 남성은 '양측 비슷하게 배분'(30.3%)이 '결혼 당사자들의 형편을 고려하여 배분'(18.2%)보다 앞섰으나, 여성은 '결혼 당사자들의 형편을 고려하여 배분'(31.8%)이 '양측 비슷하게 배분'(12.9%)보다 많았다.

비에나래 관계자는 "양성평등의 시대를 맞아 결혼준비 품목이나 예산 등에 대해 남녀라는 획일적 잣대로 나누기보다는 양가의 경제적 여건 등을 고려하여 배분하는 것이 바람직하다는 의견"이라며, "결혼할 시점에 혼인 당사자들이 경제적으로 완전히 자립하지 못하는 상황에서 차선책이라고 볼 수 있다"고 설명했다. '결혼준비에 필요한 제반 품목 및 예산의 결정 주체'에 대해서는 남녀 모두 '신랑신부 당사자'(남 67.5%, 여 76.3%)라고 답한 비중이 압도적으로 높았다 (문화일보, 2012. 6. 11).

(2) 양성평등 결혼식

양성평등 결혼은 결혼의식에서부터 시작된다. 결혼의 시작부터 남편과 아내가 동등한 권력과 책임을 함께 지는 결혼관계를 갖겠다는 의지를 보여 주는 것이기 때문이다. 1990년대 중반 이후 한국여성민우회, 서울 YWCA, 대한주부클럽연합회 등이 바람직한 혼례 모델 시연회를 갖고 알뜰하면서도 평등한 결혼식의 역할 모델을 제시한 바 있다. 이는 동등한 인격체끼리의 결혼생활이 시작되는 자리임에도 결혼식에서의 남녀 역할이 불평등하고 허례허식적인 요소가 많다는 문제의식에서 비롯되었다. 여러 여성단체가 공통으로 제시한 결혼 매뉴얼은 신랑 · 신부 동시입장과 공동선언문 낭독, 사회자와 주례자의 남성 일변도 탈피, 폐백의 양가 참여 등이다. 이외에도 결혼비용 공동 부담, 부부재산 약정서 작성 등도 여성계가 제시해 온 평등 결혼식의 필수조건이다(이기숙 외, 2001).

평등 결혼식을 위한 부부 공동선언은 부부가 평등한 결혼생활을 꾸려 나가는 데 있어 중요한 지침이 될 것들을 정리해 결혼식에서 낭독하는 것이다. 예컨대 '일주일에 한 번 주제를 정해 토론의 시간을 마련한다.' '부부 공동의 취미를 갖는다.' '매일 30분 이상 대화의 시간을 가진다.' 등의 일상적인 약속이나 친환경적인 삶을 살자는 약속, 부지런한 생활습관이나 발전적인 삶을 위한 약속을 발표할 수도 있다.

주례 없는 결혼식이나 여성주례(사회자) 혹은 남녀 공동주례(사회자)를 세우는 것도 양성평등한 결혼식을 위해 시도해 볼 수 있는 부분이다. 자신들이 꾸려갈 부부상의 모델이 될 만한 부부를 주례로 함께 세우는 것이다. 주례사도 남녀가 보호자와 보호받는 자의 개념이 아닌, 부부가 가정의 공동주체임을 강조하는 내용으로 구성되어야 한다(이기숙 외, 2001; 정혜정 외, 2009).

3) 혼인 전 이슈

(1) 혼전 단계(데이트)의 폭력

"이 사람, 연애할 때와 왜 이렇게 달라진 거죠?" 결혼 전 교제 중인 젊은이들은 흔히 낭만적 사랑에 빠져 파트너를 미화하는 경향이 있다. 그러나 혼전 단계의 상호작용 유형은 결혼 후 부부관계에서도 지속한다는 점에 주목해야 한다. 원가족과 생성가족에서 각각 일어나는 폭력의 연결고리가 혼전 단계의 폭력이다. 데이트 폭력은 데이트 중에 일어나는 육체적 · 언어적 폭력을 뜻하는데, 처음에는 그냥 사소한 손찌검 정도에서 시작해 나중에는 살인이라는 극단적인 선택을 할 수 있을 정도로 심각한 사회적 문제로 자리를 잡았다.

교제기간이 길어지고 관계가 깊어질수록 두 사람의 사랑이 커 가는 한편에는 데이트 폭력의 잠재성이 도사리고 있는 것이다. 김용미(1996)의 연구에 의하면, 혼전단계 폭력의 피해자는 파트너의 폭력적 행동을 사랑과 애정의 표현, 혼란과 슬

픔의 표현이었다고 해석하는 경향이 있으며, 가해자 역시 상대에 대한 사랑의 표현으로 지각하였고, 자신이 혼란스럽고 화가 난 상태에서 일어났다고 대답하였다. 폭력의 결과 절반 이상의 커플이 사이가 벌어지거나 중단되었다고 하였고, 약 30~50% 정도는 관계를 유지하거나 더욱 가까워졌다고 하였다(Makepeace, 1981).

가장 빈번하게 경험하는 데이트 폭력의 형태는 일방적인 스킨십(skinship)과 과도한 감시를 들 수 있다. 감시의 단계가 심한 사람은 노예처럼 자신의 일과를 연인에게 보고하는 것은 물론 상대방의 끝없는 의심과 싸워야 하는 경우도 발생한다. 언어적 폭력도 데이트 폭력의 한 형태다. 욕설은 물론 연인을 심하게 깎아내리거나 무시하는 말로 연인에게 폭력을 가한다. 이런 경우 상대방은 심한 좌절감과 열등감에 빠지게 될 수 있다. 특히, 언어폭력은 이후에 육체적 폭력으로도 이어질 수 있다. 문제는 이러한 데이트 폭력으로 연인들의 관계가 악화되거나 헤어지는 경우가 적다는 점이다. 그 이유는 데이트 폭력의 가해자뿐 아니라 피해자조차 사랑한다는 이유만으로 어쩔 수 없는 폭력이 일어났으며, 피해자 자신은 폭력을 당할 잘못을 했다고 믿고 있기 때문이다. 실제 데이트 폭력은 언어적·정서적 폭력에서부터 시작되는 경우가 대부분이다. 데이트 경험이 있는 우리나라 여성 10명 중 7명이 정서적 폭력을 경험한 것으로 나타났다.

한국여성의 전화 성폭력상담소가 2009년 9~10월간 서울지역 11개 대학 800여 명을 대상으로 대학 입학 이후에 호감을 느끼고 만난 모든 이성관계(1~2회의 데이트 포함)에 대해 대학생들의 데이트 폭력경험 및 인식 실태조사를 한 결과, 여성 중 77.8%가 정서적 폭력을 한 번 이상 경험했다. 주로 경험한 행동은 상대방이 자신의 "휴대전화, 이메일, 개인 블로그와 홈페이지를 자주 점검한다."(59.7%), "누구와 함께 있는지 항상 확인한다."(40.9%), "다른 이성을 만나는지 의심한다."(32.1%)로 나타났다. 데이트상대자가 자신의 일정을 통제하고 간섭하거나, 자신이 학과·동아리 활동을 못하게 하는 등 의심·통제·감시와 같은 정서적 폭력을 경험하는 여성이 많았다.

언어적 폭력을 경험한 여성은 61.4%로 나타났다. "(상대방이 자신에게) 위협을 느낄 정도로 소리를 지른 적이 있다."고 답한 여성이 10.6%, "결별 후 자주 집이나 학교 앞으로 찾아와 다시 만나자고 한다."는 행동을 경험한 여성이 16.3%

로 나타났다. 상대방이 "죽이겠다거나 가만두지 않겠다고 협박한 적이 있다."는 여성은 2.3%였다. 또한, 여성들은 데이트상대자가 원하지 않는 성관계를 강요하거나(12.1%), 자신의 몸을 만지거나(15.2%), 애무를 하도록 강요한 적이 있다(8.1%)고 응답해 데이트관계에서 여성이 성적 폭력을 많이 경험함을 알 수 있었다. 신체적 폭력 사례에서는 "집에 못 가게 막은 적이 있다"(24.6%), "발로 문을 차거나 주먹으로 벽을 친 적이 있다."(11.3%)로 나타났다.

근본적인 책임은 가해자인 남성들에게 있지만 한국 여성들의 인식 역시 데이트 폭력이 증가하는 데 일조하고 있다. 데이트 폭력 피해여성들은 폭력이 발생한 후에도 관계를 유지하는 데 중점을 두는 것으로 드러났다. 피해여성들이 성적 폭력 후에도 연인을 용서하고 관계를 유지한 이유는 항상 그러는 것은 아니어서, 헤어질 만큼 심하지 않아서, 사귀는 사이에서 자연스러운 일이므로 등으로 확인됐다. 신체적인 폭력 후에도 관계를 유지한 이유는 헤어질 만큼 심하지 않아서, 나도 잘못한 부분이 있어서 등으로 나타났다. 데이트 폭력과 관련한 인식을 묻는 질문에 전체 응답자의 절반(49.2%)이 "데이트 관계에서 폭력은 일어나지 않는다."고 답했다. 특히, 3명 중 1명(34.6%)이 '데이트 폭력'이라는 말을 들어본 적이 없다고 답해 인식 확산을 위한 캠페인이 필요한 것으로 나타났다.

이처럼 데이트 폭력은 첫 폭력이 일어났을 때의 대응이 아주 중요하다. 아무리 사소하게 느껴지는 경우라도 처음 사건이 터졌을 때 확실하게 짚고 넘어가야 한다는 것이다. 많은 가해자는 데이트 초기 자신의 학교나 직장생활을 희생하면서까지 상대방에 지나친 호의를 베푼다. 언제 깨질지 모른다는 불안감에서다. 전문가들은 "데이트 폭력 가해자들 대부분이 경계성 성격장애"라며 "굉장히 잘해주다가 시간이 지나면 소유하려 하고 해를 끼치고 폭력을 행한다."고 전했다. 폭력이 일어났을 때 단호히 폭력 상황에 대해 따져야 하며, 상대방이 공격 성향이 있다면 상담소 등의 전문가 도움을 받는 것이 필요하다. 평소에도 데이트 폭력에 대해 진지하게 대화를 나누는 것이 필요하며, 폭력 상황에 대해 무조건 숨기지 말고 주위 사람에게 알리고 의논하는 것도 도움이 된다.

전문가들은 데이트 폭력을 방지하기 위해서는 발상의 전환이 필요하다고 조언한다. 한 전문가는 "여성들은 데이트 폭력을 당했을 때 자기표현을 확실하게 함과 동시에 애초에 자신이 원인을 제공했다는 식으로 자책하지 않아야 한다." 며 "폭력이 발생하면 즉각적으로 관련기관의 상담과 도움을 받는 게 중요하다." 고 말한다. 한편, 우리나라는 아직 데이트 폭력에 대한 정확한 통계가 없다. 데이트 폭력 수치에 대한 통계자료조차 없다. 일본은 2007년부터 일본 내각부에서 데이트 폭력에 관한 조사보고서를 발표하고 있지만, 아직까지 우리나라는 그러한 움직임은 없는 게 현실이다. 이 때문에 여성운동 진영에서는 이런 현실에 대해 좀 더 정부가 나서서 제대로 된 대책과 처벌규정을 마련할 필요하다고 입을 모으고 있다(시사포커스, 2011. 6. 23).

(2) 혼전 성관계

최근 많이 개방적으로 변화되는 추세이기는 하지만, 혼전 성관계는 동서양을 막론하고 남성과 여성에 대해 '이중적 잣대'를 적용하는 대표적인 영역 중 하나다. 전통적으로 남성의 혼전 성관계에 대해서는 너그러웠지만, 여성이 혼전 성관계를 경험하게 되면 육체적 순결을 지키지 못한 것에 대해 사회적으로 비난받았다. 미국의 1970년대 조사에 의하면, 여성의 51%, 남성의 89%가 혼전 성경험을 가지고 있다고 하였다(Kaplan & Sedney, 김태련 외 역, 1988).

그러나 이러한 수치는 조심스럽게 해석하여야 한다. 왜냐하면, 혼전 성관계를 갖는 여성의 절반 이상이 한 명의 파트너를 가지며 이들은 서로 결혼을 약속한 사이이다. 반면, 남성의 혼전 성관계 파트너는 여성보다 다양한 경향을 보였기 때문이다(Katts & Davis, 1970). 여성은 결혼을 전제로 할 때 또는 사랑을 전제로 할 때 혼전 성관계를 허용하는 경향이 있으나 남성은 그렇지 않다는 것을 보여 준다. 1990년 이후 성 개방 풍조에 따라 혼전 성관계가 늘고 있으며, 남성보다 여성의 태도가 빠르게 변화되고 있다.

참고자료 6-4

10대 3명 중 1명 섹스팅 즐겨…이중 80%가 성경험

10대 3명 중 1명이 자신의 누드 사진을 친한 친구에게 보내는 섹스팅을 즐기는 것으로 조사됐다. 또 10대의 절반 이상은 친구들에게 누드 사진을 보내달라는 요청을 했다고 미국 시사주간지 《타임(온라인판)》이 2일 보도했다. 미국 텍사스대 의대 제프 템플 교수팀은 14~19세의 텍사스 10대 1,000명을 대상으로 조사한 결과, 이같이 나타났다. 섹스팅을 하는 여성 청소년의 77%가 성관계를 가졌다고 응답했다. 반면, 섹스팅을 하지 않는 10대 여성의 성관계 비율은 42%로 낮아졌다. 남성 청소년은 섹스팅을 하는 사람의 82%가 성경험이 있었다. 반면, 하지 않는 10대 남성의 성경험 비율은 46%로 내려갔다. 또 섹스팅을 하는 10대 여성의 56%가 전년도에 1명 이상의 성적 파트너를 둔 것으로 조사됐다. 섹스팅을 하지 않는 여성의 경우 비율이 35%로 낮아졌다. 술이나 마약을 하는 10대 여성 비율도 섹스팅을 하는 사람이 더 높았다(40% 대 27%).

출처: 중앙일보(2012. 7. 4). Archives of Pediatrics and Adolescent Medicine.

우리나라 대학생의 혼전 성경험 정도는 어떠할까? 여자 대학생 5명 중 1명은 성경험이 있는 것으로 나타났다. 남자 대학생은 이와 비교할 때 압도적으로 많은 50.8%가 성경험이 있는 것으로 드러났다. 보건복지부 연구사업으로 2011년 5~11월 전국 대학생 6,000명을 대상으로 '대학생의 성태도 실태조사'를 한 결과 남성 50.7%, 여성 19.0%가 성경험이 있다고 대답했다. 연구팀은 이러한 차이에 대해 남녀의 성에 대한 욕구 · 태도 · 가치가 다르다고 분석했다. 특히, 남성은 군대 등의 이유로 나이도 많으며 성문화에 노출될 가능성도 많다고 설명했다.

한편, 남자 대학생들은 성경험과 비교할 때 지식은 더 낮은 것으로 나타났다. '생식생리, 성심리, 임신, 피임 · 낙태, 성병, 성폭력' 등 6개 영역 중 5개 영역에서 남학생은 여학생보다 낮은 점수를 받았다. 성관계 빈도는 남녀 모두 '비정기적으로 총 5회 이상, 10회 미만'이 가장 많았다. 성관계 이유는 '사랑하기 때문에'가 남녀 모두 가장 많았고, 장소는 남성은 '숙박시설', 여성은 '본인의 집'이 가장 많았다. '항상 피임을 한다.'는 응답은 57.9%, 성관계 경험자 중 '임신을 해 보거나 시킨 경험이 있다.'는 대답은 9.4%에 달해 여성주도적인 피임교육이 절실하다고 연구팀은 지적했다(매일경제, 2012. 5. 11).

(3) 피 임(避妊, contraception)

임신이 남성의 정액과 관련이 있으리라는 것은 아주 오래전에도 희미하게나마 알고 있었던 같다. 그래서 초기 피임법은 정액이 여성의 자궁 안으로 들어가지 않도록 하는 것이었다. 성교를 중단하는 것, 즉 사정하기 전에 음경을 질 밖으로 빼서 외부에 사정하는 중절성교(中絶性交)는 가장 오래된 피임법 가운데 하나로, 확실한 방법은 아니지만 아직도 널리 쓰이고 있다. 옛날에 쓰이던 다른 피임법으로는 마술 주문을 외우는 것부터 상당히 효과적인 민간요법에 이르기까지 다양하다. 고대 이집트에서 전해 내려오는 문서 중에는 임신을 피할 수 있는 여러 방법이 기록되어 있다. 그러나 피임법에 관한 초기 기록 중 가장 알기 쉽고 상세하게 설명된 것은 에페소스 사람인 소라누스(Soranus of Ephesus)[56]의 기록이다. 필요한 것이기는 했지만 1800년대 초까지는 일반인에게 완벽한 피임법을 교육하지 못했다. 피임에 관한 최초의 체계적인 작업은 1882년 네덜란드의 의사인 알레타 야콥스가 시작했다. 그는 남성 생식 세포를 수송하는 정관을 막거나 끊는 정관절제술(精管切除術)을 시행하였고, 여성은 여성생식세포를 수송하며 수정될 수 있는 환경을 만들어 주는 난관의 일부분을 제거하여 폐쇄하는 난관결찰(卵管結紮)을 시술하는 데 성공하였다.

19세기 말경부터 생식기의 해부학과 생리학에 대하여 많은 것을 알 수 있게 됨에 따라 많은 피임법과 피임기구가 널리 쓰이게 되었는데, 이들에 대한 신뢰도나 위험률도 각기 다양했다. 가장 확실한 피임법은 금욕이며, 그다음으로 효과적인 방법인 불임법은 영구적이며 일반적으로 본래의 상태로 돌아갈 수 없는, 즉 불가역적(不可逆的)이다. 다시 임신이 가능한 것 중 가장 효과적인 피임법으로는 경구피임약, 자궁 내 피임장치(intrauterine devices: IUD)[57], 살정제(殺精制)와

56) 2세기경 지금의 터키 셀주크 근처 알렉산드리아와 로마에서 활동한 그리스의 산부인과 · 소아과 의사로 의학의 형식주의 학파의 대표자이다. 형식주의 학파는 모든 질병이 '내강(內腔)'의 역전상태라는 이론에 근거하여 진료의 단순성을 강조한다. 거의 1,500년 동안이나 여성의 질병 · 임신 · 소아진료에 관한 의학적 견해가 소라누스 저서의 영향을 받았다.『조산과 여성 질병(On Midwifery and the Diseases of Women)』은 뛰어난 저서로서 여러 가지 피임방법이 기술되어 있고, 산과용 의자와 15세기에 새로운 발견으로 환영받았던 족위회전술(足位回轉術: 다리부터 나온 태아의 분만술), 구루병에 관해서도 씌어 있다.

57) 자궁 내 피임장치는 자궁 내에 삽입하는 플라스틱이나 금속으로 된 여러 모양의 물건이다. 연

콘돔(condom)을 함께 쓰는 방법 등이 있다. 이러한 방법의 피임 성공률은 95% 정도이다. 많은 피임법 가운데는 부작용이 생기는 것도 있는데, 가장 안전한 방법으로는 정자를 막아 주는 장치나 수태주기관찰법의 사용을 꼽을 수 있다.

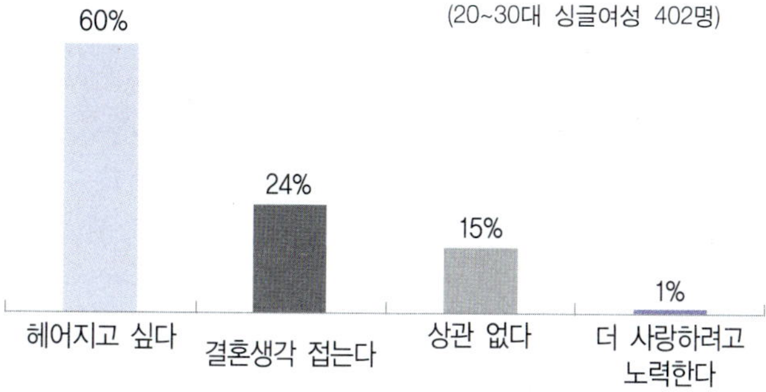

[그림 6-1] 피임약 권하는 남자친구에 대한 2030 싱글여성의 태도

출처: 소셜데이팅 이음(i-um.com); 오늘의뉴스(2012. 9. 25).

2012년 9월 26일, '세계 피임의 날'을 맞아 20~30대 성인남녀 1,794명을 대상으로 '싱글과 피임'을 주제로 설문조사를 하였다(오늘의뉴스, 2012. 9. 25). 그 결과, 설문에 참여한 여성 응답자 402명 중 84%가 '경구 피임약 복용을 자꾸 권하는 남자친구'를 보며 이별을 생각한 적이 있는 것으로 나타났다. 특히, 60%에 달하는 싱글여성은 '여성을 배려하지 않는 것 같아서 헤어지고 싶다.'고 직접적인 이별 의지를 내비쳤으며, 나머지 24% 또한 '당장 헤어지진 않더라도 결혼 생각은 접는다.'고 대답해 평생을 함께할 사람으로는 선택하지 않겠다는 뜻을 보였다. 이에 비해 '상관없다.' 혹은 '더 이해하고 사랑하려고 노력한다.'고 대답한 여성은 16%에 불과했다.

또한, 싱글여성 9명 중 1명은 콘돔 사용을 꺼리는 남자친구에 대해서도 반감 또는 부정적인 인상을 받는 것으로 확인됐다. 여성 응답자를 대상으로 '콘돔 사용을 꺼리는 남자친구'에 대해 묻는 말에 63%가 '내 입장은 생각 안 하고 이기

구가들은 IUD가 자궁속막에 가벼운 염증을 일으켜서 배란을 억제하고 난자가 수정되지 못하게 하거나, 수정란이 자궁속막에 착상(着床)되지 못하도록 하는 것으로 추측하지만, 정확히 어떻게 피임이 되는지는 아직 밝혀지지 않고 있다. 대부분의 IUD는 골반염증성질환(PID: 골반강에 생기는 염증으로 종종 불임을 일으키며 심한 경우 죽기도 함), 자궁외임신, 패혈성자연유산(敗血性自然流産) 등을 일으키기 쉽다는 이유로 1980년대에 판매가 중지되었다.

적이라는 생각이 든다.', 25%가 '임신하면 큰일인데 어리석다는 생각이 든다.'고 답했으며, 단 12%만이 '불편감이 있을 수 있는 만큼 충분히 이해가 된다.'고 대답했다. 남성 응답자 1,392명을 대상으로 콘돔 사용에 대해 설문한 결과에서는 81%가 '사용한다.'고 답변했다. 콘돔을 사용하는 이유로는 응답자의 79%가 '내가 원해서', 21%가 '상대가 요구해서'를 선택해 주로 여성의 요구보다는 남성의 의지로 콘돔 사용을 결정하는 것으로 확인됐다. 콘돔 사용을 주저하는 이유에 대해서는 응답자의 78%가 '성감이 떨어져서'라고 대답했다. 그다음으로 18%가 '우연히 발생한 성관계라 준비할 정신이 없어서', 4%가 '준비하기 부끄럽고 귀찮아서'라고 응답했다.

3 결혼 갈등

갈등(葛藤)이란 둘 이상의 욕구가 동시에 존재하여 해결에 곤란을 느끼는 상태, 즉 개인의 마음속에 상반되는 두 가지 이상의 감정이나 의지 따위가 동시에 일어나 갈피를 못 잡고 괴로워하는 것을 뜻한다. 갈등은 일상생활에서 가족 간에 혹은 다른 사람과의 관계에서 빈번히 일어나고 있다. 그래서 마치 우리의 일상생활과 인간관계의 변화를 혹은 지난날의 생활을 그대로 나타내 주는 듯하다. 그리고 갈등은 우리의 더욱 조화로운 생활에의 염원을 방해하기도 하고, 나아가서는 이에 대처하려고 노력함에 따라 우리를 새로운 지각과 자의식의 세계로 끌고 가기도 한다. 따라서 갈등을 없애려고 하기보다는 갈등을 다루는 긍정적 방식에 대한 훈련이 필요하다. 이를 위해서 부부간 갈등의 발생원인, 해결방안 등에 대한 정보가 유익할 것이다.

고교생 2명 중 1명은 부부갈등이 일어나면 이혼을 해야 한다고 생각하는 것으로 나타났다. 한국인구학회가 최근 발간한 '학교인구교육의 실태와 과제' 보고서에 의하면, '부부간의 갈등을 해결할 수 없다면 이혼하는 게 낫다고 생각한다.'는 질문에 찬성하는 비율이 초등학생 19.0%, 중학생 32.2%, 고등학생 47.0%로 나타났다. 전체적으로 이혼에 찬성한다는 의견이 33.9%로 나타나 2006년 조사 때의 30.3%보다 3.6%P 증가했다. 이번 조사는 표본이 된 전국 120개교의 초등학교 5학년, 중학교 2학년, 고등학교 2학년 재학생 4,077명을 대상으로 하여 2011년 9~10월 우편설문 방법으로 실시했다(국민일보, 2012. 9. 16).

1) 갈등발생의 원인

터만(Terman)의 결혼적응 연구에 의하면, 행복한 부부집단과 그렇지 못한 부부집단 모두가 그들의 결혼생활에 대해서 불만을 토로했다고 한다. 그러나 불만의 영역에서는 큰 차이가 존재하고 있었다. 즉, 행복한 집단에서의 불만내용은 주로 친척관계, 친구선택, 여가활동 등에 관한 것이고, 그렇지 못한 집단에서의 불만내용은 상대방이 논쟁적이다, 신랄하다, 애정적이지 못하다, 신경질적이다 등으로 상대방의 성격이나 인격에 관한 것이었다. 클레머(Klemer)는 결혼 갈등발생 원인을 기대의 문제로 집약하였다. 즉, 과대한 기대, 혼돈된 기대, 충분하지 못한 기대, 부부간의 기대 차이가 결혼 갈등의 원인이 된다고 하였다.

가트만(Gottman, 1994)은 원만한 부부생활의 비결은 부부가 견해차나 문제가 있더라도 일상생활에서 서로 상대방에 대한 배려를 어떻게 표현하느냐가 중요한 열쇠라고 하였다. 건강한 부부는 갈등의 근본적인 차이를 받아들이고 서로 인정해 주고 수용하며, 서로에 대한 긍정적인 감정이 다섯 번이라면 부정적인 감정은 한 번 정도로 나타나는 특성이 있다고 하였다(김태현 · 이성희, 1996).

이처럼 불만내용과 표현하는 방법론에서는 중요한 차이가 존재한다. 하지만 결혼생활은 필연적으로 갈등을 내포하고 있어 충돌 없이 살 수는 없다. 즉, 결혼생활에서 얼마간의 갈등은 정상적이고 예측할 수 있다. 블루드(Blood)도 결혼생활이 갈등을 내포할 수밖에 없다고 하면서, 그 이유로 다음과 같은 부부간의 네 가지 특징을 제시하였다(이성희 · 한희선, 2009).

첫째, 친밀감이다. 일반적으로 공적 생활에서는 자신의 바람직한 특성만을 나타내려고 노력하는 사람도, 부부관계에서는 친밀하다는 이유로 개인의 모든 특성을 노출하게 된다. 따라서 배우자의 단점을 알게 되고 비난을 하게 되는 예도 있다.

둘째, 항구성이다. 아무리 참기 어려운 일도 며칠은 참을 수 있다. 그러나 그것이 계속되면 참을 수 없게 된다. 결혼이란 며칠 만에 끝나는 일이 아니므로, 자극적인 일이 노출된다고 볼 수 있다.

셋째, 경쟁성이다. 부부는 그들의 애정에 대해서뿐만 아니라 충분하지 못한 자원, 특히 금전사용에서 많은 경쟁을 하게 된다. 예를 들면, 일정한 금액에서 한 사람이 많이 차지한다는 것은 상대방이 상대적으로 적게 차지하게 되는 것을 의미한다.

넷째, 가변성이다. 부부가 어떤 상황에 잘 적응하는 방법을 익혔다 하더라도 결혼생활의 내용은 매일 변화한다. 따라서 결혼생활에서 갈등이 일어나는 것은 당연하고 정상적인 과정이라고 볼 수 있다.

한편, 결혼생활에서 대립이나 갈등은 배우자 개인의 퍼스낼리티(personality)에 의할 뿐 아니라, 그들이 만들어내는 독특한 '관계'에 바탕을 두고 있다. 그러므로 결혼생활의 갈등을 이해하기 위해서는 가족구성원의 정신 내적인 세계에 바탕을 둠과 동시에 대인관계에도 원인이 있으므로 관계를 이해하는 틀(frame)을 확립할 필요가 있다.

2) 갈등의 해결

우리는 앞서 결혼과 가족생활에서 얼마간의 갈등이 발생하는 것이 당연하고 정상적이라고 했다. 그렇다면 이 말은 갈등이 그대로 존재해도 좋다는 말인가? 당연히 그렇지는 않다. 왜냐하면, 갈등이 해결되지 않은 채 존재하면, 갈등의 긍정적 결과는 기대할 수 없기 때문이다. 갈등은 그것이 해결되는 방식에 따라 가족관계에 치명적일 수도 혹은 더 친밀한 관계로 발전하게 할 수도 있다. 갈등의 해결 과정을 통해 긍정적 결과를 가져올 때 건설적 갈등이라고 한다. 가트만(1994)도 갈등을 해결하는 과정에서 중요한 부분은 부부간 '화해시도'라고 하였다. 그는 불행한 부부일수록 화해시도가 자주 일어나나 항상 실패하기 때문에 부부관계가 악화되기 쉽다고 하였다. 따라서 갈등을 어떻게 처리할 것인가가 매우 중요하다(김정옥 외, 2009).

(1) 갈등해결의 방해요인

부부간의 갈등은 자신이나 상대방의 변화, 환경의 변화로 약화 혹은 개선할 수 있다. 그러나 다음과 같은 조건일 때는 갈등해결이 어렵게 된다.

- 미성숙: 미성숙한 사람은 혼란된 정보에 휩싸이게 된다. 불완전한 지식으로는 만족스러운 해결방법을 찾을 수 없다.
- 의견의 불일치를 참을 수 있는 능력의 부족: 의견의 불일치를 참지 못하고 분노나 비난 등의 부정적인 감정을 심하게 노출하거나 관계를 끊어 버리게 되면 갈등은 해결되기보다 오히려 더 악화한다.
- 무의식적 왜곡: 자기도 모르는 사이에 상대방을 왜곡하거나 사건을 올바르게 인식하지 못하는 상태에서는 갈등해결이 가능하지 않다.
- 과음: 음주한 상태에서 갈등을 해결하고자 하는 의논은 언쟁으로 변화되기 쉽다.
- 피로: 대부분의 사람은 피곤하면 자제력을 잃기 쉽기 때문에 다투게 된다.

한편, 골만(Goleman, 1995)은 방어기제의 사용이 갈등해결의 방해요소가 된다고 하였다. 방어기제는 자존감을 보호하려는 행동으로 방어기제 자체를 사용하는 데는 문제가 없으나, 방어기제가 현실을 왜곡하거나 관계 내에서 원하는 목표에 방해되면서 광범위하게 사용될 때는 위험하다. 갈등을 지연시키거나 왜곡시킬 수 있는 다섯 가지의 방어기제는 다음과 같다.

- 회피: 문제를 피해 가거나 주제를 바꾸려고 하는 것으로 문제의 중요성을 무시하거나 부인하게 되는 경우이다.
- 합리화: 자신의 행동을 위한 인지적 정당화이며, 행동 뒤에 있는 진실한 욕구를 차단하는 것으로 행동의 거짓된 정당화는 실제의 이유가 자존감을 위협할 때 나타난다.
- 투사: 특정 행동에 죄의식을 갖는 한쪽 배우자가 같은 행동을 하는 다른 배우자를 무의식적으로 비난할 때 일어난다. 예를 들면, 외도를 하고 있는 부인이 오히려 남편이 자신에게 충실하지 못하다고 비난할 수 있다.

- 전이: 한쪽 배우자가 다른 역할관계에서 경험한 것일 수도 있는 좌절이 다른 배우자에게 옮겨가는 것이다. 어떤 상황에서 아무 관련이 없는 사건에 대해 감정이나 불만을 옮기는 것이다.
- 감정적 고립: 감정적 고립을 사용함으로써 관계는 소원해지고 멀어지게 된다. 이러한 분리 게임은 관계에 대한 개입을 줄여 감으로써, 그 관계가 끝나더라도 감정적 상처로 고통받지 않는 데에는 도움을 준다.

(2) 갈등의 해결방안

갈등에 수반되는 부정적인 감정을 어떻게 긍정적인 방법으로 표출시키느냐 하는 것이 갈등해결의 결정적인 실마리가 될 수 있다. 여기서는 결혼생활에서 나타나는 갈등을 건설적인 방법으로 표현하는 데에 도움이 되는 갈등을 다루는 기본원칙, 분노 다루기, 대응행동 등에 대해 살펴본다(김정옥 외, 2009; 이성희 · 한희선, 2009).

① 갈등을 다루는 기본원칙

- 갈등의 표현은 감정을 근거로 한 언어행동으로 표현된다. 불만이 있을 때는 감정을 누르고 이성적인 언어로 명확히 표현한다.
- 갈등의 원인과 요인을 먼저 파악하고 나서 그 문제에 대한 이해와 느낌을 정확히 전달한다.
- 항상 문제 중심으로 다루며 상대방의 약점이나 인격을 공격해서는 안 된다.
- 한 번에 한 상황에 대해서만 논의한다. 과거의 일이나 사소한 일까지 모두 동원하면, 이것은 해결이 아니라 전쟁의 시작이다.
- 갈등의 표출방법이나 시간, 상황을 고려한다. 예를 들어 식사시간이나 자녀 앞에서의 부부갈등이나 부부싸움은 좋지 않다.
- 갈등의 해결을 위해서는 관용이나 화해, 회피, 타협, 양보, 의견 접근, 적응 등의 여러 방법이 있을 수 있다. 갈등의 주제에 따라 다양한 방법을 사용한다.
- 갈등의 시작과 끝을 명확히 한다. 예를 들어 싸우다가 집을 나간다든가, 싸움을 일방적으로 끝내는 것은 바람직하지 않다. 항상 감정을 정리하고 갈

등의 해결 실마리를 가지고 끝낸다.

- 문제를 논쟁하기 전에 자신과 상대방의 입장을 다시 한번 재구성해 본다. 즉, 겉으로 드러나는 상대방의 부정적 행동방식보다는 상대방의 내적인 느낌, 감정을 이해하도록 하며, 현재 내가 가지고 있는 상대방에 대한 부정적 느낌에 압도당하지 않도록 한다. 또한, 내가 상대방에게 보인 행동방식을 점검해 보는 시간과 여유를 가지도록 한다.
- 어떤 때라도 부부간의 갈등 표출방식으로 신체적 · 언어적 폭력을 사용해서는 안 된다. 왜냐하면, 폭력은 상처를 남기기 때문에 후유증이 크다.
- 부부싸움에는 결코 승리자가 없다는 점을 인식한다. 단지 친밀감이 손상되거나 더욱 친밀해질 수 있을 뿐이다.
- 가족 간에 나타나는 갈등과 문제는 한 개인만의 문제가 아니라, 가족 전체의 상호작용에서 비롯된 것일 가능성이 더 크다. 때로는 전체 가족의 역동성을 바꾸려는 노력이 가족구성원 하나를 비난하고 탓하는 것보다 유용하고 효과적이다.

② 결혼생활에서 분노 다루기

결혼은 가까운 사랑의 관계와 친밀감이라는 목표가 달성되지 못했을 때 실패로 끝나게 된다. 메이스(Mace, 1982)는 결혼실패의 숨은 이유는 분노를 창조적으로 다루지 못하는 것이라고 하였다. 분노의 감정을 내면적으로 억누른다면 다정한 감정표현은 불가능해지고, 사랑의 내부적인 중심도 시들어 버리게 된다(김정옥 외, 2009).

행동건강학 연구자인 티비츠(Tibbits)는 그의 저서 『용서의 기술(*Forgive to Live*)』에서 분노 표출의 세 가지 형태를 다음과 같이 제시하였다(한미영 역, 2008). 첫째, 수동적－외면하거나, 무엇인가를 바라거나, 움츠러들거나, 순응하거나, 피하는 행동－으로 표출, 둘째, 공격적－공격하거나, 강압하거나, 비난하거나, 억누르거나, 다른 사람을 해치는 행동－으로 표출, 셋째, 단호하게－직접 대면하고, 숨김없이 앞날의 가망성을 이야기하고, 확실한 경계를 긋고, 선을 지키는 행동－표출 등이다.

[그림 6-2] 결혼생활 문제 해결 방법은? 용서보다 화가 나아!

그는 이 세 가지 방법 중 분노를 효과적으로 표출하고 처리하는 것은 수동적이거나 공격적인 방법보다는 단호한 태도를 취하는 것이라 하였다. 단호한 태도는 꼭 과거에 일어난 일이 아니라, 현재, 그리고 앞으로 일어날 일에 책임을 지는 것이라 할 수 있는데, 건전하고 단호하게 분노를 표출하기 위해 그가 제시한 지침은 다음과 같다. ① 문제 상황에 정면으로 맞서기, ② 나-메시지로 감정 전달하기, ③ 내가 원하는 것을 명확하게 전달하기, ④ 얼마나 화났는가보다는 어떻게 상처받았는지에 초점 두기, ⑤ 너와 나의 책임과 역할의 경계를 확실히 세우기, 그리고 ⑥ 앞으로 닥칠 결과에 대해 확실히 해 두기이다.

이러한 태도의 핵심은 적절하게 분노 표현을 함으로써 갈등 상황에서 문제를 확대하는 것이 아니라, 문제를 명확하게 하고 해결하기 위한 노력이라 하겠다. 또한, 분노를 삭이거나 폭발시키는 극단적인 방법을 취하기보다는, 이를 변화시켜야 할 증상으로 인식하여 그러한 증상을 초래한 원인을 찾고, 이를 제거하는 것이 필요하겠다. 이를 위해 분노를 일으키는 사건과 생각을 하나하나 구체적으로 적어볼 수도 있다. 이렇게 해 보면, 자신의 반복되는 부정적 행동유형을 인식하게 되고, 자신이 늘 비슷한 이유로 화를 낸다는 것을 발견할 수 있다.

한편, 결혼생활에서 문제가 생겼을 때 용서하거나 잊어버리는 것이 결코 좋은 것이 아니라 상대에게 화를 내는 것이 최상의 해결방법이라는 주장이 제기됐다(한국일보, 2012. 8. 6). 영국 일간 데일리메일에 의하면, 미국 테네시 대학 맥널티(J. Mcnulty) 교수는 결혼생활에서 상대가 잘못을 저질렀을 때 용서하는 것은 실제로 울분만 생기지만, 당장은 불편하더라도 화를 낸 뒤 솔직히 대화를 하는 편이 장기적으로 좋은 관계를 유지하는 데 도움이 된다고 지적했다. 맥널티 교수는 결혼생활에 용서가 의도하지 않았지만, 부정적인 영향을 미친다고 전했다. 그는 "결혼생활에서 경제적 무책임, 불성실, 그리고 외도 등 상대의 잘못을 누구나 경험하게 되는데, 이때 분노해야 할지 용서해야 할지 결정해야 한다."면서 "용서하는 것은 잘못의 심각성과 빈도 등 다양한 변수로 말미암아 효과를 복잡하게 만든다."고 지적했다. 반면, 화냄은 잘못을 저지른 배우자에게 그런 행동을 받아들일 수 없다는 의사를 전달하는 데 중요한 역할을 하게 된다고 밝혔다. 그는 그러나 결혼생활에서 상대의 잘못으로 말미암은 문제를 해결할 '마법의 탄환'과 같은 특효약은 없다고 덧붙였다.

(3) 갈등의 대응행동

대응행동이란 문제나 갈등에 직면해서 그것을 극복하는 효과적인 수단을 찾는 것을 말한다. 효과적으로 갈등에 대처하는 사람은 정보추구, 적극적 행위, 부정적 행위의 억제, 숙고, 반성 등의 심리적 과정, 그리고 상황에 능동적으로 대처할 수 있는 유연성 등의 행동특성을 공통으로 갖고 있다.

만약 결혼관계에서 불만을 느끼게 된다면, 상대방을 변화시키려고 시도하지 말고, 관계를 향상시키기 위해 우리가 무엇을 할 수 있는가에 초점을 맞추어야 한다. 이를 위해 먼저 결혼갈등을 다루는 방법으로써, 서로가 배려하는 언어-경청하기, 지지하기, 격려하기, 존중하기, 신뢰하기, 수용하기, 타협하기 등-를 사용하면서, 직접적으로 부부가 타협하는 법을 배워야 한다. 타협은 둘 다 이기는 양승타협으로 두 사람 다 원하는 것을 전부 손에 넣지는 못하더라도, 서로 공정하다고 생각하는 합의점을 찾아내는 과정이다. 의사소통은 극히 중대하지만, 만약 의사소통이 원활해지지 않을 때에는 즉시 대체할 수 있는 일이 바로 관계를 해치지 않는 '타협'인 것이다(Glasser, 우애령 역, 2000).

또한, 결혼관계가 갈등 속에 놓여 있을 때 발휘될 수 있는 힘이 창의성이다. 새로운 활동, 새로운 아이디어, 새로운 느낌 등이 이에 속할 수 있다. 갈등에 빠질 때 하는 극단적인 비창의적 행동이 흔히 우울해 하거나 후퇴하는 것이다.

[그림 6-3] 행복한 결혼생활을 위한 방법? '비 온 뒤에 땅이 굳듯이…'

이런 보편적인 불행의 형태를 택하게 되면 감정 자체가 곤경에 빠지게 된다. 오래된 관계에서 더 가까워지는 가장 좋은 방법 중의 하나는 결혼생활에서 서로에게 새로운 방식을 많이 찾아내는 것이다.

행복한 결혼생활을 위해서는 매일의 부단한 노력이 요구된다. 결혼의 행복은 함께 싸우고 변화하고 환경에 적응하는 능력과 관련 있는 것으로, 계속된 성장의 과정이다. 이를 위해서는 상대방의 말에 귀 기울이는 태도, 솔직함, 신체적·언어적 애정표현과 매력, 확고한 자아개념, 감수성, 지지, 그리고 문제해결능력 등이 중요한 요소다. 결혼이란 양자 모두에게 많은 애정, 시간, 노력해야 하는 공통의 모험으로, 부부관계의 원래 목적도 한 쌍의 남녀가 고락을 함께할 수 있는 관계를 형성하기 위한 긴 여정에서 서로에게 힘을 주는 것이다(Glasser, 우애령 역, 2000; 이성희·한희선, 2009).

여기서 이강백이 1974년에 '카페 떼아뜨르'에서 '극단 자유극장'에 의해 초연한 연극작품 《결혼》을 소개하고자 한다. 연극은 주인공 '남자'가 맞선 보는 여자에게 자신이 부자인 것처럼 사기를 치지만, 오히려 진심을 표현하면서 여자의 마음을 얻게 된다는 내용으로 이루어졌다. 관객들에게 물건을 빌려서 부자인 척했던 남자는 정해진 시간이 되면서 빌린 물건들을 돌려주어야 했다. 즉, '여자'와 만나는 동안 '남자'는 점점 원래의 모습인 빈털터리가 된다. 결국 남자가 보여준 행동이 모두 사기였음이 밝혀진다. 하지만 남자의 진심 어린 구애에 여자는 감명을 받는다. '여자'는 빈 몸으로 남은 '남자'의 청혼을 받아들인다.

맞선과 결혼을 소재로 택했지만 근본적으로 인간에게 동일하게 주어진 '시간'이라는 조건, '소유'의 본질, 사랑의 속성 등을 성찰하고 있는 작품이다. '빌린 집'은 '인생'을, 등장인물인 '남자'와 '여자'는 '현대의 모든 남녀'를, 물건을 빼앗아 가는 '하인'은 '시간'을 우의(寓意)한다. 남자와 여자는 인간이 이 세상에 잠시 나온 '덤'의 존재이고, 우리가 소유한다고 생각하는 것들은 잠시 빌린 것이라고 말한다. 이 작품은 단막극임에도 불구하고 주제가 단순하지 않다. 인간은 유한한 자신의 인생을 사는 동안 소유에 집착하지만 그것은 언제가 돌려주어야 할 것들이다. 그렇다면 눈에 보이는 물적 소유가 사랑의 기준이 되어서는 안되며, 사랑의 본질은 상대에 대한 진심과 헌신에 있다.

제7장

이혼과 핵가족의 위기

1 증가하는 이혼율과 이혼에 대한 편견

1) 증가하는 이혼율

갈수록 심해지는 이혼율의 증가는 가족문제를 '사적인 문제'만이 아니라 사회적인 관심사로 공론화하는 계기로서 작용하고 있다. 이혼은 왜 개인이 결혼관계를 해체하는가에 대한 선택의 의미를 이해하는 차원과 더불어, 이상적인 가족에 대한 사회적인 시선과 변화하는 결혼·가족제도에 대한 깊은 생각과 연구를 하게 만든다. 또한, 이혼은 다양한 가족제도에 대한 새로운 관점과 변화하는 가족관계 속에서 '가족'이 무엇인가라는 근본적인 물음을 동반한다.

이혼을 '문제 있는 개인'의 선택으로 의미화하는 사회적 시선과는 다르게, 여기서는 이혼율의 상승이 왜 불평등한 가족제도와 연관이 되며, 고정화된 성 역할에 기반을 둔 핵가족제도의 문제점에 대한 고찰 없이는 결혼관계 내의 불안정성을 지속할 수밖에 없음을 주요하게 분석해 본다. 이러한 맥락에서 부부관계를 둘러싸고 남녀 간에 갈등이 일어나는 원인이 사회적으로 남성과 여성에게 고정화된 젠더 역할을 강요하는 결혼제도와 밀접하게 연관이 되고 있음을 살피고자 한다. 가부장적인 관점에서 형성된 불평등한 젠더관계는 여성과 남성에게 다른 이혼경험을 부여하는 젠더화된 이혼 과정을 이야기하고, 고정화된 젠더관계의 변화는 새로운 가족관계 형성을 위한 시작점이 될 것이다(이기숙 외, 2011).

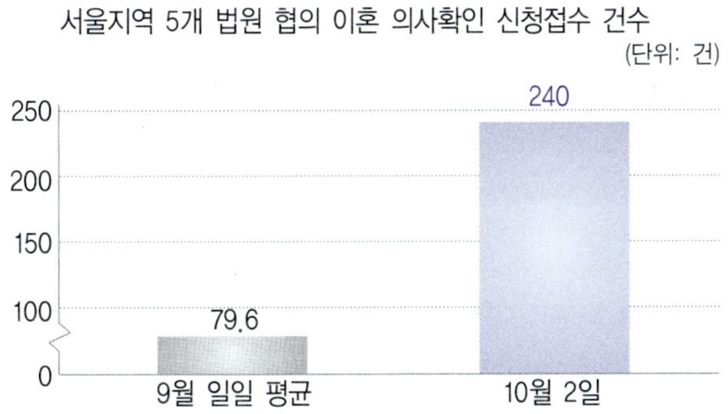

[그림 7-1] 왜 추석 연휴 직후 이혼신청이 많을까?

출처: 서울지역 5개 법원; 문화일보(2012. 10. 8).

2012년 추석 연휴 직후 부부간 갈등이나 고부갈등 등으로 평소보다 3배가량 많은 이혼신청 서류가 법원에 접수된 것으로 확인됐다(문화일보, 2012. 10. 8). 서울가정법원과 서울동부 · 서부 · 남부 · 북부지법 등 서울지역 5개 법원에 의하면, 10월 2일 하루 동안 5개 법원에 접수된 협의이혼 의사확인 신청접수 건수는 모두 240건으로 일일 기준 올 들어 최다를 기록했다. 법원별로는 서울남부지법이 55건으로 가장 많았고 서울가정법원과 서울동부지법이 각각 53건, 서울북부지법 52건, 서울서부지법 27건의 순이었다.

2012년 9월 한 달 동안 법원별 하루 평균 협의이혼 의사확인 신청접수 건수가 서울가정법원 23.7건, 서울남부지법 10.0건, 서울동부지법 13.8건, 서울북부지법 19.8건, 서울서부지법 12.3건 등 법원별로 10~24 건 정도가 접수됐던 것과 비교할 때 추석 연휴 직후 평소보다 2배에서 많게는 5배나 많은 이혼신청이 접수된 셈이다. 서울동부지법은 지난 9월 이혼신청이 가장 많은 날도 17건을 넘지 않은 것과 비교하면 3배 가까이 늘었고, 지난해 추석 직후인 9월 14일 이혼신청 33건과 비교해도 배 가까이 증가한 수치다.

그렇다면 왜 이러한 현상이 나타날까? 전통적으로 설과 추석 명절 다음 달인 3월과 10월 이혼이 증가세를 보이지만, 올해처럼 추석 연휴 직후 이혼신청이 급증하는 경우는 이례적이라는 지적이다. 가정법원 관계자는 "과거와 달리 고부갈등을 비롯한 가족 간 갈등이 발생하면 곧바로 이혼을 택하는 요즘 세태가 추석 직후 이혼이 늘어난 원인으로 추정된다."고 말했다.

2) 이혼에 대한 편견

근대 사회 이후에 '정상적인 가족'은 부부와 자녀로 구성된 '핵가족'으로 간주되고, 여성과 남성의 고정된 역할에 기반을 두어 구성되었다. 비록 이혼율이 빠르게 증가하여도 '핵가족'을 정상화하는 가족의 개념은 이혼에 대한 부정적인 시각을 변함없이 그대로 유지하게 한다. 이것은 미디어를 통해 접하는 이혼에 대한 지식이 단편적인 측면만을 보이고 있기 때문이기도 하다. 미디어는 충동이혼, 증가하는 결손가정 등 피상적인 정보만을 전달하고 있으며, 이혼이 가족위기를 형성하는 주요인으로 묘사하고 있다. 또한, 여성에 의한 이혼신청율의 증가로 말미암아 사회적으로 가족해체와 여성이 주요하게 결부되어 언급되고 있지만, 여성이 '왜' 이혼을 원하는가에 대한 진지한 사회적인 접근은 부족하다.

이혼에 대한 부정적인 여론은 여성이 경험하는 이혼 과정, 이혼 결심의 이유와 일상적으로 수행하는 여성의 가정 내에서의 책임과 역할에 대해서 세밀한 분석을 하지 않는다. 무엇보다 결혼생활 내에서 여성에게 요구되는 역할이 많은 여성이 이혼을 신청할 수밖에 없는 갈등과 긴장을 일으키는 과정임에 주목하지 못한다.

이처럼 이혼에 대한 단편적인 접근은 이혼에 대한 편견이 뿌리 깊게 자리 잡고 있는 현실을 통해서도 나타나고 있다. 2008년 메릴랜드(Maryland) 대학교가 17개국을 대상으로 진행한 이혼녀·미망인에 대한 차별 정도에 관한 조사에 의하면, 우리나라 응답자의 82%가 이혼녀, 81%가 미망인에 대한 차별이 있다고 했는데, 이는 조사국 중 가장 높은 수치이다(세계일보, 2008. 6. 24). 이혼율의 증가와 이혼 당사자에 대한 구체적인 편견은 다음의 연구에서도 나타나고 있다. 이혼에 대한 사회적인 이해를 알아보기 위해서 10대에서 60대까지 716명을 조사한 연구에서, 70%가 "불만족한 결혼생활을 유지하는 것보다 이혼이 더 낫다"라고 응답을 했고, 응답자의 30% 정도가 자신의 자녀가 이혼한 가정의 배우자와 결혼하는 것을 원하지 않는다고 말했다(옥선화 외, 1998; 이기숙 외, 2011).

참고자료 7-1

돌싱들이 이혼 이야기 꺼리는 이유는?

재혼전문 사이트 온리유와 결혼정보회사 비에나래가 전국의 재혼희망 돌싱남녀 522명을 대상으로 대화 중 이혼에 대한 이야기가 나올 때 대처하는 방법에 대해 설문조사를 실시한 결과, 남성 응답자의 50.6%와 여성 응답자의 73.6%가 "마지못해 언급한다"로 답했다. 이어 "언급을 피한다"는 응답이 남성은 28.0%, 여성은 16.5%를 차지해 돌싱 대부분은 이혼에 대한 언급을 꺼리고 있었다. "자연스럽게 대화한다"고 답한 비중은 남성(16.9%)과 여성(3.4%) 모두 소수에 그쳤는데 특히 이혼과 관련된 대화를 거북해 하는 여성이 많다는 사실이 흥미롭다. 이혼 사실을 공개하지 않는 이유에 대해선 남성(47.5%)과 여성(39.8%) 모두 "자랑스럽지 않다"를 첫손에 꼽았다. 이어 남성은 "상대방이 편견을 가질까 두렵다"(20.3%)와 "공개할 기회가 없었다"(13.8%), "자존심이 상한다"(11.5%) 등의 답변이 이어졌고, 여성은 "기회가 없었다"(31.8%)와 "자존심이 상한다"(15.7%), "상대방이 편견을 가질까 두렵다"(8.0%) 등의 순으로 답했다.

출처: 문화일보(2012. 8. 27). 노기섭 기자.

핵가족을 모델로 한 가족에 대한 정상적/비정상적인 구분은 이혼을 가족해체의 주범으로 간주하면서, 현실에서 변화하는 가족의 다양성에 대한 이해의 부족을 일으킨다. 부부와 자녀를 중심으로 한 '핵가족'만을 정상적인 가정으로 사고하는 사람들의 생각은 여론조사에서도 나타나고 있다. 2006년에 성인 1,000명을 대상으로 한 '정상가족'에 대한 조사에서 64.5%가 한부모가정에 반대했고, 72.6%가 동거에 반대하는 상황이었다. 그러나 가족의 다양성에 대한 부정적인 시선과는 다르게 실제로 50% 이하만이 사회에서 말하는 '양부모와 아이들로 이루어진 가정'을 가지고 있다(한겨레, 이기숙 외, 2011, 재인용).

또한, 통계청의 장래인구추계에서 2010년 우리나라의 총가구 수는 1,715만 2,000가구이며, 이중 여성이 가구주인 가구는 380만 9,000가구로 전체의 22.2%를 차지하고 있다. 평균 가구원 수(2009년 기준)는 여성가구주가 1.93명으로 남성가구주 가구 평균(3.22명)보다 적다. 가구원 수 구성(2009년 기준)에서도 여성가구주의 1인가구 비중이 49.4%로 가장 많은 반면, 남성가구주는 4인가구 비중(36.5%)이 가장 높다. 여성가구주 평균연령(2009년 기준)은 54.0세로 나타났고, 50대가

22.5%로 가장 높고, 40대와 60대가 각각 20.8%, 19.7%로 나타났다. 교육수준(2009년 기준)은 중학교 이하 여성이 52.7%, 고등학교 학력의 여성이 31.2%, 그리고 초대졸(전문대 졸업 포함) 이상이 16.2%를 구성하고 있다.

여성가구주 중 배우자가 있는 경우(2009년 기준)는 32.4%, 배우자 없는 경우가 67.6%를 차지하고 있으며, 배우자 없는 경우(2005년 44.6%)는 지속적으로 증가하고 있다. 여성가구주 중 노인가구는 24.6%, 모자가구는 10.2%, 맞벌이가구는 4.3%, 일반가구는 61.0%를 차지하고 있다. 여성가구주 중 취업을 한 경우(2009년 기준)는 58.4%로 남성가구주 중 취업을 한 경우(85.3%)보다 낮다(국가통계포털). 여성가구주의 증가 주요인은 사별과 더불어 높아지고 있는 이혼과 비결혼 여성인구의 증가이다. 그러나 이혼을 통한 여성가구주의 증가 속에서도 이혼에 대한 사회적인 편견과 한부모가정에 대한 시선은 쉽게 변하지 않는 것이 우리 사회의 현실이다.

'결손가정'이라는 사고가 사회 속에서 끊임없이 재생산되면서, 이혼한 당사자뿐만 아니라 자녀에게도 상처가 강화되는 현실을 보여 주고 있다. 일상적으로 이혼한 당사자가 경험하는 상처는 자신이 다른 사람에 의해서 가십거리의 대상이 되는 과정에서도 나타나고 있다. '가십거리'는 이혼을 한 당사자가 공동체 안에서 '이혼한 사람'으로 문제화되는 과정을 보여 주는 주요한 사례이며, 왜 이혼한 사실을 감출 수밖에 없는가를 이해하는 근거가 된다. 일반적으로 '가십'은 공동체 안에서 정상적인 삶과 일탈된 삶을 구분하고, 다양한 삶의 경험을 배제하는 사회적인 통제의 역할을 담당한다(Morgan, 2004). 이혼을 둘러싼 가십은 결혼을 정상화하고, 이혼을 '문제적인 사람'의 선택으로 구분하는 역할을 일상적으로 형성하고 있다. 이혼을 한 당사자에 대한 가십과 사회적인 편견은 이혼한 사람을 '이기적인', '결혼에 대해 헌신이 부족한', '무책임한' 등의 사람으로 간주하기에 이혼한 경험을 이야기하는 것을 주저하게 하는 요인이 된다.

2 높아 가는 이혼연령과 이혼사유의 변화

2011년 이혼건수는 대략 11만 4,300건으로 전년보다 2,600건(2.2%) 줄었다. 1,000쌍당 9.4쌍이 이혼한 것으로 지난 2001년 이후 최저치를 기록했다. 이혼율은 카드사태가 발발한 2003년 정점을 찍은 뒤 감소하는 추세이지만 유독 50세 이상에서는 이혼율이 매년 증가하고 있다(서울신문, 2012. 4. 12).

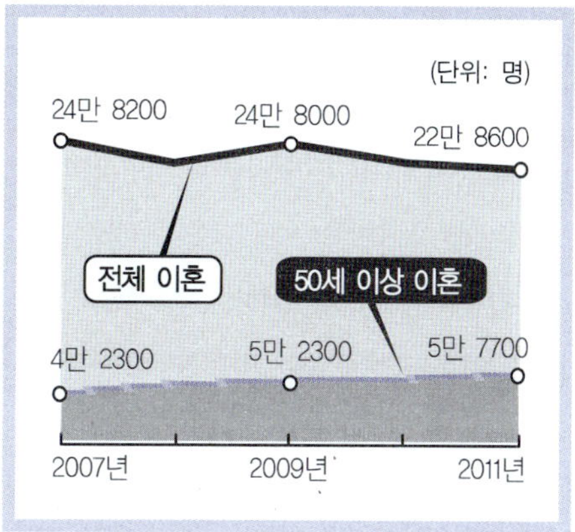

[그림 7-2] 늘어나는 50세 이상 이혼자 추이

출처: 서울신문(2012. 4. 12).

통계청이 발표한 '2011년 혼인 · 이혼통계'에 의하면, 2011년 50세 이상을 제외한 모든 연령층에서 이혼율이 줄었다. 2011년 이혼한 50~54세 남성은 1만 7,000명으로 전년보다 1.2% 늘었고 55세 이상 남성은 1만 8,200명으로 0.8% 증가했다. 여성 역시 50~54세 이혼자 수가 1만 2,500명으로 전년 대비 0.8%, 55세 이상 이혼자 수도 1만 명으로 0.8% 늘었다. 평균 이혼연령은 남성 45.4세, 여성 41.5세로 10년 전 대비 각각 5.2세, 4.8세 올라갔다. 2011년 이혼사유를 쪼개보면, 부부간 성격차이가 44.9%로 압도적으로 많았다. 경제적인 문제(12.3%), 배우자 부정(8.1%), 가족 간 불화(7.1%) 등은 상대적으로 비중이 크지 않았다.

〈표 7-1〉 이혼건수와 조이혼율

구분 \ 연도	1970	1980	1990	2000	2003	2005	2010	2015	2017
이혼건수	11,615	23,662	45,694	119,945	166,617	128,035	116,858	109,153	106,032
조이혼율	0.4	0.6	1.1	2.5	3.4	2.6	2.3	2.1	2.1

주: 조이혼율이란 1년간 발생한 총 이혼건수를 당해 연도의 연앙인구(7월 1일 기준)로 나눈 수치를 1,000분비로 나타낸 것을 말한다.

출처: 국가통계포털(http://www.kosis.kr)에서 발췌하여 편집.

통계청 사회통계국 인구동향과장은 "기대수명이 늘고 삶에 대한 가치관이 달라지는 등 경제 외적인 요인 때문에 고(高)연령층 이혼이 증가하는 것으로 보인다."면서 "고연령층 이혼은 비중 자체가 크지 않지만, 2003년 카드사태 이후 오히려 늘고 있다는 점을 주시해야 한다."고 설명했다. 한편, 2011년 외국인과의 이혼은 1만 1,500건으로 전년보다 400건 늘었으며, 총 이혼 중 차지하는 비중 역시 10.1%로 2010년(9.5%)보다 0.6%P 증가한 것으로 조사됐다.

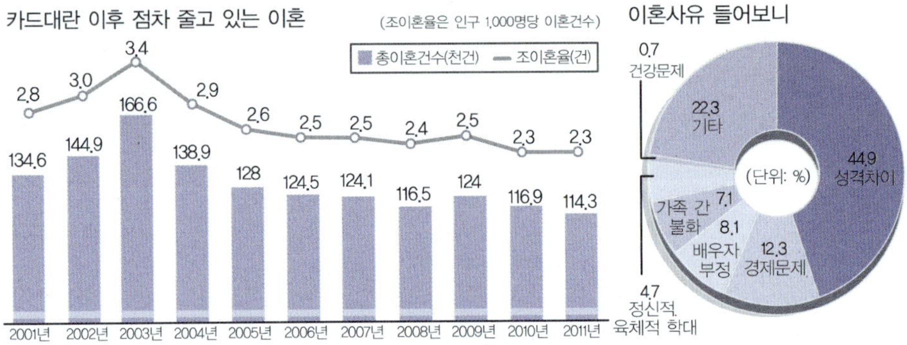

[그림 7-3] 연도별 조이혼율 추이와 이혼사유

출처: 통계청(http://www.kostat.kr).

오랜 기간 연애로 사랑하는 사람과 결혼에 골인을 해도 시댁과의 갈등, 결혼 전과 변한 배우자와의 갈등 때문에 이혼을 생각해 보는 기혼자는 많다. 그러나 여러 고심 끝에 아이를 생각해 결혼생활을 이어 나가는 경우도 있고, 더 나은 방법이 없어서 끝내 이혼을 하기도 한다. 그렇다면 기혼자들이 이혼을 결심하게 된 결정적인 이유는 무엇일까? 이에 대해 결혼정보회사 행복출발(www.theone.co.kr)은 재혼희망 이혼남녀 938명(남성 451명, 여성 487명)을 대상으로 2012년 9월 25일부터 10월 4일까지 총 열흘 간 설문조사를 실시한 결과, 남성 33.7%, 여성 40.5%가 이혼사유를 '경제적 · 금전적 요인'이라고 답했다.

[그림 7-4] 돌싱녀 '이혼 결심 이유'… 성격보단 돈

남성은 '시댁 · 처가 간의 갈등'이 전체 30.8%(139명)로 2위를 기록해 여성이 갖는 시댁고충 못지않게 남성들이 처가 가족들과 얽히는 문제가 상당함을 알 수 있었다. 이어 '성격 · 가치관 차이'(18.8%), '배우자의 불건전한 생활'(10.4%), '종교관의 문제'(6.2%) 순으로 나타났다. 여성은 상습적인 도박이나 외도 등 '배우자의 불건전한 생활'이 27.9%(136명)를 차지해 남성들이 원인이 되는 결혼파탄의 치명적인 문제가 여전히 고정적인 비율이 되고 있음을 증명했다. 이어 '시댁 · 처가 간의 갈등'(17.2%), '성격 · 가치관 차이'(10.1%), '종교관의 문제'(4.3%) 등이 순위에 올랐다.

한편, '결심 후 이혼까지 걸린 시간'에 대한 설문에서는 남성은 '6개월~1년'(38.1%), 여성은 '1년~3년'(30.8%)로 이혼을 결정하는 데 여성이 더 오랜 시간 고민하는 성향을 드러낸 결과를 보였다. 이어 남성은 '1~3년'(26.6%), 여성은 '6개월~1년'(25.5%)이 2위를 기록했고, 이어 '3년 이상', '일주일~한 달', '3~6개월' 순으로 동일하게 나타났다.

이번 조사를 진행한 결혼정보업체 행복출발 관계자는 "젊은 20~30대 부부의 이혼율이 증가하면서 경제적 문제로 말미암은 이혼사유가 늘고 있다. 이러한 이혼사유는 문제개선을 위한 신속한 이혼 결정으로 이어져 부모님 세대보다 이혼율이 많은 이유가 된다."고 덧붙였다(매일경제, 2012. 10. 6.).

대법원이 발간한 사법연감에 의하면, 2011년 이혼한 11만 4,284쌍 중 부부간 성격차이로 말미암은 이혼이 5만 1,315건으로 전체의 44.9%를 차지했다(스포츠한국, 2012. 10. 9). 과연 부부간 성격이 맞지 않는 것이 이혼사유가 될 수 있을까? 과거에는 부부간의 성격차이를 극복 가능한 것으로 보아 이혼사유로 인정하지 않았다. 하지만 시대가 변하면서 부부간의 성격차이를 인정하는 판례가 급속히 많아지고 있다. 그러나 그 절차가 그리 간단하지는 않다.

성격차이 이혼은 크게 협의이혼과 재판상 이혼으로 나눠진다. 만약 한쪽에서 성격차이를 이유로 이혼을 요구했지만 다른 한쪽에서 거부할 때, 협의이혼이 불가능하다. 따라서 이혼을 원하는 쪽에서는 이혼소송을 제기할 수밖에 없다. 「민법」 제840조에는 재판상 이혼원인으로 여섯 가지 사유를 규정하고 있다. 이중 '기타 혼인을 계속하기 어려운 중대한 사유가 있을 때'라는 조항을 성격차이 이혼사유의 근거로 삼는다. 하지만 이를 증명하기가 쉽지 않다. 특히 성격차이가 폭행, 외도, 부당한 대우, 회복할 수 없는 갈등관계 등으로 이어지지 않았다면 이혼청구가 인정되기 어려운 측면이 많다.

3 핵가족의 위기와 극복

결혼에서 공통된 바람이 무엇일까? 아마도 '우리는 행복하게 살기 위해서 결혼했어요.'라고 말하지 않을까? 모든 남녀는 행복을 꿈꾸며 결혼한다. 사람들은 결혼이 자신들을 행복이라는 종착지로 안내해 줄 것이라고 기대한다. 물론 맞는 말이다. 하지만 전제 조건이 있다. 행복은 노력 없이 저절로 찾아오지 않는다. 결혼하면 행복하게 잘 살 것이라는 믿음은 어린 시절 접하는 동화책을 통해서도 무수히 반복되어 왔다. 동화의 결말은 하나같이 주인공이 결혼해서 행복하게 살았다는 해피엔딩이다. 신분과 환경이 서로 달라도 결혼해서 오래오래 행복하게 잘 살았다는 이야기뿐, 그 어디에도 갈등이 있었다는 말은 없다. 동화 속의 결혼은 사람들의 꿈이 되었다. 가정환경이 좋지 않아도, 경제적으로 어려워도, 계모에게 구박을 받아도, 백마 탄 왕자가 나타나서 구해 줄 것이고 평강공주가 와서 나의 부족한 부분을 채워 줄 것이라고 생각했다. 결혼이 곧 신분 상승이자 불행한 과거를 물리치고 인생 역전을 일으키는 장으로 여겨졌다. 영화와 드라마에서도 달콤한 로맨스는 결혼으로 마무리되는 것으로 묘사된다. 결혼에 대한 환상을 키운 데는 스크린 속의 멋지고 아름다운 배우들의 모습도 한몫하고 있다. 하지만 현실은 동화와 너무나도 달랐다. 우리 주변에는 예상했던 것과 달리 힘든 결혼생활로 말미암은 고통을 호소하는 사람이 많다. '결혼식은 화려했는데, 결혼생활은 아름답지 못했다.', '부모들의 불행한 결혼생활을 어느 날 보니 내가 반복하고 있더라.'라는 하소연을 듣는 일은 결코 어려운 일이 아니다.

버나드(Bernard, 1972)는 "여성의 결혼과 남성의 결혼"이라는 글을 통해서 결혼제도가 여성과 남성에게 다른 경험을 일으킨다고 말한 바 있다. 근대 이후 형성된 핵가족의 이상은 여성을 의존자로, 남성을 생계부양자로 위치하게 하면서 여성에게 사적인 영역을 담당하는 역할을 부여해 왔다. 이혼율의 증가는 불평등한 가부장제 관념에 기반을 둔 핵가족제도 위기의 한 단면을 보여 주고 있으며, 핵가족제도 변화의 필요성을 제기한다.

근대 이후에 형성된 남성은 생계부양자이고 여성은 의존자(혹은 보조자)라는 핵가족 모델은 맞벌이가 늘어 가고 있음에도 매우 느리게 변화하고 있다. 공적인 노동(직업)을 중심으로 산정되는 노동의 가치는 여성의 가정 내 노동을 비가시화하며, 동시에 저가치화한다. 여성의 역할을 의존자로 간주하는 사회적인 담론은 여성 스스로도 내면화하고 체질화하면서, 이상적인 엄마/아내의 역할을 다하기 위하여 자신이 무엇을 원하고 느끼는가가 아니라 남편과 가족구성원을 중심으로 역할을 수행하게 한다.

가정 내의 일을 여성이 담당한다는 의미는 경제적인 책임 중심으로 명확하게 위치 지어지는 남성과 다르다. 여성은 가정의 번성, 자녀의 현재와 미래를 위한 다양한 역할을 요구받게 되는 현실과 시대에 따라서, 변화되는 여성의 역할을 담당해야 하는 상황을 반영한다. 주부들이 보는 여성잡지에 등장하는 광고를 분석한 연구에서 여성의 가정에서의 역할에 관한 광고가 1980년대 이전에는 요리, 가정 필수품 사기, 집 장식 등에 관한 서른세 가지였다면, 1980년대에는 여성의 일자리와 더불어 자녀의 결혼준비에 관한 것을 포함한 아흔아홉 가지 광고이며, 1990년대 이후에는 다이어트, 몸매 관리를 포함한 자신의 이미지 관리까지 확대되는 상황은 가족을 위한 여성의 일상적인 역할과 수행의 과정이 다양한 책임을 동반하고 있음을 보여 주고 있다(함인희, 1999).

확대되는 여성의 역할은 가정 내의 다양한 역할을 감수하고 인내하는 여성성을 필요로 하며, 이것은 왜 '좋은 성격'이 이상적인 여성상과 결합되는가의 이유이기도 하다. 경제력에 기반을 둔 남성의 역할과 다르게 가족 내의 화목과 안정적인 가족을 형성하기 위한 노력은 참고 인내하는 여성상을 필요로 하기에 여성의 좋은 성격은 결혼 이후에 가정의 화목을 유지하는 결정적인 토대가 된다. 좋은 성격이 이상적인 여성상과 결합되는 것은 자녀의 결혼배우자로 가장 주요하게 고려하는 여성상이 좋은 성격의 여성이며, 남성은 경제적인 능력과

[그림 7-5] 부부 불화, 예외가 있을까?

연관되는 현실을 통해서도 나타나고 있다(이동원 외, 2001). 즉, 이상적인 성격은 아내의 역할을 잘 수행하는, 좋은 아내의 기반이 되는 요인이다. 다섯 명의 남성과 여성을 인터뷰한 연구에서 남성이 생각하는 좋은 아내는 훌륭한 요리, 효과적인 돈 관리와 저축, 시댁에 잘하는 여성이다. 또한, 인터뷰한 모든 남성은 아내의 좋은 성격이란 아내의 역할을 잘 수행하는 것이며, 남편과 시댁에 순종적인 여성이라고 하였다(김혜선 · 이재림, 2004).

그렇다면 부부갈등을 벗어나려면 무엇이 필요한가? 첫째, 부부관계를 회복하려면 배워야 한다. 한국 가정의 오랜 전통이 하나 있다. '가정사가 담장 밖으로 나가면 안 된다.' 이것이 부부갈등을 유지시키는 중요한 이유 가운데 하나이다. 죽을 것 같이 고통스러워도 끌어안고 있다. 이제는 도움을 받을 수 있는 전문가와 프로그램이 많이 있다. 가정사가 담장 밖으로 넘어가는 것을 더는 두려워해서는 안 된다. 결혼생활은 배우고 실천할 때 행복해질 수 있다.

둘째, 가정을 회복하기 위해서 기억해야 할 것이 있다. 한국의 가정은 이제 핵가족화되었다. 대가족과 핵가족제도의 차이는 아주 크다. 대가족은 웃어른 중심의 가정이다. 효도가 가정을 유지하는 가장 중요한 덕목이다. 하지만 핵가족은 부부 중심의 가정이다. 부부갈등이 있으면 핵가족은 위기를 맞는다. 대가족 제도에서는 갈등이 있더라도 이혼하는 부부가 많지 않았고 부모를 생각하며 참을 수 있었다. 하지만 핵가족에서 부부 불화는 곧바로 가정해체와 연결될 수 있다. 부부가 행복하지 않으면 효도하기도 어렵고, 자녀 양육도 힘들어진다. 그만큼 부부 중심의 가정을 회복하는 것이 부모와 자녀를 위해서 중요해진 것이다. 가정이 부부 중심으로 재편되어야 행복한 가정을 만들 수 있다. 지금 한국사회에 가장 필요한 것이 바로 부부 중심의 가정 회복이라고 말하고 싶다.

지금은 부부 시대이다. 오해하지 말아야 할 것은 효도를 부정하는 것이 아니라는 점이다. 핵가족제도에서 효도를 잘하려는 방법이 바로 이것이기 때문이다. 아들과 딸이 효도하는 것이 아니고 원만한 부부관계가 효도한다고 보면 된다.

셋째, 계속 강조해 온 부부 유대감을 회복하기 위해서 배우고 노력해야 한다. 부부 유대감의 핵심 요소는 ① 정서적 접근, ② 정서적 반응, ③ 정서적 교감 등 세 가지이다. 정서적 접근은 불안하고 힘들 때, 부부가 서로 열린 마음으로 다가갈 수 있는 상태를 말한다. 배우자에게 다가가는 것이 안전해야 한다. 어떤 이야기를 해도 배우자가 자신의 이야기에 귀 기울여 줄 것이라는 믿음이 바탕을 이루어야 한다. "당신에게 다가가도 되나요?"라는 질문에 부부가 서로 "네"라고 느낄 수 있는 관계를 말한다.

정서적 반응이란 부부가 배우자에게 집중해 상대방의 애착 욕구 및 두려움에 귀 기울이고, 그것이 당신에게 영향을 주고 있음을 보여 주는 것이다. 아내가 힘들다고 하면 남편이 아내가 자신을 얼마나 필요로 하는지 이해하고 관심과 위로를 보여 준다. 남편이 외롭다고 말하면 조용히 다가가서 그 외로움에 아내가 관심을 갖고 있음을 표현한다. 다시 말해 "당신의 관심과 애정 어린 반응을 기대해도 되나요?"라는 질문에 "네!"라고 대답할 수 있는 부부관계를 말한다.

정서적 교감이란 서로 존중하고 있음을 보여 주고, 자신의 마음을 드러내 알려 주려는 태도를 보이는 것이다. 눈을 마주 보고 대화하는 것은 존중의 의미이자 적극적인 관심을 보이는 것이다. 배우자가 말할 때 귀찮아하지 않고 눈을 마주 보는 것은 진심으로 대하려는 의지를 드러낸다. 교감은 사전적인 의미로 '빠져들다, 끌리다, 몰두하다.'라는 뜻이다. 정서적 교감은 사랑하는 사람에게 집중하고 관심을 보이는 것이다. 신체적인 접촉도 교감의 중요한 부분이다. 부부간에 갈등이 있으면 스킨십이 어려워진다. 친밀하고 유대감이 있는 부부는 자연스럽게 스킨십을 즐기며 부부끼리의 유대감을 강화한다. 교감은 감정을 행동으로 보여 주는 적극적인 노력이다. 성경에도 "남자와 그 아내가 둘 다 벌거벗고 있었으나, 부끄러워하지 않았다.[58]"라는 구절이 있다.

58) 창세기 2장 25절(새번역)의 말씀으로, 여기서 "부끄러워하지 않았다."는 것은 도덕적으로 깨끗했음을 뜻한다. 그런데 자신들의 벌거벗은 것을 느끼지 못했던 이유는 무엇일까? 두 사람은 서로 타자가 아닌 자신의 일부로 따스하게 응시했기 때문일 것이다.

4 이혼 예방과 대책

1) 이혼 전 예방 프로그램

(1) 결혼 전 적응 프로그램

결혼 초기의 부부 이혼은 결혼에 대한 충분한 준비와 인식이 부족한 상태에서 결혼을 서둘렀다가 이혼으로 이어지는 경향이 있다. 그러므로 문제가 발생한 다음에 해결하는 것보다는 사전에 문제를 예방하는 것이 비용도 적게 들고 파국으로 가는 것도 막을 수 있다. 따라서 이혼을 예방하기 위해서는 결혼 전부터 가정의 건강성을 유지하고 지원하는 교육 프로그램이 필요하다. 예를 들어 성 역할과 이성 교제, 배우자 선택과 결혼, 혼인 적령기 성인과 결혼 예비부부를 대상으로 하는 결혼준비교육 프로그램 등과 같은 가족생활 프로그램이 이에 해당한다. 이를 통하여 급변하는 사회에 알맞은 결혼관과 새로운 부부 역할과 윤리관 등에 관한 인식을 높일 수 있을 것이다(김혜경 외, 2011).

현재 결혼예비교육을 실시하고 있는 두란노 예비부부학교의 교육을 통하여 실제로 결혼생활을 지탱해 주는 힘이 되고 있는지를 확인해 보았다. 2000년부터 2006년까지 결혼한 결혼예비학교 수료자 979쌍을 추적하여, 그들의 이혼율과 통계청에서 발표한 우리나라 이혼율 통계를 비교 분석해 보았다. 그 결과, 결혼에 대해 미리 공부해 둔 부부는 그렇지 않은 부부보다 무려 7배나 이혼을 적게 하는 것으로 나타났다(MBC 스페셜, 2007. 6. 16). 이를 통하여 결혼 전 준비교육이 실제 결혼생활에 많은 도움이 되고, 이혼을 예방하는 데 효과적임을 알 수 있다.

특별히 미국 플로리다 주의 수도인 탈라하시 시에서는 결혼 전 커플을 대상으로 한 결혼예비교육이 실시되고 있다. 플로리다 주립대학과 교회의 협력을 받아 고교과정부터 시작되는 이 교육은 최근 7년 동안, 이 지역의 이혼율을 무려 25%나 감소시켰다. 플로리다 정부는 결혼교육 활성화를 위해 이 교육을 받은 커플에게 결혼등록비 중 1/3을 감면해 주고 있다. 그런데 흥미로운 점은 결혼예비교육을 받는 도중 약 10%가 파혼에 이른다는 것이다. 왜 이런 일이 생긴다고 생각하는가? 결혼한 다음에 자녀를 낳고 이혼하는 것보다 결혼 전에 서로 맞지 않는 부분을 파악하여 헤어지는 게 오히려 다행스러운 일이라고 생각해서 일까? 각자가 해답을 찾아보기 바란다.

(2) 부부관계회복 프로그램

이혼을 예방하기 위해서는 근본적으로 부부관계나 가족생활을 원만하게 유지하고 있는 부부를 대상으로 부부관계의 질적 향상을 위한 프로그램을 시행해야 한다. 즉, 결혼생활의 불만요인을 약화하고 나아야 부부관계를 더욱 강화시키고 향상시킬 수 있는 부부간의 효율적 의사소통 방법, 갈등해결 방법 등 다양한 내용을 포함한 프로그램의 시행이 요구된다(김혜경 외, 2011).

또한, 갈등이나 위기 상태로 문제가 있는 부부를 대상으로 위기의 원인이나 상태에 따라 이혼 예방과 이혼 위기극복을 위한 부부상담, 가족상담과 치료 등이 시행되어야 한다. 즉, 부부가 이혼을 실행에 옮기기 전에 이혼에 대해 다시 한번 고려하거나 부부관계 회복을 위해 노력해 보고자 하는 의향이 있다고 판단되면, 부부관계 회복을 위한 상담을 제공하는 것이 바람직하다.

여성가족부는 법원과 연계해 이혼을 준비 중인 부부와 그 자녀를 대상으로 '이혼위기가족 회복지원 사업'을 2012년 6월부터 벌인다(연합뉴스, 2012. 6. 1). 이번 사업은 이혼에 따른 자녀의 정서적 불안과 부부갈등에 대한 상호 이해를 통해 자녀 양육비 등 이혼 이후 발생할 수 있는 문제를 충분히 고려하여 신중한 이혼 의사결정 및 아동의 건전한 성장을 지원하기 위한 목적으로 진행된다. 이 사업은 우선 부산·대구·인천·경기·전남 5개 지역에서 시행한다. 5개 지역 지방법원에 이혼을 신청하거나 고려 중인 부부 등은 이혼상담·부모교육·문화서비스 등을 무료로 받을 수 있다. 이 사업에 따라 이혼 이후 생길 수 있는 자녀 양육비 분담과 면접교섭권 등 법률상담, 자녀심리 상담 등에 대해 전문상담인의 도움을 받게 된다. 지역별로 가족 화합과 소통의 시간을 위한 1박 2일 가족캠프, 이혼 후 가족관계 수용 및 자녀 심리이해를 위한 부모교육 등 다양한 프로그램을 제공한다.

참고자료 7-2

국내 최초 性카운슬링 프로그램 탄생… '부부性상담 닥터K'

국내 방송 최초로 부부의 性 문제를 솔직하게 풀어 가는 카운슬링 프로그램이 탄생한다. 〈부부性상담 닥터K〉가 2011년 7월 10일 밤 12시 첫 방송된다. 부부관계에서 문제를 가진 부부들이 상담을 신청하면 국내 최초의 부부 성의학 전문의 강동우(41), 백혜경(39)이 컨설팅을 통해 솔루션을 제시할 예정이다. 상담신청은 프로그램 홈페이지(www.chtvn.com)를 통해 비공개로 진행된다.

강동우, 백혜경 부부는 국내 최초 부부 성의학 전문의로 미국 킨제이 성 연구소와 보스턴 · 하버드 의대에서 정신과 · 비뇨기과 · 산부인과 등 성(性) 관련 분야 연수 후 현재 통합 성의학 클리닉 · 연구소를 함께 운영하고 있다. 두 사람은 "세상 모든 인간관계 중 가장 기본이 되는 '부부관계'가 올바르고 건강해야 가정이 행복하고 결혼생활이 즐거워진다"며 "솔직한 성담론을 통해 우리나라의 모든 부부가 속 깊은 대화를 나누고 서로를 이해하는 계기를 마련할 것"이라고 포부를 나타냈다.

출처: 유니온프레스(2011. 7. 8). 최이수 기자.

2) 이혼 후 적응을 위한 방안

(1) 부부를 위한 방안

이혼 후의 적응에 필요한 시간이나 에너지는 개인마다 차이가 있겠지만, 이 기간에 이혼한 부부는 어떻게 시작해야 하고, 어떻게 적응을 해야 할까? 중요한 것은 자신에 대해 알 수 있는 시간을 가져야 하며, 스스로 무엇을 좋아하고, 무엇을 싫어하는지, 무엇이 자신에게 평화를 가져다 주는지, 기쁨을 주는 것은 무엇이고, 자기가 어떤 사람인지, 다른 사람의 경험에서 멀어져서 자기 스스로 경험하기를 시작해야 한다(성정현, 2001).

이혼에는 도전과 스트레스가 뒤따른다. 그런데 어떤 이혼자에게는 어떻게 놀라운 발전을 가져오는가? 그런가 하면 어떤 이혼자에게는 어떻게 하여 불행과 실패를 가져오는가? 이에 대한 답변은 보호요인과 위험요인, 그리고 이들이 어떻게 작용하는가에 달려 있다. 위험요인과 보호요인이 접목되면서 탄력성이 형성된다. 이로써 보호요인이 지배적으로 작용하면 이혼의 어려움을 딛고 일어설 수 있으며, 반대로 위험요인이 지배적일 때 파국에 이를 가능성이 커진다. 보호요인과 적응 유형에 대해 살펴보면 다음과 같다(Hetherington & Kelly, 이원숙, 2012, 재인용).

① 사회적 성숙

사회적 성숙은 이혼 후 커다란 자산이 된다. 성숙은 미래에 대한 계획성, 자기 통제력, 문제 대처에 있어 융통성과 적응력, 그리고 사회적 책임성을 의미한다.

- 계획성: 많은 이혼자가 더욱 나은 삶을 위한 구체적 단계를 밟아야 함을 알고 있지만, 소수만이 이를 실천에 옮긴다.
- 자기 통제: 이혼 첫해에는 스트레스와 불안, 우울, 그리고 분노가 보편적이지만, 일부 이혼자는 이를 통제하는 방식을 발견한다. 이들은 이런 정서가 판단을 흐리지 않게, 부모 역할에 영향을 주지 않게, 그리고 충동적이거나 자기패배적 방식으로 행동하지 않도록 한다.
- 적응성: 경직성은 결혼생활을 파괴하는 만큼 이혼 후 적응에도 부정적 영향을 미친다. 성숙한 개인은 적응성과 융통성을 가지며, 이들은 해결 가능한 문제를 해결 불가능한 문제로 만드는 실수를 저지르지 않는다.
- 사회적 책임성: 다른 사람의 욕구에 민감하고 반응적이며, 다른 사람을 도울 수 있는 능력은 다음과 같은 측면에서 결혼의 실패를 극복하는 데 이바지한다. 첫째, 사회적 책임감의 본질이라고 할 수 있는 친구, 동료에게 많은 것을 베푸는 사람은 그들 자신이 도움을 필요로 할 때 많은 것을 돌려받을 수 있다. 둘째, 이혼 후 감정적인 어려움을 겪는 사람은 동료나 친구의 문제를 돕는 과정에서 그들 자신에 대해 긍정적으로 느끼기 시작한다.

② 자율성

이혼 후 스트레스로부터 그 어느 것도 완전한 보호를 제공해 줄 수 없지만, 자율적인 사람, 다시 말해서 혼자 있는 것과 혼자 결정 내리는 것에 익숙한 사람은 이혼 후 '홀로 됨'에 적응하기 쉽다.

③ 내적 통제성

내적 통제성 혹은 자기 효율성을 가진 사람은 스스로의 노력으로 문제를 해결할 수 있다는 신념을 가지고 있다. 이는 흔히 이혼 후 행동지향적이 되도록 돕는다. 이들은 공부를 다시 시작하거나, 사업을 새로 하거나, 아동보호기관을 찾거나, 사회적 망을 구축하는 등 문제해결을 꾸준히 시도한다.

④ 종교성

종교 자체가 사람을 보호하지는 않으나, 종교적인 생활양식이 지지망에 대한 접근을 가능하게 한다는 점에서 종교성은 사회적 고립감, 외로움, 지지의 결핍 등에 대한 완충역할을 수행한다.

⑤ 직 장

많은 이혼 남성은 가족을 상실하고 나서 직장의 친숙함과 일상성에서 지속성과 안정성을 되찾는다. 여성은 전문적인 일이 아닌 단순 고용직일지라도 보호적 기능을 수행할 수 있기에, 생계자로서의 역할은 여성의 자아존중감을 회복시키며 가정에서 벗어나도록 한다.

⑥ 사회적 지지

이혼 결정 시기와 이혼 초기단계에서 전형적인 사회적 지지의 출처는 부모, 자매 혹은 친구들이다. 이들은 부분적으로 상담역할과 위로의 역할을 하면서, 이혼을 결정할 동안, 그리고 이혼 후 생활에 대한 지지와 조언을 제공한다.

⑦ 새로운 친밀한 관계

이혼 후 스트레스에 대한 가장 강력한 완충은 새로운 친밀한 관계의 형성이다. 이는 우울증을 감소시키고, 건강문제를 향상시키며 자존감을 증대시킨다. 누군가 자신을 사랑하고 가치를 인정한다고 느끼면 스스로를 가치 있는 사람으로 생각하게 된다.

(2) 자녀를 위한 방안

이혼은 좋은 것도 나쁜 것도 아니지만, 자녀가 새롭게 변화하는 환경에 적응할 수 있도록 이혼 부부는 자녀를 위해 협력해야 한다. 이혼하는 부모가 직면하는 어려운 일 중 하나는 임박한 별거와 이혼에 대해 자녀에게 어떻게 접근해야 할지에 대한 난감함이다. 그렇다면 구체적으로 이혼에 대해 자녀와 어떤 방식으로 대화를 시도해야 할지 지금부터 살펴보자.

① 이혼을 언제 설명할까?

부모의 이혼사실은 자녀에게 엄청난 충격을 준다. 이런 충격을 최소화할 수 있는 방법으로 자녀에게 알리는 방법은 무엇일까? 부모가 이사하기 최소한 일주일 혹은 그 전에 자녀에게 얘기하는 것이 중요하다. 자녀가 준비되기 전에 한쪽 부모가 이사한다면, 예고되지 않은 떠남은 자녀에게 심각한 스트레스 상황이 될 것이다. 이로 말미암아 자신의 신용이나 자녀의 신뢰를 다시 얻기 쉽지 않을 것이다(Teyber, 성정현 외 역, 2006).

② 무엇을 말할까?

- 예상되는 일을 자녀에게 말하기: 부모는 어머니와 아버지가 이혼하게 되고 더는 함께 살지 않을 것이라고 자녀에게 말해야 한다. 자녀는 떠나가는 부(혹은 모)가 언제 이사갈 것인지, 그리고 언제 아버지나 어머니를 만날 수 있는지 들을 수 있어야 한다. 또한, 자녀에게 양쪽 부모와의 지속적인 만남에 대해 확신을 주어야 한다.
- 이혼에 대해 설명하기: 부모는 자녀에게 예상되는 일을 알게 하는 것뿐 아니라, 왜 이혼이 발생하게 되었는지 설명해야 한다. 즉, 부모가 왜 헤어지는지 이해하도록, 이혼은 어른들의 결정이라는 것과 아이가 이혼에 대해 책임지거나 비난받을 이유는 없다는 것을 전하고, 한쪽 부모로부터의 소외를 예방하도록 도와야 한다. 또한, 한쪽 부모가 모든 이야기를 하는 것보다는 부모가 나누어서 설명해 준다면, 아이에게 이혼이 부부 공동책임임을 보여 주는 데 도움이 될 것이다.
- 자녀에게 양쪽 부모와의 지속적인 관계에 대한 확신을 주기: 엄마와 아빠는 항상 그들과 함께 있기 원하고 떠나지 않을 것임을 반복해서 확신시키면서 자녀의 분리 불안을 경감시킬 수 있다. 즉, 자녀는 자신 때문에 부모가 이혼한다고 생각하는 때가 많으므로, 자녀 때문에 부모가 이혼하는 것이 아니라는 사실을 이해시키는 것이 매우 중요하다.

[그림 7-6] 부모의 이혼, "여전히 너를 사랑해!"

③ **자녀에게 '나쁜 소식' 잘 전하는 법**

더는 엄마 아빠가 함께 살 수 없다고, 그래서 아이가 부모 중 누군가와 떨어져 지내야 한다고 말하기란 몹시 고통스럽다. 그렇더라도 앞으로 변할 생활환경에 대해 차분하고 솔직하게 이야기하는 것이 최선이다. 아이에게는 엄마 아빠 중 한 사람을 매일 볼 수 없다는 것 자체가 충격이므로 '결코 너를 버리는 것이 아니다'며 안심시키는 것이 최우선이다. 3~5세 아이라면 부모의 이혼이 '네 잘못'이 아니며 "비록 떨어져 살더라도 보고 싶으면 언제든 엄마(아빠)를 만날 수 있어. 너를 사랑하지 않는 게 아니야."라고 차분하게 이야기하고, 6세 이상이라면 "엄마 아빠 중 한 명이 같이 살지 못하는 것 외에 지금의 네 생활은 크게 변하지 않을 것"이라고 안심시킨다. 장기 출장을 간다는 식으로 적당히 둘러대거나 배우자를 욕하거나 "모든 게 네 아빠(엄마) 때문이야." 라는 식의 발언은 절대 금물이다. 소식을 전하는 부모가 낙담하거나 눈물을 흘리거나 흥분 상태여서도 곤란하다. 차분하되 안정감 있는 태도를 유지하는 게 바람직하다.

제8장

자녀출산 · 양육과 사회

1 출산과 양육을 둘러싼 사회 문화적 환경

출산과 양육은 생물학적인 결정과 사회 문화적 관습을 통해 전통적으로 여성에게 책임이 부여된 영역이다. 파슨스(Parsons)가 여성과 남성의 구별된 사회적 역할 수행에 따라 여성의 역할을 표현적 역할, 남성의 역할을 도구적 역할로 지칭한 이래, 기능주의적 관점에서의 성 역할 구분은 산업사회 이후 현재까지 지속되고 있는 현상이다. 특히 여성의 가족 내 역할－양육적이고 애정적인－에 대한 믿음은 지금까지도 당위성을 가지고 지지되는 가치로 받아들여져 왔고, 많은 부부가 실제로 여성이 주된 양육자가 되어야 한다고 생각하는 경향이다. 전통적인 성 역할 분리가 받아들여지는 분위기에서 남성은 규범적으로나 실생

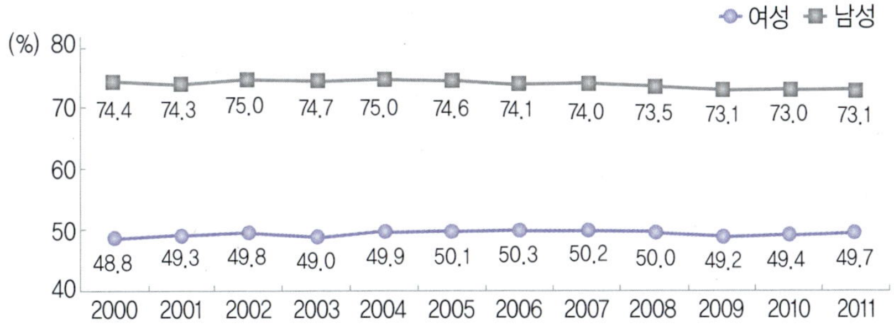

[그림 8-1] 성별 경제활동인구 추이

출처: 국가통계포털(http://www.kosis.kr). 2012 통계로 보는 여성의 삶.

활적인 측면에서 일과 가족이 분리되지만, 여성은 자신의 일터가 곧 가정이라는 측면에서 일과 가족이 분리되지 않는다(Fox, 2009; Luxton, 2009). 이처럼 일과 가족의 미분화는 전업주부뿐만 아니라 취업주부에게도 해당된다(이기숙 외, 2011).

출산과 양육이 전적으로 여성의 역할로 규정됨으로써 여성의 경제활동이 제한되었고, 취업여성은 직장과 가족생활에서 많은 어려움을 경험한다. 역할 과부하로 말미암은 어려움은 여성의 생애주기에 따른 여성의 경제활동 참가율 변화에서 나타난다. [그림 8-2]에서 보는 바와 같이 2011년 현재 여성의 연령별 경제활동 참가율을 보면, 25~29세가 71.4%로 가장 높게 나타나, 2000년(55.9%)보다 15.5%P 증가하였다. 그러나 결혼 · 육아 등으로 30~39세는 55%대 수준으로 크게 하락하였다가, 40대 초반부터 다시 노동시장에 진출하는 여성인구가 증가한다. 2000년과 비교하면 20대 초반에는 경제활동 참가율이 높았으나 출산과 육아시기에 감소, 30대 후반에 다시 증가하는 유사한 M자 패턴을 보인다. 한편, 50~54세 여성의 경제활동 참가율은 62.3%로 2000년에 비해 7.0%P 늘어났다. 2011년 현재 여성 취업자의 임금근로자 비중은 73.6%로 전년 대비 0.7%P 증가하였다.

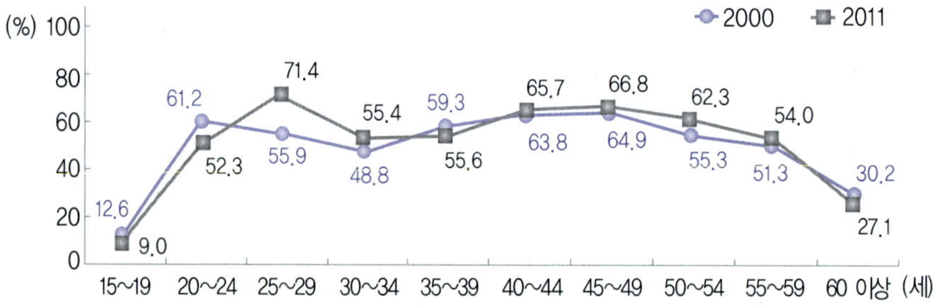

[그림 8-2] 여성의 경제활동 참가율 추이

출처: 국가통계포털(http://www.kosis.kr). 2012 통계로 보는 여성의 삶.

이러한 현상은 여성의 경력 단절로 직결되는데, M자형 곡선 자체보다는 여성이 노동시장에 재진입할 때, 재취업 가능한 영역의 급여, 근로조건 등이 결혼 이전 수준보다 낮다는 것이 더 큰 문제이다. 자녀 양육과 가사를 병행할 수 있는 조건의 근로 형태는 비정규직이거나 비숙련직일 수밖에 없는데, 이러한 고용 형태의 증가는 노동시장에서 성별 간 임금 격차를 더 커지게 한다. 한편, 2011년 현재 교육정도별 경제활동 참가율은 '대졸 이상'이 남녀 모두 가장 높게 나타났다. 대졸 이상 여성의 경제활동 참가율은 63.3%로 2000년과 비교할 때 2.4%P 증가하였으나, 대졸 이상 남성의 경제활동 참가율(89.3%)보다 낮게 나타났다.

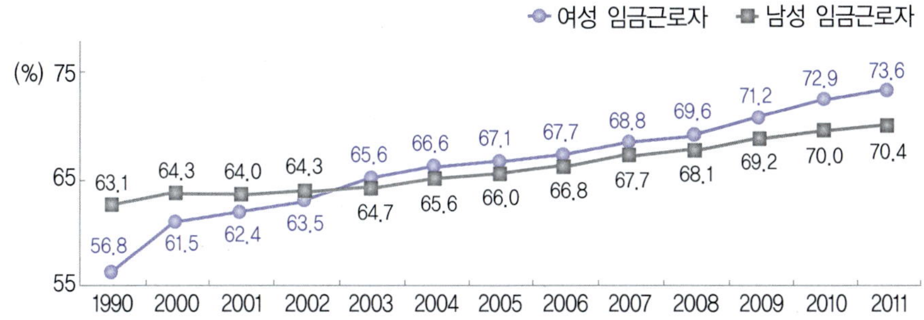

[그림 8-3] 성별 취업자의 종사상지위별 구성비 추이

출처: 국가통계포털(http://www.kosis.kr). 2012 통계로 보는 여성의 삶.

여기서 흥미로운 한 연구조사를 살펴보자. 2011년 우리나라 합계출산율이 1.24명으로 전 세계 217위로 발표된 가운데, 전국 미혼남녀가 평가한 출산 점수가 34.4점으로 집계된 조사결과가 나왔다. 듀오휴먼라이프연구소에서 수행한 '대한민국 2030 미혼남녀 결혼인식'에 관한 연구조사 보고서로, 전국의 20세 이상 39세 이하 미혼남녀 976명(남성 494명, 여성 482명)을 대상으로 하였다(경향신문, 2011. 12. 26).

저출산 문제에 대한 인식을 묻자 '(매우) 심각하다'고 59.7%(583명)가 답해 과반 이상이 저출산 현상에 대한 심각성을 인식하고 있었으며, 저출산 문제 인식에 대해 5점 척도로 조사한 답변을 수치화 해 34.4점으로 낮은 점수가 나왔다. 미혼남녀가 희망하는 평균 자녀 수를 집계한 결과, 전체 응답자의 과반수인 58.1%(남성 60.9%, 여성 55.2%)가 '2명'의 자녀를 계획하는 것으로 나타났다. 남녀 전체 평균은 1.88명(남성 1.89명, 여성 1.87명)으로 우리나라 합계출산율인 1.24명보다 높게 나타났다.

출산과 양육 환경에 대한 답변 평균을 수치화한 결과 '출산 환경'은 32.3점, '양육 환경'은 29.4점이 나왔다. 전체적으로 여성이 남성보다 출산 환경(남성 34.3점 > 여성 30.2점), 양육 환경(남성 31.4점 > 여성 27.3점)에 대해 부정적으로 생각하는 것으로 나타났다. 우리나라의 '출산 · 양육 환경'에 대한 미혼남녀의 만족도에 대해서는 응답자 전체의 63.5%(620명)가 '출산 환경이 (매우) 열악하다', 69.4%(677명)가 '양육 환경이 (매우) 열악하다'고 답해 양육 환경에 대한 불만족을 보였다. 저출산 가속화의 원인으로는 남녀 공히 53.2%(519명)가 '자녀 양육비에 대한 부담'을 손꼽았으며 '정부의 출산장려 지원정책 미흡'(26%), '여성의 사회 진출 증가'(13.8%), '자녀 출산에 대한 필요성 감소'(7%)가 그 뒤를 이었다.

자녀 출산 후 고민에 대해 전체 응답자 중 '사교육비 부담'이 30.2%(남 36.6%, 여23.7%)로 가장 높았고 근소한 차이로 '육아에 드는 시간과 노력'이 30.1%(남 31%, 여 29.3%)로 뒤를 이었다. 여성의 경우 '건강한 출산에 대한 두려움'(남 6.3%, 여 10.2%)과 '직장 생활 영향'(남 3.8%, 여 10%)이 남성에 비해 높게 나타났다. 또 '직장 생활 영향'에 대한 출산 후 여성들의 고민은 더 커질 것으로 예상된다. 출산 후 사회 활동 계획을 묻자 여성 과반수가(52.1%)가 '그렇다'고 답해 자녀를 낳고도 경제활동을 하겠다는 강한 의지를 보였다. 이에 반해 남성은 47.7%(234명)가 '상황에 따라 배우자 사회활동 결정'하겠다고 답했다.

출산 후 경제활동에 강한 의지를 보인 여성들의 의견을 반영하듯 '자녀 양육 환경을 위한 개선 사항'에 대해서도 여성의 36.9%(178명)가 '금전적 지원 확대'라고 답해 정부의 경제적 제도 지원을 가장 많이 기대했다. 남성은 29.1%(144명)가 금전적 지원 확대를 기대했으며 '육아자에 대한 기업적 배려'(남 23.5%, 여 28.6%)도 그 뒤를 이었다. 맞벌이가정의 자녀 양육자에 대해서는 남녀 모두 '부모 중 가능한 사람'(남 49%, 여 50.4%)을 49.7%(485명)로 가장 많이 답했으며 그 뒤를 잇는 응답에는 남녀 차이를 보였다. 여성은 '자녀의 모(母)'(17.0%), '양가 어머니'(16.2%) 순으로, 남성은 '전문 보육 시설'(23.7%), '양가 어머니'(13.2%) 순으로 나타났다.

'본인 삶에 대한 행복 지수'와 '결혼으로 행복해질 것'이라는 기대감이 높을수록 희망 자녀 수도 많아지는 것으로 나타나 삶의 행복과 결혼에 대한 기대가 자녀 출산 및 양육에 큰 영향을 미치는 것으로 집계됐다. '행복 지수'가 높은 응답자의 희망 자녀의 평균 수는 '1.98명'으로 전체 희망 자녀 수인 '1.88명'보다 높게 나타났으며, 행복 지수가 낮은 응답자는 '1.74명'으로 전체 평균치보다 낮게 나타났다. '자녀를 낳지 않겠다'는 답변도 행복 지수가 낮은 응답자(8.6%)가 행복 지수가 높은 응답자(5.4%)보다 높게 나타났다.

여성 응답자는 행복 지수에 따라 '출산 후 사회 활동'에 대해서도 응답 차이를 보였다. 행복 지수가 높은 응답자(2.5%)와 비교할 때 행복 지수가 낮은 응답자(13.0%)가 '출산 후 사회활동을 하지 않겠다.'고 답해 행복도 수준별 응답 비율에 차이를 보였다. 또 '결혼에 관한 기대감'에 따라 출산 희망 자녀 수도 큰 차이를 보였다. '결혼을 통해 지금보다 행복해 질 것'이라고 생각하는 응답자의 출산 희망 자녀 수는 '2.10명'으로 집계 됐지만, '결혼을 통해 지금보다 행복해지지 않을 것'이라고 답한 응답자들의 희망 자녀 수는 '1.48명'으로 낮게 나타났다. 결혼에 관한 기대감에 따라 희망 자녀 수는 전체 희망 평균인 1.88명을 기준으로 큰 차이를 보였다.

2 출산과 양육

1) 출 산

출산은 우리 사회의 성차별적 현실이 확연히 드러나는 영역 중 하나이다. 우리나라뿐만 아니라 여러 문화에서 출산은 종종 모성 신화와 직결되곤 한다. 즉, 모든 여성은 태생적으로 모성을 타고 나며, 출산과 어머니 됨, 양육을 통해 자동적으로 모성을 실현함으로써 여성성을 완성한다는 것이다. 실제 대다수 우리나라 사람은 여성이 출산을 통해 완성된다고 믿으며, 결혼한 여성이라면 당연히 출산을 해야 한다는 인식을 하고 있다(김기엽, 2007; 김미숙, 2010; 김혜정, 2010). 이러한 맥락에서 정혜정 등(2009)은 출산과 관련된 젠더 이슈를 의무적 출산과 출산하지 않을 권리 등으로 나누어 설명하였는데, 결혼한 여성의 출산에 대한 사회적 압력 탓에 출산을 여성의 선택적 권리가 아니라 의무로 받아들이게 하는 문화가 형성되어 있음을 지적하였다. 또한, 여성의 경제활동 참여가 증가하고 삶의 다양성과 선택에 대한 관심과 수용도가 높아지면서 여성의 출산이 선택적 권리이며, 출산하지 않을 권리 또한 수용될 수 있어야 함을 지적하였다(이기숙 외, 2011).

실제로 자녀 출산에 대한 인식은 연령대에 따라 다르게 나타나는데, 서로 다른 연령대를 대상으로 출산에 대한 인식을 물은 연구(김기엽, 2007; 김혜정, 2010)에서 청소년보다는 미혼 성인이 출산을 당연하게 여기는 비율이 더 높게 나타났다. 또한, 두 연구에서 모두 여성보다는 남성에서 출산을 당연하게 여기는 비율이 더 높게 나타났는데, 이는 양육의 부담이 상대적으로 훨씬 더 적은 남성이 출산을 더 당연하게 여기는 것이라고 볼 수 있다. 한편, 자녀의 성은 전적으로 생물학적 요인에 의해 결정되는 기능임에도, 우리나라 출산 성비는 출산의 젠더적 요인, 즉 성에 대한 차별과 선호도라는 사회적 요인에 의하여 많은 영향을 받고 있다. 자녀의 성별에 대한 선호에는 세대차가 나는데, 김미숙(2010)의 질적 연구에서 어머니세대보다는 할머니세대에서 남아에 대한 선호가 더 뚜렷하게 나타났다. 이러한 연구 결과는 출산이 젠더와 밀접하게 관련된 이슈임을 시사한다.

〈표 8-1〉은 우리나라 자녀의 출산순위별 출생성비인데, 2011년 총 출생 성비는 2007년 이후 정상 성비 수준(103~107)을 유지하고 있다. 2011년 출생아 수에서 첫째 아이와 셋째 아이가 차지하는 비율은 전년 대비 각 1.8%, 3.4% 늘었지만, 둘째 아이는 1.6% 감소했다. 산모의 평균 연령은 31.45세였고, 첫 아이를 출산한 산모의 평균 연령은 30.25세였다. 산모 연령은 지난 2010년 처음 30대로 진입했다. 출생 성비는 역대 최저수준으로 떨어졌다. 여아 100명 당 남아 수를 나타내는 출생 성비는 지난해 105.7로 1년 전보다 1.2 감소했다. 특히 셋째 아이의 출생 성비는 2001년 141까지 차이가 났지만, 지난해는 110으로 떨어졌다. 이러한 결과는 남아 선호사상이 줄어들고 병원에서 성별 감별이 금지돼 선택적 출산이 제도적으로 어려운 게 주된 이유라고 파악된다.

〈표 8-1〉 출산순위별 출생 성비 (단위: 여아 100명당 남아 수)

구분 \ 연도	2000	2005	2006	2007	2008	2009	2010	2011
총 출생성비	110.2	107.8	107.5	106.2	106.4	106.4	106.9	105.7
첫째아	106.3	104.8	105.7	104.5	104.9	105.1	106.4	105.0
둘째아	107.4	106.5	106.0	106.0	105.6	105.8	105.8	105.3
셋째아	141.9	128.0	121.9	115.3	115.8	114.4	111.1	110.1
넷째아 이상	167.6	132.4	121.9	119.1	123.9	114.1	109.8	104.7

출처: 국가통계포털(http://www.kosis.kr).

최근 남아 선호현상이 바뀌고 있음을 보여 주는 조사 결과가 나왔다. 여성가족부와 한국여성정책연구원은 전국 2,000가구 20~65세 남녀 3,500명을 대상으로 실시한 여성정책 수요조사 결과를 발표했다(중앙일보, 2012. 10. 10). 이에 의하면 '자녀 중 적어도 한 명은 아들이어야 한다.'는 물음에 '그렇다.'고 응답한 사람이 29.2%인 반면, '그렇지 않다.'는 41.6%였다. 그렇지 않다고 답한 사람 중 남성은 35.9%, 여성은 47.3%였다. '아들 선호도'는 20~40대가 낮았고 학력이 높을수록 낮았다. 재산 상속에 대한 태도도 비슷했다. '아들에게 더 많이 주겠다.'고 답한

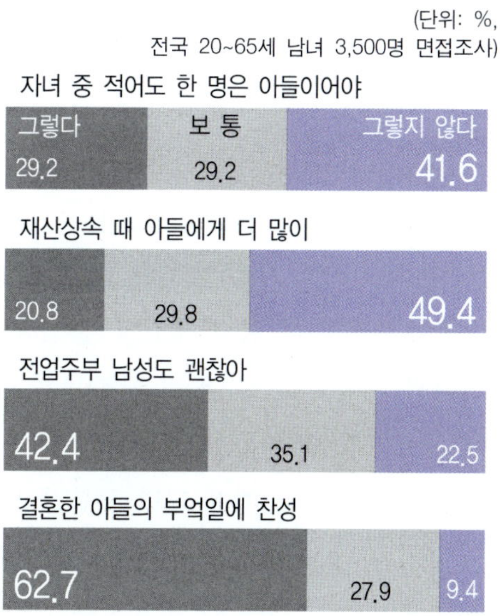

[그림 8-4] 아들 · 딸에 대한 생각의 변화

출처: 여성가족부; 중앙일보(2012. 10. 10).

사람이 20.8%, '그렇게 하지 않겠다.'고 한 사람이 49.4%였다. 다만 50대 이상 남성, 60대 이상 여성은 아들 우대 쪽으로 기울었다. 이번 조사에서 아들이나 사위가 부엌일을 하는 데 대해 긍정적인 답변을 한 사람은 60%를 넘었다. 남성 전업주부를 괜찮게 보는 사람도 42.4%(부정적인 사람은 22.5%)나 됐다. 이번 조사에서 드러난 남아 선호 퇴조현상은 신생아 출생 성비에서도 확인되고 있다.

왜곡된 출생 성비는 어떤 문제를 일으킬까? 청춘남녀가 부부의 연을 맺는 일은 인륜지대사(人倫之大事)다. 그런데 짝을 구하지 못하는 '결혼대란'이 벌어질 조짐이다. 결혼 성비의 불균형은 바로 왜곡된 출생 성비에서 비롯됐다. 출생 성비는 1970~1980년대에 110명 선을 넘나들다 1990년 116.5명으로 사상 최고에 이르렀다. 1996년까지 110명을 웃돌다 2003년부터 110명 아래로 낮아졌다. 사회의식 변화와 성감별에 대한 정부의 강력한 단속이 영향을 미친 것으로 보인다.

출생 성비는 출산순위에 따라 큰 차이를 드러낸다. 첫째 아이는 대개 남아든 여아든 가리지 않지만 둘째부터는 태아감별, 임신중절수술을 통해 남아를 골라 낳는 경향을 보인다. 1990년부터 지난해까지 첫째아 성비 평균 105.7명, 둘째아 성비 평균 108.7명으로 나타났다. 셋째아부터는 성비가 크게 치솟는다. 같은 기간 셋째아 이상의 성비는 평균 146.0명에 이른다. 1993년엔 207.2명이란 기록적 수치를 남겼다. 지역별로는 영남지방의 출생 성비가 다른 지역보다 높았다. 향후 이 지역 남성이 다른 지역보다 더 심각한 신붓감 부족을 겪을 수밖에 없다. 1990년 경북의 출생아 성비는 130.7명으로 전국에서 가장 높았다. 대구와 경남도 각각 129.7명, 124.7명으로 전국 평균 116.5명을 웃돌았다.

성비 불균형 문제는 '딸 바보'라는 말이 유행할 정도로 많이 나아지긴 했다. 하지만 남성들의 신붓감 부족 현상은 쉽게 해소될 것 같지는 않다. 교육과학기술부에 의하면, 2011년 4월 기준으로 초등학교 남학생은 163만 5,000명으로 여학생 149만 8,000명보다 13만 7,000명이 많다. 그만큼 여자 짝꿍이 없는 남학생이 많아 이들이 구혼활동을 시작하는 때가 되면 신붓감 부족이 현실화될 수밖에 없는 처지다. 결국, 누적된 남초(男超) 인구가 저출산 인구구조와 맞물리면서 2015년 1차 '결혼대란'을 맞은 뒤 2031년엔 결혼적령기 남성이 여성보다 51만 명이나 많은 최악의 사태에 직면하게 된다(세계일보, 2012. 10. 3).

2) 양 육

(1) 모성과 자녀 양육

자녀 양육과 관련된 젠더 이슈는 맞벌이가족에서 더욱 첨예하게 나타난다. 왜냐하면, 맞벌이가족의 여성에게 부과되는 이중 역할로 말미암은 부담 때문이다. 자녀 양육에 관한 문제는 생활의 다양한 측면과 관련되어 있지만, 특히 맞벌이가족 취업여성이 직면하는 가장 큰 도전은 성 역할에 대한 사회적인 기대라기보다는 고전적인 모성에 대한 기대이다. 즉, 여성의 취업률 증가 현상과 더불어 전통적 성 역할에 대한 사회적 관념 또한 변화하기 때문이다. 기혼여성이 생산 활동에 참여하고 사회생활의 경험 및 성취를 위해 취업을 자신의 발전의 기회로 삼는 태도에 대하여 사회적으로 장려하고 관대해지지만, 아직 문화적인 수용이 이를 따라가지 못하기 때문에 맞벌이가족 취업여성의 역할 과부하와 갈등을 낳고 있다(김주희, 2005; 이기숙 외, 2011).

모성(motherhood)은 사람을 돌보고 양육하는 것을 의미하는 것으로 여성에게만 한정된 개념은 아니다. 그러나 문화권 대부분에서는 여성이 아이를 출산할 뿐만 아니라 일차적인 양육자이다. 이러한 이유로 모성애는 전통적으로 여성을 찬양하는 최대의 찬사이면서, 여성을 가사와 양육에 가두게 되는 억압기제로 인식되기도 한다. 모성애의 화신으로서 어머니는 무성(無性)의 존재이며, 인고(忍苦)와 헌신의 상징이고 또한 가부장제를 강화하는 요인이 되었다(유지나, 2003). 전통적으로 모성은 '모성의 신비' 등으로 표현되어 왔고, 모성에 대해 다음과 같은 가정(假定)을 한다(Hoffnung, 1998). 첫째, 모성은 여성 최고의 성취이다. 둘째, 자녀 양육, 가사, 남편에 대한 내조 등 어머니에게 부여되는 역할은 서로 호환 가능하다. 셋째, 여성은 어머니인 것과 그에 관련된 일련의 역할을 수행하며, 현모로서의 역할을 즐긴다. 넷째, 어머니의 역할 수행 태도는 자녀 복지에 밀접하게 관련되어 있다(김주희, 2005).

그러나 모성에 대한 이와 같은 전통적인 관념은 맞벌이가족의 취업여성과 자녀의 삶에 오히려 부정적인 영향을 미칠 수 있다. 그 불이익은 여성의 주된 삶을 자녀 양육과 가족을 위하여 헌신하도록 하는 압력을 가하여 여성의 생산

활동을 저해하였으며, 가족 전체의 경제적인 복지에도 부정적인 영향을 미치게 된 것 등이다. 예를 들어 취업여성은 자신의 일정을 계획할 때 자신의 경제개발이나 직업적 성취보다 가족생활에 더 중심을 두는 경향이 있으며, 그에 따라 직종을 선택하고자 한다(Schwartz & Scott, 1999; Luxton, 2009). 우리 사회에서 흔히 여성 교사나 약사가 최고의 배우자감이라고 여겨지는 경향이 있는데, 이는 이 직종이 여성의 직업적 역할 수행과 가족생활의 양립이 가능하다고 생각하기 때문이다(강이수 외, 2009).

또한, 모성의 신비 관념은 취업여성이 이상적 어머니로서의 헌신적 수행을 다하지 못하는 것에 대해 죄책감을 갖도록 유도한다. 예를 들어 취업모 대부분은 자신들의 자녀에게 보편적 관심을 기울이지 못하는 것에 대해 자주 죄책감을 느낀다. 대학생을 대상으로 한 연구에서 이들은 어머니의 취업에 대한 관념에 상처가 있는 것으로 나타났는데, 취업모가 비취업모보다 자녀 양육이나 가족생활 등에서 더 부정적인 결과를 가져올 것이라고 생각했다. 이러한 신념은 남학생이 여학생보다 높았다(권희경 외, 2010; 성미영 외, 2010). 이러한 연구 결과는 어머니의 취업 자체가 자녀에게 영향을 미칠 것이라는 가정을 가지고 수행되었으며, 인식 면에서 어머니 취업의 결과에 대한 성차를 보여 주고 있다.

반면, 아버지는 가정에서 아버지로서의 역할 부재에 대하여 별다른 죄책감을 느끼지 않는다. 이처럼 어머니라면 자녀에게 지속적이고 특별한 관심을 주어야 한다는 사회적 믿음은 자녀에게 발생하는 모든 문제에 대하여 어머니에게 책임을 묻는다. 더불어 자녀에 대한 양육 책임자로서 어머니의 역할에 대한 복종을 강조하는 여성에 관한 전통적 성 역할을 강화해 왔다. 생계 담당자인 남성과 전업주부인 여성과 그들의 자녀로 구성된 안정성을 상징하는 핵가족, 즉 산업화 시대의 현대 가족의 창조는 진정한 여자다움을 예찬하였고, 그 영향은 아직도 현대 여성으로 하여금 진정한 여자다움은 모성의 실현에 있다는 모성 신화의 강박관념으로부터 벗어나지 못하도록 하였다. 이러한 영향은 현대의 수많은 취업여성을 진정한 여자다움 예찬의 희생양이 되도록 하였다(Schartz & Scott, 1999; Coltrane, 2009).

서양에서는 실제로 모성, 즉 주 양육자인 어머니의 역할이 실제로 아동 발달에 어떤 영향을 미치는가에 관한 연구가 지난 세기 동안 꾸준히 전개됐다. 그런데 여성의 취업이 자녀 양육에 미치는 영향에 관한 선행 연구는, 여성의 취업이 자녀 양육에 긍정적인 결과를 초래한다는 것과 부정적인 결과를 초래한다는 상반된 결과를 보고하고 있다. 부모의 취업이 아동에게 미치는 영향은 부모가 자신의 취업을 원해서 선택한 것인가와 취업 요구의 본질 등과 같은 부모의 취업에 관련한 요소 등과 관련이 있는 것으로 나타났다. 어머니가 원해서 취업했을 때 가족은 높은 긴장을 경험하지 않으며, 자녀도 전업주부의 아이만큼 건강하다고 한다 (Ferber et al., 1991). 반대로 아버지가 장시간 근무하고 스트레스가 많은 때에는 아버지가 심리적 · 신체적으로 자녀를 수용하기가 어려워진다. 이는 잠재적으로 자녀의 늦은 언어 발달에 영향을 주는 것으로 보고하여, 자녀 양육과 관련된 아버지의 영향력을 시사하였다(Parcel & Managhan, 1994).

아동 발달에 대한 부모 됨이 미치는 영향에 관한 한편의 견해는 크게 두 가지로 구분되는데, 그 하나는 부모 됨이 아동에 미치는 영향이 그다지 크지 않다는 관점이다. 즉, 아동이 건강하게 성장하는 데는 그들의 부모로부터의 투입되는 노력은 그리 중요한 요인으로 작용하지 않는다는 것이다. 아동은 그것이 매우 남용적이거나 학대적인 것이 아니라면, 부모의 돌봄의 영향을 크게 받지 않는다고 주장한다. 그리고 다른 하나는 아동의 타고난 경향성은 부모의 좋은 돌봄을 잘 받아들이고 부모의 실수를 견뎌내는 적응력을 포함하며, 아동의 이러한 적응력이 발달과 더 밀접하게 관련되는 것이라고 하였다.

한편, 프로이트(Sigmund Freud)[59]의 이론을 따르는 행동주의 학자 중 일부는 부모 돌봄의 양식과 정도는 아동의 성장과 형성에 영향을 많이 미치기 때문에, 부모는 자녀 양육을 위한 정교한 계획과 조정이 필요하다고 했다. 즉, 훈련되고 조직적인 부모만이 완전하고 건강한 자녀로 성

59) 지크문트 프로이트(1856~1939)는 오스트리아의 신경학자, 정신분석학의 창시자로, 당대 최고의 지적 영향력을 가진 사람으로 볼 수 있다. 그의 정신분석학은 인간의 정신 및 정신병 치료에 관한 이론인 동시에 문화와 사회를 해석하는 시각을 제공하는 이론이다. 반복되는 비판과 논박, 수정에도 불구하고 프로이트의 연구는 그의 사후에도 유력한 분야로 계속 남아 있다.

장시킬 수 있다고 하였다. 이러한 견해와 관점을 같이 하는 연구는 아동의 발달과 관련된 문제에 있어 모성의 역할을 강조하였다. 즉, 아동 문제가 발생하면 어머니는 문제를 일으킨 주체로 비난받아 왔다. 특히 가정에서 어머니의 부재는 아이에게 일어나는 모든 문제가 어머니의 책임이라는 관념과 함께, 취업모 스스로 자신에 대한 확신을 잃게 하고, 죄책감을 느끼며 자책을 하도록 하였다.

그런데 이후의 관련 연구는 부모의 성숙도와 정신적인 안정성을 포함하는 가족생활과 부모 돌봄의 질이 아동의 발달에 어머니의 취업 여부보다도 더 영향을 미침을 강조한다. 부모의 취업이 아동의 복지에 미치는 영향과 관계하는 중요한 매개변수는 부모가 근무할 때 자녀에게 제공하는 돌봄의 질이라고 한다. 즉, 아이와 돌보는 사람의 비율, 돌봄의 안정성, 집단의 크기 등은 돌봄의 질을 결정하는 데 중요한 요소이다. 이러한 선행 연구의 결과는 1세 이상 아동의 경우 높은 질적 수준의 시설에서의 돌봄은 집에서 돌보아지는 아동과 동등하거나 더 혜택이 많을 수 있다고 보고한다. 심지어 저임금 가족의 자녀는 때때로 지적 발달에 있어 유아 시설에서 돌봄을 받는 것이 집에서 돌봄을 받는 것보다 더 혜택을 받을 수 있다고 주장한다(Salughter, 1983).

참고자료 8-1

국민 70% "자녀 양육, 일 · 가정 양립 지원 필요"

우리 국민 10명 중 7명은 자녀 양육과 일 · 가정 양립에 대한 정책적 지원을 필요로 하고 있는 것으로 조사됐다. 여성가족부와 한국여성정책연구원이 한국리서치에 의뢰해 20~65세 미만 성인남녀 3,500명을 대상으로 2012년 5~6월 실시한 '2012년 여성정책 수요조사' 결과에 의하면, 가족정책 중 여성의 삶의 질 제고를 위해 우선적으로 추진해야 할 정책으로 자녀 양육 지원(33.8%), 육아휴직 등 일 · 가정 양립 지원(25.2%), 노인부양 지원(11.6%) 등이 꼽혔다. 특히 30~40대는 자녀 양육 지원과 일 · 가정 양립 지원정책, 50대 이상에서는 취약가족 지원과 노인부양 지원정책 등에 수요가 높았다. 상대적으로 20~30대는 가족친화적 사회환경 조성, 양성평등한 가족문화 확산에 대한 수요가 높았다.

가족정책에서 가장 우선적으로 지원해야 할 가족유형으로는 '자녀 양육기에 있는 한부모가족(25.1%)', '맞벌이가족(22.1%)'으로 국민의 절반 정도는 자녀 양육에 어려움을 겪는 가족에 대한 지원이 우선시돼야 한다고 답했다. 남성의 가사 및 육아 참여 확대를 위한 정책으로는 남성의 가사 및 육아 분담 인식 확대(26.1%), 육아에 호의적인 기업 문화 확산(22.5%), 육아 및 가사 참여 교육 확대(20.6%)에 대한 수요가 높았다. 특히 여성은 남성의 가사 및 육아 인식 확대(28.4%), 남성은 장시간 근로관행 개선(24.3%)이 각각 1순위로, 다르게 나타났다.

출처: 뉴시스(2012. 10. 9). channa224@newsis.com.

(2) 부성과 자녀 양육

기혼 취업여성이 증가함에 따라 남편 역시 더 많은 시간과 에너지를 가족생활을 위해 투입해야 할 필요성이 증가하고 있다. 현대사회에서 일과 가족의 양립은 취업여성에게만 해당하는 문제가 아니라, 남성에게도 해당하는 문제이다. 실제로 출산휴가는 점점 더 많은 남성이 사용하고 있으며, 육아휴직 또한 양성 모두가 사용할 수 있다. 그러나 이분법적인 성 역할에 대한 전통적인 기대가 아직 우리 문화 속에 뿌리 깊이 박혀 있기 때문에, 비전통적이거나 새로운 구실을 하기 위해서는 많은 노력이 필요하다[60].

전통적인 이분법적 세계관은 어머니의 역할은 양육과 가사를 위한 것으로, 아버지의 역할은 도구적 부양자와 가계의 권위주의적 대리인으로 이해해 왔다. 이러한 관념에 따라 아버지의 의무는 가족에 대한 경제적인 부양이 일차적이었으며, 자녀 양육과 관련해서는 단지 자녀가 외부 사회에 잘 적응하도록 훈육하고 인도하는 의무만으로 충분하다는 통념을 갖는다(Coltrane, 2009). 그러나 맞벌이가족의 증가와 함께 이제 사적인 영역에만 종사하던 여성이 공적인 영역으로 이동함으로써, 모성에 관한 변화가 일어나고 있다. 그렇다면 이러한 변화에 부응하여 자녀 양육과 관계하는 부성에는 어떤 변화가 일어나야 할까?

60) 최근 우리나라 정부 주관 국민연금 제도개선 검토 과정에서 '아버지 휴가'를 주자는 논의도 나왔다. 자녀가 다니는 학교나 어린이집 · 유치원 등에서 학습참여 요청이 있으면, 아버지가 참여할 수 있도록 매년 일정 기간을 휴가로 부여한다는 것이다. 영국은 6세 미만 자녀가 있는 맞벌이 남편에게 2주간 유급 '부성 휴가'를 제공하고 있다(연합뉴스, 2012. 9. 11).

참고자료 8-2

"승진 · 성공 뒤 아빠 노릇? 그땐 너무 늦죠"

아내들의 불만은 남편이 육아 · 교육에 무관심하다는 것이다. 세상이 변했다. 요즘 아빠들은 과거 아버지들이 별로 신경 쓰지 않던 집안일과 육아를 아내와 함께 고민해야 한다. 그런데 남자들은 본능적으로 자신이 잘 모른다는 것을 드러내기 싫어한다. 원시시대 남자들에게 자신의 약점을 드러내는 것은 곧 죽음을 의미했다. 이런 본능이 남자들에게 그대로 남아 있다. 가령 이런 식이다. 평소 아이와 많이 안 놀아 주는 아빠는 어쩌다 아내가 일요일에 집을 비우면서 반나절 동안 애를 보라고 하면 굉장히 불안해진다. 그런데 '나는 애 보는 법을 모르니 가르쳐 달라'고 하는 대신 '내가 애를 어떻게 보느냐'며 문제를 자꾸 울타리 밖으로 밀어내려 한다. 이런 무관심에는 자신의 미숙함 · 나약함을 드러내기 싫어하는 불안감이 깔려 있다.

출처: 중앙일보(2012. 7. 23). 김선하 기자.

① 부성 양육 기대

전통적인 의미의 아버지 됨은 전통적 의미의 어머님 됨과 같이 맞벌이가족을 포함한 현대 가족의 양육 방식에 지대한 영향을 미침으로써, 가족생활을 둘러싼 많은 활동을 제한했다. 전통적 관념을 지닌 아버지일수록 자녀와 함께 발전시킬 수 있는 의미 있는 관계를 박탈당하기 쉽다. 그 예로, 포피노(Popenoe, 1999)와 폭스(Fox, 2009)는 아버지도 자녀 양육을 위해 잘 훈련되고 강한 동기가 부여되는 경우에 부모 됨을 잘 수행할 수 있으며, 이 때 남성은 양육적인 역할을 적극 수행한다고 하였다. 더 과거에 블랜큰혼(Blankenhorn, 1998)은 남성은 그들에게 부여된 사회적 역할로 말미암아 부성의 가치에 손상을 입었고, 그 의미 또한 희석되었다고 하였으며, 현재 많은 수의 아버지가 매일 자녀 양육의 장소에 부재하는 것은 아동의 발달과 성장에 있어 위험한 결과를 초래할 것이라고 강조하였다. 그리고 이와 같은 현상은 아버지의 생활이 거의 직장 중심으로 이루어지는 것, 가족 안에서 어머니의 힘이 더욱 커지는 것, 현대사회에서 이혼이 증가하게 되는 것 등의 주된 원인에서 야기된 문제라고 하였다. 또한, 이러한 사회적 변화에 부응해서 현대사회에 맞는 새로운 아버지상이 출현하고 있는 것에 대해 설명했다.

현대사회의 부모 됨은 과거와 달리 자녀 양육에 대해 공동의 책임을 강조하는 쪽으로 변화하고 있다. 즉, 어머니와 아버지가 가족에서의 다양한 역할 수행과 가사와 가족을 위한 역할 수행을 함께 수행하는 새로운 부모의 상으로 정의된다(Coltrane, 2009). 그러나 혹실드(Hochschild, 1999)는 협력적인 부부와 새로운 아버지상의 출현에도 불구하고 '실제와 현실 간의 모순'이 나타나고 있으며, 그러한 모순이 사회적 계층별로 다름을 지적하였다. 즉, 중산층에서는 많은 남성이 '새로운 아버지'가 되기를 갈망하며, 실제로 미래의 배우자도 전문 직종에 종사할 수 있는 여성과 결혼할 것을 기대하고, 그들이 '새로운 아버지상'을 잘 수행할 것이라는 것에 대한 믿음을 갖는 여성과 결혼할 것이라고 했다. 그러나 현대사회의 직장 시스템으로 부과되는 과다한 업무량은 많은 중산층 남성이 새로운 아버지상의 관념을 지니고 있음에도 '전통적' 아버지 역할을 행하게 되는 모순을 경험하게 함으로써, 중산층 맞벌이가족의 자녀 양육에 영향을 미치는 사회구조적 모순을 지적하였다.

한편, 노동 계층의 아버지는 중산층 아버지와 반대되는 패턴을 경험할 것이라고 하였다. 노동 계층의 남성은 중산층 아버지보다 더 낮은 수준의 교육을 받았고, 그리하여 취업할 수가 없는 여성과 결혼할 것이며, 그들이 지니는 역할에서도 전통적인 성 역할의 관념을 고수할 것이라 가정했다. 그러나 현실적으로는 자신의 기대와는 달리 저임금 직종의 직장 변동 및 실업과 같은 노동시장에서의 그들의 유용성에 관련된 변동 때문에, 임시직에 종사하거나 실업 등의 탓으로 집에 있는 시간이 더 많아지면서 노동자 계층의 아버지는 더 많은 가사에 참여하고 자녀 양육에 참여하게 된다고 하였다.

② 바람직한 아버지의 역할

최근 새로운 아버지상의 출현은 어머니 역할의 변화와 함께 가정과 자녀 양육에 성실하게 관계하는 아버지로 표현되었다. 한편, 이러한 변화가 안정된 형태의 부성을 구축하지는 못하였다. 미디어를 통해 묘사되는 '새로운 남성성의 상'은 아직 많은 사람에게 자연스럽게 인식되지는 못한다. 예를 들어 드라마에서 아이의 기저귀를 가는 아버지의 모습은 자주 무능하고 여성스러움을 내재한 남성으로 묘사되기도 한다. 대조적으로 여성은 계속해서 변화하고 있다. 전통적인 여성에서 슈퍼우먼으로, 슈퍼우먼에서 미시우먼으로 변화하고 있다. 즉, 여성은 유연하게 자신의 역할을 사회 변화에 부응해서 변화시켜야 한다. 반면, 남성에 대한 이미지는 훨씬 더 느리게 변한다.

경제학자는 자녀에 대한 남성의 투자가 극대화되는 상황을 낮은 복지, 일부일처제, 남성이 자녀에게 접근할 수 있는 노동 분배의 형태, 여성의 생산적 공헌의 중요성에 관한 인식이 그 원인이라고 하였다. 이와 같은 분석에 의하면, 오늘날은 자녀 양육에 대한 남성의 극대화된 노력의 투자를 기대해 볼 수 있는 시점이라고 할 수 있다. 산업화를 통해 나타난 남성의 역할은 상당히 고정적이다. 산업화 이전 사회에서 부모와 자녀가 모두 함께 노동에 종사하였을 때 아버지는 물리적으로 자녀에게 가까웠으며, 더 자주 자녀의 삶에 관계하였다. 많은 중상류층 아버지는 자녀의 생활에 더 깊게 관계하였으며, 특히 아들의 교육에서는 더욱 그러하였다.

오늘날 아버지는 부성에 관한 시각에 새로운 인식을 갖기 시작하였다. 자신의 가족과 함께 있을 때, 가장 큰 행복을 느끼는 아버지 집단을 '새로운 아버지'라고 한다. 이러한 새로운 아버지는 광고 모델의 아버지처럼 일을 즐기기는 하지만, 일로서 인생을 정의하지 않는다. 현대의 아버지 역할은 남성성에 대한 문화적 정의가 그들의 아버지 됨을 구속하기도 하지만, 종래의 시대적 · 역사적 정의가 남성을 어떤 모습으로 존재하여야 한다고 명확한 답을 제시하지는 못하고 있다(이기숙 외, 2011).

참고자료 8-3

자녀 양육, 되찾아야 할 아버지 역할

직장 다니는 자식이 아버지 생각이 나서 전화를 걸었더니 아버지의 첫 마디가 "엄마 바꿔줄까?"였고, 아니라고 답하니 돈이 필요하냐고 묻더라는 이야기는 우스갯소리가 아니다. 여성가족부가 발표한 가족실태조사 결과를 보면, 부모에게 자녀와의 대화가 충분한지 묻는 질문에 대해 부족하다는 응답이 어머니가 20.1%인데 반해 아버지는 34.4%로 나타났다. 같은 질문을 자녀에게 했을 때, 부모와의 대화가 부족하다는 응답은 어머니 11.9%, 아버지 35.4%로 격차가 더 높게 나타났다. 자녀와의 대화 부족은 자녀가 고민을 나눌 수 있는 자격에서도 아버지를 멀어지게 만든다. 청소년 자녀들은 고민 상담 대상자로 어머니(29.0%)를 친구에 이어 두 번째로 꼽았지만, 아버지는 수치로 나타내기 힘들 정도로 미미했다.

자녀와 아버지 사이가 어머니와의 관계보다 소원한 데는 자녀 양육이 여성에게 내맡겨진 현실을 떼어 놓을 수 없다. 남자는 바깥 일, 여자는 집안일을 전담하는 전통적인 성 역할이 지배적인 사회에서 아버지는 자식 양육에서 언제나 한발 물러선 존재로 인식되었다. 하루가 다르게 변화하는 현실에서 남성이 가부장적 위엄을 가지고 집안을 다스릴 수 있는 시대는 이미 지나갔다. 아버지가 아이 기저귀 갈고 잠 재우고 아이가 자라면 고민을 털어 놓을 친구 역할을 거부하는 것은 아버지 역할을 스스로 포기하는 것과 다르지 않다. 본 조사에서 눈에 띄는 것은 가구 소득이 낮을수록 아버지와 자녀 간의 친밀도도 낮게 나타났다. 가족 문제에서도 사회 경제적 요인은 중요하게 작용한다. 아버지 - 자녀 사이를 살갑게 만드는 데는 저소득층 복지 확충도 긴요한 것이다.

출처: 경남도민일보(2011. 5. 9). webmaster@idomin.com.

3 개인과 사회의 상호작용

여성이 성차별에 대하여 인식하게 되면서 결혼과 출산을 기피하는 현상으로 나타나고 있다. 그 결과 우리 사회는 세계에서 유래가 없을 정도로 빠른 출산율 감소를 경험하고 있으며, 우리나라 합계출산율은 1.2명대(2011년 1.23명, 2012년 1.24)로 세계에서 가장 낮은 수준에 위치하고 있다. 이는 여성에게 지워지는 역할의 부담과 한계가 여성의 경력 단절과 임금의 성별 격차로 이어지며, 결과적으로 여성이 개인과 가족 수준에서 결혼과 출산을 기피하거나 연기하는 결정으로 연결된다. 그뿐만 아니라 체계적인 관점에서 볼 때, 다시 사회적 수준의 저출산 문제를 낳는다는 점에서 이는 개인과 사회의 상호작용 사례라고 할 수 있다. 이러한 문제는 개인에게 가족과 일이 균형을 이룰 수 있을 때 해결이 가능해질 것이다.

직장과 일을 관리하는 데 있어서 목표를 계획하고, 시간을 관리하고, 우선순위를 정하는 것은 매우 중요하다. 이러한 기술을 효율적이고 적절하게 이용하는 것은 스트레스 감소를 위해 중요한 전략이 될 수 있다. 또한, 이러한 전략은 비단 취업여성에게만 해당하는 것이 아니라, 남성에게도 가족과 일의 균형을 성취하기 위해 필요한 전략이 될 수 있다. 파웰(Powell, 1994)은 가족과 일의 균형을 성취하기 위해 노력하는 취업여성의 전략을 다음과 같이 제시하였다(김주희, 2005; 이기숙 외, 2011, 재인용).

① 취업모는 자신의 태도를 점검하라!

당면한 업무에 관하여 "오로지 나만이 이 일을 수행하여야 하는가?"라고 자신에게 물어보는 것이다. 예를 들어 아이를 학교에서 데려오기, 설거지, 장보기, 세탁일, 반상회 참석 등을 자신만이 해야 하는지를 자신에게 물어본다. 즉, 내가 그 역할을 행하지 않으면, 정말 내 생활과 자존감에 영향을 미치는가? 나는 어떤 일을 거절해서는 안 되는가? 나는 모든 일을 완벽하게 수행할 필요가 있는가? 등 자신의 수행과 관련된 문제에 대해 자문해 볼 필요가 있다. 취업모의 '모성'과 '해야 한다.'는 인식은 실질적인 역할에서의 갈등보다도 더 큰 압박이 될 수도 있다.

② 역할을 분담하고 나누는 것을 배우라!

취업모 자신의 가족과 직장을 위해 갖는 모든 책임을 나열해서 기입한다. 다음에는 남편의 역할에 대해 적어 본다. 역할의 목록을 통해 '난 가사를 가족과 나누고 있는가?'를 생각해 본다. 자신이 수행하는 역할 중 다음과 같은 질문을 통해 도움을 받을 수 있는 것과 제거할 수 있는 것을 결정한다. 자녀로부터 어떤 도움을 받을 수 있을 것인가? 가사를 위한 외부 고용에 재정을 할애할 수 있는가? 세탁물 수거와 배달서비스를 이용할 수 있는가? 많은 경우 취업모는 자녀를 돌보는 것과 가사는 전업직이라는 사실을 인식하지 못하며, 자신이 두 가지 일에 종사하고 있다는 사실도 깨닫지 못한다.

③ 절대 슈퍼우먼이 되려고 노력하지 마라!

어떤 사람이라도 일의 모든 영역에서 완벽할 수 없다는 사실을 주지하라. 책임의 순위를 정해야 할 것이고 중요하지 않은 일은 제거될 수 있다. 특별히 자신이 좋아하지도 않는 일이라면 그것을 제거함으로써 자녀와 더 많은 시간을 보낼 수도 있다. 다른 어머니들과 돌봄의 공유를 구축하는 것도 좋은 방법이다. 예를 들어 아이가 친구의 생일 파티에 초대되었고 자신이 데려갈 수 있는 시간이 충분하지 않다면, 다른 친구의 어머니에게 함께 데려가도록 부탁할 수 있다. 그리고 다음에는 자신이 기회가 될 때 다른 어머니의 자녀를 데려갈 수 있다. 즉, 아이의 놀이를 위해서는 부모들 간의 상호 협조 계획을 수립할 수 있다.

④ 죄책감에서 벗어나라!

취업모가 당면한 가장 어려운 문제는 죄책감이다. 취업모의 근무 시간과 퇴근 후의 가사를 위한 시간 사용은 자녀에게 사용하는 시간을 빼앗을 수 있기 때문에 취업모는 자녀에게 항상 죄책감을 갖게 된다. 그러나 많은 연구에서 자녀와 같이 보내는 시간의 양보다 질이 더 중요하다고 보고한다. 어머니가 전업주부로서 자녀와 온종일 함께 시간을 보낸다고 하여도 무관심하거나 짜증스러워 한다면 자녀가 건강하게 성장할 수 없을 것이다.

취업모의 자녀가 자신의 어머니와 많은 시간을 함께 보내지 못하더라도 낮에 어린이집에서 친구들과 함께 교제하는 기회를 갖고, 저녁에는 퇴근한 어머니와 질적으로 충만한 시간을 갖게 됨으로써 충분히 행복할 수 있다. 부모는 자녀와의 모든 시간을 항상 질적으로 충만한 시간으로 보내기 어렵고, 자녀가 말하는 모든 것을 경청하고 응답할 수 없다는 것은 자명하다. 그러나 매일 자신이 진실하게 자녀의 생각과 요구를 경청하고 응답할 수 있는 시간을 계획하는 것은 매우 중요하다. 많은 부모는 일에 열중하면서 자녀가 말하는 것을 소홀하게 경청한다. 그러나 자녀는 부모가 자신의 말에 관심을 갖고 있는지를 매우 민감하게 인지하기 때문에 성의를 다해 응답해야 한다.

또 하나의 중요한 것은 자녀와 함께 보낸 때는 재미있게 보냄으로써 자녀로 하여금 그들이 어머니와 특별한 시간을 보내고 있고, 어머니에게 매우 중요한 존재라는 사실을 인식하게끔 하는 것이다. 자녀에 대한 정서적 지원은 취업모의 주된 책임이지만, 취업모는 또한 그들의 남편과의 관계를 위한 정서적 지원을 필요로 한다. 남편과의 관계를 위해서는 상호간의 필요한 의사소통과 스트레스 감소를 위한 활동이 필요하다. 이러한 정서적 지원은 투입 가능한 시간의 양보다 시간의 질적인 사용에서 더욱 긍정적인 결과를 생산해 낼 수가 있다.

⑤ 스트레스를 해소하라!

매일의 과중한 역할로 말미암아 취업모는 심리적 긴장감과 신체적 피로가 축적되게 된다. 정신적 스트레스와 체력을 증진시키기 위해서는 스트레스 해소를 위한 노력이 필요하다. 운동은 스트레스를 해소하기 위한 가장 유익한 방법 중의 하나다. 운동을 함으로써 에너지를 증진시킬 수도 있고, 다른 업무를 수행할 수 있는 여분의 에너지도 창출해 낼 수 있다. 만일 운동할 시간을 낼 수가 없다면 직장의 점심시간을 이용하여 직장 근처를 조깅하거나 걸을 수도 있으며, 직장에서 집까지의 거리가 적절하다면 걸어서 퇴근하는 방법 등도 있다. 가족과 일을 위해 분투하다 보면 휴식과 운동을 위한 시간을 찾기가 어려운 것은 사실이지만, 운동을 위한 시간은 아주 중요하다.

⑥ 저녁식사는 되도록 가족과 함께 하도록 노력하라!

많은 취업여성이 가족을 위해 푸드코트나 패스트푸드를 이용하는 것이 사실이다. 우선 자녀는 피자, 햄버거, 라면, 자장면, 만두 등을 좋아한다. 하루는 피자 가게, 또 다른 날은 동네 중국집에서 저녁을 배달시키는 가족이 종종 있다. 이러한 식습관은 단지 취업모 자신과 가족의 영양 손실뿐만 아니라 장래의 건강을 박탈할 수 있다. 또한, 자녀에게 있어서도 삶의 문제를 즉석으로 해결할 수 있다는 매우 좋지 않은 사고와 습관을 주입시킬 수 있다.

제9장

젠더와 가족의 권력관계

1 가족관계와 젠더

1) 가족 내의 역할분담

(1) 맞벌이가구의 증가

직장과 주거가 분화되지 않았던 농경사회에서는 부부가 모두 일을 했지만, 그들을 맞벌이라고 부르지는 않았다. 맞벌이는 산업사회에 나타난 현상으로, 이의 확산은 기본적으로 여성의 경제활동 참여 증가에 기인한다. 맞벌이의 확산은 서구에서는 제2차 세계대전 이후에, 그리고 우리나라에서는 1980년대 이후다.

그렇다면 여성의 경제활동, 즉 여성노동력의 노동시장 진출이 활발해지면 어떤 현상이 나타날까? 도구주의적 가족이념과 정서적 가족이념이 혼재하여 나타난다. 또한, 친족관계에도 변화 양상이 나타나는데, 남편가족을 중심으로 한 혈연관계의 가족복지는 관계성의 경계가 느슨해져 친정을 포함하는 양상으로 확대된다. 부계 중심성과 출가외인 이데올로기의 약화는 친족관계가 평등화 방향으로 진행된 결과로 볼 수 있다(정영애 · 장화경, 2010: 143).

통계청(2011)의 '맞벌이가구 및 경력단절여성 통계 집계 결과' 자료에 의하면, 2011년 6월 현재 결혼관계가 유지되고 있는 전국 1,162만 가구를 조사한 결과, 맞벌이가구가 507만 가구로 홑벌이 가구(491만 가구)보다 많은 것으로 나타났다. 이러한 현상은 남편은 돈을 벌고 아내는 살림하는 전통적인 부부의 분업구조가 깨지고 있는 것이다. 비율로 따지면 맞벌이는 전체의 43.6%, 홑벌이는 42.3%였다. 맞벌이도 홑벌이도 아니고 노인부부처럼 부부 모두 경제활동을 하지 않는 가구가 나머지 14.1%를 차지했다.

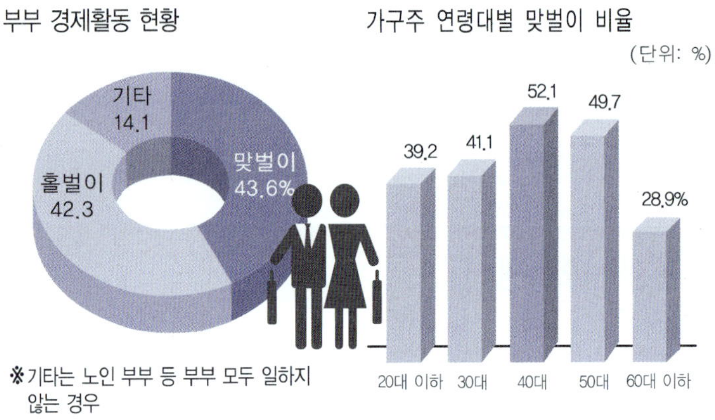

[그림 9-1] 부부 경제활동과 연령대별 맞벌이 비율

출처: 통계청(www.nso.go.kr); 국가통계포털(http://www.kosis.kr).

이번 조사에서 식구가 많을수록 맞벌이 비율도 높아지는 것으로 조사됐다. 2인 가구의 맞벌이 비율은 38.8%인 반면, 3인 43.5%, 4인 47.0%. 5인 49.2%, 6인 54.3%, 7인 이상 56.3%로 나타났다. 이는 자녀를 돌봐줄 노부모를 모시고 살면서 부부 모두 경제활동을 하는 가구도 많은 것을 의미한다. 가구주 연령대별로는 40대(52.1%)와 50대(49.7%)의 맞벌이 비율이 20대 이하(39.2%)나 30대(41.1%)보다 높았다. 통계청 관계자는 "부부가 함께 농사를 짓거나 소규모 자영업을 하는 형태의 맞벌이가 많아 자영업 종사자 비중이 높은 중장년층의 맞벌이 비율이 높게 나타나는 것"이라고 설명했다. 실제로 맞벌이가구의 39.9%는 부부가 같은 산업에 종사했다. 직업별로 봐도 농림어업(81.6%), 서비스업(60.1%), 판매업(59.6%) 등에서 맞벌이 비율이 높았다. 또 맞벌이를 하는 507만 가구 가운데 부부가 떨어져 사는 가구는 44만 가구에 이른다. 맞벌이 10쌍 중 1쌍 가까이(8.6%)가 주말 부부인 셈이다(국가통계포털, 2011. 12. 14).

우리 사회는 사회 경제적 측면에서 노동시장이 유연화되고, 실업률이 높아짐에 따라 가구 경제의 불안정성도 심각하다. 생계유지는 물론 삶의 질이나 여유로운 생활을 추구하기 위해 가계수입을 늘리려는 경제적 요구도 높아지고 있다. 한편, 여성의 교육수준이 향상되면서, 아내의 취업동기는 단순한 경제적 문제에서 자기실현(自己實現)으로 옮겨가고 있다. 부부가 함께 일하는 맞벌이의 증가는 가족이념의 변화와 밀접한 관련이 있다. 유교적 가족이념에서는 노인 · 아동 · 여성에 대한 사회 정책적 보호를 지체시키고, 가정을 통한 가족복지를 지향하였다(정영애 · 장화경, 2010: 142-143). 맞벌이의 보편화는 세계적 추세이다. 미국이나 유럽 등 선진국에서는 경제발전과 민주화, 복지정책의 발달 등이 진전되면서 맞벌이가구의 증가 현상이 나타났다. 맞벌이의 증가는 여성의 경제활동 참여 확대를 의미하는 것으로서 궁극적으로는 여권의 신장과 연관되어 있다. 맞벌이는 한편으로 여성에게 주어지는 직장 근무 및 가사의 이중 부담, 부부가 함께하는 시간 감소와 가정 붕괴, 불필요한 가계지출의 증가와 과소비 등의 역기능을 갖고 있다.

(2) 맞벌이가구의 성별분업

여성의 경제활동참여가 증가하여 여성도 생계부양자로서 역할의 일정 부문을 남성과 공유하게 되었다. 그럼에도 현실적으로 볼 때 가사(家事) · 육아(育兒)의 부담이 아내 쪽에 편중되어 있으며, 가정생활에의 영향, 가정과 직장의 양립으로 말미암은 문제점 등으로 사회문제가 되고 있다. 맞벌이가구의 여성은 다양한 역할의 수행으로 육체적 피로와 정신적 긴장과 갈등을 경험하고 있다. 직장에서는 노동을 하고 집에 돌아와서는 가사노동, 자녀의 양육과 교육, 부모 돌보기 등의 집안일을 해야 하는 심리적 갈등도 역할긴장을 높이는 요인으로 작용하고 있다.

가족 내의 성별분업은 개인 간의 자유로운 선택이 아니라, 사회 전반에 내재화된 성별분업구조에 기반을 두고 있다. 그런데 여기서 우리가 짚어보아야 하는 문제는 성별분업구조 속에 성별 권력관계가 숨어 있는 것이다. 따라서 취업여성은 자신에게 기대되는 역할과 자신이 지각하는 역할과의 차이(gap) 상황에서 역할 수행을 해야 하므로, 필연적으로 역할 갈등을 경험하게 된다. 이는 성역할 규범에서 변화 속도의 젠더 격차를 보여 주는 것으로, 여성이 남성보다 변화의 속도가 빠르게 나타나고 있다는 것을 보여 주는 것이다(정영애 · 장화경, 2010: 143). 맞벌이는 장기적으로 가족 내에서는 물론 전체 사회에서의 성 간 불평등을 경감시키는 긍정적인 의미를 갖고 있다. 따라서 현재 당면한 과제는 맞벌이가구의 여성이 져야 하는 가사 부담을 경감시켜 줄 수 있는 제도와 의식의 변화다.

(3) 가사분담 실태와 영향을 미치는 요인

통계청(2010)의 '통계로 본 우리나라 부부의 자화상'에 의하면, 여성취업에 긍정적 견해를 밝힌 남편의 비율이 2009년에 81.5%로 2006년의 65.3%보다 16.2%p가 늘어나, 맞벌이를 선호하는 경향으로 나타났다(그림 9-2 참조). 그러나 맞벌이부부에서 가사를 공평하게 분담하고 있다는 응답은, 남편은 11.8%, 부인은 12.0%에 불과했다(표 9-1 참조).

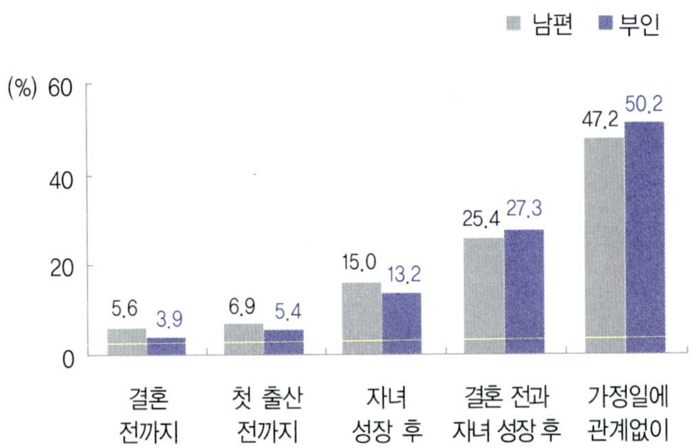

[그림 9-2] 여성 취업시기에 대한 견해

출처: 국가통계포털(http://www.kosis.kr).

맞벌이부부의 가사분담 불균등은 생활시간에 확연히 나타난다. 부인은 요일평균 여가생활시간이 3시간 25분으로 전업주부 5시간 37분보다 2시간 12분이 적다. 반면, 남편의 여가생활시간은 맞벌이(4시간 14분)와 홑벌이(4시간 17분) 간에 차이가 거의 없었다. 가정관리와 가족 보살피기에 부인은 요일평균 3시간 20분을 사용하는데, 남편은 겨우 37분이었다.

〈표 9-1〉 가사분담에 대한 견해 및 실태(함께 살고 있는 부부) (단위: %)

구분	계	부인이 주도	부인이 전적	부인이 주로	공평하게 분담	남편이 주도	남편이 주로	남편이 전적
가사분담에 대한 견해								
남 편	100.0	81.1	12.0	69.2	17.4	1.4	1.2	0.2
맞벌이	100.0	76.9	9.2	67.7	21.6	1.5	1.3	0.1
홑벌이	100.0	83.9	13.3	70.5	14.7	1.4	1.2	0.3
부 인	100.0	70.8	3.7	67.1	28.2	1.0	0.8	0.2
맞벌이	100.0	63.2	2.5	60.7	35.9	1.0	0.8	0.1
홑벌이	100.0	75.6	4.4	71.3	23.3	1.1	0.9	0.2
가사분담에 대한 실태(함께 살고 있는 부부)[1]								
남편	100.0	89.4	33.4	56.0	8.7	1.9	1.4	0.4
맞벌이	100.0	86.3	26.4	60.0	11.8	1.9	1.7	0.2
홑벌이	100.0	91.3	37.8	53.6	6.8	1.8	1.3	0.6
부인	100.0	89.5	35.7	53.8	9.0	1.5	1.2	0.3
맞벌이	100.0	86.3	28.9	57.4	12.0	1.6	1.4	0.3
홑벌이	100.0	91.4	39.8	51.5	7.2	1.5	1.1	0.4

주: 1) 부부가 함께 살고 있는 가구에서 '남편'과 '부인'만 응답.

출처: 통계청(2008). 사회조사; 국가통계포털(http://www.kosis.kr).

자녀 돌보기 역시 절반 이상의 가정에서 부인이 주로 담당하고 있는 것으로 나타났다. '자녀와 함께 놀아 주기'와 '아플 때 돌봐 주기'는 각각 32.1%, 28.1%로 부부 공동의 비율이 높기는 하나, 남편이 자녀를 적극적으로 돌보는 비중은 1.6~7.4%에 그쳤다. 주말이나 휴일의 여가활용 방법으로 남편은 'TV 혹은 비디오(DVD 포함) 시청(34.6%)'을 가장 많이 하고, 다음은 '휴식(17.7%)', '스포츠 활동(9.6%)'으로 나타났다. 반면, 부인은 '가사(31.9%)', 'TV 혹은 비디오(DVD 포함) 시청(27.1%)', '종교활동(14.1%)' 순으로 나타났다. 주말이나 휴일의 여가활동을 함께 하는 사람으로는 '가족'이 가장 많았으나, 연령이 높을수록 남편과 부인 모두 '혼자서' 보내는 비중이 높았다.

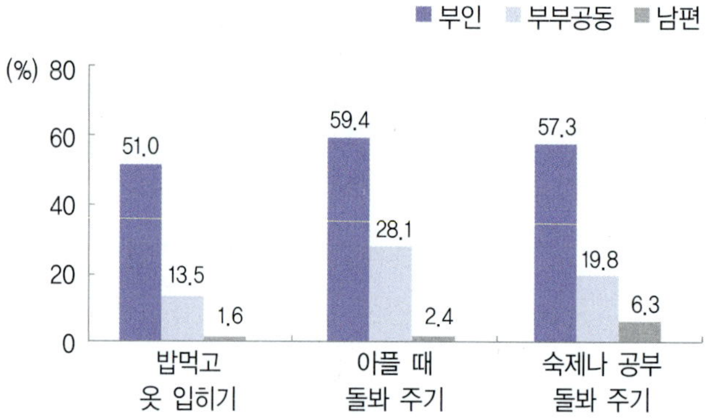

[그림 9-3] 맞벌이부부의 자녀 돌보기 분담 정도(2009년)

출처: 국가통계포털(http://www.kosis.kr).

가족 내 가사분담 실태를 보면, 부인이 전담하는 비율은 약간 감소하였으나, 남편이 담당하는 비율은 거의 변화가 없다. 부인이 전담하는 비율은 1998년 44.9%에서 2008년 35.7%로 줄었고, 주로 부인이 담당하는 비율은 47.1%에서 53.8%로 약간 증가하였다. 그러나 부인이 전담하거나 주로 담당하는 비율, 즉 거의 모든 가사를 담당하는 비율은 1998년 92.0%에서 2008년 89.5%로 2.5%P 줄기는 했지만, 아직도 집안일의 거의 90%를 부인이 담당하고 있다(표 9-1 참조).

부부의 가사분담 방식의 선택에 영향을 미치는 요인을 보면, 서구 사회는 ① 배우자의 상대적 자원인 교육, 소득, 협상 능력, ② 부부의 유급노동시간, ③ 성역할 가치관, 특히 남편의 평등주의 가치관 등이 있다. 그런데 우리나라는 의사결정권의 평등성과 남편의 유급노동시간은 유의미한 관련성이 있으나, 소득과 가치관은 영향력이 낮은 것으로 나타났다(정영애 · 장화경, 2010: 146).

가사분담의 공평성과 결혼만족도의 관련성을 보면, 부인의 결혼 갈등과 이혼을 고려하는 중요한 요인은 가사노동 분담의 불만족으로 나타났다. 그러나 가사분담의 양적 차이보다 공평성에 대한 인지도와 분담 만족도가 중요한 매개변수로 작용하고 있다. 특히, 양육기 자녀를 둔 맞벌이가구에서 육아와 가사는 부인의 전담 책임으로는 결코 해결할 수 없다. 따라서 실질적인 분담이 절실한 당면 과제이다. 그런데 관념상으로는 남녀 모두 가사분담에 공감하지만, 남편의 실천을 얻어내기가 쉽지 않은 것이 현실이다. 육아와 가사는 남편과 아내 누구든 상황에 따라 유리한 사람이 자발적으로 행할 수 있다는 유연한 사고가 바람직하다. 맞벌이가구에서 남편의 가사분담은 해도 되고 안 해도 되는 선택사항이 아니라, 반드시 실행해야 하는 필수사항이다(정영애 · 장화경, 2010: 144-146).

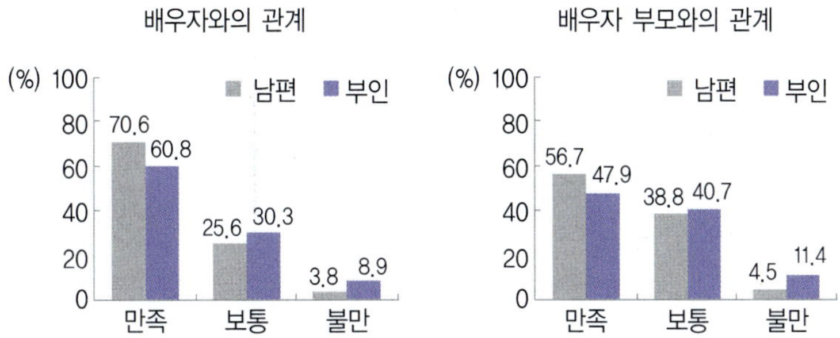

[그림 9-4] 가족관계 만족도(2008년)

출처: 국가통계포털(http://www.kosis.kr).

(4) 부부 유급노동시간의 조합 유형

크롬프톤(Crompton, 2006)은 가족 내 유급노동과 무급노동이 성별에 따라 분배되는 방식에 따른 유형화를 시도하였다. 그는 부부의 주(週)단위 유급노동시간을 노동시간과 부부의 조합 형태에 따라 다음의 〈표 9-2〉와 같이 다섯 가지 유형으로 구분하였다.

〈표 9-2〉 노동시간에 따른 부부의 성별분업 유형

유형별	유급노동시간의 조합
몰입형	남편과 부인이 둘 다 40시간 일하는 가구
중도형	남편과 부인이 둘 다 전일제로, 주당 35~40시간 미만 일하는 가구
신전통주의	남편이 40시간 이상, 부인은 40시간 미만 일하는 가구
교대형	남편과 부인이 둘 다 40시간 미만 일하지만, 한편이 35시간 이상을 넘지 않는 가구
전통주의	남편만 35시간 이상 전일제로 유급노동을 하고 부인은 하지 않는 가구

출처: 정영애 · 장화경(2010: 147). 가족과 젠더.

부부의 유급노동시간은 공동생활에서 파생되는 가사노동의 분담에 직접적으로 영향을 미친다. 부부가 둘 다 전일제 취업으로 장시간노동을 하는 몰입형 가구는 가정에 머무는 시간이 짧으므로 일 · 가정의 갈등을 가장 많이 경험한다. 이와 비교해서 중도형과 교대형 가구는 노동시간이 상대적으로 짧아서 가정에서 생활 관련 일을 처리할 시간적 여유가 있으므로, 일 · 생활이 조화로운 상태를 유지할 수 있게 된다(Crompton, 2006, 정영애 · 장화경, 2010: 147, 재인용).

2) 가족 내 자원의 배분

(1) 부부 중심 가족의 허(虛)와 실(實)

부부 중심 가족의 중심축은 어디일까? 바로 부부관계이다. 결혼에서 서로 만족스러운 관계를 형성하기 위해서 어떻게 해야 할까? 부부는 결혼 전에 가졌던 각자의 생각 절반을 양보하고, 서로 배려하며, 자신의 발전을 위해 꾸준히 노력해야 한다. 결혼을 하면 부부는 각각 서로의 관계 설정, 의사소통 방식, 결혼생활의 성취감, 상호 간의 욕구충족 방법, 성적 관계의 적응 등에 관해 의식적 · 무의식적으로 타협하고 적응하면서 부부관계를 유지하게 된다. 정서적 측면을 비롯하여 경제적 · 사회적 측면과 가족에 대한 책임감 등이 결혼 관계의 지속 여부에 더할 수 없이 큰 영향을 미치는 요인으로 작용한다. 결혼은 안정 · 조화 · 조정을 중시하는 제도인 동시에, 갈등상태에 있는 '이해관계'와 공동목적을 위한 '결합'이란 이중적 성격이 뚜렷하다. 아내와 남편의 역할수행이 중시되는 기능적 성격이 강할수록 가족구성원이 가족의 집단적 복지에 상호의존하게 되고, 더불어 가족집단의 안정성은 높아지게 된다(Michele, 변화순 · 김현주 역, 2007).

부부관계에서 역할과 책임의 공유는 매우 중요한 요소이다. 부부관계를 권력관계의 관점에서 본다면, 생활세계에서 나타나는 부부관계에 상황적 권력이 작용한다.[61] 이러한 상황적 권력이 비대칭적인 부부관계에서는 보통 불리한

61) 개별 부부관계에 개입되는 권력의 자원인 구체적인 생활세계에서 동원 가능한 자원의 종류와 양, 의사결정의 상황, 권력 자원을 동원하는 방식 등에 따라, 부부는 서로 다른 상황적 권력

입장에 놓인 여성에게 자발적 협동과 유연한 적응이 요구된다(조형, 1992). 남성 중심적인 가부장적 부부관계에서는 관계의 유지와 파기의 결정권을 남성이 독점적으로 행사한다. 결정권이 거의 없는 여성은 아내 · 며느리 · 어머니로서의 역할을 헌신적으로 수행하는 것을 통해 가정이 유지된다고 굳게 믿는다.

성별위계로 말미암은 권력의 차이는 남편이 아내의 고민과 갈등을 이해하는 데 불리하게 작용하며, 따라서 많은 남편은 결혼생활에 아무 문제가 없다고 생각하는 대단히 어리석은 착각 속에 살게 된다. 부부간의 정서적 관계 유지에 대한 책임 공유를 통해 결혼의 평등성과 안정성은 향상될 수 있다. 바람직한 부부관계는 아내와 남편이 성숙한 개인으로 상호성과 평등성 원리에 입각하여 자발적으로 상호 협동하는 유연한 유대를 형성하고, 인생주기(life cycle)[62]에 따라 지속해서 변화하여 바꿀 수 있거나 바뀔 수 있는 관계이다(정영애 · 장화경, 2010: 147-149).

(2) 자원의 불균등한 분배

한 가족집단에 속한 가족구성원은 모두가 똑같은 가족생활을 할까? 그렇지 않다. 같은 가족집단에 속한 가족구성원이라도 그들 각자가 경험하는 가족생활 유형은 다르다. 가족 내부의 자원 배분은 가족관계 및 역할 분담과 밀접한 관련성이 있다. 부부 중 한쪽이 상대방에 대하여 갖는 권력의 크기는 상대방에게 제공할 수 있는 자원의 크기에 대체로 비례한다.

가부장적 가족에서는 가족 내부의 자원이 평등하게 분배되어 있지 않다. 궁극적으로 사회적 규범과 가족이념은 가족 권위를 거의 남편에게 부여하고 있다. 여성이 경험하는 가족생활과 모성은 일차적으로는 노동과 자원이 공평하지 못하게 분배된 결과이고, 갈등이나 폭력에 내포된 권력관계의 영향을 받는다. 여성은 가정 내 역할로 말미암아 자기발전의 기회를 제한받고 있다. 결혼이나 이혼을 선택할 자유, 교육을 받거나 일할 기회를 선택하는 과정에서도 제

을 갖게 된다.

62) 인생주기(life cycle) 또는 생활주기란 출생 시부터 사망 시까지 사람의 표준적인 가정생활로 '출생 → 성장 → 결혼 → 육아 → 노후'의 과정을 말한다.

약이 따른다. 여성이 수행하는 가사역할은 적절하고 충분한 사회적 · 경제적 보상을 받지 못하고 있다. 여성이 수행하는 무보수의 집안일은 남성에 대한 의존성을 강화할 수밖에 없는 구도로 짜인 결과다.

최근에는 가정경제 영역에서 여성의 경제적 권리에 관한 관심이 높아져서 관련 제도도 개선되고 있다. 그러나 소득분배 방식이 공정하지 못하고 법과 제도적 지원도 아직은 다 갖추지 못한 상태에 있다. 가족 내 경제적 분배에는 가족을 위한 소비권은 여성에게 있지만, 여성 자신을 위한 투자의 비율은 매우 낮은 상태라 할 수 있다. 현대사회의 부부관계는 일정 한계 내에서 자율성을 인정하는 위임된 권력을 행사하는 경우가 대부분이므로, 평등한 부부관계라고 평가하기 어렵다. 그럼에도 일상생활 영역에서는 부부의 공동 결정이나 자율적 결정이 점차 증가하는 경향도 분명히 나타나고 있다.

부부간의 정서적 관계유지에 관한 책임을 공유한다는 측면에서 보면, 평등한 결혼은 확실히 결혼 안정성에 이바지한다. 그런데 배우자와의 애정적 역할에 대해서는 부부 모두 중요도를 낮게 평가하는 것은 아이러니(irony)한 결과다. 오히려 성별위계에 기반을 둔 성 역할을 지지한다. 자녀에 대한 높은 교육열과 지나친 대학입시 경쟁으로 말미암아 부부의 일상생활을 자녀 중심으로 재구성하는 경향이 뚜렷하게 나타나고 있다(정영애 · 장화경, 2010: 149-150). 그렇다면 대학입시 과열화를 없애기 위해 대학평준화를 실시할 것인가? 그런데 전 세계 어느 나라도 대학평준화를 실시하는 나라는 없다.

2 가족 내 폭력

1) 가정폭력의 개념과 유형

사람에게 혐오스러운 자극을 고의적으로 하는 행동을 일반적으로 공격이라고 하는데, 그중에서 신체적인 공격행위 등 직접적인 물리적 강제력이 폭력이다. 여기에는 고의로 한다는 의도성 및 피해자가 싫어할 것이라는 예측성의 두 가지 인지적 요소가 포함된다. 간략하게 말하면, 폭력이란 사람이 불법(不法)·부당(不當)한 방법으로 물리적인 강제력을 행사하는 일이다. 가족구성원 사이에서 일어나는 폭력행위, 즉 가족관계에서 불평등한 권력행사가 가장 극단적으로 나타나는 것이 가정폭력이다. 즉, 가족구성원 중의 한 사람이 다른 구성원에게 계획적이고 의도적으로 물리적인 힘을 사용하거나, 정신적 학대를 통하여 심각한 신체적·정신적 또는 재산상 피해를 주는 행위이다.

경제적 위기 상황이 발생하면 가족의 안정성이 약화하고, 자원 분배를 둘러싼 가족갈등이 증폭되어 가정폭력이 일어나기도 한다. 가족은 친밀한 관계이므로 갈등적 상황에서는 오히려 격한 감정적 반응이 유발될 가능성이 높다. 실제로 1997년 국제통화기금(IMF) 금융위기가 닥쳤을 때 여성에 대한 직접적·물리적 폭력뿐만 아니라, 남편의 폭언·주벽(酒癖) 등에 의한 정신적·심리적 폭력이 증가하였다. 예컨대 아내가 가까스로 일자리를 구해 생활을 연명할 때, 오히려 의처증으로 아내를 괴롭히는 등 다양한 이유와 형태로 여성들이 고통을 당했다. 가정폭력은 가해자와 피해자뿐만 아니라, 가족구성원 모두에게 깊은 상처를 입히는 심각한 문제다. 다시 말하면, 가족 모두가 피해자가 되는 심각한 사회적 사건이란 것을 결코 잊지 않아야 한다(정영애·장화경, 2010: 150).

가정폭력에 관한 연구를 살펴보면, 아동기에 가정폭력을 목격하거나 경험한 사람이 청소년이나 성인이 된 이후에 가정 내 폭력을 보일 가능성이 높은데, 이는 가정폭력의 피해자가 곧 가해자가 될 수 있다는 뜻이다. 과거에는 가정폭력이 각 가정의 문제라 여기고 다른 사람들이 개입하지 않으려 하는 경향이 있어서 일반적인 폭력으로 받아들이지 않았다. 그러나 최근에는 가정 내 폭력이나 학대가 사회문제[63]로 확대되는 경향이 있어 가정폭력을 법으로 다스리고 있다.

63) 사회제도나 사회구조의 결함, 모순으로 발생하는 실업문제, 주택문제, 인구문제 등 개인의 일상생활에 직접 관계되는 사항에 대해 그 수가 증가하여 사회 전체에 심각한 영향을 미친 경우에 이것을 사회문제라고 한다. 빈곤이나 실업이 개인의 능력이나 시정(是正), 운(運)에만 의한다면 아무리 그 수가 증가해도 사회문제가 되지는 않는다. 개인적인 문제의 원인 및 해결의 책임이 사회 자체에 있어야 비로소 사회문제가 된다. 사회문제의 해결이란 일상생활의 안심과 보장의 확보로 이것은 사회통합의 열쇠라고도 할 수 있다.

「가정폭력범죄의 처벌 등에 관한 특례법」에서는 가정폭력을 "가정구성원[64] 사이의 신체적, 정신적 또는 재산상 피해를 수반하는 행위"라고 정의하고 있다(같은 법 제2조 제1호). 보통 가정폭력을 신체적 폭력에 한정하는 경우가 많지만, 여기에는 성폭력(성 학대), 정서적 학대, 유기(태만, 의무 불이행), 상해, 폭행, 학대, 아동혹사, 체포, 감금, 협박, 명예훼손, 모욕, 주거 · 신체 수색, 강요, 공갈, 재물 손괴, 그리고 아동구걸 강요 등이 전부 포함된다.

부모의 지나친 훈육과 체벌 역시 가정폭력으로 간주할 수 있다. 가정폭력은 흔히 언어폭력 · 신체폭력을 수반하며 가해자는 주로 아버지인 경우가 많다. 특히, 가해자가 알코올중독이나 의처증 같은 기질적 특성을 가질 때 폭력의 정도가 심해지는 것으로 나타난다. 이런 경우 자녀는 어린 나이부터 폭력을 피해 집을 나가게 되며, 폭력의 후유증은 적응장애 · 행동장애 · 정신장애 등으로 나타나 인성형성에 막대한 피해를 준다. 가정폭력은 대개 학교폭력으로 전이(transference)되면서 사회문제가 된다.

우리나라에서는 1997년 「가정폭력방지 및 피해자 보호 등에 관한 법률」을 제정 · 시행하고 있지만, 아직도 가정폭력을 범죄로 인식하지 않고 가정에서 일어나는 사적인 갈등 정도로 치부하는 사회의 인식이 가정폭력을 없애는 데 가장 큰 걸림돌이 되고 있다. 가정폭력 문제를 없애기 위해서는 가정폭력에 대한 인식의 변화를 위한 의식교육과 홍보를 강화하고, 경찰 · 검찰 의료기관의 관계자 교육을 강화하는 한편 서비스 연계체제의 강화도 절실하다. 한편, 자녀가 나이 든 부모를 구타하거나 살해하는 사례도 연달아 발생하고 있는데, 기존의 윤리와 가치관이 붕괴하면서 들어선 황금만능의 배금주의가 주요 원인으로 지적되고 있다. 날이 갈수록 가정폭력의 정도가 심해지는 상황이므로 사회적인 인식이 전환되어야 한다. 물론 처벌이 능사는 아니지만, 법적으로 좀 더 엄격하게 가해자를 처벌하는 것이 바람직하지 않을까!

지금부터는 가정폭력을 매 맞는 아내, 매 맞는 남편, 아동에 대한 폭력, 노인

---

64) 여기서 가족구성원이란 사실혼인의 관계에 있는 사람을 포함하는 배우자, 배우자 관계에 있었던 사람, 자신이나 배우자의 직계 존비속 관계 또는 사실상의 양친자의 관계에 있는 사람, 계부모와 자녀의 관계 또는 적모와 서자의 관계에 있거나 있었던 사람, 동거하는 친족의 관계 등을 말한다.

에 대한 폭력으로 나누어 살펴보고자 한다.

(1) 부부폭력

① 매 맞는 아내

폭력을 당하는 아내의 대략 절반 정도가 폭력가정에서 성장했고 의존적인 성향으로 나타난다. 아내에게 상습적으로 신체적 폭력을 가하는 남편은 흔히 아내의 일상적인 모든 행위를 통제하려는 경향이 강하다. 남편의 위압적 태도는 부인을 고립시키고 무력감에 빠뜨린다. 일부 남성은 폭력행동 후에 후회와 죄책감을 표시하기도 한다. 아내는 남편의 이런 행동으로 말미암아 개선 가능성이 있을 것으로 착각한다. 하지만 남편의 근본적인 인식 전환 없이는 결코 폭력이 근절되지 않는다. 매 맞는 아내는 결국 육체적 · 정신적으로 피폐해지면서 우울증과 불안, 수면장애 증상을 보이다 공황발작이나 폭발적인 행동을 하게 된다. 바로 '매 맞는 아내 증후군(Battered Woman Syndrome)'[65]이다. 이 과정에서 살인 등 극단적인 선택을 하기도 한다.

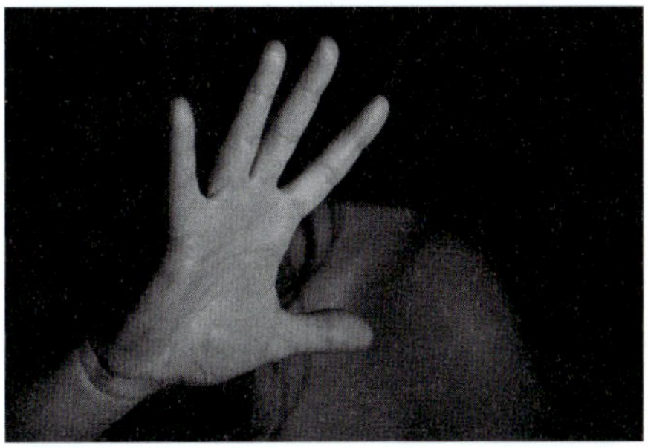

② 매 맞는 남편

우리의 역사를 보면 매 맞는 남편도 적지 않았다. "공주가 남편을 지팡이로 때렸다. 남편은 애꿎은 공주의 시종에게 화풀이했다. … 남편은 그저 울기만 했

65) 매 맞는 아내 증후군(Battered Woman Syndrome)이란 1970년대 미국의 심리학자인 르노어 워커가 제안한 개념으로, 남편 폭력에 시달리는 여성이 '긴장 고조 → 남편의 구타 → 구타 중지와 화해'라는 악순환을 반복하게 되면서 무기력증을 학습하게 되는 현상을 말한다.

다."(『고려사』 '제국대장공주전')[66] 왜구 섬멸의 주인공인 최운해(1347~1404) 역시 마찬가지였다. "투기를 일삼은 부인 권 씨가 말(馬)의 목을 자르고, 개(犬)를 쳐서 죽였다. 도망가는 남편을 쫓아가 칼로 내리치려 했다."(『고려사』 '최운해전') '매 맞는 남편' 열전(이기환의 『흔적의 역사』)에는 1517년(중종 12), 판관 홍태손의 부인을 탄핵하는 상소가 올라온다. "너는 추한 얼굴에 나이도 늙고 기력도 없는데, 무엇을 믿고 혼인했느냐. 빨리 죽어라." 하고 남편을 구박했다는 것이다(『중종실록』). 남편과의 동침도 거부했다. 부부는 결국 '강제이혼' 처분을 받았고, 남편은 군수직에서 파직됐다. 못생긴 죄로 이혼당하고, 공직에서 쫓겨나기까지 했다.

요즘 아내가 폭력을 휘둘러 속앓이를 하는 남편, 흔히 말하는 매 맞는 남편이 많이 늘고 있다. 실업의 위험과 경제적 궁핍이 지속되면서 돈을 못 벌어 오는 남편에게 폭력을 행사하는 아내가 점차 늘어나고 있다. 중년 이상의 남성이 젊은 여성과 결혼했을 때 이런 현상이 더 많다는 연구도 있다. 사회적 편견으로 폭력을 당한다는 사실을 알리기 어려운 남편들은 신고는커녕 치료를 받는 것조차도 꺼리는 경우가 많다.

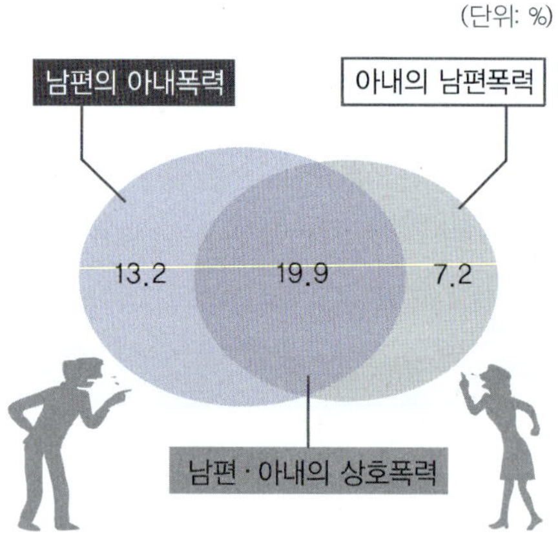

[그림 9-5] 유형별 부부폭력 발생률

출처: 여성부(2007). 2007년 전국 가정폭력 실태조사(http://www.mogef.go.kr).

66) 여기서 공주는 원나라 쿠빌라이의 친딸인 제국대장 공주이고, 남편은 고려 충렬왕이다.

(2) 아동에 대한 폭력

부모가 아무런 힘이 없는 자녀를 교육적 효과와는 전혀 관계없이 단순 화풀이 대상으로 학대한다. 아동학대는 아내 구타보다 2배 이상 많은데, 학대아동의 1/3이 지적장애나 뇌 손상을 보인다(정영애 · 장화경, 2010: 152-153). 학대를 경험한 아동은 학교에서 집단따돌림이나 학교폭력의 가해자가 되기도 한다. 부모가 자녀에게 폭력을 행사하면 아동은 상처받아 자아존중감이 낮아지고 무력감 · 거부감 · 불행감 · 죄의식 · 분노 등을 느끼게 된다. 폭력 피해 아동은 두통 · 복통 · 불면증 · 말더듬증 · 우울증 · 천식 · 야뇨증 등의 신체적 장애가 나타나기도 한다. 또 비행 행동 · 학습장애 · 학교 공포증(거부증) 등의 정서적 장애를 보이기도 하고, 심할 때는 자살을 하기도 한다. 이러한 아동이 성장하여 부모가 되면 자신의 자녀를 학대하는 '폭력의 대물림'[67] 현상이 나타나는 사례가 많다.

(3) 노인에 대한 폭력

여전히 노인학대의 대부분이 가정에서 발생하고 있다. 노인은 사회와 가정에서 지위와 권위를 상실하고 경제력이 없어지면서 여러 종류의 폭력을 당하는 사례가 많다. 노인학대가 매년 꾸준히 증가하고 있지만, 정작 경찰 수사까지 진행되는 사례는 전체 학대의 3~4%밖에 되지 않는다. 이는 노인학대 가해자의 약 80% 이상이 가족이기 때문에, 학대받는 노인들은 '가족이자 보호자'인 가해자의 처벌을 원치 않기 때문이다. 노인학대의 가해자는 아들, 배우자, 딸, 자녀의 배우자 등의 순이다. 아들이 부모를 부양하는 전통적인 한국 사회 가족형태와 관계가 깊다. 아들과 부모가 함께 거주하면서 경제적인 문제 등 다양한

---

67) 폭력의 대물림을 잘 보여 주는 영화가 바로 2009년 4월 개봉한《똥파리》라는 우리나라 영화이다. 영화에서 주인공은 어려서부터 아버지의 무지막지한 폭력을 겪으며 성장하게 되는데, 폭력 도중 아버지가 휘두른 칼에 맞아 여동생이 죽는다. 병원으로 가는 도중 어머니도 교통사고를 당해 죽는다. 그 폭력 아버지가 늙자 이 주인공인 아들이 매일 아버지를 사정없이 팬다. 동생과 어머니를 잃은 상실감과 세상에 대한 분노를 아버지를 패며 푸는 것이다. 실제로도 우리 주변을 보면 어려서 부모로부터 학대나 폭력을 당하며 성장한 사람이 결혼하고 아이를 낳으면, 자신의 배우자와 아이에게 똑같은 짓을 하는 걸 자주 보게 된다. 그 폭력이 대대로 유전이 되어 대물리게 되는 것이다.

갈등이 발생해 학대로 이어진다. 전문가들은 괴롭힘을 당한 자식과 배우자가 힘이 역전되자 일종의 '보복'형태로 부모나 남편을 학대하는 경우도 있다고 말한다. 고령화로 노인인구의 비율이 지속해서 높아지는 상황에서 학대받아 자살하는 노인의 증가는 심각한 사회문제의 하나로 자리 잡고 있다(그림 9-6 참조).

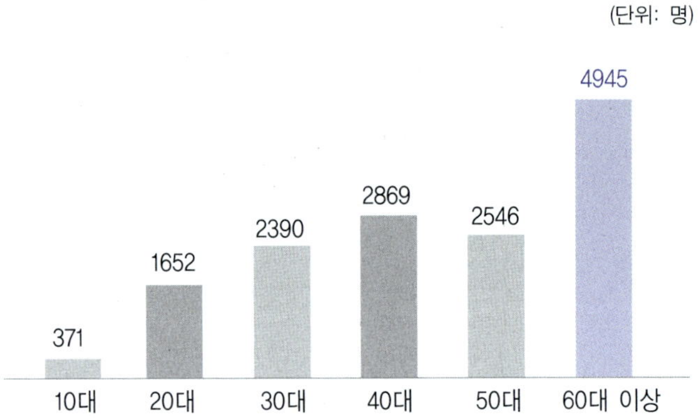

[그림 9-6] 2010년 자살자 수 현황

출처: 경찰청 범죄통계; 경향신문(2012. 10. 2).

2) 가정폭력의 발생원인

(1) 신체상의 요인

공격적 성향이 강화되고 충동을 조절하는 능력에 문제가 초래되는 때에 폭력행동이 빈발할 가능성이 높다. 염색체 이상, 선천적인 뇌 손상, 성호르몬 과다분비, 유전적 폭력성, 알코올중독, 약물중독 등 생물학적 요인으로 공격성향을 보이기도 한다.

(2) 심리적 요인

부부관계에서 부인 또는 남편이 상대방의 정조(貞操)를 의심하는 망상장애의 하나인 부정망상(不貞妄想, delusion of infidelity)[68]도 중요한 요인으로 작용한다. 보

68) 부정망상(不貞妄想)을 '오셀로 증후군'이라고도 하는데, 보통 의처증이나 의부증으로 불린다.

통 폭력남편은 정서적으로 미숙하고 의존적이며, 자신의 표현이나 주장을 적절히 표현하는 방법을 모르는 경우가 많다. 개인적 성격장애로는 반사회적 인격장애, 충동조절장애, 가학적이며 의존적이고 미숙한 성격, 분노 처리가 행동화되는 성격 등이 있다. 성장기에 가정폭력을 경험했거나 건강상태가 나쁠수록, 경제력과 사회능력이 낮을수록 피해를 무저항적으로 수용하게 되는 경향이 있다.

(3) 사회구조적 요인

사회생활에서 사회적 스트레스의 강도가 높은 가장일수록 돌발적인 분노 표출 방법을 단기 해결수단으로 여기는 경향이 있다. 안정적인 생활환경 여건이 되지 못할 때 가정폭력이 발생할 가능성이 높다. 사회적 환경의 문제로는 불평등, 비민주적 사회구조, 계층 이동의 경직성, 불안정한 일상생활 등으로 좌절감과 절망감, 폭력을 용인하는 문화, 그리고 남성성의 강조 등이 있다. 또한, 영화나 대중매체를 통해 유통되는 간접적인 폭력문화가 사회 전반에 만연하면서, 가정폭력을 부추기는 요인으로 작용한다고 본다.

(4) 여성주의적 관점에서 본 요인

왜곡된 가부장적인 가족구조가 가족갈등과 가정폭력을 점점 깊어지게 하는 요인으로 작용한다. 가해자는 배우자나 자녀 구타 등과 같은 폭력을, 잘못된

이 질병 환자들은 아니라는 증거가 확실해도 믿지 않고 오히려 배우자가 부정하다는 증거를 찾고 싶어 한다. 또 배우자가 불륜을 저질렀다는 망상에 따른 행동이상을 동반한다. 보통 전체 인구의 1~4% 정도는 이 질병 환자이고, 여성보다는 남성에게 더 많이 발생한다. 발병 평균 연령은 40세(대부분 35~55세 사이에 발병)지만, 18세부터 90대까지 골고루 증상이 나타나기도 한다. 사회적 요인, 성윤리 의식 변화, 매스컴, 피임방법 개발 등으로 말미암아 증가하는 추세이다. 주로 편집증적 성격을 지닌 사람에게 많이 나타난다. 여성의 경우 의존성이 강해서 배우자가 옆에 있어야만 안심하는 사람, 질투가 많고 독점력이 강한 성격의 사람에게 많이 발생한다. 또 심리적으로 배우자에 대한 열등감, 동성애적 경향, 자신의 마음속에서 부정한 행동을 하고 싶은 욕구가 있을 때 이러한 망상이 나타날 수 있다. 알코올중독이나 편집증이 있는 부모 또는 지배적인 부모 밑에서 자란 사람에게도 많이 나타난다. 이 질병 환자들은 자신의 망상을 뒷받침할 수 있는 증거를 찾기 위해 도청, 녹음, 비디오 촬영, 미행, 폭력, 협박 등을 행사하기도 한다. 그러나 다른 면에서는 정상적으로 행동하기 때문에 실제 치료로 연결하기가 매우 어렵다. 또 의사도 환자의 망상 속의 한 인물이 되기 쉽기 때문에 정신과 질병 가운데 가장 치료하기 어려운 병으로 알려져 있다.

버릇을 고치거나 가정 내 갈등을 해결하고 가정질서를 유지하는 수단의 하나라고 생각한다. 이는 가해자가 자신의 배우자와 자녀를 자기 마음대로 할 수 있다는 소유의식에 기인하기 때문이다. 남편의 폭력에는 아내를 모욕함으로써, 자신의 자존심을 세운다는 왜곡된 의도가 깔렸다. 참을성이 없고 충동적인 남편은 제삼자로부터 유발된 분노를 아내에게 분풀이로 표출하기도 한다. 이런 행동은 가정폭력으로 남자다움을 완력으로 표현하는 잘못된 욕구, 아내의 비인간화 등으로 여기는 태도에 기인한다.[69]

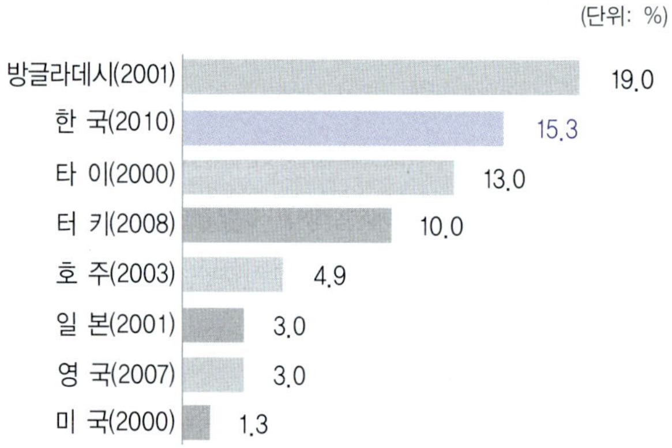

[그림 9-7] 주요 나라별 1년간 아내 폭력률

출처: 여성가족부; 한겨레(2010. 12. 28).

3) 가정폭력의 실태

「가정폭력방지 및 피해자 보호 등에 관한 법률」 제4조의 2에 의하면, 여성가족부장관은 3년마다 가정폭력에 대한 실태조사를 하여 그 결과를 발표하고, 이를 가정폭력을 예방하기 위한 정책수립의 기초자료로 활용하여야 한다. 이에 따라 여성가족부에서 전국 3,800가구를 대상으로 2010년 5월부터 12월까지 수행한 '2010년 전국 가정폭력 실태조사' 결과를 다음과 같이 살펴본다(여성가족부, http://www.mogef.go.kr).

69) 참고로, 가해자의 장기적 행동유형은 폭력 행동 자체가 폭력 행동을 강화시키므로, 피해자는 주의를 기울여서 대처하여야 한다.

(1) 일반가구 부부폭력 실태

우리나라 65세 미만 부부의 지난 1년간 신체적 폭력 발생률은 16.7%로 조사되었다. 이는 우리나라 65세 미만 부부 6쌍 중 1쌍이 1년에 한 번 이상 배우자로부터 신체적 폭력을 당하거나 행하는 것을 의미한다. 또한, 부부간 신체적 폭력, 정서적 폭력, 경제적 폭력, 성 학대, 방임을 모두 포함한 부부폭력 전체 발생률은 53.8%로 나타났다. 부부간 신체적 폭력 발생률은 1998년 7월 가정폭력방지법(「가정폭력방지 및 피해자 보호 등에 관한 법률」과 「가정폭력범죄의 처벌 등에 관한 특례법」)이 시행된 초기에 조사된 김재엽(2000)의 조사(34.0%)와 비교할 때 절반 정도로 줄어든 것이다.

그러나 여성가족부에서 2004년부터 3년마다 실시하고 있는 가정폭력 전국실태조사 결과를 비교해 볼 때, 지난 1년간 신체적 폭력률이 2004년 15.7%, 2007년 11.6%, 2010년 16.7%로 2007년 조사보다 5.1%P 높아졌고, 부부폭력률도 2004년 44.6%, 2007년 40.3%, 2010년 53.8%로 2007년보다 13.5%P 높아졌다. 2007년 조사보다 2010년 조사에서 신체적 폭력률이 높아진 것은 경제 상황 변화와 관련지어 볼 수 있다. 2008년 세계금융위기 때문인 여파, 불안정한 경제 및 고용 상황 등의 탓인 경제적인 요인이 부부간 폭력 발생에 영향을 미친 것이라 추정된다. 이러한 해석의 근거로 부부폭력 피해자들이 응답한 부부폭력 발생 비율이 2007년 조사에서는 부부폭력 피해를 당한 여성의 8.8%, 남성의 9.5%였으나, 2010년 조사에서는 여성의 23.2% 남성의 29.6%로 2007년에 비해 2~3배 높았다.

2010년 조사결과, 지난 1년간 65세 미만 기혼 여성이 남편으로부터 신체적 폭력을 당한 피해율이 15.3%로, 영국(3.0%, 2007년)이나 일본(3.0%, 2001년)과 비교하면 5배 이상 높은 것으로 보고되고 있다. 65세 미만 기혼 남성 중 신체적 폭력 행위자는 거의 매일 음주하는 비율이 9.5%로 신체적 폭력 비행위자의 6.5%보다 높게 나타났다. 또한, 1회 평균, 소주 8잔 이상을 마시는 비율은 신체폭력행위자가 24.2%로 신체적 폭력 비행위자의 21.9%보다 높았다.

부부폭력 피해를 경험한 여성 중 62.7%는 외부에 도움요청을 하지 않은 것으로 나타났다. 도움요청을 한 경우에도 도움대상이 가족과 친척인 경우가 17.7%로 가장 많았고 공적 지원체계를 이용한 경우는 극히 적었다. 경찰에 신고하지 않은 이유를 살펴보면, '폭력이 심각하지 않다고 생각해서'가 29.1%로 가장 높았으며 '집안일이 알려지는 것이 창피해서'가 26.1%, '배우자를 신고할 수 없어서'가 14.1%, '자녀 생각에'가 10.9%로 나타나, 가정폭력을 가정 내 사건으로 치부하는 경향이 높았다.

아내보다 남편의 가정폭력 인식수준이 낮은 것으로 나타났다. 배우자의 인격을 모독하는 행위(86.7%)나 배우자를 경제적으로 고립시키는 행위(82.9%), 배우자에게 무관심하게 대하는 방임(69.0%), 성관계 강요와 같은 성적 폭력(85.3%)에서 남편들의 가정폭력 인지도는 아내들보다 낮았다. 그러나 여성노인의 가정폭력 인식수준은 남성노인보다 낮은 것으로 나타나, 이는 가부장적 성 역할 태도에 고착된 노인세대의 특징을 바로 보여 주는 것이라 할 수 있다. 이는 가정폭력 인식개선에서 일반세대와 노인세대에 대해 차별화된 접근이 필요한 것으로 해석된다.

여성긴급전화 1366에 대한 인지율은 2007년 25.8%, 2010년 42.1%로 3년간 16.3%P 높아진 것으로 나타났으나 공적 지원체계 이용률을 높이기 위해서 지속적인 홍보가 필요하다. 가정폭력 관련법 인지율은 일반가구 70.6%인데 비해 다문화가정 56.6%, 북한이탈주민 54.5%로 나타나 다문화가정과 북한이탈주민에 대한 관련법 홍보의 필요성이 대두된다. 취업여성의 부부간 신체적 폭력 피해율은 16.7%, 미취업여성의 피해율은 14.5%로 나타나 취업여성의 부부갈등이 상대적으로 높은 것으로 나타났다.

참고자료 9-1

가정폭력, 40代부부 - 대졸 이상 - 우발적 많다

가정에서 발생하는 폭력 사건의 40%가 40대 부부 사이에서 벌어지는 것으로 나타났다. 또 가정폭력사범의 4명 중 1명가량은 대학교 이상을 졸업한 고학력자로 집계됐다. 2일 대법원의 '2012 사법연감'에 의하면, 지난해 가정폭력자 중 826명을 연령별로 분류한 결과, 40세 이상 50세 미만이 40.8%로 가장 높았고, 다음으로 50세 이상 60세 미만 27.9%, 30세 이상 40세 미만 19.3% 등의 순이었다. 20세 미만은 0.5%, 20세 이상 30세 미만은 3.8%, 60세 이상은 7.7%

로 상대적으로 가정폭력의 비율이 낮은 것으로 나타났다. 가정폭력자를 교육 정도별(389명)로 살펴보면, 고교 졸업이 전체의 44.3%(172명)로 가장 많았다. 대학교 졸업이 22.6%(88명), 대학원 이상 1.5%(6명) 등으로 나타나 전체의 4분의 1가량은 고학력자로 분류됐다. 가정폭력 원인별(783명)로는 우발적인 분노에 의한 경우가 전체의 41.8%(327명)를 차지했고 부당한 대우·학대 19%(149명), 취중 11.9%(93명) 등이었다.

출처: 문화일보(2012. 10. 2). 이현미 기자.

65세 이상 노인부부의 지난 1년간 신체적 폭력 발생률은 7.1%로 조사되었다. 이는 노인부부 7쌍 중 1쌍이 1년에 한 번 이상 배우자로부터 신체적 폭력을 당하거나 행하는 것을 의미한다. 그 외 정서적 폭력 23.9%, 경제적 폭력 5.3%, 성학대 3.1%, 방임 15.4%로 조사되었다. 나이에 따라 부부폭력률을 비교해 볼 때

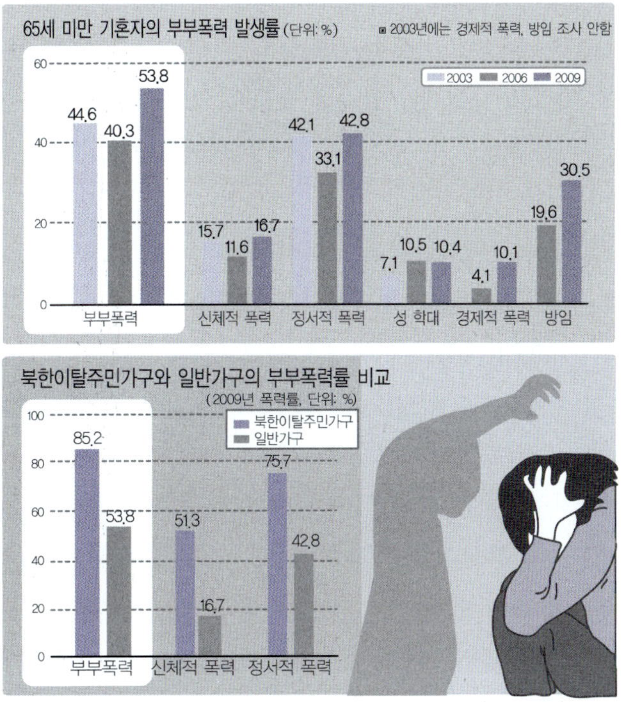

[그림 9-8] 65세 미만 부부의 부부폭력 발생률 추이

출처: 여성가족부(http://www.mogef.go.kr); 문화일보(2012. 12. 28).

65세 이상 노인의 부부폭력률이 31.8%로 나타나, 나이가 높아질수록 부부폭력률이 대체로 감소하는 양상을 보였다. 신체적 폭력의 경우 65세 미만 기혼자가 16.7%인데 반해 65세 이상은 7.1%로 폭력률이 절반 이상으로 줄어들었다. 그러나 절대적인 수치에 있어서는 여전히 폭력이 중단되지 않은 상태가 지속되고 있는 것을 볼 수 있다. 또한, 2007년 실태조사와 비교해 볼 때, 2010년에는 노인의 부부폭력률이 전반적으로 높게 나타났다. 이는 2010년 65세 미만 기혼부부의 부부폭력률이 2007년 조사결과보다 높게 나타난 것과 유사한 경향이다.

(2) 가정폭력 취약집단의 가정폭력 실태

아동·청소년의 지난 1년간 자녀학대 피해경험은 신체적 폭력 39.1%, 정서적 폭력 59.9%, 방임 14.0%로 조사되었다. 2007년 실태조사와 비교해 볼 때, 자녀학대 발생률은 전반적으로 감소하였으나 방임은 2007년 2.7%에서 2010년 14.0%로 11.3%P 증가한 것으로 조사되었다. 장애 유형에 따른 가정폭력 발생률은 외부신체기능 장애인이 38.1%, 정신적 장애인 50.9%, 내부기관장애인이 33.3%로 정신적 장애인의 가정폭력 피해율이 가장 높은 것으로 나타났다. 신체적 폭력 피해율은 외부신체기능장애인이 16.5%, 정신적 장애인 24.5%, 내부기관장애인이 4.8%로, 정신적 장애인의 신체적 폭력 피해율은 외부신체기능장애인의 약 1.5배, 내부기관장애인의 약 5배 높은 것으로 나타났다.

다문화가정 여성의 40.9%가 지난 1년간 남편으로부터 폭력을 당한 것으로 조사되었다. 폭력 유형별 피해율은 신체적 폭력 13.4%, 정서적 폭력 21.5%, 경제적 폭력 15.3%, 성 학대 5.2%, 방임 22.5%로 나타났다. 다문화가정 여성의 부부폭력 피해율은 일반가구 여성보다 전반적으로 다소 낮았지만, 신체적 폭력 중에서 중한 폭력은 일반가구 여성보다 오히려 1.6%P 더 높고 경제적 폭력은 2배가량 높은 것으로 나타났다. 북한이탈주민의 지난 1년간 부부폭력 발생률은 85.2%로 나타났다. 폭력유형별로 살펴보면, 신체적 폭력 발생률은 51.3%, 정서적 폭력 75.7%, 경제적 폭력 43.8%, 성 학대 33.6%, 방임 59.5%로 나타났다. 일반가구와 비교하였을 때, 모든 유형의 부부폭력이 더 빈번하게 발생하는 것으로 나타났고, 특히 신체적 폭력은 약 3배 이상으로 높았다.

참고자료 9-2

"아직도…" 이주여성 폭행한 못난 남편들

〈사례1〉 캄보디아 출신 A(24)씨는 2007년 노동을 하는 B(41)씨와 결혼해 1명의 자녀를 두었다. 그녀는 한국에 거주하는 동포 모임에 종종 나가는 것을 외도로 의심한 남편 B씨의 잦은 주벽과 폭력을 견디다 못해 집을 나와 현재 보호시설에서 생활하고 있다.

〈사례2〉 베트남 출신 C(28)씨는 2009년 한국인 남편 D(44 · 무직)씨와 결혼해 1명의 자녀를 두고 있지만, 올해 초 남편이 실직해 생계를 위해 공장에 취업했으나 월급을 속여 적게 가져 왔다고 의심한 남편의 폭력에 코뼈가 부러져 병원에서 치료를 받았다.

최근 전국적으로 다문화가정이 급속도로 늘고 있지만, 문화와 언어 차이 등으로 이주여성들이 남편의 폭력에 시달리는 등 가정폭력의 희생양이 되고 있는 것으로 드러나 대책마련이 시급한 것으로 지적되고 있다. 경찰에 의하면, 이들 한국인 남편은 주로 부부관계가 원만치 못하거나 동포 모임에 자주 나가는 부인의 불륜이 의심된다는 이유로 폭행을 일삼은 것으로 나타났다. 또 알코올중독이나 부인이 원하지 않는 임신을 했다는 이유로 폭행하거나 언어 · 문화 차이 등으로 폭력을 휘두른 사례도 있었다. 가해자 남편의 평균 나이는 40대가 넘었으며 부인과는 평균 16.5세의 나이차가 났다.

출처: 한국일보(2012. 10. 9). 이동렬 기자.

4) 가정폭력에 대한 대응

가정폭력에 대한 사회적 공감대가 형성되면서, 1998년에 「가정폭력방지 및 피해자 보호 등에 관한 법률」과 「가정폭력범죄의 처벌 등에 관한 특례법」이 시행되었다. 이 법의 제정으로 가정폭력을 범죄로 규정하고, 가정폭력이 더는 가정의 내부 문제가 아니라, 사회의 적극적인 제도적 개입과 예방이 가능한 것이 되었다. 폭력은 가정 안에서 이루어지든 밖에서 이루어지든 어떠한 상황에서도 결코 정당화되거나 용인될 수 없다. 따라서 가정폭력은 용서받기 어려운 인권유린 행위이므로 가해자는 마땅히 처벌되어야 한다.

가정폭력은 「가정폭력범죄의 처벌 등에 관한 특례법」에 의거, 응급조치, 임시조치 및 보호처분의 대상이 되며, 접근 제한, 친권행사 제한, 사회봉사, 수강명령, 보호관찰, 보호감호 등의 사법적 처분을 할 수 있다. 피해자의 충격 해소 및 안정을 위해서는 「가정폭력방지 및 피해자 보호 등에 관한 법률」에 의거, 여성긴급전화 1366을 운영(그림 9-9 참조)하여 상담, 긴급 피난처, 피해자 보호시설, 검찰・경찰 서비스, 법률구조 서비스 등이 지원된다. 구체적 사업내용을 살펴보면, 상습, 반복, 대물림되는 특성이 있는 가정폭력 행위자의 성질과 품행(性行) 교정(矯正)을 통한 가정폭력의 재발 방지를 위한 '가정폭력 행위자 교정치료 프로그램'을 시행하고 있다. 또한, 가정폭력 피해자와 동반아동의 치유를 통한 자존감 회복 및 온전한 사회인으로의 복귀 도모를 위한 '가정폭력 피해자 치료・회복 프로그램'도 시행하고 있다.

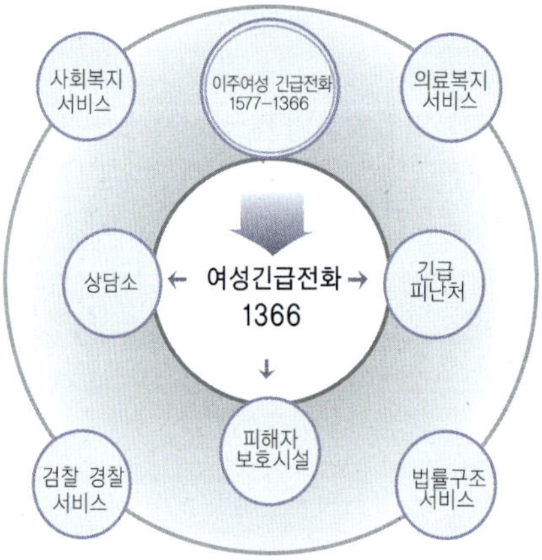

[그림 9-9] 여성긴급전화 1366, 피해자의 보호와 지원에 대한 시스템

출처: 여성가족부(http://www.mogef.go.kr).

한편, '2010년 전국 가정폭력 실태조사' 결과를 바탕으로 여성가족부는 피해여성 지원강화를 위한 가정폭력종합대책을 마련하여 발표할 계획으로 있다. 여성가족부에서 준비 중인 계획의 요지를 살펴보면 다음과 같다(http://www.mogef. go.kr). 우선, 10세 이상 남아(男兒)를 동반한 가정폭력보호시설 입소 어려움 해소를 위해 가정폭력피해여성이 자녀 양육을 무리 없이 할 수 있도록 가족보호시설을 5개 지역에 신규 설치하여 운영할 계획이다. 또한, 금년까지 자립이 어려운 폭력피해여성들이 그룹 홈 형태로 생활할 수 있도록 지원해 온 5개 지역 임대주택 54호에 30호를 더 확충하여 입주피해여성들의 사회복귀를 도울 수 있도록 추진할 계획이며, 연차적으로 더욱 확대해 나갈 계획이다.

가정폭력 피해자 및 가족보호 중심의 사건처리를 위해 검찰 · 경찰공무원을 대상으로 가정폭력 인권보호교육을 실시하고, 가정폭력근절 사회분위기 조성을 위한 대국민 홍보를 강화할 계획이다. 아울러 개별여성 인권보호에서 가족통합 인권보호 중심으로 정책을 전환하고, 사후 대응차원의 정책지원에서 벗어나 사전적 예방기능을 강화해 나갈 수 있도록 가정폭력 재범자 및 상습적 가해자에 대한 처벌 강화 등을 위해 법무부, 경찰청, 검찰청 등 관계부처와 적극 협조해 나갈 예정이다.

5) 가정폭력 대응의 담론

지금까지 살펴본 바와 같이 가정폭력은 일회성에 그치지 않고 지속해서 반복되는 특성이 있다. 따라서 피해자는 물론이고 가해자와 다른 가족구성원에게 미치는 부정적 영향력이 매우 심각하다. 그런데 「가정폭력범죄의 처벌 등에 관한 특례법」에서는 보호처분제도를 도입하였는데, 가해자에 대한 국가개입의 확보에 치중한 나머지 피해자 보호조치가 미흡해진 측면이 있다. 피해자 개개인의 상황과 욕구에 맞는 지원활동을 보장하고, 피해자의 자립 지원을 위한 체계적인 서비스가 제공되어야 한다. 피해자 지원은 정부와 관련 기관(경찰, 의료기관, 교육기관, 취업훈련기관, 상담소, 보호시설 등)이 협력하여 연계하는 종합적 지원체계가 갖추어져야 한다. 2019년부터 가정폭력 대응이 강화되어, 응급조치로 가해자를 현행범으로 그 자리에서 체포할 수 있게 됐다. 하지만 처벌만이 아니라 가해자에 대한 적절한 치료가 이루어져야 할 것이다.

기초생활보장수급자 중에는 가정폭력을 당했거나 친족 성폭력 피해를 본 뒤 연락도 없이 따로 살지만, 가해자의 소득 때문에 수급비 삭감 통보를 받는 경우가 종종 있다. 가해자가 수급자인 경우, 친족 피해자가 부양 압박을 받기도 한다. 좀 더 가난한 사람을 가려내 지원하는 선별복지 정책 탓이다. 이 때문에 기초생활보장수급자도 계속 줄고 있다. 보건복지부 자료를 보면, 지난 2001년 142만 명이었던 수급자 수는 2009년 157만 명으로 정점을 찍은 뒤 2010년 155만 명으로 줄어든 데 이어 2011년 147만 명, 2012년 9월 초 현재 141만 명으로 곤두박질쳤다. 2003년 이후 8년 9개월 만에 최저치를 기록했다. 보건복지부가 2011년 6~7월 실시한 상반기 확인조사 결과, 상당수의 수급자가 탈락했다. 현재 수급자 수는 2011년 예산상으로 잡힌 수급자 규모 155만 명에 견주어 14만 명이나 적은 수치다. 이번 확인조사를 통해 급여가 감소한 이들은 11만~12만 명 수준인 것으로 알려졌다. '부정수급자'를 가려내기 위해 시행하는 확인조사는 매년 두 번 이뤄지는데, 2011년 한해에만 조사를 통해 8만 5,000명가량이 탈락하고, 19만 3,000여 명의 급여가 깎였다(한겨레, 2012. 9. 19.).

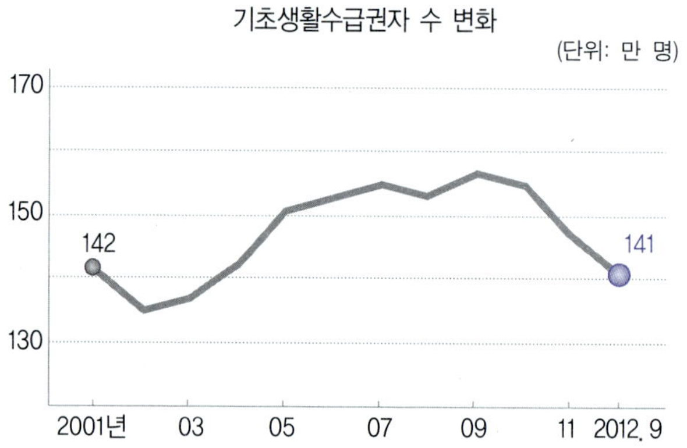

[그림 9-10] 기초수급자수 8년 새 최저, 가정폭력에 집 나왔는데…

출처: 보건복지부.

제10장 모성과 가족의 돌봄 노동

1 모성과 모성애

1960년대 말에서 1970년대 초 서구의 여성학자들은 임신과 출산, 육아라는 '어머니 되기'가 갖는 허구성과 역사성을 걷어 내는 일에 집중하면서, 사람들이 태고부터 존재해 온 자연스러운 진리라고 받아들이는 모성(母性, motherhood) 신화가 특정 역사 시기에 출현한 역사적 산물로 이해했다. 또한, 성별 노동분업을 수행하는 현대 핵가족에서 아버지는 분리된 경제영역에서 활동하며 가족을 부양하는 자이고, 어머니는 전업주부이자 집안의 '살림꾼'이라는 전형적 가족 이데올로기를 강화하면서 여성 억압을 강화하는 기제로 작용했음을 강조한다(한선, 2008). 비록 여성의 취업이 증가하고 출산율과 초혼연령뿐만 아니라 모성에 대한 기대도 변화하였으며, 현대적 의미의 모성을 아동 양육의 논리적이고 관계적인 측면을 강조함으로써 그 의미를 확대 해석하기는 하지만 여전히 모성의 경험은 여성의 삶에서 가장 중요한 요소로 남아 있다.

이러한 모성에 대한 태도가 어떻게 형성되는가에 대해 이연정(1999)은 임신·출산·수유와 같은 생물학적 요소뿐만 아니라, 양육과 이데올로기와 같은 사회적 요소에 의한 복합적인 기제로 영향을 받음을 강조한다. 그러나 아동 양육에 대한 일차적인 책임이 어머니에게 있다는 오랫동안의 사회적 통념은 여성의 사회적 욕구보다는 어머니로서의 욕구로만 제한시킴으로써 가족에서의 여성의 역할만을 지나치게 강조해 왔다.

1) 모성애 신화

2008년 5월, 중국 쓰촨 성(四川省)[70] 대지진 당시 가장 큰 피해를 당한 웬추안(文川)에서 있었던 일이다. 피해현장에서 구조작업을 벌이던 구조대원들은 폐허 속에서 이상한 형상을 발견했다. 자세히 살펴보니 피와 흙먼지로 범벅된 채 죽어 있는 여성이었다. 그녀는 지붕을 떠받치는 기둥 모양을 한 채로 숨져 있었다. 더욱 놀라운 건 그녀가 만든 기둥 안쪽에는 젖을 문 채 아기가 곤히 잠들어 있었다. 사고 순간, 아기의 어머니가 두 팔과 무릎을 일으켜 사력을 다해 공간을 만들어 무너지는 콘크리트 더미로부터 아이의 생명을 지켜냈음을 짐작할 수 있었다. 그러나 정작 자신은 척추가 부러지면서 과다출혈로 목숨을 잃었던 것이다. 함께 발견된 휴대전화에는 이런 메시지가 적혀 있었다. "사랑하는 아가야, 만약 네가 살게 된다면 이것만은 기억해 주렴. 엄마는 너를 사랑했단다." 이 이야기는 모성애가 얼마나 강한지 보여 주는 대표적인 사례이다.

참고자료 10-1

모성애가 사람에게만 있는 것일까?

항상 새끼를 업거나 안고 다니며 새끼가 죽게 되더라도 버리지 않고 한동안 안고 다니는 원숭이도 있다. 새끼를 잃어버리면 잃은 새끼를 찾기 위해 소리를 내며 몇 날 며칠을 돌아다니는 사자, 새끼가 알에서 갓 태어났을 때 침입자가 나타나면 죽은 척을 하거나 다리를 저는 척하며 침입자의 시선을 유도해 새끼를 지켜 내는 꼬마물떼새, 새끼를 낳으면 자신의 살을 새끼들에게 내어 주는 살무사, 염낭 거미, 문어 등도 모성애가 지극한 동물들로 손꼽힌다. 누군가 공격해 오면 도망을 가거나 맞대응을 하는 것이 동물의 본성이다. 그러나 자기 새끼에게만큼은 기꺼이 희생을 마다치 않는 모성애는 대체 어디에서부터 발현된 것일까. 사람과 짐승을 막론하고 자녀를 가진 어머니라면 누구나 갖게 되는, 이 숭고하고 위대한 사랑의 시작은 어디일까?

출처: http://bbs3.agora.media.daum.net/gaia/do/story/read?bbsId=S101&articleId=82824.

---

70) 중국 남서부 양쯔 강(揚子江) 상류 유역에 있는 성(省). 양쯔 강, 민장 강, 퉈장 강, 자링 강의 4대 강이 성내를 흐르기 때문에 이런 이름이 붙었다. 지형은 서쪽의 촨시 고원과 동쪽의 쓰촨 분지로 크게 나뉘며, 성도는 청두(成都)이다. 면적은 485,000km²이고 인구는 88,150,000명(2007년)이며, 쌀, 차(茶)가 많이 난다.

대부분의 사회에서 출산과 부모 됨은 여성의 가장 중요한 역할로 규정되며, 여성의 역할과 어머니 역할은 동일시되고 있다. 그러나 모성을 여성이 자연적으로 습득하게 되는 피할 수 없는 운명으로 보는 관점도 사회의 변화에 따라 다양한 관점으로 변화되고 있다.

첫째, 기존의 관점에 대한 반발로 1960년대 말에서 1970년대 초 서구의 페미니스트들에 의해 제기되었는데, 여성의 삶이 자녀 양육이나 출산으로 구속되어서는 안 되며, 모성을 선택의 관점으로 보아야 한다는 주장이다. 이연정(1999)에 의하면, 선택의 관점에서 모성을 억압의 원인으로 보는 입장과 해방의 원천으로 보는 입장, 즉 두 가지 입장이 있다고 한다. 여성학자 파이어스톤(Firestone)은 재생산을 여성 억압의 원인으로 보고 생물학적 모성에 대해 반대하며, 오클리(Oakley)도 생물학적 모성이 여성의 자연적 필요가 아니라 억압적인 신화와 같은 문화적 구성물이라는 점을 강조한다. 반면, 오브라이언(O' Brien)은 재생산이 여성 해방의 원천이기 때문에 생물학적 모성은 보호되어야 한다고 주장한다.

둘째, 1980년 이후의 변화로 어머니가 되지 않을 권리뿐만 아니라 어머니가 되는 경험에도 중점을 두면서, 남녀 간 차이를 인정하며 여성성을 찬양하는 관점이다. 이러한 관점에서는 여성 억압에 대한 반발로 어머니가 되는 것을 반대하는 것은 쉽고 간편한 방법이지만, 자기 부정적인 행위이며 가부장적 사회화에 의해 왜곡된 것이라는 점이다. 따라서 최근의 모성논쟁은 모성을 찬양하거나 거부하는 추상적 단계에서 자녀 양육 문제에 초점을 맞춰 부모가 자녀의 양육을 공유하는 것, 공동육아, 국가의 정책적 지원의 방향 등 다양한 측면을 강조하는 쪽으로 변화하고 있다.

그러나 페미니스트들의 선택의 관점 혹은 여성성의 관점과는 별개로 우리 사회에서는 여전히 출산과정에서 여성의 주체성은 거부되고 있으며, 육아는 여성의 몫으로 강조·실천되고 있다. 따라서 우리나라에서는 출산과 관련해 다음과 같은 다양한 젠더 이슈가 제기되고 있다(정혜정 외, 2009).

2) 출산과 관련된 다양한 젠더 이슈

모성애 신화에 의해 결혼한 여성은 출산을 자연스러운 과정으로 인식한다. 그러나 출산은 결혼한 부부뿐만 아니라 동거하는 커플과 미혼여성의 삶에도 가장 커다란 변화를 일으키는 사건이다. 젠더 관점에서 출산과 관련된 문제는 ① 의무적 출산, ② 소수자의 출산권리, ③ 출산방법의 선택, ④ 출산하지 않을 권리, ⑤ 낙태의 권리, 그리고 ⑥ 출산과정에서 인권과 여성의 건강 등이 있다.

(1) 의무적 출산

문화권 대부분에서는 결혼한 여성의 출산에 대한 사회적 압력이 매우 크고, 출산 자체를 개인의 성숙이나 성취와 관련이 있다고 가정한다. 또한, 어머니가 된다는 것을 여성의 생애 과정에서 '정상적'인 것으로 여긴다. 따라서 어떤 문화권에서는 '임신' 자체에 대해 의문을 제기하지 않는다. 더 나아가 무자녀가족을 이루는 것이 다양한 삶의 하나라는 점을 인식하지 못하기도 한다(Bools, 2003). 출산에 대한 압박은 친인척과 친구들과 같은 개인적인 관계망에서뿐만 아니라 사회적으로도 작용하며, 취업이나 교육 등으로 출산을 하지 않는 여성을 이기적으로 평가하기도 한다. 종교적 관점에서도 부부가 자신을 내어 주고 상대를 받아들여 하나가 되는 결과로, 사랑의 결실인 자녀가 태어난다고 보기 때문에 자녀는 하나님의 소중한 선물로 인식된다. 따라서 우리 사회에서는 무자녀가족에 대한 편견이 매우 크며, 결혼은 곧 출산으로 연결된다.

누가 출산을 결정하는가는 시대에 따라 많은 변화가 있다. 우리나라에서는 혼인의 이유가 전통적으로 출산을 통한 가문의 계승으로 인식되었으며, 출산은 혼인한 여성의 의무였다. 따라서 조선시대까지 아들을 못 낳는 것은 칠거지악(七去之惡)[71]의 하나로 이혼의 원인이 되었다. 비록 지금은 사회의 인식이 많이 변하긴

71) 칠거지악이란 조선 시대에 아내를 내쫓을 수 있는 이유가 되는 일곱 가지의 허물. 곧 시부모에게 순종하지 아니하는 것(不順舅姑), 자식을 낳지 못하는 것(無子), 행실이 음탕한 것(淫), 질투하는 것(妬), 나쁜 병이 있는 것(惡疾), 말이 많은 것(多言), 도둑질을 하는 것(盜) 등을 이른다.

하였으나, 종갓집에서나 외아들인데 아들을 낳지 못해 이혼을 당했다는 신문보도를 종종 접하게 된다. 그뿐만 아니라 전 세계 연예계 대표부부의 이혼이유가 불임 때문이었다는 사실은 우리를 놀라게 하기에 충분하다(참고자료 10-2).

참고자료 10-2

니콜 키드먼 입 열었다 "톰 크루즈와 이혼사유 불임+우울증"

한 외신은 할리우드 배우 니콜 키드먼(45)이 전남편 톰 크루즈(50)와의 결혼생활과 이혼과정에 대해 허심탄회하게 털어놓았다고 전했다. 외신에 따르면, 니콜 키드먼은 최근 진행된 인터뷰에서 "난 정말 어렸을 때 톰 크루즈와 결혼했다. 매우 빨리 결혼을 한 편에 속하지만, 결코 과거를 후회하지 않는다. 결혼을 통해 입양아들 코너 크루즈와 딸 이사벨라 크루즈를 얻었고 긴 시간 동안 판타스틱한 경험을 했기 때문이다"고 말했다. 이어 니콜 키드먼은 "톰 크루즈와 아이를 가지기 위해 부단히 노력했지만 실패했고 또 실패했다. 가까스로 임신하는 데 성공했지만 결국 유산의 아픔을 겪었고 불임치료를 받았다. 결국, 내가 우울증을 겪고 있다는 사실을 깨닫게 됐다. 그건 일종의 성장통이었다. 지금은 모든 것에 대해 전혀 후회하지 않는다"고 밝혔다.

니콜 키드먼과 톰 크루즈는 할리우드 최고 잉꼬커플로 꼽히며 1990년 결혼했다. 당시 니콜 키드먼의 나이는 23세. 한창 뜨거운 인기를 끌며 승승장구하던 시절이었다는 사실을 고려해 볼 때 매우 이른 나이에 결혼을 택한 셈이다. 이후 두 아이를 입양했지만 2001년 이혼하며 10년간의 결혼생활에 종지부를 찍었다.

출처: 뉴스엔(2012. 10. 4). 황혜진 기자.

또한, 불임으로 출산하지 못하는 여성도 많이 있으나, 출산에 대한 의무는 이런 여성에게 또 다른 스트레스 요인이 되고 있다. 오늘날 결혼 시기가 점차 늦어지고 있다. 결혼이 늦어지는 것만으로도 여성과 남성은 신체가 점차 퇴행하여 그에 따른 기능도 점차 상실되게 되는데, 늦어진 결혼은 늦은 출산으로 이어져 불임의 가능성이 높게 나타난다. 불임은 정상적인 부부관계에도 불구하고 1년 이내 임신이 안 될 때를 말한다. 건강보험심사평가원에 의하면, [그림 10-1]에서 보는 바와 같이 불임으로 병원에서 진료를 받은 인원은 지난 2006년 14만 8,408명에서 2010년에는 18만 4,576명으로 5년간 3만 6,168명(24.4%)이 증가했다(문화일보, 2012. 8. 9).

(단위: 명)

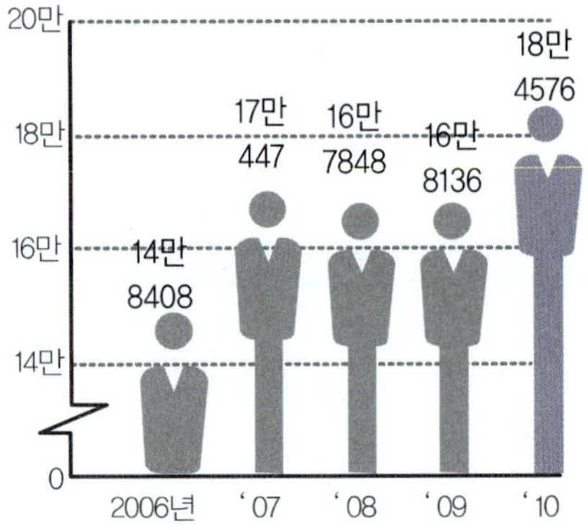

[그림 10-1] 연도별 불임 진료인원 추이

출처: 건강보험심사평가원; 문화일보(2012. 8. 9).

비록 부모 됨을 선택하는 것은 개인의 권리지만, 준비되지 않은 부모 역할의 폐해 또한 크다. 따라서 한 개인이 부모 됨을 선택하는 권리를 행사하였다면, 그는 부모 역할의 중요성을 인식하고 실천해야 한다. 출산에 대한 권리는 개인이 언제 어떤 조건에서 부모가 될 것인가를 스스로 결정하는 것을 의미한다. 그러나 출산은 부모 역할의 어려움이나 혼인의 결과 자연스러운 과정 혹은 의무적인 과정이 아니라, 여성의 삶에 대한 선택권 관점에서 고려되어야 한다(정현숙 외, 2003).

(2) 사회적 소수자의 출산권리

우리 사회에서 출산은 결혼관계에서만 합법화되고 있다. 따라서 결혼제도 밖의 다양한 사회적 소수자의 출산은 인격적 차원에서 공식적으로 논의되지 않는다. 특히, 장애인·성매매자·10대 임신 등은 논란의 중심에 있다. 우리나라 출산 관련 정책이 생명경시 풍조를 막기 위한 것이라고 하지만, 정작 국가가 모성보호와 양육에 대한 제대로 된 담론이나 정책 등을 가지고 있지 않다. 특히, 장애인·10대 소녀·성 소수자·비혼모와는 서로 어그러져 동떨어진, 소위 '정상적' 성 중심적인 국가 이데올로기를 가시적으로 드러내고 있다. 이러한 근거로 중증의 지적장애와 발달장애, 신체적 장애를 가진 여성들에게는 임신과 출산의 가능성 자체를 막아야 한다며 가족이나 보호자가 자궁척출이나 불임시술을 공공연하게 행하는 등 장애여성의 인권침해를 정당화하기도 한다(지선, 2008).

그러나 장애인의 출생권을 주장하는 것이 '반낙태'로 단순화되는 오류는 피해야 한다. 사회적 소수자의 권리와 관련하여 주희(2008)는 성매매 여성의 낙태와 재생산권도 인권적 차원과 외부적 상황 · 내부적 결심의 당위를 통한 낙태의 선택이라는 관점으로 인식해야 한다고 강조한다. 즉, 다채로운 여성의 인생이 있음에도 불구하고 임신, 출산, 낙태를 덜 중요한 것으로 만들거나 더 중요하게 생각하는 여러 옵션이 우리 사회에 존재하고 있다는 것이다.

참고자료 10-3

지적장애 여성, 숨진 영아 안고 도심 배회

지적장애를 앓는 여성이 태어난 지 한 달여 만에 숨진 자기 아들을 20여 일 동안 품에 안고 떠돌아다니다 경찰에 발견됐다. 부산 부산진경찰서는 전날 저녁 8시 40분쯤 부산진구 부전동 롯데백화점 지하 분수대 부근에서 30살 박 모 씨가 담요를 껴안고 돌아다니는 것을 수상하게 여긴 백화점 경비원이 신고해 왔다고 밝혔다.

경찰 관계자는 박 씨가 안고 있는 담요를 확인해 보니 숨진 지 20여 일이 지난 것으로 추정되는 영아의 시신이 부패한 상태로 들어 있었다고 설명했다. 지적장애인인 박 씨는 지난 1월 부산 부산진구 부전동 모텔에서 임신 7개월 만에 남자아이를 출산했고, 태어난 아이를 잘 먹이지 못해 한 달여 만에 숨지자 미안한 마음에 시신을 묻지 않고 담요에 싸서 안고 20여 일 동안 부전동 일대를 돌아다닌 것으로 조사됐다.

출처: YTN 뉴스(2011. 3. 9). 김종호 기자.

우리 사회에서 10대는 '아직 성년이 안 된', '미성숙한', 그리고 '성인의 보호가 필요한' 동질적 집단으로 여기기 때문에 출산을 선택한 10대 여성에 대한 새로운 관점과 관심도 필요하다. 서정애(2008)는 미성년이라는 개념 자체가 성인과 10대와의 위계적 구별을 내포하는 것으로, 성인의 10대에 대한 우월성과 동시에 10대에 대한 권리유보와 제한을 드러낸다고 비판한다. 나이에 준거한 규범은 섹슈얼리티, 임신, 출산 등의 재생산 경험에서의 '적정' 나이를 규정함으로써 10대의 섹슈얼리티, 임신, 출산 등을 비합법적이거나 수치스러운 사건으로 치부(置簿)하는 문제점이 있다는 것이다. 그러나 이들의 임신, 출산경험이 10대 성윤리의 문제이기보다는 이들이 살아가고 있는 삶의 조건 속에서 구성되는 삶의 과정으로 보아야 한다. 따라서 미혼모라는 윤리적 관점이 아니라 재생산적 관점에서 논의가 이루어져야 한다. 즉, 재생산권은 남성과는 다른 '생물학적 가능성'을 갖는 여성의 권리로, 나이와 결혼을 넘어서는 여성의 삶의 권리로 인정되어 사회적 지원이 필요함을 강조한다.

(3) 출산방법의 선택

출산방법과 관련해서는 인격적인 출산방법을 선택하는 문제와 임신협정 혹은 대리모와 같은 문제가 있다. 자연분만이 산모와 태아에 좋다는 인식이 늘면서 자연분만율이 높아지긴 했지만, 제왕절개 분만도 꾸준히 증가하고 있는 것으로 나타났다(SBS 뉴스, 2012. 6. 23). 우리나라의 출생아 1,000명당 제왕절개 건수는 2009년 351명으로 핀란드 157명, 스웨덴 171명보다 월등히 많았고, 경제협력개발기구(OECD) 평균보다도 높은 수치를 기록했다. 국민건강보험공단은 2007년부터 2011년까지 건강보험 진료비 지급 자료를 분석한 결과 '제왕절개에 의한 분만' 인원이 인구 10만 명당 1,105명(2007년)에서 1,109명(2011년)으로 연평균 0.2% 증가했다고 밝혔다. 반면, 국가가 정책적으로 지원(본인부담금 면제)하고 있는 '자연분만' 인원은 인구 10만 명당 1,659명(2007년)에서 1,684명(2011년)으로 연평균 0.5%가 증가했다.

인구 10만 명당 분만인원과 연평균 증가율을 살펴보면, 분만인원이 가장 많은 30~34세의 경우 '자연분만'은 2007년 5,169명에서 2011년 5,718명으로 연평균 2.7% 증가했고 '제왕절개분만'은 2007년 3,494명에서 2011년 3,628명으로 연평균 1.1%가 증가했다. 25~29세는 '자연분만' 인원이 연평균 4.6% 감소하였고, '제왕절개분만' 인원은 연평균 4.5%가 감소했다. 또한, '자연분만'은 40~44세에서 가장 높은 증가율(13.7%)을 보였고, 다음으로 35~39세가 11.2%로 높은 증가율을 보였다. 자연분만과 달리 '제왕절개분만'은 19세 이하에서 11.4%로 가장 높은 증가율을 보였고, 다음으로는 40~44세가 10.7%의 증가율을 나타냈다. 지난해 태어난 신생아 37만여 명 가운데 약 40%인 14만 8,000명은 제왕절개로 태어났다. 이는 미국의 30% 안팎, 유럽과 일본의 20% 정도보다 높고, 특히 세계보건기구가 적정 수준으로 보는 제왕절개 비율 15%의 세 배 가까이 높은 수치이다. 터키, 멕시코, 이탈리아에 이어 OECD 국가 중 네 번째로 높은 이유는 고령의 산모가 많아진 탓도 있지만, 길일을 택해 출산하려는 문화적 배경도 작용한 것으로 추정된다[72].

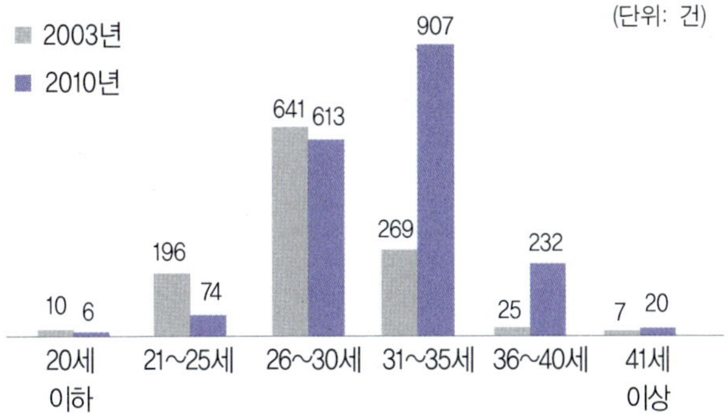

[그림 10-2] 산모 나이별 출산 현황 추이

출처: 아이사랑산부인과; 부산일보(2012. 4. 9).

그런데 미국 플로리다 의대에서 어린이 9,900명을 조사했더니, 제왕절개로 태어난 아이들은 알레르기 비염과 천식, 소아 당뇨병 등에 걸릴 확률이 30%가량 높았다. 자연분만의 경우, 태아가 엄마의 산도, 그러니까 아기가 나오는 길을 거치는 과정에서 많은 세균과 접하다 보니 면역력이 균형 있게 발달한다. 반면, 제왕절개로 태어날 경우, 산도에 있는 세균과 접하지 못해서 외부 면역계가 발달하지 못하고 대신 자기 조직을 공격하는 자가 면역계만 과도하게 발달하게 된다. 그 결과 자가 면역성 질환에 걸릴 위험성이 더 높아지는 것이다.

72) '불가피한 상황'에서 의사와 산모가 선택하는 것이 제왕절개 수술이다. 산전 출혈, 골반 기형, 태아 위치 이상, 자궁경부암, 태아 기형 등의 경우가 그렇다. 초음파 등 의료장비의 눈부신 발전으로 태반이 자궁 입구를 막거나, 태아가 자궁 안에서 사망하는 경우를 사전에 확인할 수 있어 제왕절개 빈도가 더 늘고 있다. 고령산모는 임신중독증과 임신성 당뇨 등 출산 합병증의 위험이 높아질 수밖에 없다. 그래서 고령산모의 제왕절개 분만율이 젊은 산모들보다 높다.

국민건강보험공단의 연구에서도 첫 아이를 제왕절개로 낳을 경우, 둘째를 임신했을 때 임신중독증에 걸릴 위험이 26% 높아지는 것으로 조사됐다. 물론 태아와 산모의 상태에 따라 제왕절개가 더 나은 경우도 많다. 때문에 전문의와 충분한 상담을 거쳐서 바람직한 출산방법을 결정하는 것이 필요하다.

이러한 문제점 때문에 정부에서는 2002년 제왕절개분만 감소 대책위원회를 구성하였으며, 의료기관을 대상으로 제왕절개 분만율의 정보공개정책, 교육과 홍보사업, 분만수가 조정과 의료분쟁조정법의 입법화를 시도하고 있으나, 그 목적이 제대로 달성되지 못하고 있다. 결국, 문제는 분만과 관련하여 여성의 건강증진을 목표로 건강한 환경 조성을 이루고, 목적에 적합한 출산방법을 여성과 가족이 선택할 수 있도록 법과 정책이 지원되어야 할 것이다.

또한, 출산과정에 남편의 참여가 부모 역할에 미치는 긍정적인 효과가 큼에도, 많은 병 · 의원에서 남편의 출산과정 참여를 금지하고 있다. 비록 일부 병원에서 산모가 진통을 겪는 동안 남편도 산모의 고통을 지켜보면서 출산과정에 동참하는 부부분만제도가 도입되고 있지만, 그 수는 매우 제한적이다. 부모로서 인격적인 출산방법을 선택할 권리를 찾기 위하여 산모를 환자로 보는 의사 중심의 출산 문화는 바뀌어져야 한다. 이제는 산모가 자신이 원하는 바를 요구하고, 태아의 인권을 존중하는 문화가 싹트도록 모두 노력해야 한다(정현숙 · 유계숙, 2001).

가장 논쟁적인 출산방법은 임신협정 혹은 대리모 문제이다. 샤너(Shiner)는 대리모라는 단어가 어머니 자격을 분절시키고 임신을 주변화시킨다고 한다. 유전적으로 관련된 아기를 원하는 사람의 이해관계에 초점을 맞춤으로써 임신부인 여성과 태어난 아이에 관한 관심이 무시된다는 점을 비판한다. 이러한 관행이 이타적인 협정에서 이루어지는 것이기 때문에 과연 도덕적으로 바람직한가? 혹은 여성에게 아기 판매에 상당하는 위험과 노고의 대가로 어떤 보상을 해 주어야 하며, 보상 없는 협정은 여성의 노동을 착취하고 아기를 하나의 대상으로 다루는 일이 되는가? 하는 점이 대리모와 관련된 논쟁거리이다. 우리나라에서는 '씨받이'라는 이름으로 가난한 집안의 여성이 자녀를 낳지 못하는 가문에 출산을 위해 고용되는 경우가 있었으며, 이들의 어머니로서의 권리는 무시되었다. 그러나 이러한 관행은 여성에 대한 착취이고, 비인간적이며, 친밀한 신체적 경험을 주변화하는 과정이다. 이러한 이유로 샤너는 대리모와 같은 과정이 여성을 단순히 태아의 용기로 특징짓는 위험을 내포하고 있다고 경고한다(Shiner, 한국여성철학회 역, 2000).

그러나 또 한편으로는 과학기술의 발달이 아버지의 권리와 아버지 - 자녀관계에 대한 패러다임을 변화시킬 것이라는 주장도 있다. 냉동정자를 이용해 독신여성이나 레즈비언들이 인공수정을 통해 출산을 하면서, 아버지는 아버지 역할을 선택할 수 없고 자식의 존재를 알지 못하는 상황이 발생될 것이라는 것이다. 2007년 세계미래학회에서 멀로니(C. Moloney) 박사는 “남자가 왜 필요한가?” 라는 발제에서 65억 인구를 보존시킬 만큼 많은 냉동정자가 존재하기 때문에 남자는 물리적으로 필요가 없다고 주장하였다(박영숙, 2007).

사회는 양성평등이 이루어졌으며, 냉동정자 수정을 통하여 독신어머니가 빠른 속도로 증가하고 있다. 그래서 남성의 필요성이 줄어들고 여성의 권력이 급속히 증가하고 있다고 주장하는 이들도 있다. 그러나 한편으로는 출산에 앞서 아버지에게 출산을 알리지 않는 여성의 권력이 남자의 처지에서는 문제가 될 수 있다. 때문에 많은 국가에서 아동 양육 관련 법은 여성이 아버지를 밝히도록 하고 있다. 따라서 정현숙과 옥선화(2008)는 미래 사회에서는 아버지의 권리 찾기 운동과 남성학이 더욱 활성화될 것으로 예측되기 때문에 인간생명과 출산에 관한 윤리뿐만 아니라 부모 됨을 선택하는 과정에서도 부모의 윤리가 충분히 논의되어야 함을 강조한다.

이 밖에도 피임, 새로운 출산기술, 임신테스트, 임신중절, 불임치료, 임신진단, 그리고 태아의 조직 사용 등의 의학 발전은 여성에게 신체적인 위험뿐만 아니라 정서적, 사회적, 재정적 비용을 치르게 한다는 점이 지적되기도 한다. 샤너는 난자와 배아 이식과 관련된 새로운 기술은 생물학적 어머니 됨의 과정이 분절됨으로써, 누가 진짜 엄마가 될 것인가가 문제될 수 있으며, 유전적 이바지와 관련되어 임신이 평가절하됨으로써 여성에게 새로운 두려움을 일으킬 수 있음을 경고한다. 결국, 출산은 여성이 하는 것이지만 출산에 이르는 과정은 여성과 남성의 성관계로 이루어지는 것이다. 출산의 선택도 정치적, 경제적,

문화적 의미를 내포하고 있기 때문에 출산의 선택이 단순히 여성만의 문제가 아니라, 여성과 남성 두 사람 모두의 관점에서 다루어져야 하는 하나의 과정으로 접근해야 할 것이다(Shiner, 한국여성철학회 역, 2000; 정혜정 외, 2009).

(4) 출산하지 않을 권리

무자녀란 간단히 말하면 자녀가 없음을 뜻하는 것이지만, 무자녀 선택의 자발성 여부와 그러한 선택의 지속 정도에 따라서 무자녀의 정의는 달라진다. 즉, 자발적인 의사결정에 따라서 무자녀를 선택한 커플과 불임과 같이 불가피한 이유 때문에 자녀를 갖지 못하는 부부간에는 분명한 차이가 있다. 또한, 영원히 자녀를 갖지 않기로 결정한 부부와 일정 기간 자녀 갖기를 연기한 부부에게 무자녀에 대한 의미는 서로 상당한 차이가 있다. 결혼 이후 자녀 갖기를 반복해서 연기하는 과정에서 자연스럽게 무자녀가 된 부부의 무자녀에 대한 의미와도 많은 차이가 있을 것이다.

그러나 우리 사회에서는 무자녀 가족에 대한 사회적 편견이 매우 크며, 결혼은 곧 출산을 의미하기도 한다. 케인(M. Kane)은 무자녀의 유형을 세 가지, 즉 의도적인 선택에 대한 무자녀 여성, 어쩔 수 없는 이유 때문에 무자녀가 된 여성, 상황에 의해 자연스럽게 무자녀가 된 여성 등으로 분류하였다. 그는 자연스럽게 무자녀가 된 여성이 수적으로 급증하면서 무자녀 혁명은 이미 시작되었으며, 이러한 경향은 앞으로 더욱 증가할 것으로 예측한다. 그런데 문제는 이러한 수적인 증가에도 무자녀 여성에 대한 터무니없는 편견과 오해가 만연되어 있다는 점이다. 이러한 이유로 케인은 출산은 선택이며, 어떤 이유와 상황에서의 선택이든 존중받아야 하므로, 의사와 어머니는 환자와 딸에게 임신을 막는 법, 나이대별 가임률(可姙率)에 대한 통계, 낙태 허용을 막는 법, 먹는 낙태약과 응급피임약을 구하는 법, 그리고 입양절차와 무자녀의 이점 등을 알려 주어야 한다고 말한다. 그리하여 주어진 정보에 따라서 자신의 삶에 가장 알맞은 결정을 내릴 수 있도록 도와주어야 함을 강조한다(이한중 역, 2003).

(5) 낙태의 권리

보건복지부에 의하면, 지난 2005년 한 해 이뤄진 낙태(인공임신중절)는 34만 건으로 같은 해 태어난 신생아 수 44만 명의 77%에 이를 정도다. 한편, 2009년 말 보건복지부(당시, 보건복지가족부)가 동서리서치에 의뢰해 서울과 6대 광역시에 거주하는 15~44세의 가임기 남녀 2,000명을 대상으로 온라인 조사(국민인식조사)한 결과, 응답자의 57.9%가 '인공임신중절은 태아를 죽이는 것'이라고 인식했으나, 10.2%가 낙태에 대해 찬성하고 64.9%는 제한적으로 허용해야 한다고 답해 이중적 태도를 보였다(노컷뉴스, 2010. 3. 1). 그런데 변호사와 법대 교수로 구성된 법조계의 96.6%, 전국 여성단체 구성원의 96.7%, 심지어 종교계의 57.7%가 낙태를 제한적 혹은 완전 허용해야 한다는 실태(고려대학교 · 보건복지부, 2004)에서 보듯이 우리 사회에서 낙태에 대한 인식은 대상에 따라 매우 이중적 태도를 보인다.

낙태에 대한 견해는 낙태를 생명존중의 문제로 볼 것이냐, 아니면 여성과 가족의 선택적 권리로 볼 것이냐의 두 가지 관점이 있다. 도덕적인 문제로 보는 집단에서는 인간의 권리를 수정 순간부터로 규정하여 태아의 도덕적, 법적 지위를 강조하는 것으로 낙태 자체를 살인행위로 규정한다. 그러나 이러한 입장에서도 강간이나 근친상간 등으로 말미암은 낙태는 허용해야 한다는 집단에서부터, 여성의 건강 목적 이외에는 낙태를 전면 부인하는 극단파까지 다양하다(정현숙 외, 2003).

선택의 입장에서 낙태는 임신한 여성의 선택권으로 규정된다. 여성의 낙태결정권을 지지하는 선택론자들은 낙태의 법적 금지를 일종의 임신강요로 받아들인다. 현재 나온 피임법 중 100% 완벽한 피임법은 존재하지 않으며, 낙태를 불법으로 할 때에 일어날 개인적, 사회적 결과를 고려한다면 낙태가 합법적으로 인식되어야 한다는 것이다(Strong & DeVault, 1978). 그러나 낙태의 본질적인 문제는 여성이 아이를 가질지 아닐지를 누가 결정할 것이냐 하는 문제이다. 이에 대해 선택의 관점에서는 여성이 아이를 키워야 하므로 원하지 않는 아이에 대한 결정은 여성이 내려야 한다. 실제로 아이가 태어났을 때 여성생활의 변화가 결혼에서 생기는 결과보다 더 크므로 여성의 문제라는 측면에서 여성의 선택을 강조하고 있다. 즉, 엄마가 언제 되는가를 여성이 결정할 수 있을 때, 비로소 여성은 자기 인생의 방향과 시기를 결정할 수 있다고 본다.

〈표 10-1〉 낙태 규정에 관한 법규

구 분	법 규
「형법」(제269조, 제270조): 불법 낙태 처벌	• 산모, 1년 이하 징역 또는 200만 원 이하 벌금 • 의사, 2년 이하 징역, 자격정지 병과
「모자보건법」(제14조): 허용되는 낙태	• 임신 여성이나 배우자가 특정한 우생학적(優生學的) 또는 유전학적 정신장애나 신체질환이 있는 경우 • 강간 또는 준강간(準强姦)에 의한 임신 • 혈족 또는 친척 간 임신 • 임신 여성의 건강을 해할 우려가 있는 경우 • 임신 여성이나 배우자가 특정한 전염성 질환이 있는 경우

우리나라 연간 낙태건수는 100만 건 이상으로 OECD 국가 중 최고 수준이며, 여성의 선택적 차원에서 혹은 여성의 건강적 측면에서도 논의는 거의 없는 실정이다. 그러나 또 한편으로는 강간에 대한 우리 사회의 부정적인 인식으로 실제 현장의 사례에서는 낙태가 생명권과 선택할 수 있는 권리 사이의 갈등이 아니라, 여성의 권리(선택권, 재생산권 등)와 국가의 통제권 간의 갈등으로 인식된다는 문제점도 지적된다(이윤상, 2008).

이 밖에도 낙태에 대한 다른 관점도 제기된다. 샤너는 의학의 발달로 배아의 유전적 결함을 알게 되면서 낙태를 해야만 하는 과정으로 인식하는 문제라든가, 임신중절 시 얻게 되는 조직을 연구와 이식을 위해 사용하게 되는 현대 의학의 발달로 말미암은 낙태에 대한 또 다른 관점이 제기될 수 있음을 시사한다. 즉, 유전적 결함이 있는 경우 낙태를 허용하는 것과 임신중절 과정에서 얻게 되는 조직을 연구와 이식에 이용하는 것에 대한 논쟁이 있다는 것이다. 이러한 논쟁은 태아의 조직을 기부하라는 강제성과 임신중절 시 여성의 안정성에 대한 것으로, 태아조직의 기부가 낙태에 대한 오명을 감소시킬 수는 있으나 그 조직을 기부하라는 압력을 만들어 낸다는 것이다. 그 결과 낙태의 시기와 방법은 더 유용한 태아조직을 얻기 위해 조절될 가능성이 있다. 이 경우 여성은 더 큰 위험과 불쾌감을 경험할 수 있으며, 여성의 동의 없이 기준절차를 바꾸거나 태아조직을 사용할 수도 있게 될 것이다. 우리나라에서는 낙태에 대한 행동과 인식의 차이로 이러한 과정에 대해 무지하고, 또 이러한 문제까지 고려하는 사람들은 거의 없는 실정이다. 그러나 앞으로 의학의 발달로 새롭게 나타날 임신과 출산과정에서의 개인의 선택과 그로 말미암은 결과가 여성에게 어떠한 영향을 미칠 것인가에 대해 젠더 관점에서의 검토가 이루어져야 할 것이다(Shiner, 한국여성철학회 역, 2000; 정혜정 외, 2009).

(6) 출산과정에서 인권과 여성의 건강

매년 51만 명 이상이 임신과 출산과정에서의 합병증 때문에 사망하고, 700만 명이 심각한 건강문제로 고통을 받으며, 5,000만 명의 여성이 건강 관련 문제로 고통을 받는다(Cook & Dickens, 2002). 특히, 이러한 모성의 위험 중에서 98% 이상의 사망이 자원빈국인 저개발국가에서 일어난다는 데 문제의 심각성이 있다. 왜냐하면, 출산과정에서의 사망은 여성의 부적절한 교육과 낮은 사회적 지위, 소득과 임금기회의 부족이 원인으로 분석되기 때문이다.

따라서 쿡과 디킨스(Cook & Dickens, 2002)는 여성으로서의 삶에 대한 권리, 자유에 대한 권리, 개인의 안전에 대한 권리, 그리고 건강에 대한 권리와 모성보호와 차별금지에 대한 권리를 부여하는 것이, 국가와 사회가 안전한 모성을 위해 수행해야 하는 기본 과제라는 점을 강조한다. 특히, 여성의 몸에 대한 권리는 철학적 관점에서도 검토되어야 하는데, 샤너에 의하면 임신은 여성만의 생생한 신체적 현상이다. 하지만 출산은 생식에 있어서의 의사결정과 생식에 관한 인식에 영향을 주는 가족, 의료제도, 사회규범과 권력구조 내에 위치하고 있기 때문이라는 것이다. 왜냐하면, 남성지배적인 종교적 위계질서와 정치적 구조의 영향으로 남성지배적인 의료전문가들이 여성의 몸에 대한 통제력을 갖기 때문이다. 따라서 출산과정과 출산 자체에 대해 젠더 관점에서 영향력이 검토되어야 한다(Shiner, 한국여성철학회 역, 2000).

2 가족과 돌봄 노동

1) 돌봄 노동에 대한 사회적 평가

'일'의 사전적 의미는 무엇을 이루거나 적절한 대가를 받기 위하여 어떤 장소에서 일정한 시간에 몸을 움직이거나 머리를 쓰는 활동, 또는 그 활동의 대상을 말한다.[73] 현대 산업자본주의 사회에서 일은 시장에서 교환할 재화와 용역을 생산하는 활동이며, 화폐로 보상되므로 그에 상응하도록 근면하고 성실하게 수행해야 하는 활동으로 정의할 수 있다. 즉, '일'이라는 용어는 '유급노동'과 같은 의미로 사용되고 있다. 그러나 사회에서 수행되는 상당수의 일은 무급의 일이며 노동시장 밖에서 이루어지고 있다. 노동시장 밖, 특히 가족 내에서 이루어지는 무급의 돌봄 노동은 주로 아동, 노인, 환자, 장애인 등 요보호 대상자에게 이루어진다. 이러한 일은 개인과 가족, 사회가 유지되기 위해서 필수적일 뿐만 아니라, 많은 시간과 노력·기술이 요구된다(정영애·장화경, 2010: 164).

일하는 시간을 최대한 늘리고 다른 생활을 위한 시간을 최소화하라는 산업화의 요구가 사회적으로 수용될 수 있었던 것은 성별분업 덕분이다. 남성이 임금노동을 수행하고 여성이 돌봄 노동을 전담하는 근대적 젠더체계는 남성노동자가 자신의 시간과 정신적·육체적 에너지를 일에 쏟아붓는 것을 가능하게 했다. 또한, 가족의 삶 전체가 그를 지원하기 위한 후원 부대의 역할을 떠안도록 했다. 이러한 사회체계에서 일과 가족의 두 영역은 노동자 개인이나 가족에게나 공간적으로 분리된 영역이자 규범적으로 구분된 의무로 여겨졌다(강이수 편, 2009: 31-32).

73) 『성경』에서는 일(work, job, task)에 관해 다음과 같이 설명한다. 어떤 가치를 창조하기 위한 활동이나 작업·노동(창 2:2). 임무나 주어진 과업·생업(욘 1:8). 공사(왕상 7:14·22). 행적(대상 29:29). 또한, '일'을 가치 있고 명예롭게 생각하라고 가르친다(시 128:2; 살전 4:11). 그리하여, 게으르지 말고(마 21:28-29), 충성스럽게(마 21:28-29; 고전 4:2), 힘을 다해 일할 것을 권한다(전 9:10). 무엇보다 하나님의 영광을 위하는 일에 힘쓸 것을 가르친다(고전 10:31). 그리고 일하기 싫어하거든 먹지도 말 것을 경고하기도 한다(살후 3:10).

이 지구상에서 자신이 필요로 하는 재화나 서비스를 완전히 자급자족할 수 있는 인간은 한 사람도 없다. 건강하고 충분한 소득이 있어도 본인이 의식하지 못하는 필요한 무언가가 제3자로부터 충족되는 일도 있다. 따라서 이러한 돌봄의 필요는 일부 '약자'에게만 발생하는 것이 아니라 '보편적'인 것이다(Osawa, 김영 역, 2009: 41). 그럼에도 이러한 노동시장 밖에서 이루어지는 무급의 돌봄 일은 사회 내에서 제대로 평가받지 못하고 있다(정영애 · 장화경, 2010: 164-165).

한 예로 국내총생산(GDP)은 한 국가에서 사고 팔리는 재화와 서비스의 시장가치를 표현하는 지표이다. 따라서 무급 돌봄 노동은 대부분 비시장노동의 가치를 측정하기 어렵다는 이유로 평가대상에서 제외된다. 오히려 자연의 파괴, 질병, 전쟁, 사고, 범죄 등과 같은 파괴적 활동은 복구 과정에서 더 많은 투자와 이익을 발생시킨다면 생산활동의 주요 부분으로 여긴다. 이러한 측정 방식에 의하면, 한 남자가 전업주부와 결혼하면 가족 내 무급 돌봄 노동이 증가하므로 GDP를 낮추게 되며, 집에서 모시던 노모를 요양시설에 보내면 GDP는 증가하게 된다(Folbre, 윤자영 역, 2007: 109).

여성주의 경제학자들은 시장생산부문과 화폐경제에만 초점을 맞추어 온 그동안의 경제학 논의 경향을 비판하면서, 인간과 사회의 '재생산'과 '돌봄'의 경제적 측면에 주목하기 시작하였다(Folbre, 윤자영 역, 2007; Hochschild, 이가람 역, 2009). 비임금, 비상품 생산영역에 해당하는 돌봄은 주류 경제학의 관점에서 보면, '생산'보다는 '소비'에 해당한다고 할 수 있다. 그러나 돌봄 서비스도 원재료를 조달하여 인간의 욕구를 충족시키는 자원을 '생산'하는 활동이라는 점에서 단순히 소비활동이라고 할 수는 없다. 이러한 돌봄 서비스를 포함한 가사노동의 화폐가치를 추산하면, 일본에서는 GDP의 약 20%, 독일이나 캐나다 등에서는 무려 50~60%에 달한다고 한다(Osawa, 김영 역, 2009: 91).

우리나라에서 남성은 생계 부양자, 여성은 육아와 가사를 맡는 사람으로 가정 내 성 역할이 고착화되어 있다. 이는 가정뿐만 아니라 직장과 사회 전반적인 구조 속에서도 큰 영향을 끼치고 남성, 여성 모두에게 제약을 준다. 여성에게 주로 요구되는 육아를 포함한 돌봄 노동은 여성의 경력단절로 이어지게 된다. 그런데 돌봄 노동은 때때로 그 일을 수행하는 당사자에게서조차도 제대로 인정받지 못하고 저평가된다. 예를 들어 하루에 10시간 이상 가사를 수행하고 있는 전업주부에게 "무슨 일을 하느냐?"고 질문하면, 종종 "집에서 논다."라고 하거나 "그냥 집에 있다."라는 식으로 답하곤 한다.

이제 가정을 넘어서 사회 전체도 젠더 인식이 바뀌어야 한다. 기혼 남성은 생계 부양을 위해 야근을 마다치 않고 열심히 일하는 모습을, 기혼 여성은 경제 활동 여부와 관계없이 가정에 충실한 어머니의 이미지를 깨야 한다. 방송 프로그램, 드라마, 영화, 음악 등 매체를 통해 남성과 여성이 가정 및 직장에서 주로 하는 역할에 대한 이미지를 구분 짓곤 한다. 이러한 성 차별적인 시각을 보여 주는 장면에 불편함을 호소하는 사람이 더 늘어나야 한다. 학교나 보육기관 등 교육 시설에서 언제까지 아무 거리낌 없이 엄마에게만 연락할 것이가! 이제는 우리가 모두 곱씹어 보아야 할 때가 아닌가?

2) 돌봄 노동의 부담

돌봄의 내용에 따라 신체적 · 경제적 · 정서적 부담으로 말미암아 스트레스가 따른다. 자녀출산 후 양육과 관련하여 가장 큰 스트레스는 양육에 대한 부담 자체이다. 여성은 출산 후 자신의 변해 버린 몸에 대한 걱정과 부끄러움, 그로 말미암은 자신감 상실, 한꺼번에 몰아닥치는 육아에 대한 부담감, 세상과 단절된 것 같은 소외감 때문에 산후우울증을 경험한다. 그런데 대부분은 특별한 치료 없이 회복되지만, 출산여성의 10~20%는 산후우울증으로 고생을 하기도 한다.[74]

산후우울증의 가장 큰 원인은 호르몬 변화로 분만 후 여성호르몬 에스트로겐(estrogen)과 프로게스테론(progesterone)의 수치가 급격하게 떨어져 뇌신경전달물질 체계가 교란되는 것이다. 특히, 제왕절개를 할 때 산후우울증에 걸릴 확률이 더 높다. 이러한 경향은 개인의 성격과 환경, 성장 과정 등에 따라 차이가 있는데, 다음의 경우에 유발률이 증가한다. ① 우울증 병력이 있는 경우, ② 아

74) 산후우울증의 증상은 다른 우울증과 비교했을 때 차이가 있다. 사소한 일에도 자꾸 눈물이 나거나 무언가 서운한 기분이 들게 된다. 잠이 잘 오지 않고 식욕이 없을 뿐더러 초라하고 무능력하게 느껴지는 등의 일반적인 우울증 증상이 차례로 나타난다. 심하면 만성으로 이어져 심각한 우울증에 빠질 수 있다는 점에서 일반 우울증보다 증상이 심각하다고 할 수 있다.

기를 돌본 경험이 없거나 적은 경우, ③ 어릴 때 불안정하게 자란 경우, ④ 원하지 않은 임신인 경우, ⑤ 임신 분만상 장애를 겪은 경우, 그리고 ⑥ 남편의 애정이 결여된 경우 등이다. 이러한 결과는 출산에 대한 여성의 성별화된 경험에 의한 것으로 여성의 출산과 양육에 대한 선택과 여성 스스로의 준비 또한 필요함을 시사한다.

자녀를 양육하는 과정에서도 맞벌이가족과 한부모가족에서 어머니의 역할 가중이 가장 큰 스트레스 원인으로 지적되고 있으며, 장애와 만성적인 질병을 가진 가족구성원을 돌보는 배우자와 며느리의 스트레스 수준은 매우 높다. 질병과 장애는 매우 다양한 돌봄 활동을 해야 하는데, 직접적인 돌봄의 형태는 목욕, 옷을 입히고, 화장실을 갈 수 있도록 돌보는 등의 개인적인 돌봄 과업이 있는가 하면, 주사를 놔 주고 약을 정기적으로 먹이는 것과 같은 건강 관련 지원, 지속적으로 전화나 직접 체크하고 관리 감독을 해야 하는 지원과 체크과업 등이 있다. 간접적으로는 일상적인 이동을 지원해야 하고 요리나 청소, 쇼핑, 병원 정기검진에 가는 등 다양한 활동이 요구된다. 이러한 활동은 한 가족구성원이 24시간 오로지 한 사람을 돌보는 데 힘을 쏟아야 한다는 의미이며, 현대의 다양화된 역할관계에서 한 가족구성원이 수행하기 어려운 과중한 임무이고, 수행 자체가 불가능한 환경이기 때문에 돌봄 노동의 사회화가 필요하다(Biegel & Wieder, 2003).

질병을 가진 가족구성원에 대한 돌봄이 양육자에게 미치는 영향은 병의 조건에 따라서도 매우 다양하다. 롤란드(Rolland, 1994)는 돌봄의 행동도 다음과 같이 질병의 네 가지 조건에 따라 돌보는 사람에게 미치는 영향에 차이가 있다고 한다. 첫째, 질병의 시기로 질병이 알츠하이머(alzheimer)와 같이 서서히 시작되었는지, 발작이나 뇌졸중과 같이 갑자기 시작되었는지에 따라 차이가 있다. 둘째, 질병의 경과 과정으로 암과 치매와 같이 점점 가중되는 것인지, 발작과 같이 초기에 일어난 사건이 그대로 일정하게 진행되는지 혹은 심각한 정신질환이나 일부 암과 같이 부분으로 진행되는지에 따라 차이가 있다. 셋째, 결과가 죽음을 초래하는 과정을 거치는지 혹은 회복될 수 있는지에 따라서도 돌보는 사람에게 미치는 영향은 다르다. 넷째, 무능화의 정도로 아픈 가족구성원이 단기 혹은 장기적으로 인지적 · 행동적 · 언어적 · 사회적 불구를 초래하는지 혹은 화학요법과 같은 의학적 처치의 영향으로 어느 정도 장애나 불구로 발전되는지에 따라 미치는 영향이 다양하다. 이 밖에도 병의 발달단계나 지속기간 등이 양육자의 부담에 영향을 미친다. 물론 이러한 영향도 그 대상이 배우자, 자녀, 시부모, 친정부모인지에 따라 차이가 나지만, 대부분의 문화권에서 남성보다 여성이 양육부담감에 대한 스트레스 수준이 높다(Biegel & Wieder, 2003).

전통적인 가부장제적 가족관계인 우리나라에서 최근 국민의 가족관은 어떠할까? 매일경제와 조사전문기업 엠브레인은 2012년 국민 2,000명을 대상으로 공동 설문조사를 실시했다. 질문은 지난 2001년 엠브레인이 시행했던 것과 같은 내용으로 구성해 인식 변화를 가늠해 봤다. 과연 지난 11년간 가족에 대한 국민 인식은 어떻게 바뀌었을까? [그림 10-3]에서와 같이 전통적인 가족관이 빠르게 붕괴되고 있는 것으로 나타났다. 부모에 대한 봉양 의사를 묻는 질문에 대다수 응답자는 노부모를 불편하게 생각했다. '시설만 좋다면 양로원에 모셔도 좋으냐?'는 질문에 국민 100명 중 38명이 '그렇다'고 대답했다. 2001년 27명이 '그렇다'고 답한 것에 비해 크게 늘어난 셈이다. 장남이 부모를 모신다는 생각도 무너졌다. '장남이 모셔야 하느냐?'는 질문에 27.6%만이 '그렇다'고 답했다.

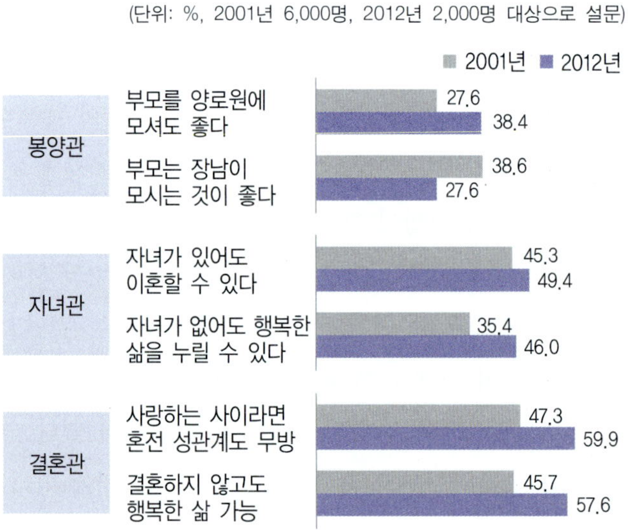

[그림 10-3] 한국인의 가족관 어떻게 달라졌을까?

출처: 엠브레인; 매일경제(2012. 6. 17).

11년 전 38.6%가 찬성한 것과 비교하면 더 줄어든 셈이다. 부모를 모시고 사는 것에 대해서는 41.4%가 찬성했는데, 이는 2001년 45.5%에 비교할 때 역시 하락한 것이다(매일경제, 2012. 6. 17).

3 돌봄 노동의 위기와 대안

어느 광고에서는 여러 가지 곤란한 상황에 처한 아이들이 이구동성으로 "엄마!"라고 외치는 장면이 나온다. 우리는 그 장면을 보면서 어린 시절 어디선가 달려와 넘어진 나를 일으켜 세웠던 엄마의 모습을 쉽게 떠올린다. 그런데 그 '엄마'는 아이들만 돌본 것이 아니다. 편찮으신 할아버지와 할머니도 돌봤고, 일터에 나가는 남편을 위해 외출복을 챙겨 줘야 했다. 이렇게 병간호에서부터 기본적인 가사노동까지, 그야말로 '엄마'는 슈퍼우먼이었다. 더욱이 맞벌이하는 엄마는 다시 집으로 돌아와 자신이 직접 챙기지 못해 발생한 가사노동의 공백을 메우기 위해 또 한 번 전쟁을 치른다.

갈수록 인구 고령화와 저출산, 여성의 경제활동 증가, 그리고 가구구성원의 단순화와 다양화 등으로 가족 내 돌봄 역할의 위기가 초래되고 있다. 즉, 가족 내 돌봄 제공 자원은 많이 줄어들고 있지만, 돌봄이 있어야 하는 수요층은 증가하고 있다. 그래서 '돌봄 의존성'의 증가 현상과 '돌봄 결핍' 현상이 동시에 나타나고 있다(정영애 · 장화경, 2010: 172-175).

돌봄의 위기에서 비롯되는 '새로운 사회적 위험'의 등장은 돌봄의 사회제도화에 대한 관심뿐만 아니라, 기존 사회복지정책의 기본 목표와 수단에 대한 전반적인 재검토의 필요성을 드러나게 한다. 즉, 그동안 베버리지 - 케인지안 복지국가가 기초하고 있던 남성생계부양자 중심의 복지제도가 저출산 · 고령사회로의 변화와 함께 현실적합성을 잃어가고 있다. 이러한 상황에서 적절한 사회적 지원이 이루어지지 않을 때 저출산 · 빈곤 · 불평등 등과 같은 사회문제는 확산될 수밖에 없다. 따라서 돌봄 위기를 해결하고 복지체계의 전반적 변화를 이루기 위한 적극적 방안이 모색되어야 한다.

이러한 상황에서 우리 사회에서도 돌봄 서비스 제도화에 관한 국가적 관심과 역할이 강화되고 있다. 그러나 아직도 전체적인 돌봄 서비스에 대한 수요 중 사회적으로 비용을 책임지고, 공적으로 서비스를 제공하는 영역은 제한적이고, 상당 부분은 여전히 가족과 여성의 책임으로 남아 있다. 그래서 여성인력 활용정책을 수립할 때도 성별 역할분담구조 전반의 변화를 유도하기보다는 주로 여성이 수행하는 가족 내 돌봄 역할과 어떻게 조화를 이룰 수 있을지에 관심의 초점을 맞추는 경우가 많다.

또한, 사회적 돌봄 서비스는 시급하고 정도가 심각한 돌봄 수요자에 국한하여 이루어지고 있고, 돌봄 수급자나 가족의 필요가 중시되기보다는 경제적·재정적 이슈가 우선적으로 고려되는 경우가 많다. 최근 돌봄 서비스가 비영리민간기관 중심에서 영리민간서비스로 정책 중심이 이동되면서 시장역할이 강화되고, 비영리민간기관과 영리기관 간 정체성의 차이도 점차 축소되고 있다. 따라서 돌봄 서비스를 둘러싼 공공성 확보와 시장화를 통한 효율성 제고 사이의 적절한 균형을 이루기 위한 노력도 매우 절박한 상황이다.

우리가 흔히 생각하는 생산성 향상의 개념을 '돌봄 노동'에 접목할 수 없다. 돌봄 노동은 단순한 양적인 문제가 아니다. 지속적으로 투여되어야 할 노동일 뿐만 아니라 정서적 교류를 통해 돌봄의 효과가 드러나야 한다. 돌봄 노동에 대한 사회적 인식이 없으면 돌봄 노동의 공백이 발생한다. 한쪽은 그 공백을 메워 줄 값싸고 헌신적인 노동을 필요로 하지만, 다른 한쪽은 그 공백을 메워 줄 열악한 노동조건에 동의하지 못한다. 그러는 가운데 그 공백은 점점 더 커져가고 있다. 그리고 다른 한편에선 그 공백이 더욱더 철저하게 시장화된 논리에 맞춰 메워지고 있다. 우리나라에서 아직 통계에 잡히지는 않으나 흔히 조선족 노동자들이 가사도우미(파출부) 형식으로 열악한 돌봄 노동의 공백을 메우고 있다.

지금까지 제시한 문제가 개선되고 돌봄의 사회적 중요성에 대한 인식이 확산되도록 하기 위해서는 다음의 사항이 진지하게 검토되어야 한다(정영애·장화경, 2010: 174-175).

첫째, 돌봄 노동의 성적 편향성을 극복하는 일이 중요하다. 실제로 가족 내의 돌봄이나 사회적 영역에서의 공적 돌봄 모두에서 돌봄 노동은 거의 여성이 담당하고 있다. 이처럼 돌봄 분야에서 종사하는 여성의 편중 현상은 우리 사회가 일반적으로 '여성의 일'을 저평가하는 현상과 맞물려, 돌봄 노동에 대한 새로운 사회적 보상체계의 수립을 어렵게 한다. 이러한 상황은 돌봄 노동의 질적 저하와 돌봄 노동력 부족으로 말미암은 또 다른 돌봄 위기의 악순환을 초래하게 될 것이다. 개별 여성의 입장에서도 돌봄 노동을 수행하는 과정에서 임금노동의 기회를 잃어버림으로써 의존적 존재가 되거나, 반대로 임금노동을 하기 위해 본인의 돌봄 노동 책임을 더 낮은 계층의 여성에게 전가하게 되는 등 돌보는 일은 점점 더 저평가된다.

따라서 돌봄 노동의 성적 편향성 극복을 위해서는 의료와 연금혜택을 받을 권리를 시장노동에 어느 정도 참여한다는 조건부로 부여하거나 소득에 누진세율을 정하는 등의 제도 전반에 걸친 검토가 필요하다. 또한, 돌봄 노동의 가치에 대한 올바른 재평가와 함께 관련 일자리의 급여나 근무여건 등 보상체계를 제대로 갖추는 일이 무엇보다 중요하다. 아울러 돌봄 서비스 일자리를 사회적으로 어떻게 질 좋은 일자리로 자리매김할 것인지에 대한 정책적 비전을 수립하고, 이러한 바탕 위에서 돌봄 서비스 제공자 공급과 유지계획도 마련되어야 할 것이다.

둘째, 더 거시적 차원에서 사회적 목표와 방향, 개인의 역할에 대한 가치가 변화되어야 한다. 안전하고 건강한 사회에서 서로를 배려하며 살아가는 사회에 대한 비전은 생산성과 경제적 효율성 못지않게 중요한 사회적 목표가 되어야 한다. 교육의 실패, 질병, 환경오염, 높은 범죄율과 자살률, 불안과 분노가 지배하는 사회가 치러야 할 비용은 경제성장을 통해 얻은 성과의 상당 부분으로 메워야 할 것이다. 치료보다 예방이 얼마나 중요한지는 우리가 모두 익히 아는 사실이다.

최근 들어 복지국가를 표방하는 국가 대부분에서는 국민의 행복수준과 삶의 질 향상을 위해 각종 정책을 입안하고 집행하고자 노력하고 있으며, 이러한 노력의 성과를 측정하기 위한 새로운 지표도 다양하게 개발하고 있다. 한 예로

OECD와 EU가 함께 개최한 '웰빙과 발전측정을 위한 워크숍'에서 NIW(National Index of Well-being)는 '경제적 요인, 자립, 형평성, 건강, 사회적 연대, 환경, 주관적 생활만족도 등' 7개 분야 총 26개 지표로 구성되어 있다. 이 지표에 의해 OECD 국가의 상황을 비교 측정한 결과에 의하면, 우리나라는 회원국 중 25위를 차지하고 있어, 형평성과 사회연대성 등 사회통합적 측면에서 상대적으로 취약한 모습으로 나타났다(윤강재 · 김계연, 2010).

돌봄의 문제를 중심으로 행복하고 지속가능한 사회를 이루기 위하여 소요되는 재정적 비용 마련을 위해, 일생에 걸쳐 받은 혜택을 감안한 '세대 간 회계'라는 새로운 조세기준을 개발할 수도 있다. 즉, 세대 간 회계의 원칙은 돌봄 노동을 지불하기 위한 가족과 사회적 책임의 균형을 맞추는 방법을 찾는 것이며, 개인의 입장에서도 자신이 내는 세금은 그들이 아이였을 때 국가에서 받은 혜택과 늙어서 받게 될 혜택 간의 균형점을 찾는 것이다(Folbre, 윤자영 역, 2007: 109). 따라서 민주적이고 정의로운 사회란 돌봄이 필요한 사회의 모든 구성원에게 좋은 돌봄이 보장되는 사회를 의미한다. 또한, 돌봄이 여성만의 한정된 관심이나 최소한의 사회복지정책 과제가 아니라, 인간 삶의 주요한 영역으로 위치하는 사회를 의미한다(정영애 · 장화경, 2010: 172-175).

제11장
일 · 가족과 젠더의 조화

1 성별분업의 지속과 변화

1) 성별분업의 젠더 계층화

성별분업(性別分業)[75]의 개념이 무엇일까? 사전적으로, 성별분업은 인간의 다양한 활동을 성(性) 범주에 맞게 나누는 문화적 가치이며, 노동을 성에 따라 나누고 그 활동의 생산물을 분배하는 하나의 체계이다. 간단하게 말하면, 성별분업이란 성별(性別)에 따르는 노동 종류의 구분이다. 예를 들어 남성은 생계담당자, 여성은 가사전담자라는 구도가 대표적인 성별분업이다. 이러한 성별분업은 여성과 남성의 생물학적 차이에서 기인한다기보다는 사회적으로 형성된 체계이다. 문화인류학자인 마가렛 미드(Margaret Mead)는 여러 부족에 관한 연구를 통해 성별분업의 양상이 각 사회 · 문화에 따라 매우 큰 차이를 보인다는 것을 밝혀냄으로써, 성별분업이 자연의 섭리가 아니라 사회적으로 구성된 체계라는 것을 보여 주었다(정혜정 외, 2009).

성별분업은 일이라는 경제적 차원을 넘어 정치적 · 문화적인 사회 조직 전반에 걸쳐 여성과 남성의 분리를 낳고 성별 고정관념을 유지함으로써 불평등을

75) 성 역할 구분, 성별직종분리를 포괄하는 개념으로, 각자의 성에 따른 전형적인 일 또는 전담 분야를 두어 남성은 사회에서 공적(公的)인 일을, 여성은 가정에서 사적(私的)인 일을 담당하도록 하며, 각 성의 전담 분야 및 그 일에 대한 사회적 가치평가를 다르게 내린다. 이는 불평등한 성을 구성하는 중요한 사회 구성 원리로 작용하는데, 여성학에서는 성별분업을 여성 억압의 주요 기제로 파악한다.

지속시키는 구실을 한다. 직업을 가지는 여성이 늘어남에 따라 '여자는 집에서 아이를 키워야 한다.'라는 식의 인식은 많이 사라졌지만, 여전히 가사노동은 여성의 책임으로 인식되면서 일하는 여성들에게 이중부담이 되고 있다. 성별분업이 있는 사회, 특히 자본주의 경제하에서는 '남성지배 - 여성예속'의 위계질서가 형성된다. 자본주의 사회에서 성별분업의 가장 기본적인 원리는 전체 사회를 '사회'와 '가정'으로 분리하고 이것을 다시 '생산'과 '재생산'[76]으로 개념 짓고, 여기에 남성 · 여성의 전담 영역과 역할을 사회적 · 경제적 · 이데올로기적으로 고정하는 것이다. 즉, 성별분업의 분리체계는 '생산 - 사회 - 남성', '재생산 - 가정 - 여성'의 영역으로 성립되며 여기에 남성은 생계부양자, 여성은 주부라는 성 역할이 형성되고, 이러한 과정에서 각각 남성성과 여성성이 구체화하는 것이다.

정형화된 성 역할에 대한 페미니스트들의 비판은 논쟁과 갈등을 일으켰다. 그들은 남성이 정형화된 성 역할 체계로부터 이득을 보고 있으며, 모든 형태의 계층화(stratification)는 권력으로부터 나온다고 지적했다. 성계층화가 남성의 우월성을 내포하고 있으며 정형화된 성 역할로 말미암아 여성이 성장할 수 있는 기회를 놓치게 하고 있다. 따라서 가족 내에서 성 평등을 달성하기 위해서는 성별분업에 의해 여성에게 부과된 과도한 짐을 경감시켜야 한다(Chafetz, 1990).

일과 가사노동은 젠더에 의해 계층화되어 있다. 그중 가장 논쟁이 되고 있는 영역은 여성의 재생산과 연관되어 있는 노동이다. 특히, 자녀 양육은 아직도 여성에게 부과되는 일의 형태인데, 이는 여성만이 출산을 하고 수유 등 일차적으로 양육에 책임을 지기 때문이다. 그러나 이는 또한 여성에게 일할 수 있는 기회와 경험을 제한한다.

이처럼 가사노동과 자녀 양육에 대한 기대와 책임이 젠더에 따라 다르기 때문에 노동시장에서 여성과 남성을 다르게 취급한다. 즉, 여성이 집안일과 아이를 돌보는 일에 적합하다는 생각은 노동시장에서도 유사한 직종에 적합하다는 편견

76) 가정 안에서 여성이 수행하는 여러 역할은 우선 재생산으로 이름 붙여질 수 있다. 그것은 출산과 자녀 양육, 가사노동을 포괄하며, 여성은 이의 전담자지만, 남성은 이러한 노동으로부터 면제되어 있다. 가사노동은 가부장제 사회에서 규범화된 성 역할과 밀접히 관련되어 있고, 여성의 가사노동 전담은 생산 영역에 참가할 수 있는 여성의 능력을 제한할 뿐만 아니라 성 역할의 고정관념을 내면화시킨다.

을 양산한다. 이렇게 가족과 노동시장에서의 성별분업에 대한 고정관념은 현존하는 성 역할 정형화를 또 다시 강화하는 순환관계를 유지시킨다.

일반적으로 여성이 가정 내에서 하는 가사노동과 자녀 양육은 남성이 하는 생산노동만큼 가치 있는 일로 여겨지지 않았기 때문에 사회에서 여성의 종족성(種族性)을 강화하는 역할을 했다. 그러나 역사적으로 살펴보면, 여성의 일은 결코 생산적인 일과 분리되지 않았다는 주장이 있다(Bose, 1987). 특히, 가난하거나 소수집단에 속한 여성은 생계유지를 위해 늘 생산적인 일에 종사했지만, 이들의 일은 가정이나 가족 소유의 농장 혹은 사업에서 수행되었기 때문에 눈에 띄지 않았다는 것이다. 이들에게 일은 자신뿐만 아니라 가족의 생계를 위해 필요한 것이어서 종종 자녀 양육과 같은 재생산 일과 갈등을 일으키곤 했는데, 이러한 이중부담은 지금까지 지속하고 있다.

부정확한 통계치도 여성의 경제활동 참가에 관한 정보를 흐리게 하고 있다. 센서스 자료에서 여성은 가족이 운영하는 사업에 종사하거나 시간제로 일할 때, 경제활동에 참가하지 않는 전업주부로 보고되는 경향이 있다. 이렇게 형성된 자료는 여성의 경제활동 참가율을 최소화하고 여성의 영역을 고정화하는 데 일익을 담당한다. 사실 농경시대에는 여성과 남성 모두 함께 일하는 때가 대부분이었기 때문에 공 · 사 영역의 구분 자체가 무의미하다. 산업사회가 되면서 가족의 생계를 위해 바깥에서 일하는 남성과 집안일을 맡아 하는 여성의 성별분업이 분명해졌으며, 이러한 형태는 지금까지 지속하고 있다(Bose, 1987).

아직 여성과 남성은 다른 일에 종사하고 있지만, 앞으로 그 간격은 점차 좁혀질 것으로 생각한다. 특히, 교육수준이 높아지면서 여성의 일에 대한 인식과 관심, 경력 개발과 자신에 대한 투자 등도 매우 다양해지고 있다. 지금 대학교육을 받은 여성에게 '취업은 필수지만, 결혼은 선택'이 되고 있다는 점은 이들이 취업할 기회를 확대하기 위해 적극 노력하고 있다는 것을 입증한다(정혜정 외, 2009).

2) 성별분업의 변화

여성이 일하는 이유가 남성과 다를까, 같을까? 여러분의 대답은 어느 쪽인가? 여성도 남성과 같은 이유로 일하고 있다. 여성도 남성과 마찬가지로 경제적 필요성, 재정적 보완, 개인적 발전, 정체감, 그리고 다른 사람과의 교류 필요성 등으로 일한다. 그러나 우리 사회에서 여성의 노동시장 참여는 생애 주기, 즉 결혼과 임신, 출산, 양육에 따라 변화를 거듭하고 있다. 경력단절 없이 지속해서 취업을 유지하는 여성은 대개 미혼이거나 자녀가 없는 경우가 많은데, 교육수준과 직종 역시 지속적인 취업에 영향을 준다. 교육수준이 높고 전문 직종에 종사하고 있는 여성은 중간에 일을 그만두는 비중이 낮으며, 경력개발과 삶의 수준을 향상하기 위해 다양한 투자를 하고 있다. 출산과 양육이 여성에게 중요한 일임에는 틀림이 없지만, 이 때문에 직장을 그만두는 것은 결코 아니다. 오히려 미래에 대한 비전이 없거나 도전할 만한 가치가 없다고 여길 때 여성은 일을 중단하게 된다(Barber & Allen, 1992, 정혜정 외, 2009, 재인용).

여성은 소득이 있을 때 자신의 삶에 대한 통제감[77]과 가족 내 의사결정에서의 힘을 느낀다고 한다. 선행연구에서도 취업한 여성이 취업하지 않은 여성보다 자신의 삶에 대한 통제감을 더 많이 느끼는 것으로 나타났다(Baruch et al., 1983). 더 많은 여성이 자신의 일을 즐겁게 수행할수록 자신감과 일에 대한 긍정적인 생각을 가지게 된다. 따라서 여성이 하는 일의 형태가 중요하다. 다양한 기회와 도전의식, 개인적인 성장을 제공하는 일은 여성에게 긍정적인 경험을 부여하여 일을 지속하도록 만들지만, 지루하고 단순한 일은 결국 일의 단절을 가져온다.

성 평등은 가족과 노동시장 모두에서 성별분업을 변화시키지 않는 한 불가능하다. 샤페츠(Chafetz, 1990, 정혜정 외, 2009, 재인용)에 의하면, 변화는 반드시 다음과 같은 영역에서 한꺼번에 일어나야 한다. 첫째, 가정 내 성별분업, 둘째, 노동시장에 공평한 기회와 보상, 셋째, 법과 정책의 제정에서 남성지배의 변화 등이다. 가정 내 성별분업의 변화는 노동시장 내 성별분업의 변화로 나타나는 간접적이고 장기적인 효과이다. 따라서 성 평등을 위해 우선 필요한 것은 많은 여성이

---

77) 사람들은 누구나 주어진 상황에서 자신의 의견이 반영되어 영향력을 행사하기를 원한다. 무엇을 할지, 무엇을 먹을지, 어디를 갈지 등을 결정함에서 자신의 의견이 절대적인 영향력을 발휘하기를 바란다. 심리학에서 이것을 '통제감'이라고 하는데, 사람이 통제감을 갖고자 하는 것은 기본적인 욕구에 속해서 모든 사람은 통제감을 갖고자 한다. 그러나 힘이 없는 사람은 통제감을 갖고자 하지만, 결코 통제감을 가질 수 없는 게 우리의 현실이다.

취업하여 물적 · 인적자원을 획득하는 것이다. 이러한 자원은 여성이 가족 내에서 가사노동의 분업을 협상할 때 유리한 조건을 제공한다. 또한, 여성은 물적 · 인적자원을 통해 자신들에게 유리한 법과 정책을 제정하는 지도자의 위치를 차지할 수 있게 된다. 많은 여성이 경제활동에 참여하면서 일터와 가정에서 더 많은 권력과 기회를 잡을 수 있게 되었다. 이제 여성은 경제활동(일)으로 변화되고 있으며, 동시에 경제활동은 여성에 의해 변화되고 있다.

2 여성과 일

1980년대 이후 여성의 경제활동 참가율은 나이와 학력의 증가와 더불어 꾸준히 높아지고 있으며, 고용형태 또한 상당한 변화를 겪었다. 이러한 변화는 여성의 고학력화와 그에 따른 남녀 간 교육수준의 격차 감소, 자녀 수의 감소, 기혼여성의 사회 참여에 대한 인식의 긍정적 전환과 병행하여 이루어졌다고 볼 수 있다. 이러한 사회 인식의 긍정적 변화에도 불구하고 여성 노동시장의 구조적 문제, 예를 들어 여성의 M자형 경제활동 참가 분포곡선이나 여성노동의 비정규직화 등의 현상은 여전히 문제로 남아 있다.

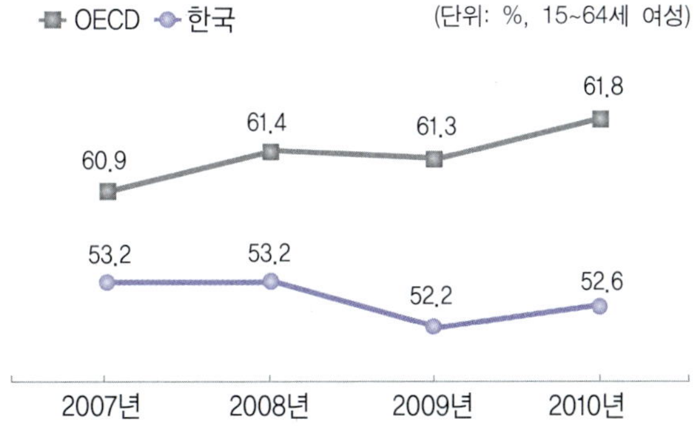

[그림 11-1] OECD와 한국의 여성 경제활동 참가율 추이

주: 그림에서의 우리나라 여성 경제활동 참가율은 〈표 11-1〉의 통계청 자료와 약간 차이가 있음.

출처: OECD · 고용노동부.

1) 여성의 경제활동 참여 실태

우리나라 여성의 경제활동 참가율은 〈표 11-1〉에서와 같이 1970년 39.3%에서 2011년 49.7%로 나타났다. 물론 경제협력개발기구(OECD) 평균 60%대나 선진국의 70~80%대에는 훨씬 미치지 않지만, 그래도 꾸준하게 증가하였다는 데 그 의미를 둘 수 있다. 한편, 남성 경제활동 참가율과의 차이도 1970년 38.6%P에서 2011년 23.4%P로 줄어들었다. 이처럼 여성의 경제활동 증대는 출산율의 저하, 국가의 보육 관련 서비스 지원 확대, 가전제품의 발달, 여성의 사회 진출에 대한 인식 개선, 여성의 고학력화, 그리고 여성의 자아실현 욕구 증대 등 복합적인 요인이 영향을 준 것으로 추정된다.

〈표 11-1〉 성별 경제활동 참가율 (단위: %)

성별＼연도	1970	1980	1990	1995	1998	2000	2005	2010	2011
여성	39.3	42.8	47.0	48.4	47.1	48.6	50.1	49.4	49.7
남성	77.9	76.4	74.0	76.4	75.1	74.2	74.6	73.0	73.1
전체	57.6	59.0	60.0	61.9	60.6	61.0	62.0	61.0	61.1

출처: 국가통계포털(http://www.kosis.kr).

우리나라 여성의 연령대별 경제활동 참가율에서 나타나는 가장 큰 특징은 M자형 곡선이다. 즉, 경제활동 참가율이 20~24세와 35~39세에는 높고, 25~29세와 30~34세는 낮게 나타나 M자형으로 표시된다. 특히, 15~19세의 경제활동 참가율이 급격한 감소를 하는데, 이는 교육수준의 향상과 밀접한 연관이 있다. 또한, 최근 들어 초혼연령과 초산연령이 늦어지면서 25~29세 여성의 경제활동 참가율은 급격하게 증가하고 있으며, 전반적인 기혼여성의 경제활동 참가율의 증가와 더불어 35세 이상 여성의 경제활동 참가율은 꾸준하게 증가하는 추세에 있다.

직업별 여성 취업자 구조를 보면, 농어업과 기능직 및 단순노무직을 제외한 모든 업종에서 꾸준히 증가하고 있는데, 통계 조사상의 한계로 1990년대 이후부터 집계된 단순노무직은 1990년대 초까지 증가하다가 그 후로는 감소 추세를 보인다. 특히, 눈에 띄는 증가는 준전문가, 사무직, 서비스 및 판매직에서 나타난다. 여기서 준전문가 집단은 학원 강사, 학습지교사 등 교육산업 종사자와 간호사 등의 전문가 보조인력 집단으로 여성의 교육수준 향상과 연관이 있다. 또한, 사무직에 있어 여성의 증가는 경제구조의 변화와 더불어 사무량이 증가하고 기계화되어 복잡한 사무가 단순화함에 따라 주로 하위직에 여성이 대거 고용된 것으로 보인다. 서비스 및 판매직의 여성 증가는 3차 산업의 비약적인 증가와 관련된 것으로 여겨지는데, 산업구조 자체가 서비스업화된 상황 이외에도 우리 사회 전반에 깔려 있는 성별분업 이데올로기로 말미암아 서비스 산업에 적합하다고 여겨지는 여성의 진출이 늘어난 것으로 볼 수 있다. 최근 자료를 보면 입법자, 고위임직원, 전문가 집단이 상당히 빠르게 증가하고 있으며, 기능직종 종사 여성도 급증하고 있어서 양극화 현상이 보인다.

우리나라에서 비정규직 문제는 이미 경제위기가 시작되던 1990년대 후반부터 사회적인 이슈로 등장했다. 특히, 여성을 중심으로 더욱 확산되고 있는 실정이다. 여성 취업자의 종사상 지위별 구조를 〈표 11-2〉에서 보면, 여성 취업자 중 임금근로자는 1980년 39.2%에서 2010년 72.0%로 30년 동안 33.7%P 늘어난 것으로 나타났다. 이처럼 여성 취업자의 임금근로직 진출이 증가한 것은 경제적 지위가 임금을 중심으로 결정되는 현 사회에서 고무적이라 할 수 있으나, 임금근로자의 구성을 보면 불안정한 여성 취업자의 지위가 나타난다.

〈표 11-2〉 종사상 지위별 여성 취업자 (단위: %)

연도 \ 종사상 지위	임금근로				비임금근로
	계	상용	임시	일용	
1980	39.2	30.9		8.3	60.8
1985	48.2	37.2		10.9	51.8
1990	56.8	21.4	22.5	12.9	43.2
1995	59.6	25.5	24.2	9.8	40.4
2000	61.5	19.1	28.5	13.9	38.5
2005	67.1	25.6	30.2	11.3	32.9
2010	72.9	34.5	30.0	8.4	27.1

출처: 국가통계포털(http://www.kosis.kr).

여성 근로자 중 임시직과 일용직으로 대표되는 비정규직 여성 근로자 비중은 1990년부터 이미 1/3 이상인 35.4%로 나타났으며, 2005년에는 41.5%로 집계되어 있다. 임금근로자만 분리하여 생각해 볼 때 여성의 비정규직 참여율은 2005년 62.0%로 전체 여성 임금근로자 중 2/3에 육박하고 있다. 더욱이 임시직과 일용직뿐만 아니라 공식적인 노동통계에 포함되지 않는 용역직, 특수고용직 등의 비정규직이 포함된다면, 여성 임금근로자 대부분은 고용불안과 저임금 속에서 차별을 받으며 일하고 있다는 결론에 이르게 된다. 따라서 최근에 이르기까지 여성의 경제활동 참여율의 증가가 고용 형태의 측면에서 볼 때 고용의 질적 향상을 이룩하는 데 실패한 것으로 보인다.

2) 여성의 경제활동 장애요인

통계청(2007)의 조사연구에 의하면, 90%에 이르는 여성이 직업을 가지는 것이 좋다고 응답했으며, 가정에만 전념하는 것이 좋다고 응답한 비율은 6.7%에 불과하다. 그러나 앞에서 살펴본 바와 같이 과반수에 달하는 여성은 아직도 경제활동에 참여하지 못하고 있다. 특히, 출산과 양육이 집중되는 30대에는 하던 일도 그만두는 경향이 지속하고 있다. 이 조사에서 여성 취업의 장애요인으로 '육아부담(47.9%)', '사회적 편견, 차별적 관행과 제도(17.4%)', '불평등한 근로여건(12.6%)' 등을 제시하고 있다.

육아부담은 여성에게 일을 그만두게 할 뿐 아니라 재취업하려는 때에는 경력단절로 말미암은 불이익을 경험하게 한다. 양육을 끝내고 재취업하려는 여성을 기다리고 있는 일은 주로 비정규직이나 저소득 자영업, 노동 집중의 저숙련 일자리이기 때문이다. 이러한 일은 임금수준이 낮고 승진의 가능성이 거의 없기 때문에 이직률 또한 높게 나타난다. 남성 정규직의 임금을 100으로 할 때 여성 정규직은 60.6%, 남성 비정규직은 65.9%, 여성 비정규직은 41.0%에 불과하다(권혜자, 2008).

〈표 11-3〉에서 보는 바와 같이 여성이 집중되어 있는 직종은 주로 서비스직과 사무직으로 나타나는데, 이런 직종은 돌봄 노동, 가사 관련 경험 등 여성적인 특

성을 반영하는 것으로 성별 노동분업을 강화하는 역할을 한다. 또한, 이 직종의 특성은 취업은 쉽지만, 임금수준이 낮은 것으로 정부가 경제활동 참가율을 높이는 방안으로 마련한 일자리인 경우가 많다. 예를 들어 정부는 2007~2010년간 사회서비스 부문에서 총 80만 개 일자리 창출을 목표로 하는 정책을 발표했는데, 이 중 2007년에 여성을 위한 일자리는 총 13만 개로 보육교사, 간호사, 가사나 간병 도우미 등의 여성 집중 직종이며 낮은 임금의 돌봄 노동으로 구성되어 있다(권혜자, 2008).

〈표 11-3〉 사회적 일자리와 유사한 직업 취업자의 여성 비중과 월평균 수입

구 분	여성 비중 (%)	평균 학력 (학업연수)	월평균 수입 (만 원)
보육교사	98.5	12.5	89.9
생활지도원과 생활지도보조원	81.7	13.0	102.6
간호사	98.7	15.1	183.2
간호조무사	97.1	12.4	108.8
간병인	97.1	10.7	86.3
가사도우미	100.0	10.0	61.2

주: 근로시간을 통제하지 않았음.

출처: 한국고용정보원(Job Map). 권혜자(2008, 재인용). 노동사회(3월호).

사회서비스 분야의 일자리는 고용이 불안정하고 임금수준이 낮지만 당장 일자리가 필요한 여성에게 도움은 될 수 있다. 그러나 이런 일자리는 결코 여성의 경제활동 참가율을 증가시키지 못한다. 왜냐 하면, 일할 의사가 있더라도 저임금의 불안정한 고용 상태에서는 지속해서 일자리가 보장되는 것이 아니기 때문이다. 따라서 여성 대부분은 출산 · 육아와 더불어 불안정한 상태에서 취업과 실업을 반복하게 된다. 장기적으로 볼 때 여성을 위한 정부의 일자리 증대 정책은 오히려 여성의 선택을 혼란스럽게 만들 수 있다. 저출산을 예방하고 여성의 경력단절을 피할 수 있는 방법은 생계보조자로서 여성에 대한 사회적 인식을 바꾸어야 한다. 따라서 사회적 보육정책과 여성을 위한 장기적 고용정책과 직업훈련이 무엇보다 절실하게 요구된다(정혜정 외, 2009).

3 가사노동과 젠더

앞서 살펴본 바와 같이 여성이 경제활동에 대거 참여함에 따라 여성과 남성의 일에 대한 간격이 점차 좁아지고 있다. 하지만 여전히 여성은 가사노동과 자녀 양육을 전담하는 이중부담에 시달리고 있다. 맞벌이 여성의 일일 가사 노동시간이 맞벌이 남성의 6배에 달하는 것으로 나타났다. 한국보건사회연구원의 조사 결과, 우리나라 주부의 평균 가사 노동시간은 남편의 8배에 해당했다. 맞벌이 여성도 큰 차이 없이 맞벌이 남성의 6배에 달하는 시간을 가사노동에 보냈다. 반면, 맞벌이 남성이 집안일을 하는 시간은 하루 평균 30분에도 미치지 못했다. 남성의 이러한 가사 노동시간은 경제협력개발기구(OECD) 국가 중 최하위에 속한다(한국NGO신문, 2012. 10. 1).

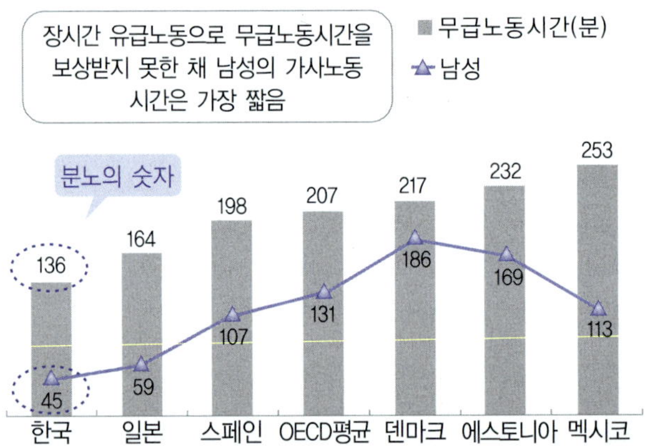

[그림 11-2] 경제협력개발기구(OECD) 국가별 무급노동[78]시간 비교

주: 2009년 한국 가족구성원의 무급노동시간은 일 평균 136분이었다. 하지만 남녀로 비교해 보면 남성은 45분, 여성은 227분으로 5배 이상 차이가 났다.

출처: OECD; 오마이뉴스(2012. 5. 16).

78) 무급노동(unpaid work)은 가족구성원이 시장에서 판매하지 않는 상품이나 서비스를 생산하는 것을 말한다. 요리, 빨래, 집안 청소 등 일상적으로 되풀이되는 가사노동과 돌봄활동이 대표적이다. 즉, 무급노동은 가사노동이라고 생각해도 크게 다르지 않다. 각 나라에서 가족의 사회 경제적 특성을 파악하기 위해 시행하는 생활시간조사(time-use survey)를 통해 자료를 얻을 수 있다.

가사노동의 분담을 설명하는 이론은 크게 자원 이론, 가족생활주기 이론, 성 역할 이론 등으로 구분된다(공미혜, 2004). 자원 이론에 의하면, 가정생활에서 자원의 양이나 가치를 많이 소유한 배우자일수록 더 많은 권력을 소유하게 되고, 그 권력으로 말미암아 사회적으로 별로 중요하지 않은 가사노동을 피할 수 있게 된다고 본다. 가족생활주기 이론은 부부간의 가사노동 분담이 가족생활주기의 단계에 따라 달라진다고 예측한다. 왜냐하면, 가족생활의 주기에 따라 남편의 직업에 대한 몰두 정도와 아내의 가사노동량이 달라지기 때문이다. 한편, 성 역할 이론은 부부의 성 역할 이데올로기가 평등주의에 가까울수록 가사노동을 더 많이 분담한다고 전제한다.

물론 언급한 세 가지 이론이 선행연구에 의해 부분적으로 지지를 받은 것은 사실이다. 그러나 여성의 교육 향상이나 노동참여, 결혼연수 등에 상관없이 가사노동의 분담이 불평등하게 이루어지는 가장 큰 이유는 여성의 주된 영역이 가정이라는 생각 때문이다. 이것은 여성이 기꺼이 가사노동을 전담하려는 태도와도 관련이 있지만, 어떻게든 가사노동을 하지 않으려는 남성의 저항과도 연관이 크다고 볼 수 있다(Hochschild, 1989; 공미혜, 2004; 정혜정 외, 2009).

공적인 영역에서의 성 불평등은 쉽게 인식될 수 있고, 따라서 법적으로 제재를 가할 수 있는 근거를 마련하기가 쉽다. 그러나 사적인 영역에서의 불평등은 개인의 일로 은폐되는 경우가 대부분이어서 인식하기 어려울 뿐만 아니라 변화되기는 더욱 어렵다. 가사노동이 여전히 여성의 책임이라고 믿고 있는 한 여성은 가사노동 때문에 남성과 평등해질 수 없고 진정한 자유를 누릴 수도 없게 된다.

1) 불평등한 가사노동에 대한 역사적 고찰

페미니스트들은 일의 개념에 여성이 가족을 위해 수행하는 가사노동을 포함시키려고 꾸준히 노력하였다. 여기서 가사노동이란 인간의 힘과 노동력을 향상시키기 위해 육체적 · 정신적으로 돌보는 행위 외에도 아이를 낳아 기르는 육아에 이르기까지 넓은 의미의 재생산 개념을 뜻한다.

코완(Cowan, 1987)은 산업화 이후 가사노동과 시장경제의 노동이 다른 경로를 밟게 되고, 그 결과 여성과 남성이 다르게 사회화되었다고 밝히고 있다. 이 과정을 좀 더 상세히 살펴보면, 산업화 이전의 농업경제에서는 가사노동과 노동의 구분이 없었다. 여성과 남성이 동등하게 가정의 일에 참여하였고, 그들이 수행했던 일은 분명한 성별분업에 의해 구분되었다. 하지만 이것은 가정을 유지하는 데 필요한 노동으로 인식되었다. 예를 들면, 전형적으로 남성은 나무를 베어 장작을 만드는 일에 종사하였지만, 여성은 주로 채소를 키우고 보존하는 일을 하였다. 곡식을 타작하고 가축을 돌보는 일은 남성의 일이었지만, 조리를 하여 음식을 만드는 일은 여성이 하였다(공미혜, 2004).

코완(1987)은 이 시기의 경제를 다음 두 가지 특징으로 요약한다. 첫째, 여성과 남성 모두가 시장에 팔 목적으로 농작물이나 상품을 생산하였지만, 시장경제 내에서 거래되었던 상품은 주로 남성의 노동이나 관리에 의해 생산되었다. 여성도 물론 이러한 상품을 생산하는 데 노동자로 참여하였지만, 그들의 주된 활동은 가족경제 내에 머물렀다. 둘째, 여성은 육아나 환자 돌보기와 같이 많은 시간이 소모되고 남성이 별로 동참하지 않는 가사노동을 책임지고 있었다. 19세기 중반까지도 출산율이 꽤 높아서 여성과 어느 정도 자란 여자어린이는 많은 시간을 아이 돌보는 일에 할애하였다. 또한, 가정은 환자를 돌보는 장소였으며 환자를 간호하는 일은 여성의 몫이었다.

이처럼 산업화 이전의 경제체제에서는 남성과 어린이가 대거 가사노동에 참여하였으나, 그렇다고 해서 가사노동에 대한 여성의 부담이 줄었던 것은 결코 아니었다. 여성의 노동은 생계유지에 필수적이었으며, 대부분 남성이나 자녀에 의해 대체되지 않았다. 그러나 산업화는 가정생활을 변화시켜 가사노동의 행태(行態)에 큰 영향을 주었다. 특히, 산업화는 가사노동에 대한 남성의 부담을 상당히 경감시켜 주었지만, 여성의 노동에는 별로 영향을 미치지 못하였다. 석탄의 발견이나 농기구 공장은 남성을 땔감 마련이나 농기구 제작과 같은 가사노동으로부터 해방시켜 주었지만, 여성이 담당하였던 요리, 세탁, 청소, 아이와 병자 돌보기 등의 노동은 크게 변하지 않았다.

더욱이 산업화와 더불어 남성과 여성의 영역을 분리하는 새로운 이데올로기가 등장하게 되었다. 즉, 여성은 부드러우며 남을 잘 이해하고 돌보는 등 집안 일을 하는 데 알맞은 특성을 지니고 있기 때문에 가정의 영역이 적절하며, 남성은 적극적이고 대범하여 남과 경쟁하는 데 알맞은 특성이 있기 때문에 사회적 영역에 적합하다는 것이다. 이러한 상황은 사회의 요구로 여성이 생산노동에 참여할 때조차 노동현장에서 성별분업을 확대했다.

1945년 이후 이른바 서비스 경제가 시작되면서 여성의 취업기회가 늘어났지만, 노동의 성별분업은 그대로 지속되어 여전히 여성을 남성과 동등한 부양자로 취급하지 않고 있다. 한편, 세탁기 · 청소기 · 식기세척기 등 첨단기술의 다양한 산물은 여러 가지 가사노동의 부담을 덜어준 것처럼 보이지만 전체적인 생활수준을 향상시켜 여성에게 또 다른 짐을 지우고 있다. 각종 전자 · 전기제품 등은 가사노동을 쉽게 하지만, 그만큼 더욱 청결하고 안락한 가정에 대한 가족구성원의 기대치를 높였기 때문에 여성이 직장 일에 몰두할 수 있을 정도로 부담을 덜어주지는 못하였다.

우리나라 사회도 코완(1987)이 기술한 과정과 크게 다르지 않다. 오히려 우리 사회의 정신적 토대가 되었던 유교의 강력한 가부장제는 남녀의 영역을 철저하게 분리하여 성차별을 정당화하였고, 모성에 따른 여성의 역할을 미화시켰다. 역사적으로 뿌리 깊은 성차별 의식 이외에도 여성교육의 미비, 뒤늦은 산업화로 여성 취업기회의 부족 등은 여성을 오랫동안 가정 밖으로 끌어내지 못하였다. 6 · 25 전쟁 탓에 남성이 없는 가운데 여성이 가족의 생계를 책임졌던 시기도 있었으나 일시적인 현상에 불과하였으며 지금까지 가사노동은 여성의 몫으로 남아 있다(공미혜, 2004).

2) 가사노동이 여성에게 전담된 이유

가사노동에 대해 성계층론은 자원 이론에 기초한 것으로 부부간 권력관계에 대한 블럼버그(Blumberg)의 이론을 콜맨(Coleman, 1991)이 가사노동에 맞게 수정한 것이다. 그 이전에 후버와 스피츠(Huber & Spitze, 1983)는 시간유용도, 상대권력, 성 역할 태도, 가사노동에 대한 선호도 등 네 가지 개념 틀로 가사노동의 상대적 참여 정도를 설명하였다. 즉, 시간이 많을수록, 상대적 권력이 낮을수록, 성 역할 태도가 보수적일수록, 가사노동을 좋아할수록 가사노동을 더 많이 한다고 하였다.

블럼버그(Blumberg, 1991)의 성계층론은 가정 내에서 여성의 경제력(경제적 자원에 대한 통제 정도)에 영향을 주는 요소를 거시적 수준과 미시적 수준으로 나누어 분석하고 있다. 이 이론에 의하면, 여성이 자신의 수입을 통해 얻는 권력은 가부장적 이데올로기와 같은 거시적 수준과 배우자의 결혼생활에 대한 언약, 매력, 부부간 성 이데올로기, 아내 수입의 필요성 등의 미시적 수준에 의해 영향받는다. 이러한 점을 고려하여 블럼버그의 성계층론을 요약하면, 여성의 경제력이 높아질수록 자신의 삶에 대한 통제력도 높아지지만, 거시적 수준이 미시적 수준에 더 큰 영향력을 행사하기 때문에 반드시 상대적으로 권력이 높아지는 것은 아니다.

콜맨(Coleman, 1991)은 여성의 경제력이 가사노동을 포함한 부부간 권력관계에 강한 영향을 주고 있다고 지적하면서, 가사노동의 분담에 관한 일반적인 가설로 다음과 같은 세 가지를 제시한다. 첫째, 여성의 경제력이 클수록 남편은 더욱 가사노동에 종사하게 된다. 둘째, 여성의 경제력이 클수록 남편은 더욱 가사노동을 '도와주는' 것이 아니라 '책임지는' 일로 여긴다. 셋째, 여성의 경제력이 클수록 남편과 아내 사이에 주어지는 '하기 좋은' 일과 '하기 싫은' 일의 분담이 평등해진다.

물론 이러한 가설은 부부간의 상대적 자원만 고려한 것으로 가사노동의 분담을 결정하는 과정은 훨씬 복잡한 경로를 거친다. 특히, 콜맨(1991)은 위의 가설을 계층에 따라 분류하여 상세하게 분석하였으며, 계층, 상대적 수입, 성 역할 이데올로기의 복잡한 관계를 규명하려고 노력하였다. 우선 경제적으로 하류층에 속하는 부부는 단순하게 수입으로 생각하면 부부간 수입이 서로 비슷하여서(중상류층과 비교할 때), 이 계층의 남편은 가사노동에 더욱 책임을 지며 하기 싫은 일을 할 경향이 높다고 볼 수 있다. 그러나 이 계층은 전통적인 이데올로기를 보유하기 때문에 가사노동의 분담에 대해 전통성을 나타낼 수 있다. 이럴 때 개인마다 차이는 있겠지만 거시적인 가부장적 이데올로기가 아내 수입의 필요성보다 더 큰 작용을 하기 때문에 하류층의 남편은 필요 이상으로 가사노동에 참여하지 않으려고 한다는 것이다.

중상류층 부부는 하류층의 경우와 다소 상반된 태도를 보인다. 대개 중류층 남편은 아내보다 월등한 수입을 하고 있어서 아내의 경쟁력은 상대적으로 낮아진다. 그러나 높은 교육수준에 의한 평등주의적 이데올로기는 부부간에 가사노동의 분담을 촉진하거나 아니면 가사도우미를 고용하게 하여 남편과 아내 모두 가사노동에서 벗어날 수 있게 된다. 또 이 계층의 남편은 평등하게 가사를 분담할 수 없을 때에는 가장 쉬우면서도 눈에 띄는 가사노동에 참여하여 상징적으로 평등주의를 과시하게 된다. 한편, 서로 수입이 비슷한 전문직 맞벌이 부부는 다른 경로를 밟을 수도 있다. 즉, 아내 역시 높은 수입으로 가사노동의 분담을 강조할 권력을 지니게 되는데, 이 경우 부부가 평등하게 가사노동을 분담하기보다는 도우미를 고용하여 가사노동에서 벗어난다.

3) 가사노동의 가치와 사회화

가사노동에 대해 가치를 부여하지 않는 가장 큰 이유는 바로 임금이 지급되지 않기 때문이다. 설령 임금이 지급된다고 해도 설거지나 세탁, 집안청소와 같은 노동은 일로서의 가치도 인정받지 못하고 많은 임금을 받지 못한다. 사실 가사노동은 상당히 복잡하고 다양한 기술이 필요한 분야임에도 각각의 가사노동은 노동집약적이고 비교적 간단한 일로 인식되고 있다. 가사노동의 보상적 측면은 생활의 질을 향상하고 가족에게 안락한 환경을 제공하여 가정생활을 원활하게 만든다는 점이다.

그러나 이러한 가사노동의 보상 뒤에는 숨겨진 사실이 있다. 즉, 더 안락한 생활을 제공하기 위해서 가사노동에 들어가는 시간과 에너지가 더 많아진다는 것이다. 가사노동이 매일 지속하는 끊임없는 일의 연속이라는 점을 고려하면 매일 누군가가 가족의 복지를 위해 봉사를 한다는 것을 의미한다. 여기서 '누군가'는 대개 여성이 된다. 가정 기기의 발달과 반조리 식품의 개발로 가사노동이 상당 부분 줄어든 것처럼 보일 수도 있으나 이 또한 가사노동이 누구나 쉽게 할 수 있는 일이라는 왜곡된 인식을 심어 놓았다.

그렇다면 주부들의 노동 가치를 금액으로 환산한다면 얼마나 될까? 이에 대해 여러 가지 주장이 있으나 최근의 자료를 살펴보자. 삼성증권이 국내 법원의 판결내용과 통계청 등 관련 기관의 자료를 분석해 발표한 내용에 의하면, 전업주부 교통사고 보상금을 일당 6만 5,000원으로 연봉 2,500만 원을 책정했고, CJ 오쇼핑의 조사에서는 주부의 최고연봉을 3,400만 원으로 책정했다. 한편, MBN '고수의 비법! 황금알'의 '중년 여자의 생존비법'이라는 주제로 펼쳐진 방송에서 한 출연자는 '주부가 하루 동안 가사 노동을 하는 시간은 평균 12시간 16분'이라며 '월급으로 환산하면 380만 원, 연봉으로는 4,600만 원'이라고 설명해 눈길을 끌었다[79](매일경제, 2012. 9. 15).

참고자료 11-1

30만 가사노동자, 이대로 둘 것인가?

우리나라에는 30여만 명에 이르는 가사관리사, 간병인, 베이비시터 등 가사노동자들이 있다. 가사노동자들은 집 안을 청소하고 환자와 어르신, 아이를 돌보는 우리 생활에서 꼭 필요한 일을 하고 있다. 돌봄 일자리는 핵가족 · 고령화 시대를 맞아 계속 늘고 있다. 가사노동자의 90% 이상은 생활비와 자녀 교육비를 책임져야 하는 중 · 장년 여성들이다. 하지만 이들은 '개인(가정)에 고용되어 일하므로 행정감독이 어렵다'는 이유로 근로기준법, 사회보험의 적용을 받지 못한다. 1년 365일을 꼬박 일해도 휴가도 수당도 식대도 퇴직금도 없다. 일거리가 끊겨도 실업급여를 받지 못하고 일하다 다쳐도 본인들이 돈을 내고 치료를 받아야 한다.

국제노동기구(ILO)는 지난해 6월 가사노동자와 관련해 189호 협약과 201호 권고를 채택했다. 189호 협약은 가사노동자들에게 최저임금, 근로기준법, 사회보험을 적용해 일반 노동자와 동일한 대우를 해야 한다는 것이 핵심 내용이다. 지난해 우리 정부도 이 협약 채택에 찬성했으나 1년이 지나도록 협약 비준에 대한 언급은 물론 국내 법제도를 어떻게 고쳐야 할지 일언반구

79) 미국 전업주부의 집안일(육아와 청소 등)을 돈으로 환산하면 얼마나 될까? 미국의 인슈어닷컴(Insure.com)이 연방노동부의 통계를 근거로 조사한 결과 연 6만 182달러(한화 약 6,620만 원)로 집계됐다. 이는 지난해보다 2%가량 줄어든 금액이다. 지난 2003년 처음 시행한 조사에서 전업주부는 5만 1,812달러 상당의 집안일을 한 것으로 나왔다. 이후 꾸준히 증가하다가 올해 불경기 탓으로 소폭 하락한 것이다. 인슈어닷컴은 전업주부의 일을 외부에 용역을 줄 때 지급해야 할 비용을 근거로 산출했다. 한편, 남편의 집안일을 돈으로 환산하면 2만 415달러(약 2,246만 원)에 불과한 것으로 조사돼 주부와는 큰 격차를 보였다(유코피아, 2012. 4. 27).

도 없는 상태다. 지난 8일 제101차 ILO 총회가 열리고 있는 스위스 제네바에서 국제식품노련, 국제가사노동자네트워크, 국제노총은 80명이 참석한 가운데 협약 채택 1주년 기념회의를 개최하고 6월 16일을 '국제 가사노동자의 날'로 선포했다.

출처: 여성신문(2012. 6. 22). 송은정 민주노총여성부장.

그런데 문제는 가사노동의 가치를 임금으로 환산해도 이를 제대로 인정해 주지 않는다는 것이다. 아직까지 전업주부의 재산형성 기여도는 이혼 시 재산분배에서 낮게 평가되고 있으며, 사고나 재난으로 피해를 입었을 때도 일용직 노동자 수준의 보상금을 받고 있어서 논란이 되고 있다. 최근 우리 사회에서도 가사노동의 가치를 제대로 평가하여 정책에 반영하려는 움직임이 있었으나 성과를 얻지 못하고 있다.

한편, 가사노동을 임금으로 지급하려는 움직임에 반대하는 페미니스트들도 있다. 이들은 가사노동을 임금으로 지급하면 여성 스스로 전업주부를 선택하도록 만들고 성별분업을 강화하는 분위기를 조성하기 때문에 궁극적으로 여성에게 도움이 되지 않는다고 보았다. 그래서 이들은 가사노동을 사회화함으로써 남성에게도 가사노동의 중요성을 인식시킬 필요가 있다고 주장했다. 가사노동의 사회화는 의식주 모든 분야에서 이루어지고 있는 상품의 형태, 복수의 가족이 함께 가사노동을 나누는 집단분업의 형태, 돌봄 노동에 대한 서비스를 국가나 지방자치단체가 공적으로 제공하는 형태 등으로 구분된다. 페미니스트들은 이러한 사회화를 통해 여성은 가사노동의 굴레에서 벗어나고 성별분업도 없어질 것으로 예측하였다(부산여성사회교육원, 2007).

4) 성 역할의 정치학과 남성의 저항

성 역할은 인간생활을 유지하기 위한 특수한 역사적 맥락에서 유래한 사회문화적 구성물이므로 그 사회의 이데올로기를 반영한다. 생계부양자와 가정주부라는 역할구분은 산업화의 산물이며 경제활동과 가사노동을 분리함으로써 생겨났다. 이러한 역할구분은 여성에게는 가족을 위한 보람과 편안함, 남성에게는 더 많은 권력과 독립성을 부여한 것처럼 보였으나, 실은 여성과 남성 모두에 억압이 되고 있다. 여성은 과도한 정서적 역할로 개인적 자아성취와 공적 활동의 기회를 잃지만, 남성은 지나친 도구적 역할로 부모로서의 양육 기회를 박탈당하고 있다(정혜정 외, 2009).

후기 산업구조와 더불어 핵가족화, 장수, 여성의 교육수준 향상, 결혼의 불안전성, 여성 노동의 증가, 소비재 상품의 구매 확대 등은 양성적인 인성의 중요성을 일깨워 주었다. 즉, 평등한 가정을 유지하기 위해서 좀 더 전인적인 인성이 필요하게 된 것이다(Ferguson, 1977; Matthaei, 1982). 양성성은 여성과 남성 모두에게 바람직한 특성이며, 가정의 역할과 직장의 역할을 동등하게 책임짐으로써 여성과 남성 모두에게 풍부한 생활경험을 제공한다.

그러나 전통적으로 남성우월주의 속에서 사회화된 남성은 성 역할 변화를 통해 얻을 수 있는 장점을 발견하고 누리기보다는 자신에게 주어진 부양자로서의 특권이나 권력을 박탈당했다고 생각하게 된다. 따라서 여성은 남성이 스스로 성 역할 변화의 장점을 인식하고 변화할 때까지 이중부담을 지게 될 것이며, 결혼생활은 여성과 남성의 역할 불균형과 갈등으로 긴장이 증가할 것으로 예측된다.

초도로우(Chodorow, 1978)는 유아기 때부터 남성은 부양자로서 자신을 규정하고 어머니로부터 분리되어 독립된 존재로 사회화된다고 지적한다. 더욱이 남성문화는 그들의 정체감을 사회생활과 같은 공적 영역에 치중하도록 하고, 가정 영역을 사적 영역으로 등한시하도록 부추긴다. 산업구조의 변화와 여성운동의 결과로 여성이 경제활동에 참여하면서 점진적으로 가정의 영역을 벗어나 자유로워지자, 그동안 여성의 보살핌을 받아오던 남성은 무기력한 상태로 남겨지게 되었다. 따라서 남성은 사적인 영역에서 탈피하려는 여성운동으로부터 빚어지는 문제점을 인식하지 못하고 있다. 그들은 이러한 문제점을 자신의 권력이 약화하여 생겼다고 보기 때문에 여성을 다시 이상적인 가정주부 역할로 되돌아가도록 강요한다.

결국, 남성은 문제의 본질을 보지 못하고 오로지 관례적인 방법으로 회귀하려는 셈이다. 그들은 가사노동을 자연스럽게 생각하지도 않을뿐더러 여성만큼 그런 일을 함으로써 만족해하지도 않는다. 호시차일드(Hochschild, 1989) 역시 이러한 남성의 저항 이유를 자신의 지위 상실에 대한 공포, 아내에 대한 통제력 상실의 공포, 그리고 아내에게 보살핌을 받는 남성특권 상실의 공포로 요약한다. 가사노동에 대한 남성의 저항은 자신에게 부닥친 변화에 대한 소극적인 반응이며, 자신의 위치를 고수하기 위한 전략인 셈이다(정혜정 외, 2009).

제12장

젠더와 가족정책

1 성인지적 가족정책에 대한 요구

1) 여성정책의 일환으로서 가족정책의 필요성

우리 사회에서 급속히 진행되는 가족형태나 가족관계의 변화에 뒤따라야 할 과업은 무엇일까? 바로 새로운 가족정책이 제시되고 시행되어야 한다. 예전에는 가족문제를 일부 계층이나 집단에만 국한되어 발생한다고 믿어 왔다. 그런데 언제부터인가 가족문제는 계층을 초월하여 발생하고 있다. 따라서 이제는 가족정책이 전적으로 가족의 행복추구권을 존중하는 방향으로 수립되어야 한다. 새로운 가족정책 수립에 있어 최근의 가족에서 나타나는 계층, 젠더, 세대 차이에 초점을 맞추어 살펴봄과 동시에 성인지적 관점을 활용할 필요가 있다. 기존의 가족제도와 가족관계를 비판적으로 검토하고 성 평등한 가족정책을 제시함으로써, 새로운 가족정책의 방향에 대해서도 생각해 보아야 할 것이다.

가족정책은 '개인의 사적 영역에서 중요한 부분을 차지하는 가족'의 문제를 정부차원에서 해결하고자 마련한 정책을 의미한다. 지금까지 우리나라에서 시행된 가족정책은 단편적 차원에서 부분적으로만 적용된 것이다. 따라서 가족의 변화를 전체 사회와의 연결 속에서 이해하고 정책화하고자 하는 시도는 적었다고 볼 수 있다. 그뿐만 아니라 가족 관련 업무는 정부의 여러 부처에 분산되어 있어 통합적인 가족정책을 수립할 주무부서가 없는 것 또한 우리의 현실이기도 했다.

하지만 2005년 6월부터 여성부가 여성가족부로 바뀌면서 가족업무를 담당하게 된 것은 대단히 고무적인 일이었다. 즉, 빈곤층 중심의 가족정책에서 탈피하여 다양한 계층에 속해 있는 여러 형태의 가족에 대해 여성주의적 시각을 가미한 정책을 추진할 수 있게 되었다는 희망적 메시지로 받아들여졌다. 그러나 이처럼 성인지적 가족정책을 시행할 수 있겠다던 희망적 시기는 2년 반 정도에 불과했다. 2008년 2월 새 정부가 들어서면서 가족업무는 다시 보건복지가족부로 이전되고 여성가족부는 여성부로 축소되었다. 그러다가 2010년에 다시 여성부가 여성가족부로 명칭을 변경하고 가족업무를 맡게 되었다. 이와 같은 변화는 복지 중심의 업무에 치중하고 있는 보건복지부가 가족의 다양한 요구와 변화에 민감하게 반응할 수 없거니와 성인지적 정책을 펴기 힘들다는 애로사항에 기초하고 있다.

무엇보다도 우리나라 가족은 새로운 가족정책을 요구하는 시점에 와 있다. 우리 사회에서 급속히 진행되고 있는 가족형태나 가족관계의 변화는 새로운 가족정책의 필요성을 예고하고 있다(김혜영, 2008; 차선자, 2008). 지금까지 우리 사회에서는 핵가족이나 확대가족을 포함한 전형적 가족을 중심으로 가족의 필요성을 정당시해 왔다. 가족은 매우 중요한 사회적 기관으로 여겨져 신성시되어 왔으므로, 가족의 필요성과 가능이 당연시되었다. 즉, 가족은 가족구성원을 가장 잘 보살피는 곳으로 여겨졌다. 따라서 개별 가족에서 발생하는 문제는 전적으로 가족의 책임으로 간주되었던 것이다. 그 과정에서 정부의 책임이나 역할은 큰 문제에만 개입하는 것으로 인식되었다. 이러한 맥락에서 보면, 넓은 안목에서 가족정책을 평가하고 새로운 방향에 대해 논의하는 노력이 거의 없었던 것은 당연한 결과이기도 하다.

그런데 일부 계층이나 집단에만 국한되어 발생한다고 믿어 왔던 가족문제가 계층을 막론하고 발생할 수 있다는 가능성과 징후가 여러 군데에서 나타나기 시작했다. 2010년 당시 이혼율은 급속히 증가하여 세계 3~4위이고, 합계출산율은 1.2명 내외로 미국이나 스웨덴과 같은 선진국들보다도 훨씬 낮아 초저출산국에 해당한다. 새로이 부상하는 문제로 말미암아, 이제는 가족정책의 방향을 요보호 가족뿐만 아니라, 중산층 가족에게도 전환하여 관심을 기울여야 할 필요가 있다. 즉, 계층과 상관없이 가족의 행복추구권을 존중하는 방향으로 가족정책 수립을 요청하기에 이르렀다. 이와 같은 시대적 요청과 변화를 고려하여 가족에 관한 국가의 책임을 확대하고 포괄적인 내용의 가족정책을 수립함으로써 사적 영역으로 치부되어 온 가족 관련 다양한 주제를 공적 영역으로 이끌어내는 방안에 대해 논의할 필요가 있다. 최근 가족에서 나타나고 있는 하위그룹 간의 다양성과 차이에 초점을 맞추어 살펴봄과 동시에 성인지적 관점을 활용해서 기존의 가족제도와 가족관계를 비판적으로 검토할 필요가 있다. 또한, 가족정책을 여성정책의 하나로 파악하여 성 평등한 가족정책 중심의 새로운 정책을 발굴하고 제시해야 할 것이다.

가족이 건강한 곳으로 유지되고 가족구성원이 민주적이며 열린 마음으로 대화에 임할 때, 우리나라 가족은 변화에 더 잘 적응할 수 있을 것이고, 가족이 안고 있는 많은 문제를 해결할 수 있을 것이다. 다른 관점을 지닌 의견을 존중하고 공유함으로써 갈등을 줄이거나 합의를 도출해 나가는 과정에서 가족구성원 간의 진정한 통합을 기대할 수 있다. 성이나 나이에 따른 위계질서에 기반을 둔 권위적 관계가 아니라, 각자 가정에 이바지하고 서로를 아낄 때 가정은 우리에게 진정한 애정의 장이 될 수 있을 것이다. 이러한 개인적 차원의 노력은 다시 사적 영역에서 정부차원으로 확대되어 개별 가족을 돕기 위한 더 적극적인 정책이 펼쳐져야 한다. 가족구성원 간 원만한 관계를 유지하기 위해서는 전문가의 역할이 필요하다. 가족 내부에서 문제를 해결하지 못할 때에는 심리학자나 의료진이 개입하여 가족관계의 개선을 꾀할 수 있는 방법을 제시해 주어야 한다. 이를 통해 개별화된 가족이 지역사회에 통합될 수 있는 방법을 모색하고, 가족 간 상호유대를 증진시킴으로써 가족이 책임지던 많은 역할을 이웃과 더불어 해결하는 방법을 찾아볼 수 있을 것이다.

특히, 인적자원이나 경제력의 부족으로 가족이 감당하지 못하는 부분을 복지정책으로 보완할 수 있도록 구체적인 차원에서의 제도화가 이루어져야 한다. 가사보조서비스, 육아와 노인부양 등의 돌봄의 역할에 대한 도움, 일 · 가정의 균형을 위한 다양한 가족정책 등이 공적 영역에서 병행될 때, 가족이 지고 있는 짐이 한결 가벼워질 수 있을 것이다. 사회발전이 가족복지에 이바지하고 가족의 기능이 사회민주화와 인간화를 이루는 원동력 구실을 하도록 민간차원과 정부차원의 역할이 함께 모색되어야 한다.

2) 가족정책에 대한 이론적 논의

가족정책에 대한 논의는 국가의 개입을 어느 정도 허용할 것인지가 쟁점 사안이 되어 왔다. 즉, 정책의 허용 여부나 허용 정도에 따라 입장이 다르게 나타나고 있다. 따라서 여기서는 국가의 개입을 최소화하고, 개별 가족에 최대한의 자유를 주어야 한다는 자유주의적 시각, 가족을 위한 국가의 지원이 절대 필요하다는 진보주의적 시각, 가족정책이 성 평등한 입장을 지녀야 한다는 여권론적 시각 등에 대해 살펴본다(손승영, 2011).

(1) 자유주의적 시각

자유주의적 시각은 자유방임적 입장으로도 볼 수 있다. 이 입장에서는 국가 위주의 가족정책이 잘 정립되어 국가 지원이 많아질수록 개별 가족의 자립이 힘들어진다. 가난한 가족이 가족정책 프로그램의 수혜자가 되면 국가의 원조에 의존하게 되어 오히려 빈곤을 극복하기 어려우므로, 정부의 도움을 최소화하여 대상을 절대 빈곤층으로 국한해야 한다는 태도다(Murray, 1984). 그 대신 시장경제를 활성화하여 모든 성인이 노동시장에 참여할 수 있도록 자립역량을 강화해야 한다고 본다.

자유주의적 시각에서의 정책은 주위에서 쉽게 볼 수 있다. 예를 들어 1980년대 미국 레이건 행정부에서 표방했던 입장처럼, 한부모가구 지원은 여성으로 하여금 이혼 결정을 쉽게 내리도록 만들기 때문에 지원을 줄여야 한다는 정책안이 대표적이다. 레이건 행정부에서는 실제로 한부모가족에 대한 지원을 삭감하고 양부모가족에 대한 지원을 강화해 나갔다. 또한, 미혼모 정책에 대해서도 국가별로 다른 태도를 취하고 있다. 미혼모에 대한 국가 지원을 강화해 나가면, 10대가 너무 쉽게 자녀출산을 결정하고 부모로서의 책임을 지지 않은 채 국가에 의존하게 될 것이라는 우려이다. 따라서 자유주의적 입장에서는 국가의 가족정책 자체가 전통적 가족을 해체시키고, 미혼모나 이혼 여성의 수를 증대시키는 원인으로 작용한다고 믿는다.

(2) 진보주의적 시각

진보주의적 시각에서는 가족을 위한 국가적 차원에서의 개입이 절대적으로 필요하다고 본다. 그들은 자유주의적 태도에 대해 '개인적 도덕성'만을 내세우고 '정치적 도덕성'에 대해서는 무관심하다고 비판한다. 자유주의자들이 정부의 개입이나 지원이 개인의 윤리의식을 약화시켜 전통가족의 해체를 가져온다고 우려한 점은 기우(杞憂)[80]라고 일축한다. 이들은 또한 자유주의자들이 개인의 도덕적 윤리에 초점을 맞춤으로써 정부가 사회적 약자에 대해 마땅히 제공해야 하는 책임에는 무관심했다고 본다. 보수적 정부는 '정치적 도덕성'의 부재라는 측면에서 오히려 비난받아야 한다고 주장한다. 이 입장에서는 계층적 불평등을 약화시키기 위한 것이 주목적으로 정부는 저소득층이나 노동자 전반이 인간다운 삶을 영위할 수 있도록 적극적인 가족정책을 펴야 함을 강조한다.

진보주의자들은 가족을 시장경제에만 맡겨놓을 때는 부익부 빈익빈(富益富貧益貧) 현상이 가중되므로 정부가 적절히 개입하여 통제 혹은 지원을 함으로써, 특정 집단이 겪게 되는 불이익이 부분적으로나마 해소될 수 있다고 본다. 이들은 한부모가족이나 미혼모에 대한 지원은 어린이가 주 대상이므로, 취약계층에 속한 어린이들을 돕는 것이 정부의 필수적 책임이라고 주장한다. 유럽의 사회복지국을 표방하고 있는 국가들은 대부분 이러한 진보적 정책을 펼치고 있다(Harding, 1999; 한국여성정책연구회, 2000).

(3) 여권론적 시각

자유주의적 태도나 진보주의적 태도는 국가의 개입 정도에 대한 논쟁을 중심으로 차이를 보여 왔다. 이들에게 있어 중요한 것은 계층 간의 차이 해소이지,

---

80) 기우란 '쓸데없는 걱정'을 뜻한다. 옛날 중국의 기(杞)나라에서, 어떤 사람이 하늘이 무너지지 않을까 하고 침식을 잊고 걱정했다는 고사에서 온 말이다. 출전은 『열자(列子)』의 〈천서편(天瑞篇)〉이다.

성인지적 관점의 적용 여부는 아니었다. 여권론적 시각에서는 가족정책을 여성정책과 연계하여 인지함으로써, 가족정책에 새로운 전기를 마련하였다(Thorne & Yalom, 1982).

여권론적 가족학자들은 기존의 가족정책이 성 중립적이지 않고 가부장적 사회의 모습을 그대로 수용하므로 남성의 이익을 대변하는 경우가 많음을 지적한다. 특히 여성의 역할을 가정주부에 국한하여 받아들이고 있으며, 무급 가사노동 종사자로서의 봉사나 희생을 당연시하는 점을 비판하고 있다. 그뿐만 아니라 기존의 경제 중심 정책에서 한 걸음 더 나아가 문화나 여성의 인권을 보호하는 쪽으로의 정책에 대해서도 포괄적으로 수용하고 있다. 즉, 가정폭력이나 아내구타에 관한 제재 정책을 강하게 펼쳐나가는 국가가 늘어나고 있으며, 부부 강간을 법으로 명시하여 아내의 성에 대한 권리를 보호하는 국가도 생겨나고 있다. 또한, 최근에는 여성의 새로운 역할을 받아들여 일하는 여성을 기본 모델로 설정하고 맞벌이가족이나 홀로 사는 여성을 위한 정책을 활발히 펼쳐나가는 방향으로 여권론적 시각을 적용하고 있다. 이 관점을 정부 차원에서 받아들여 성평등성을 위한 정책을 펼치는 대표적 국가가 스웨덴이다. 스웨덴에서는 가사부담의 성 평등을 이루기 위한 다양한 정책을 펴고 있으며, 미혼모나 한부모에게도 불이익이 없도록 적극 지원해 주고 있다(한국여성정책연구회, 2000).

이상에서 살펴본 바와 같이 가족정책에 관한 다른 세 가지 관점은 정책의 필요성이나 국가의 개입 정도와 내용에 있어 커다란 차이를 보인다. 그러나 어느 한 국가가 모든 가족정책에 있어 일관성 있게 한 가지 태도만을 고수하기는 힘들다. 서구에서는 여러 집단을 중심으로 가족정책과 관련된 운동이 전개되어 왔으며, 가족정책의 주된 관심은 보통 안정된 결혼과 자녀 양육, 성별분업 등이었다. 이들은 대부분 이성애가족에 국한되어서 이들을 대상으로 주된 정책이 이루어졌다(Harding, 1999). 하지만 국가의 역할은 모호하고 혼재된 태도를 보이는 경우가 종종 있다. 때로는 정부가 권위주의와 자유방임주의 사이에서 불확실한 태도를 띠기도 한다. 그뿐만 아니라 새롭게 부상하는 대안적 가족에 대해서는 한목소리를 내지 않으며, 의견이 나눠지거나 혼재되는 경향을 보이기도 한다.

3) 여권론적 가족정책의 필요성

가족의 형태가 다양해지고 전통적인 양상에서 벗어난 삶의 양식을 택하는 이들이 증가하고 있지만, 가족 이데올로기는 여전히 전통적인 기준과 잣대를 지니고 있다. 오늘날에도 유교적 이념에 기반을 둔 전통적 가치기준을 적용하는 모습은 여전하다. 대안적 가족을 추구하거나 비전통적 가치관을 지닌 사람들에게 가해지는 사회적 편견이나 부정적 반응을 어렵지 않게 볼 수 있다. 그러나 세대 간 혹은 성별 간 가치관의 차이가 가속화되는 시점에서 전통적 가족정책은 더 이상 존속되기 어렵다(손승영, 2011).

(1) 이데올로기와 현실과의 괴리

첫째, 가족에 대한 기대는 과거보다 더 증대되고 있지만, 핵가족 중심 이데올로기로 말미암아 변화하는 가족의 요구를 제대로 수용하지 못하고 있다. 가족은 메마르고 인정 없고 냉정한 세계에서 안식처와 같은 기능을 수행하는 곳으로 이상화되기도 한다. 그러나 실제로 가족 내부를 들여다보면 모든 가족이 행복한 것은 아니다. 가장 행복하리라 여겨지고 신성시하거나 이상화하는 바로 그 가족에서 때로는 가장 불행한 일이 일어나기도 한다. 가정불화나 가정폭력이 그 대표적인 예이다. 그뿐만 아니라 가족은 통상 가장 안전한 곳이라고 여겨지기 때문에 실제로 가족에서 빈번히 발생하는 불행한 사태를 묵인한 채 큰 관심 없이 대강 보아 넘겨 왔다.

이제는 핵가족을 이상화하는 태도에서 벗어나 가족은 '불행과 행복이 교차될 수 있는 곳'이라는 점을 인정해야 한다. 현대가족은 매우 유동적인 성격을 띠고 있다. 가족이 구성원 모두의 행복을 보장하지 못하고 어느 한쪽의 일방적인 희생을 강요할 때 쉽게 이혼이나 별거 등 가족해체가 증가할 수 있다. 따라서 이상화된 가족의 이미지를 유보하고 현재 우리의 가족이 경험하고 있는 다양한 변화를 체계적으로 분석하여야 한다. 가족은 완전한 것도 고정불변의 집단도 아니라는 인식이 필요하다.

둘째, 부계 혈통주의 사상에 대한 재검토가 필요하다. 우리나라 가족은 집안의 대를 이어야 한다는 유교적 부계 혈통계승 사상이 강하게 뿌리내리고 있어, 아들 출산과 부계 조상을 섬기는 제례의식을 중시한다. 「민법」(1990년 개정가족법)에는 부계와 모계를 동등하게 친족으로 인정하고 아들과 딸의 상속권이 법적으로 동등하게 명시되어 있다. 하지만 우리 사회의 강한 가부장적 전통으로 말미암아 급격한 가족 구조와 기능의 변화에도, 성차별은 여전히 우리의 일상 속에 자리 잡고 있다. 호주제도에 바탕을 둔 부계 혈통주의 계승은 남아선호로 직결되고, 여아 낙태를 부추겨 성비 불균형 현상을 가져왔다. 2008년부터 호주제가 폐지되었지만, 아직도 부계 중심의 전통가족을 중시하는 태도가 핵가족제도에 대한 이상화와 함께 공존하고 있다. 이제는 이데올로기적 측면에서 벗어나 변화하는 현실에 주목하고 현실에 기반을 둔 정책을 세움으로써, 당면한 문제를 효율적으로 해결할 필요가 있다.

셋째, 변화하는 가족 가치관에 대해 주목할 필요가 있다. 전통적 가족 이데올로기나 가족 가치관이 강한 문화적 압력으로 작용함에도 개인적 차원에서의 가치관은 다양해지는 경향을 보인다. 최근의 다양한 여론조사 결과에 따르면, "불행한 결혼생활의 유지보다는 이혼이 낫다." "결혼은 선택이고 일은 필수다." "혼전 순결은 별로 중요하지 않다." 등으로 변화하는 경향이 뚜렷하다. 그뿐만 아니라 본인의 생각을 행동으로 옮기는 젊은이 또한 늘어나고 있다.

가족 가치관은 각 개인의 교육수준이나 계층에 따라 달리 나타나며, 같은 가족 내에서도 성별과 나이에 따라 다른 태도를 보인다(Barber & Allen, 1992). 단일한 가족경험은 이데올로기적으로만 존재할 뿐 실재하지는 않는다. 자신이 속한 범주에 준해서 가족구성원일지라도 각기 다른 경험을 하게 된다. 이제는 가족형태나 가치관의 다양성을 인정하며, 다름과 차이에 기반을 둔 상호존중의 태도를 형성해야 한다. 한걸음 더 나아가 가족관계의 평등성을 추구하면서 가족의 의미를 읽어 내는 방향으로 나아가야 한다(Doherty, 1999; 손승영, 2011).

(2) 하위집단 간 차이

현대 우리나라 가족에서는 가족 이데올로기가 이념형으로는 존재하고 있으나, 가족을 둘러싼 고정관념은 약화되었다는 지적도 있다(장현섭, 1994). 그러나 가족의 성격이나 내용, 역할에서는 계층 간·젠더 간·세대 간 차이가 뚜렷해진 경향이 있다(손승영, 2011).

첫째, 산업화 과정에서 우리나라 가족은 부익부 빈익빈 현상이 가중되어 계층 간 다른 모습을 보이고 있다. 가족 간의 계층 차이는 가족의 생계유지를 위한 생존전략을 포함하여 자녀의 사교육비 투자, 가사보조원의 고용 여부, 탁아서비스의 활용 등 여러 측면에서 차이가 난다. 산업화 이전만 해도 서민의 생활상은 유사한 모습을 띠었으나, 자본주의 사회로의 전이와 함께 계층 간 격차가 증대하였고, 이 과정에서 빈곤층이 느끼는 '상대적 박탈감'이 커졌다. 가구형태별로는 실업여성가장 가구, 소년소녀가장 가구, 노인독거 가구, 장애인 가구의 빈곤율이 다른 가구보다 높게 나타나 가구 형태에 따른 계층 간 격차를 보여주고 있다. 취약계층이 당면한 가족생활의 어려움을 줄이고 「헌법」에 보장된 인간다운 삶을 영위할 수 있도록 적극적인 가족정책을 펴나가야 할 것이다.

둘째, 여전히 여성은 가사노동 전담자로 규정되는 등 젠더 격차가 존재하고 있다. 일하는 때도 예외는 아니어서 가정주부와 유사한 내용의 가사서비스가 요구된다. 반면, 남성은 생계부양의 책임자로 여겨지므로 가장의 역할이 중시되고 있다. 그러나 저소득층에 국한해서 보면 더욱 뚜렷이 알 수 있듯이 여성의 경제적 기여는 항상 있어 왔다. 가족이 생계위협을 받을 때 딸의 경제적 기여가 요구되어 취학을 중단하고 도시로 이주한 다음 일자리를 찾아 생활비를 벌어야 하는 사례가 빈번했다. 또한, 몸이 아픈 남편이나 부모 대신 돈을 벌어야 하는 경우도 종종 있다. 이제는 남녀역할에 대한 고정관념이나 경직된 성역할 이데올로기에서 탈피할 필요가 있다. 가사노동이나 경제적 부담에 대해 어느 한 편의 과다한 희생과 책임을 요구했던 것이 전통적 가족관에 기초한 입장이었다면, 지금부터는 즐거움과 부담을 포함한 모든 역할을 부부 혹은 형제자매가 공유하는 쪽으로 발상의 전환이 필요하다.

셋째, 정보화 사회에서 세대 간 격차가 빠른 속도로 증가하고 있다. 정보 기술사회에서는 컴퓨터 기술뿐 아니라 청소년과 부모세대가 지니고 있는 가치관이나 기술면에서도 커다란 차이가 있다. 부모와 자녀는 상호 경험이나 관심 영역이 다르고 의사소통의 폭이 줄어들어 세대 간 단절 현상으로 나아가기도 한다. 또한, 노부모와 자녀 사이에서도 차이가 보인다. 전통사회에서 노인은 다양한 경험을 갖고 있는 사람으로 존중되었으나, 현대 정보화 사회에서는 낡은 지식을 지닌 시대에 뒤떨어진 사람 정도로 인식되기도 한다. 즉, 지식정보, 교육, 경험에 있어서의 세대 간 차이가 뚜렷하다. 노부모에 대해서는 전통적 효 중심의 이데올로기가 통용되고 있으나, 때로는 형식에 그치는 사례도 있다. 이제는 허구적인 효 이데올로기의 유지에 급급한 태도에서 벗어나서 실질적 관계 회복을 위해, 세대 간 통합을 위해 노력해야 할 때이다.

2 우리나라의 가족정책

우리나라에서도 다른 나라와 비슷하게 사회보험, 공공부조, 사회서비스 체계에 의해 가족보호를 위한 제반 복지서비스를 제공하고 있다. 특히, 저소득층을 위해서는 「국민기초생활 보장법」에 의한 정책을 강구하고 있다. 여기서는 「민법」의 가족 관련 부분과 모성보호에 관한 3법에 대해 살펴본다.

1) 「민법」 제4편과 제5편

가족에 대한 법적 정의를 자세히 알기 위해서는 가족에 대한 가장 포괄적이고 구체적인 질서체계라 할 수 있는 「민법」을 살펴보아야 한다. 「민법」에서 가족과 관련한 부분은 제4편(친족편)과 제5편(상속편)으로, 이를 일반적으로 가족법이라고 부르기도 한다. 제4편의 제2장 제779조에서는 가족을 "호주의 배우자, 혈족과 그 배우자, 기타 본법의 규정에 의하여 그 가(家)에 입적한 자"로 규정하고 있다. 「민법」의 가족에 관한 규정은 매우 남성 중심적인 가족질서를 전제하고 있어 여러 차례 개정을 거쳤는데, 특히 2005년 개정은 호주제도 폐지로 일대 변혁을 가져왔다(황근수, 2007; 정황순 외, 2012; 최덕경 · 박주현, 2012).

(1) 2005년 「민법」 개정의 주요 내용

① 호주제도의 폐지와 가족범위

2008년 1월 1일자 호주제도의 폐지는 「헌법」에 제시된 인간의 존엄과 남녀평등에 기초한 것이다. 여기서는 친족 중에 호주에 관한 규정과 호주제도를 전제로 하는 입적(入籍), 복적(復籍), 일가창립(一家創立)과 분가(分家) 등에 관한 규정을 삭제하였다.

한편, 가족의 범위가 개정됨에 따라 두 가지 차원으로 규정하고 있다. 즉, ① 가족을 배우자, 직계혈족 및 형제자매로 보고 있으며, ② 직계혈족의 배우자(사위, 며느리, 계모, 계부 등), 배우자의 직계혈족(장인, 장모, 시부모, 배우자의 자녀 등) 및 배우자의 형제자매(단, 생계를 같이 하는 경우)까지로 규정하며, 첫 번째보다 확대된 범주로 보고 있다. "여기에서 생계를 같이 하는 경우"라는 의미는 공동의 가계 내에서 동거하며 생활공동체의 관계가 있는 때와 반드시 동거하지 않더라도 공동의 가계에 속한 때(예: 부모와 가계를 같이하는 자녀가 기숙사 생활)를 뜻한다.

참고자료 12-1

호주승계가 문제가 된 구체적인 사례

〈사례 1〉 남편이 사망한 후 호적에 등재되어 있던 혼외 자녀인 3살 남아가 호주승계를 받아 적자인 19세 딸과 처의 호주가 됨.

〈사례 2〉 이혼한 여성이 친권과 양육권을 가지고 아이를 실제로 양육하고 있으나, 아이는 남편의 호적에 그대로 있음.

〈사례 3〉 미혼모가 낳은 자녀를 어머니의 호적에 입적시키고자 할 때, 아버지가 누구인지 알더라도 아버지의 성명을 밝힐 수 없어 공란으로 규정.

출처: 손승영(2011: 299). 한국 가족과 젠더.

② 자녀의 성(性)과 부성추종(父性追從)의 원칙 완화

개정 전에는 성(性) 불변의 법칙에 따라 자(子)는 부(父)의 성과 본을 따르고 부가(父家)에 입적한다고 규정하였다. 또한, 생부로부터 인지받지 못한 때 혹은 부가 외국인일 때는 모(母)의 성과 본을 따르고 모의 호적에 입적하도록 규정하고 있었다. 그러나 이때에도 생부가 인지하면 생부의 호적에 입적하고 생부의 성과 본을 따름을 원칙으로 하였다.

한편, 개정 후에는 혼인신고를 할 때 부부가 협의하면 어머니의 성을 따를 수 있고, 중간에 어머니의 성으로 바꾸는 것은 불가능하다. 단, 친부의 성폭력 등으로 자녀가 아버지 성 따르기를 거부할 때, 이혼가정일 때와 같이 자녀의 복리를 위하여 성을 변경할 필요가 있을 때, 부모나 자녀의 청구에 의해 가정법원의 허가를 받아 성을 변경할 수 있다. 또한, 혼외자(혼인 이외 출생한 자녀)도 부모가 합의하여 모의 성과 본을 따를 수 있으며, 부모의 합의가 없다 하더라도 법원의 결정으로 모의 성과 본을 따를 수 있다. 그리고 여자가 재혼 시 동반한 자녀도 자녀의 복리에 도움이 될 때에는 법원의 허가를 받아 계부의 성으로 변경할 수 있다.

③ 동성동본 혼인금지 폐지

동성동본(同姓同本) 혼인금지는 '「민법」 개정을 하거나, 그렇지 않을 경우 1999년 1월 1일부터 자동으로 효력이 상실'된다는 1997년 헌법재판소의 헌법 불일치 결정에 따라 사문화되었다. 개정 후에는 동성동본 혼인금지제도를 폐지하였으며, 근친혼 금지제도로 전환하고 그 범위를 조정하였다. 근친혼 금지의 범위(같은 법 제809조)는 다음과 같다.

- 8촌 이내의 혈족(친양자의 입양 전의 혈족을 포함한다) 사이
- 6촌 이내의 혈족의 배우자, 배우자의 6촌 이내의 혈족, 배우자의 4촌 이내의 혈족의 배우자인 인척이거나 이러한 인척이었던 자 사이
- 6촌 이내의 양부모계(養父母系)의 혈족이었던 자와 4촌 이내의 양부모계의 인척이었던 자 사이

④ 여자의 재혼 금지기간의 폐지

부성추종의 원칙에 대한 충돌을 피하기 위해 "여자는 혼인관계 종료일로부터 6개월이 경과하지 아니하면 혼인하지 못한다."라는 규정이 있었다. 그러나 친자관계의 감정기법의 발달(유전자감식기술)로 이 규정을 계속 두어야 할 합리

적인 이유가 없어 삭제하였다.

⑤ **친생부인(親生否認)제도의 개선**

기존에는 남편만 제기할 수 있었던 친생자 확인 소송에 대해 기본권 침해로 헌법 불일치 결정이 내려졌다(1997년). 따라서 아버지뿐 아니라 어머니도 친생부인(否認)의 소송(訴訟)을 제기할 수 있다(같은 법 제846조). 소송은 부(父) 또는 처(妻)가 다른 일방 또는 자(子)를 상대로 하여 그 제소기간은 사유가 있음을 안 날로부터 2년 이내이다(같은 법 제847조 제1항). 단, 상대방이 될 자가 모두 사망한 때에는 그 사망을 안 날부터 2년 내에 검사를 상대로 하여 친생부인의 소를 제기할 수 있다(같은 법 제847조 제2항).

〈표 12-1〉「민법」 개정 전후의 주요 내용

구 분 / 민법 조항	개정 전	개정 후
호주의 정의(제778조)	일가의 계통을 계승한 자, 분가한 자, 일가창립 및 부흥한 자 등	삭제
가족의 범위(제779조)	호주의 배우자, 혈족과 그 배우자 및 그 가(家)에 입적한 자	배우자, 직계혈족과 형제자매, 배우자의 형제자매(생계를 같이 할 경우)
입적, 복적, 일가창립, 분가 등 (제780, 782~296조)	호주제를 전제로 한 입적, 복적, 일가창립, 분가에 관한 규정	삭제
아내의 입적 (제826조 제3항, 제4항)	아내는 남편의 가(家)에 입적	삭제
친양자제도 신설 (제908조 제2항~제8항)	없음	양자를 양부모의 친생자로 신분등록부에 기재

(2) 2005년 이후 「민법」 개정의 주요 내용

① **남녀의 약혼연령 및 혼인적령 규정 정비**

약혼연령 및 혼인적령에 관하여 남자는 만 18세, 여자는 만 16세로 달리 규정하고 있었으나, 이는 불합리한 차별로서 남녀평등에 반한다는 비판이 제기되었다. 따라서 개정된 「민법」에서는 약혼연령(같은 법 제801조) 및 혼인적령(같은 법 제807조)을 남녀 모두 만 18세로 하였다.

② 이혼숙려기간 도입

협의이혼제도는 간편한 절차만으로도 이혼의 효력이 발생함으로써 혼인의 보호보다는 자유로운 해소에 중점을 두고 있다는 문제점이 있었다. 따라서 개정된 「민법」에서는 협의이혼 당사자는 일정 기간이 지난 후 가정법원으로부터 이혼의사 확인을 받아야만 이혼이 가능하도록 하였다(같은 법 제836조의 2 제2항). 여기에서 일정 기간이란 양육하여야 할 자녀(「민법」 상의 미성년 자녀)가 있을 때는 3개월, 없을 때는 1개월을 뜻한다. 단, 폭력으로 인하여 당사자 일방에게 참을 수 없는 고통이 예상되는 등 이혼을 하여야 할 급박한 사정이 있는 경우에는 위의 일정 기간을 단축 또는 면제받을 수 있다(같은 법 제836조의 2 제3항).

한국인의 성정(性情)을 잘 보여 주는 표현 가운데 '홧김에'라는 말이 있다. 홧김에 때리고, 홧김에 들이받는 등 홧김에 사고 친다는 말이 뒤를 잇는다. 신문의 사회면을 들추면 정말 어이없는 혹은 정말 이해할 수 없는 사건 · 사고들이 꼬리를 무는데 대부분은 홧김에 저지른 실수다. 운전자 간 사소한 싸움이 홧김에 되돌릴 수 없는 최악의 사고를 낳고, 술자리의 사소한 다툼도 홧김에 수십 년 우정을 갈라놓는다.

이러한 홧김에 저지른 일 가운데 가장 후회스러운 것이 아마도 이혼일 것이다. 물론 누가 들어도 이혼할 수밖에 없는 혹은 꼭 이혼해야 하는 사연이 있다. 하지만 '칼로 물 베기'라는 부부싸움이 발전해 부부 모두가 후회하는 결론에 도달하는 때도 많다는 것이 법원의 입장이다. 홧김에 본인들은 물론 자녀에게 심각한 악영향을 미치는 성급함을 방지하기 위한 제도가 2008년 6월 22일부터 시행하고 있는 이혼숙려기간제이다.

③ 자녀의 면접교섭권 인정

종전에는 부모에게만 면접교섭권을 인정하고 있어 자녀는 면접교섭권의 객체로 인식되는 문제가 있었다. 따라서 개정 「민법」 제837조의2 제1항에서 "자(子)를 직접 양육하지 아니하는 부모의 일방과 자(子)는 상호 면접 교섭할 수 있는 권리를 가진다."라고 규정하여 자녀에게도 면접교섭권을 인정한다.

2) 모성보호에 관한 3법

가족정책 관련 법규 중 여성의 경제적 활동을 위한 사회진출을 도우면서 동시에 모성의 역할을 충실히 할 수 있도록 보호하는 법에는 「근로기준법」, 「남녀고용평등과 일 · 가정 양립 지원에 관한 법률」, 그리고 「고용보험법」이 포함된다.

(1) 「근로기준법」

① 법의 의의와 목적

「근로기준법」은 근로자의 기본적 생활을 보장 · 향상시키고, 균형 있는 국민경제의 발전을 꾀하는 것을 목적으로 하며(같은 법 제1조), 여성의 경제적 활동과 모성 역할을 도모하는 데 이바지한다.

② 법의 적용 대상자

「근로기준법」상 법의 상호 관련자는 직업의 종류와 관계없이 임금을 목적으로 사업이나 사업장에 근로를 제공하는 '근로자'와 사업주 또는 사업경영 담당자, 그 밖에 근로자에 관한 사항에 대하여 사업주를 위하여 행위하는 '사용자' 사이에 적용된다(같은 법 제2조).

③ 법의 주요 내용

「근로기준법」의 내용 중 여성에 관련된 부분을 정리하면 다음과 같다. 근로에 참여할 수 있는 최저연령은 15세 미만인 자(초 · 중등교육법에 따른 중학교에 재학 중인 18세 미만인 자를 포함)로 제한된다(다만, 대통령령으로 정하는 기준에 따라 고용노동부장관이 발급한 취직허증을 지닌 자는 근로자로 사용할 수 있다[같은 법 제64조]). 15세 이상 18세 미만인 자의 근로시간은 1일 7시간, 일주일 40시간을 초과하지 못한다(다만, 당사자 사이의 합의에 따라 1일 1시간, 1주일 6시간을 한도로 연장가능하다[같은 법 제69조]). 이때 사용자는 임신 중이거나 산후 1년이 지나지 아니한 여성과 18세 미만자를 도덕상 또는 보건상 유해 · 위험한 사업에 사용하지 못한다(같은 법 제65조).

사용자는 여성근로자가 청구하면 월 1일의 생리휴가를 주어야 한다(같은 법 제73조). 임산부의 보호를 위하여 사용자는 임신 중의 여성에게 산전과 산후를 통하여 90일의 보호휴가를 주어야 한다(이때 휴가기간의 배정은 산후에 45일 이상이 되어야 한다[같은 법 제7조]). 또한, 사용자는 임신 중인 여성이 임신 16주 이후 유산 또는 사산한 경우로서 그 근로자가 청구하면 대통령령으로 정하는 바에 따라 보호휴가를 주어야 한다. 다만, 인공임신중절 수술(모자보건법 제14조 제1항에 따른 경우는 제외)에 따른 유산의 경우는 그러하지 아니한다(같은 법 제74조 제2항). 제74조 제1항 및 2항에 따른 휴가 중 최초 60일은 유급으로 한다. 다만, 남녀고용평등과 일·가정 양립 지원에 관한 법률 제18조에 따라 산전후휴가급여 등이 지급된 경우에는 그 금액의 한도에서 지급의 책임을 면한다(같은 법 제74조 제3항).

사용자는 임신 중의 여성근로자에게 시간 외 근로를 하게 하여서는 아니 되며, 그 근로자의 요구가 있는 경우에는 쉬운 종류의 근로로 전환하여야 한다(같은 법 제74조 제4항). 육아시간의 적절한 운용을 위하여 생후 1년 미만의 유아를 가진 여성근로자가 청구하면 1일 2회 각각 30분 이상의 유급 수유시간을 주어야 한다(같은 법 제 75조).

④ 법의 개선 필요 내용

「근로기준법」은 모성보호를 위한 법규로서 여성의 근로 여건을 개선하는 데 상당 부분 이바지하고 있다. 그러나 580만 9,000명의 비정규직 근로자(통계청의 2012년 3월 근로형태별 부가조사 결과)의 약 40%가 넘는 여성의 모성보호 정책은 마련되어 있지 않은 상황이다. 2007년 7월 1일부터 시행되는 '기간제 및 단시간근로자 보호 등에 관한 법률'에도 여성근로자의 모성보호를 보장하는 내용은 포함하고 있지 않아, 비정규직 근로층에 상당수 편입되어 있는 저소득층 기혼여성들을 위한 대책 마련이 시급하다 하겠다.

(2) 「남녀고용평등과 일·가정 양립 지원에 관한 법률」

① 법의 의의와 목적

「대한민국 헌법」의 평등이념에 따라 고용에서 남녀의 평등한 기회와 대우를 보장하고 모성보호와 여성 고용을 촉진하여 남녀고용평등을 실현함과 아울러 근로자의 일과 가정의 양립을 지원함으로써 모든 국민의 삶의 질 향상에 이바지하는 것을 목적으로 한다(같은 법 제1조).

② 법의 적용 대상자

근로자를 사용하는 모든 사업 또는 사업장에 적용되며, 기본적으로 고용상 남녀평등을 목적으로 하기 때문에 사업장 내 차별적 요소의 제거가 중요한 적용 사항이 된다. 여기서 차별이란 사업주가 근로자에게 성별, 혼인, 가족 안에서의 지위, 임신 또는 출산 등의 사유로 합리적인 이유 없이 채용 또는 근로의 조건을 달리하거나 그 밖의 불이익한 조치를 취하는 경우를 말한다.

다만, 직무의 성격에 비추어 특정성이 불가피하게 요구되는 경우, 여성 근로자의 임신 · 출산 · 수유 등 모성보호를 위한 조치를 하는 경우, 그 밖에 이 법 또는 다른 법률에 따라 적극적 고용개선조치를 하는 경우 등에 해당하는 경우는 제외한다(같은 법 제2조).

③ 모성보호와 일 · 가정의 양립 지원 내용

- **출산전후휴가에 대한 지원**(같은 법 제18조)

국가는 「근로기준법」 제74조에 따른 출산전후휴가 또는 유산 · 사산 휴가를 사용한 근로자 중 일정한 요건에 해당하는 자에게 그 휴가기간에 대하여 통상임금에 상당하는 금액을 지급할 수 있다. 제1항에 따라 지급된 출산전후휴가급여 등은 그 금액의 한도에서 「근로기준법」 제74조 제4항에 따라 사업주가 지급한 것으로 본다. 출산전후휴가급여 등을 지급하기 위하여 필요한 비용은 국가재정이나 사회보장기본법에 따른 사회보험에서 분담할 수 있다. 여성 근로자가 출산전후휴가급여 등을 받으려는 경우 사업주는 관계 서류의 작성 · 확인 등 모든 절차에 적극 협력하여야 한다. 출산전후휴가급여 등의 지급요건, 지급기간 및 절차 등에 관하여 필요한 사항은 따로 법률로 정한다.

- **배우자 출산휴가**(같은 법 제18조의 2)

사업주는 근로자가 배우자의 출산을 이유로 휴가를 청구하는 경우에 5일의 범위에서 3일 이상의 휴가를 주어야 한다. 이 경우 사용한 휴가기간 중 최초 3일은 유급으로 한다. 제1항에 따른 휴가는 근로자의 배우자가 출산한 날부터 30일이 지나면 청구할 수 없다.

- **육아휴직**(같은 법 제19조)

사업주는 근로자가 만 6세 이하의 초등학교 취학 전 자녀(입양한 자녀를 포함)를 양육하기 위하여 휴직(이하 "육아휴직"이라 한다)을 신청하는 경우에 이를 허용하여야 한다. 다만, 대통령령으로 정하는 경우에는 그러하지 아니한다. 육아휴직의 기간은 1년 이내로 한다. 사업주는 육아휴직을 이유로 해고나 그 밖의 불리한 처우를 하여서는 아니 되며, 육아휴직 기간에는 그 근로자를 해고하지 못한다. 다만, 사업을 계속할 수 없는 경우에는 그러하지 아니한다. 사업주는 육아휴직을 마친 후에는 휴직 전과 같은 업무 또는 같은 수준의 임금을 지급하는 직무에 복귀시켜야 한다. 또한, 제2항의 육아휴직 기간은 근속기간에 포함한다. 기간제근로자 또는 파견근로자의 육아휴직 기간은 기간제 및 단시간근로자 보호 등에 관한 법률 제4조에 따른 사용기간 또는 파견근로자보호 등에 관한 법률 제6조에 따른 파견기간에 산입하지 아니한다. 육아휴직의 신청방법 및 절차 등에 관하여 필요한 사항은 대통령령으로 정한다.

- **일 · 가정의 양립을 위한 지원**(같은 법 제20조)

국가는 사업주가 근로자에게 육아휴직이나 육아기 근로시간 단축을 허용한 경우 그 근로자의 생계비용과 사업주의 고용유지비용의 일부를 지원할 수 있다. 국가는 소속 근로자의 일 · 가정의 양립을 지원하기 위한 조치를 도입하는 사업주에게 세제 및 재정을 통한 지원을 할 수 있다.

- **직장어린이집 설치 및 지원 등**(같은 법 제21조)

사업주는 근로자의 취업을 지원하기 위하여 수유 · 탁아 등 육아에 필요한 어린이집(이하 "직장어린이집"이라 한다)을 설치하여야 한다. 직장어린이집을 설치하여야 할 사업주의 범위 등 직장어린이집의 설치 및 운영에 관한 사항은 영유아보육법에 따른다. 고용노동부장관은 근로자의 고용을 촉진하기 위하여 직장어린이집의 설치 · 운영에 필요한 지원 및 지도를 하여야 한다.

- **그 밖의 보육 관련 지원**(같은 법 제21조의 2)

고용노동부장관은 제21조에 따라 직장어린이집을 설치하여야 하는 사업주외의 사업주가 직장어린이집을 설치하려는 경우에는 직장어린이집의 설치·운영에 필요한 정보 제공, 상담 및 비용의 일부 지원 등 필요한 지원을 할 수 있다.

④ 법률의 개선 필요 내용

여성의 모성보호를 위해 제정된 「남녀고용평등과 일·가정 양립 지원에 관한 법률」의 의의는 첨삭될 수 없으나, 실제 고용에서 여성의 낮은 취업의 질과 성별 임금격차의 문제는 같은 법이 향후 개선되어야 할 과제를 남긴다. 현재 전문직종에서의 여성 비율은 여전히 낮은 것으로 보고되고, 개선되고 있던 성별 임금격차는 최근 다시 악화되고 있는 것으로 나타난다. 여성의 노동시장 참여의지를 약화시키는 이러한 문제들을 해결하기 위하여 전문 직종에서의 여성 비율을 높이는 구체적 방안이 제시되고, 성별 임금격차를 개선할 법적·제도적 장치 마련이 우선되어야 할 것이다.

(3) 「고용보험법」

① 법의 의의와 목적

「고용보험법」은 고용보험의 시행을 통하여 실업의 예방, 고용의 촉진 및 근로자의 직업능력 개발과 향상을 꾀하고, 국가의 직업지도와 직업소개 기능을 강화하며, 근로자가 실업한 경우에 생활에 필요한 급여를 실시하여 근로자의 생활 안정과 구직활동을 촉진함으로써 경제·사회 발전에 이바지하는 것을 목적으로 한다(같은 법 제1조).

② 법의 주체 및 적용 대상자

고용보험은 고용노동부장관이 관장하며(같은 법 제3조), 같은 법 제1조의 목적을 실현하기 위하여 피보험자에게 고용 안정, 직업능력 개발사업, 실업급여, 육아휴직급여 및 출산전후휴가급여 등의 혜택이 주어진다.

③ 법의 모성보호에 해당되는 급여 내용

- 출산전후휴가급여

고용노동부장관은 「남녀고용평등과 일·가정 양립 지원에 관한 법률」 제18조에 따라 피보험자가 「근로기준법」 제74조에 따른 출산전후휴가 또는 유산, 사산휴가를 받은 경우로서 다음의 요건을 모두 갖춘 경우에 출산전후휴가 급여 등을 지급한다. 휴가가 끝난 날 이전에 제41조에 따른 피보험 단위기간이 통산하여 180일 이상일 것, 휴가를 시작한 날 이후 1개월부터 휴가가 끝난 날 이후 12개월 이내에 신청할 것, 다만, 그 기간에 대통령령으로 정하는 사유로 출산전후휴가급여 등을 신청할 수 없었던 자는 그 사유가 끝난 후 30일 이내에 신청하여야 한다. 같은 법 제75조에 따른 출산전후휴가 급여 등은 「근로기준법」 제74조에 따른 휴가 기간에 대하여 「근로기준법」의 통상임금에 해당하는 금액을 지급한다. 다만, 제19조 제2항에 따라 근로자의 수 등이 대통령령으로 정하는 기준에 해당하는 기업이 아닌 경우에는 휴가 기간 중 60일을 초과한 일수(30일을 한도로 한다)로 한정한다.

- **육아휴직급여**

  고용노동부장관은 「남녀고용평등과 일·가정 양립 지원에 관한 법률」 제19조에 따른 육아휴직을 30일(출산전후휴가 기간 90일과 중복되는 기간 제외) 이상 부여받은 피보험자 중 다음의 요건을 모두 갖춘 경우에 육아휴직급여를 지급하도록 되어 있다. 육아휴직을 시작한 날 이전에 같은 법 제41조에 따른 피보험 단위기간이 통산하여 180일 이상일 것, 같은 자녀에 대하여 피보험자인 배우자가 육아휴직(30일 미만은 제외한다)을 부여받지 아니하고 있을 것, 육아휴직을 시작한 날 이후 1개월부터 끝난 날 이후 12개월 이내에 신청할 것, 다만, 같은 기간에 대통령령으로 정한 사유로 육아휴직급여를 신청할 수 없었던 자는 그 사유가 끝난 후 30일 이내에 신청하여야 한다. 피보험자가 육아휴직급여 기간 중에 그 사업에서 이직하거나 새로 취업한 경우, 사업주로부터 육아휴직을 이유로 금품을 지급받는 경우, 기타 거짓이나 그 밖의 부정한 방법으로 육아휴직급여를 받았거나 받으려 한 경우에 그 급여를 받은 날 또는 받으려 한 날부터의 육아휴직급여를 지급하지 아니한다.

④ 「고용보험법」의 개선 필요 내용

근로자에게 실업 및 능력개발 비용을 지원하고 사업주에게는 고용 유지와 교육훈련 비용을 지원하는 「고용보험법」 내의 모성보호와 관련된 사업은 육아휴직급여와 출산전후휴가급여가 있는데, 이런 사업은 아동부양 여성의 실질적 고용안정에 기여하는 것으로 이해된다. 그러나 그 밖의 사업 중 직업능력개발 훈련(실업자 및 재직자)에 여성의 참여비율이 여전히 낮은 것으로 나타나 「고용보험법」의 실효적 실행 여부에 상당한 의문을 일으키고 있다. 따라서 재직자뿐만 아니라 실업자 훈련에서 여성의 전문훈련 기회를 제고할 수 있는 법안의 창출이 필요하다(손병덕 외, 2008; 최덕경 · 박주현, 2012).

3 다른 나라의 가족정책

우리가 왜 다른 나라의 가족정책을 알아야 하는가? 다른 나라의 가족정책을 우리의 가족정책과 비교해 봄으로써, 우리나라 가족정책의 방향에 대한 시사점을 얻을 수 있기 때문이다. 그런데 모든 나라, 모든 정책을 전부 소개할 수는 없다. 따라서 여기서는 스웨덴의 맞벌이부부 지원정책, 영국의 한부모가족정책, 프랑스의 동성애정책, 그리고 일본의 호적제도 등에 대해 간략히 살펴본다.

1) 스웨덴의 맞벌이부부 지원정책

스웨덴의 국가정책은 여성의 이차적 지위를 고착시키는 법적 기반을 제거하는 방향으로 진행되어 왔다. 제2차 세계대전 후 완전고용과 복지국가를 위해 여성 노동을 활성화하는 공공 프로그램을 마련하여, 부모가 임금노동과 가정생활에 전적으로 참여하는 것을 돕는 다양한 정책을 창출해 왔다.

스웨덴 가족은 탁아, 부모 휴가, 자녀수당 등의 법안처럼 가족과 직접적으로 관련이 있는 정책뿐 아니라 노동시장정책, 세제정책과 같은 넓은 범주의 공공정책에 대해서도 변화를 시도하였다(한국여성정책연구회, 2000; 손승영, 2011). 모든 성인의 경제적 자립을 목적으로 여성의 취업을 촉진시키거나 강요했던 1971년의 소득세 개정으로, 개인별로 세금을 내야 한다는 원칙을 적용하였다. 그 결과 부양자를 위한 세금 감면은 크게 줄어들었고, 세금 정책을 활용함으로써 여성의 높은 고용을 이끌어낼 수 있었다.

스웨덴 정부는 여성의 노동 참여를 위해 많은 정책을 만들어 냈다. 탁아제도의 확대뿐만 아니라, 부모휴가보험 등 다양한 제도를 구축하였다. 부모휴가는 여성과 남성 모두에게 가능하며, 휴가를 택하는 부모가 같은 직장에 복귀할 수 있도록 법으로 보장되어 있다. 신생아나 새로 입양된 아이의 부모에게는 정규 병가수당을 지급하고 360일간의 휴가가 부여된다. 새로 아버지가 되면 열흘간의 '부모휴가'가 주어진다. 아이가 12세가 될 때까지 부모는 아이나 아이가 돌보는 사람이 아플 때 병가를 내고 유급으로 집에서 지내는 것이 허용된다. 부모는 이런 돌봄 책임을 위해 1년에 아이 1명당 60일까지 쓸 수 있다. 이외에도 부모가 아이의 탁아소나 학교를 방문할 수 있도록 아이 1명당 1년에 이틀의 '만남의 날'이 허용된다.

스웨덴의 정책은 부모가 모두 오랜 시간 일을 하면 집에서 자녀와 함께 보낼 수 있는 시간이 거의 없음을 인식하고 있다. 따라서 아이가 8세가 되거나 초등학교 1학년을 마칠 때까지는 부모가 정규 월급의 3/4을 받고 노동시간을 정규 노동시간의 3/4으로 줄일 수 있도록 법적으로 부모의 권리를 확립하고 있다. 모든 가족은 아이가 16세가 될 때까지 기본 자녀수당을 받는다. 아이가 셋 이상인 가족은 그 이외의 자녀수당도 받는다. 한부모가족은 만약 함께 살지 않는 부모가 약속한 부양금을 지급하지 않거나 지급할 수 없다면, 국가가 생계비를 빌려 준다. 오늘날 전형적인 스웨덴 가족은 두 명의 일하는 부모와 국가가 지원하는 탁아소에 있는 자녀로 구성된다.

스웨덴과 우리나라는 좋은 대조를 이룬다. 우리나라에서는 자녀가 입학하거나 졸업을 하는 등 축하해야 할 일이 생기면, 부모나 친지가 선물을 하고 축하하며 자녀의 용돈에 대한 책임을 진다. 하지만 스웨덴에서는 국가가 청소년에게 개인을 위한 축하비용이나 용돈 형식의 수당을 지급하며, 성인이 되면 학생보조금 등 생활비를 국가가 책임지고 지급한다. 즉, 우리나라에서 가족이 맡고 있는 거의 대부분의 역할을 스웨덴에서는 국가가 대신한다고 보아도 좋을 것이다. 반면, 우리나라에서는 대기업이나 탄탄한 중소기업의 경우 국가 대신 기업이 자녀 학비를 보조하거나 사원복지 차원에서 콘도나 시설을 빌려주는 역할을 하기도 한다.

유럽의 여러 국가가 '요람에서 무덤까지' 복지를 펼치며 우리나라보다 폭넓은 복지활동을 할 수 있는 것은, 국가와 개인 사이의 합의와 신뢰에 기반을 두고 있기 때문이다. 스웨덴에서는 세금이 투명해서 월급쟁이나 자영업자 모두 번 돈의 50%를 국가에 세금으로 내며, 국가는 이 기금을 잘 운영해서 개인의 평생복지를 책임지는 것이다. 하지만 미국이나 우리나라는 유럽의 사회복지국가와는 달리 국가에 대한 개인의 신뢰가 낮으며, 세금은 적게 내고 자신이 번 돈은 직접 저축해서 어려워질지도 모르는 미래의 위험에 대비하는 형태로 진행되고 있다.

우리나라에서도 스웨덴과 같이 완전 복지가 보장되는 형태로 가기 위해서는 일차적으로 세금제도를 정비해서 재원을 마련해야 한다. 이 때 자영업자나 고소득자들이 허위신고를 할 수 없도록 제도를 보완하여 모든 이들이 공정하고 공평하게 참여하는 형태로 나아가야 할 것이다. 그뿐만 아니라 국가의 복지 기금 활용에 있어서 부정 · 부패가 없도록 조처하고 세금 누수를 막기 위한 제도적 장치를 구체적으로 마련할 것이 요구된다. 그러나 스웨덴이나 다른 유럽의 복지국가에서 고령화 사회로의 전환과 맞물려 재정 위기가 초래된 사실을 결코 잊어서는 안 된다.

2) 영국의 한부모가족정책

1970년대의 보수적 법률과 1980년대 초의 대처 경제 전략과 가족주의는 평생결혼을 함축한 정책이어서 부양과 간호에 대해 가족의 책임을 강조하였다. 복지가 가족기능의 저하를 초래한다는 점을 비난하고 정상가족에 대한 강조로 새로이 부상하는 가족의 형태나 일탈적인 가족을 간과하는 경향성이 짙었다. 베버리지형 복지제도의 전형적인 가족유형에 속하지 않는 한부모가족은 영국 정부 입장에서는 오히려 사회보장비용을 삭감해야 할 대상 집단으로 인식되었다.

이러한 입장에 대해 여러 출판물은 보수적 가족정책에 대해 비난을 퍼부었다. 이러한 비판에 대한 대응으로 영국 정부는 1980년대와 1990년대에 한부모가족과 미혼모에 대한 지원을 강화하여 매주 초과수당을 부여하는 'Single Parent Premium'이라는 사회보장제도를 마련했다(Harding, 1999). 1991년에는 보수당 정부가 여성의 취업 장려책의 하나로 '아동지원법'을 마련하여 별거 중인 부모의 양육비 지원을 촉구하였다. 블레어 정부는 1998년 한부모가족을 위한 뉴딜 프로그램을 시행함으로써, 여성 한부모의 취업에 더욱 적극적인 정책을 도입하였다(신용주, 2001).

이처럼 영국의 한부모정책은 과거보다 진일보한 정책이기는 하지만, 정부가 한부모집단에 대해 지니는 편견이나 주변적 집단으로 인식하는 보수성을 여전히 지니고 있다는 비난이 아직도 가해지고 있다(손승영, 2011).

3) 프랑스의 동성애정책

프랑스에서는 「민법」상 동성 결혼이 인정되지 않으나, 1999년 7월에 제정한 '시민연대계약(PACS)'에 준해 동성 커플도 결혼한 부부에 준한 혜택과 아울러 법적 보호를 받게 되었다. 시민연대계약이란 공동생활을 영위할 목적으로 이성 또는 동성의 성인이 체결하는 계약으로 공동생활을 원하는 두 사람이 합의하여 계약서를 법원에 제출하면 커플로 인정받게 된다. 파트너 간 권리와 의무 및 커플의 지위를 규정하는 시민연대계약은 시민결합, 프랑스혼, 팍스혼 혹은 파트너혼 등으로도 불리고 있다. 시민결합에 따라 커플로 신고한 후 3주년이 되면, 두 사람은 소득에 대한 공동 세금징수의 대상이 되며, 공동으로 세금우대 혜택을 받게 된다. 만약 어느 한 쪽이 계약파기 서류를 제출하면, 시민결합은 중단되는 등 결혼보다 신고 절차가 간편하다.

당초 이 법이 제정될 당시 주 타깃은 동성애자 커플이었지만, 이성애자 커플에게도 시민결합은 좋은 반응을 얻고 있다. 결혼과 동거의 중간 지점에 있는 시민결합으로 말미암아 결혼에서 예상되는 관계의 경직성에서 탈피하는 한편, 동거형태에서 기대할 수 없는 법적 혜택과 보호를 받게 됨으로써 선호도가 높아지고 있다. 이와 같은 특성을 지닌 시민결합은 프랑스의 출산율을 높이는 데 이바지했다는 평가를 받을 정도로, 프랑스가 다른 유럽 국가보다 강한 인구 성장세를 유지하는 데도 도움을 주고 있다. 2010년 프랑스 출산율은 2.01명으로 높아져서 1970년대 말 수준으로 복귀한 상태이다.

프랑스인이 가정을 이루는 가장 보편적인 방식은 물론 결혼이다. 프랑스 통계청 자료를 보면, 프랑스 커플의 약 66%는 결혼한 것으로 나타났다. 결혼하지 않고 동거를 택한 비중은 31%에 이른다. 동거를 의미하는 '코아비타시옹'이나 동거자를 뜻하는 '콩큐비나주'라는 단어는 일상어로 자리를 잡았다. 프랑스 신생아의 약 50%는 결혼 가정 외에서 태어나는 것으로 추정된다. 동거는 단순 동거와 시민연대계약으로 나뉜다. 단순 동거는 말 그대로 '자유롭게 함께 사는 것'을 의미한다. 아이도 낳고 일상적인 가정생활을 한다. 다만, 관계에 대한 법적 구속력이 없을 뿐이다(한국경제, 2012. 5. 9).

프랑스에서 동거가 일상적인 이유는 우선 개인의 다양성을 인정하는 문화적 배경 때문이다. 2007년 니콜라 사르코지 대통령이 이혼했을 때도 프랑스 국민은 개인 생활이라며 크게 신경을 쓰지 않았다. 프랑수아 미테랑 전 대통령은 혼인관계를 유지하면서도 애인을 숨겨 놓고 딸까지 낳은 것으로 유명했다. 부인 다니엘 미테랑은 귀빈 접견 등 영부인 역할은 수행했지만, 대통령과 함께 살지는 않았다. 미테랑 전 대통령은 부인의 묵인 아래 애인과 딸을 계속 만난 것으로 알려졌다. 한편, 동거가 일상적인 이유는 경제적 독립이라는 목적도 있다. 프랑스 청년층은 동거 상대방과 협력해 부모에게서 독립하는 경우가 많다. 하지만 각종 생활비는 정확히 5대5 공동부담이다. '같이 살아도 지갑은 섞지 않는다'는 말이 있을 정도다. 정식 결혼을 했다가 이혼하면 위자료 부담 등이 크다는 점도 동거 확산에 영향을 미쳤다.

4) 일본의 호적제도

일본에서 호적과 관련된 법률은 「호적법」이다. 일본의 구(舊)호적은 우리나라와 같은 것이었지만, 1947년 「민법」을 개정하여 호주제도, 가(家)제도를 폐지한 가족법 개혁으로 명치유신(明治維新, めいじいしん) 이래 호적과는 크게 달라졌다

(국회여성특별위원회 전문위원실, 2000). 호주제도가 폐지됨에 따라 「민법」에서는 '호주와 가족'이라는 장(章)을 완전히 삭제하였다. 호주제도와 가제도의 폐지로 말미암아 기존의 호적도 폐지되었다.

대신 부부와 미혼자녀를 기본으로 하는 새로운 호적을 창설했다. 기본적으로 부부가 하나의 성(性)을 정하도록 하는 '부부동성제도'를 이루고 있다. 이 성을 호적의 편제기준으로 하여 호적은 부부와 같은 성을 가진 자녀로 편제한다. 그리고 혼인한 모든 자녀는 신(新)호적을 편제하도록 하여 3대 호적을 금지하고 있다(한국여성개발원, 1996). 이러한 일본의 호적은 부부가 같은 성을 사용하도록 하는 제도로, 90% 이상의 여성이 남편의 성으로 바꾸기 때문에 현실적으로 여성차별이라는 문제에 부닥치고 있다. 또한, 가족집단이 한 용지에 기록됨으로써 개인정보침해의 논란도 일어나고 있다. 그래서 1인 1호적에 대한 논의가 활발하게 진행되고 있다.

제13장

국가와 젠더 관점

1 국가, 가족과 젠더의 관계

'가족'은 중요한가? 이에 대해 영화배우 마이클 폭스(Michael J. Fox)는 "가족은 중요한 게 아니라 모든 것"이라고 했다. 인간의 삶에서 가족이 차지하는 비중은 아무리 강조해도 지나치지 않다. 2005년 한 조사에 의하면, 우리나라 사람의 90% 이상은 가족이 삶에서 매우 중요하다고 인식하였다. 이러한 가족이 우리 사회에서는 매우 오랫동안 사적인 영역으로 인식되어 왔다. 그러나 가족은 사회와의 상호작용을 통해 만들어지고 구성된 실체로서 개인의 삶은 물론 집단 삶의 누적된 경험을 반영하는 사회적·역사적 산물이다. 이처럼 사회적·역사적 구성물인 가족은 한 사회를 이해하는 기초가 되는 중요한 공적인 제도이다(한국동북아지식인연대 편, 2004; 정혜정 외, 2009).

지금까지 가족은 사회의 변화에 따라 단순하게 수동적으로 반응하는 조직으로 인식되었으며, 가족과 사회를 이분법적으로 구분함으로써 가족구성원 각자가 행복하면 가족이 행복하고, 사회가 행복해지는 것으로 믿어 왔다. 그러나 가족 내 개인의 복지와 가족 전체로서의 삶은 사회의 역사적·사회적·경제적·문화적 상황에 영향을 받는다. 또한, 현대사회의 변화에 따른 가족의 과부하 상황은 가족이나 가족구성원이 아무리 노력해도 개인이나 가족이 통제할 수 없는 많은 사회적 조건과 상황으로 일어난다. 심지어 가족 내의 문제처럼 보이는 것조차 근본적으로는 사회구조의 원인으로 나타나는 결과이기도 하다. 따라서 가족의 삶의 질 향상을 위한 후원자·감독자로서의 국가의 책임을 천명하는 것이 필요하며, 젠더 관점을 접목하는 것이 필요하다.

국가에 의한 가족의 보호와 지원은 인간의 기본적인 인격권의 관점에서 다루어진다. 「대한민국 헌법」 제10조[81]에 명시된 인간존엄성과 행복추구권은 국가 사회의 근본 원리인 동시에 목적 그 자체이다. 또한, 「헌법」 제36조 제1항은 "혼인과 가족생활은 개인의 존엄과 양성의 평등을 기초로 성립되고 유지되어야 하며, 국가는 이를 보장한다."라고 국가의 책임을 규정하고 있다. 이처럼 「헌법」의 인간존엄성과 양성평등의 혼인과 가족생활에 대한 국가의 책무 규정은 국가에 의한 가족 지원의 타당성을 제공한다. 이러한 법에 젠더 관점을 적용해야 하는 이유는 법을 통해 사적인 생활에 대한 법적 규제의 타당성을 확보할 수 있으며, 이를 통해 가족관계에 사회적·정치적으로 중재할 수도 있기 때문이다(Diduck & O'Donovan, 2006). 이는 독립과 종속의 가치와 본질에 관한 문제이기도 하며, 경제와 사회적 힘의 균형에 관한 문제이고, 법이 이러한 규제를 함으로써 가족이 사회의 중요한 부분이 되기도 하기 때문이다.

페미니즘[82]적 시각 자체가 개인의 정치성을 강조하기 때문에 법에 대한 젠더 시각은 정치적이며 페미니즘 이론은 이 둘을 연결하는 장치이다. 여성의 지위 향상을 목표로 하는 페미니즘 시각은 19세기에 유럽과 영국에서 태동하였다. 여성에 대한 관점은 크게 두 시기로 구분되는데, 19세기의 페미니스트 운동은 제1물결로 명명된다. 19세기 초의 페미니즘은 모든 법 테두리 안에서 평

81) "모든 국민은 인간으로서의 존엄과 가치를 가지며, 행복을 추구할 권리를 가진다. 국가는 개인이 가지는 불가침의 기본적 인권을 확인하고 이를 보장할 의무를 진다."

82) 페미니즘(feminism)이란 생물학적인 성(性)으로 말미암은 모든 차별을 부정하며 남녀평등을 지지하는 믿음에 근거를 두고, 불평등하게 부여된 여성의 지위·역할에 변화를 일으키려는 여성운동이다. 페미니즘은 여성의 권리회복을 위한 운동을 가리키는 말로 1890년대부터 쓰이기 시작했다. 사회현상을 바라보는 하나의 시각이나 관점, 세계관이나 이념이기도 하다. 여성 억압의 원인과 결과를 설명하고 여성해방을 위한 전략을 모색하는 데 있어서 페미니즘은 자유주의·마르크스주의·급진주의·사회주의 등 여러 사상이나 이론에 의해 뒷받침되거나 더불어 발전했다. 1960년대부터 현대의 페미니즘을 지칭해 '여성해방운동'이라는 용어로 대체되어 쓰이기 시작했다. 페미니즘이 권리와 평등의 개념을 사용하여 사회를 정적으로 보는 관점이었다면, 여성해방운동은 억압과 해방이라는 개념을 사용해 사회를 더욱 역동적으로 파악하려고 시도하고 있다.

등하다는 자유주의 정치철학에 기반을 둔다. 이 시기의 젠더페미니스트들은 사회구조가 성 불평등의 원인이라고 생각하고, 모든 사람이 평등해지는 정책을 지지한다. 따라서 초기 페미니즘 운동은 남성과 동등한 정치적 평등과 자녀에 대한 양육권 등에 초점을 맞추었기 때문에 지금은 당연시되는 권리인 투표권이나 참정권에서 여성의 평등한 권리를 획득하는 것이 가장 중요한 목적이었다(Lorber, 최은정 외 역, 2005).

이후 보부아르(Beauvoir)의 『제2의 성』이 출판된 1945년 이후는 제2물결로 명명되는데 남성과 비교할 때 상대적으로 불리한 여성의 사회적 위치에 관심을 갖고, 여성의 성적 억압 분석을 통해 개인 상호적 · 정치적 · 법적 해결책을 제시하면서 사회의 변화에 이바지했다. 20세기 중반부터 시작되는 제2의 물결시기에 들어와서는 여성이 남성으로부터 경제적 안정을 얻는 것과 가족 이데올로기를 극복하는 데 초점이 맞추어졌다. 따라서 여성에게 중요한 관심사였던 여성의 시민권, 정치권, 법적인 권리를 가족관계와 가족법 내에서도 강화하는 방향으로 운동이 이루어졌다. 이러한 관점의 페미니스트들은 동등한 대우만으로는 불충분하며, 형평성에 어긋나지 않은 사회적 대책과 이와 관련된 제도와 법의 제정을 강조한다(정혜정 외, 2009).

2 젠더 관점에서의 법과 정책, 제도

젠더 관점에서의 법과 제도는 여성과 가족의 역량강화를 통한 가족구성원의 삶의 질 향상이 목표이다. 서구에서 19세기 초에 이루어졌던 참정권 등이 우리나라에서는 20세기에 들어와서 수용되었으며, 현대사회의 정치, 경제, 사회, 인구학적 변화에 따른 다양한 가족과 여성의 요구와 가족에 대한 국가의 책무에 대한 인식으로 다양한 법과 정책이 개발되었다.

1) 가족법과 정책

실증주의적 관점에서 가족법은 '가족을 규제하는 판례와 법령'을 의미하지만(Diduck & O' Donovan, 2006), 가족법은 가족을 공식적, 비공식적으로 규제하는 고용법, 범죄 관련 법, 청소년법, 세법, 이민법, 소유와 관련된 법, 사회안정보장법 등을 모두 포괄하는 개념으로 확대 해석된다. 이러한 법에 기반을 둔 사회정책은 구성원의 복지를 향상시키려고 기획하거나, 인지된 사회문제를 조정하고자 의도된 정부와 여타 공적 제도를 의미한다(정혜정 외, 2009).

젠더 관점의 공공정책 변화는 차별폐지, 전통적인 남성의 영역에 여성을 포함시키는 문제와 이러한 토대를 만들어 왔던 제도와 규범을 변화시키는 방향으로 전개되었다. 차별폐지는 공공연하게 여성을 차별하는 법을 제거하는 것, 그러한 차별을 비합리적인 것으로 만드는 법의 제정을 요구하는 것과 여성을 묵시적으로 차별하는 정책이나 제도적 구조에 관심을 갖는 것이다. 서구에서는 여기에 강간, 임신중절, 결혼법에 대한 정책의 개정과 교육과 고용에서 평등한 기회를 얻기 위한 노력 등을 포함한다. 스웨덴에서는 20세기 초에 차별반대법을 지지하고, 정부 지원의 아동보호, 부모휴가 지급, 남편과 아내 수입의 개별적인 과세징수를 통한 사회정책을 통해 가족에서 여성 평등권 획득을 위해 노력해 왔다. 우리나라에서도 남녀평등과 모성보호를 위한 몇 가지 법이 제정되었으며, 젠더 관점에서 법의 명칭이나 내용이 개정되기도 하였다. 물론 법 자체가 여성의 평등한 지위를 담보하는 것은 아니지만, 이러한 법의 제정은 변화를 위한 기초를 제공하는 중요한 과정이다(정혜정 외, 2009).

(1) 모성보호, 남녀 차별폐지와 평등권 관련법

우리나라에서 직장여성과 모성보호를 위한 관련법은 「남녀고용평등과 일·가정 양립 지원에 관한 법률」, 「근로기준법」, 「고용보험법」 등이 있다. 이러한 법은 일하는 여성의 모성보호를 강화하고, 직장과 가정의 양립 지원 및 모성보호 비용의 사회 분담화를 중요 내용으로 한다. 이 중 「남녀고용평등과 일·가정 양립 지원에 관한 법률」은 2007년 남녀차별금지 및 구제에 관한 법으로 변경되고, 모성보호, 성희롱금지와 일 · 가족 양립 등의 내용이 포함되었다. 「남녀고용평등과 일 · 가정 양립 지원에 관한 법률」은 남녀차별 금지명령의 구체화 입법으로서 남녀차별 금지를 법명으로 명시한 최초의 법이며, 차별금지 분야를 사회의 모든 영역으로 확대하고 차별금지의무 및 차별시정기관으로 민간기업체, 국가기관, 지방자치단체 등 공공기관을 규정하고 있다.

이 법은 「헌법」의 평등이념에 따라 고용에서 남녀의 평등한 기회와 대우를 보장하고 모성보호와 여성 고용을 촉진하여 남녀고용 평등을 실현함과 아울러 근로자의 일과 가정 양립을 지원함으로써 모든 국민의 삶의 질 향상에 이바지하는 것을 목적으로 전면 개정되었다. 이 법에서 가장 핵심적인 내용은 사업주가 근로자에게 성별, 혼인, 가족 안에서의 지위, 임신 혹은 출산 등의 사유로 합리적인 이유 없이 채용 혹은 근로의 조건을 다르게 하거나, 그 밖의 불리한 조치를 하는 차별행위를 금지한 것이다. 또한, 직장 내 성희롱에 대한 국가의 책무를 규정하고 일과 가족의 양립을 위한 다양한 정책을 포함한다. 직장 내 성희롱은 사업주 · 상급자 혹은 근로자가 직장 내의 지위를 이용하거나, 업무와 관련하여 다른 근로자에게 성적 언동 등으로 성적 굴욕감 혹은 혐오감을 느끼게 하거나, 성적 언동 혹은 그 밖의 요구 등에 따르지 않았다는 이유로 고용에서 불이익을 주는 것을 말한다.

앞에서도 언급하였지만, 모성보호에 대한 내용도 강화되어 국가는 「근로기준법」 제74조에 따른 출산전후휴가 혹은 유산 · 사산휴가를 사용한 근로자 중 일정한 요건에 해당하는 자에게 그 휴가기간에 대하여 통상임금에 상당하는 금액을 지불할 수 있게 하였으며, 근로자가 배우자의 출산을 이유로 휴가를 청구할 때, 5일의 범위에서 3일 이상의 휴가(최초 3일은 유급)를 주도록 하였다. 이 밖에도 가장 중요한 근로시간 단축과 직장탁아제도도 구체화하였다.

여러 가지 관련법 중에서 여성단체의 활동에 가장 커다란 영향을 미친 법은 「여성발전기본법」이다. 이 법의 제정 목적은 우리나라 「헌법」의 남녀평등 이념을 실현하기 위한 국가와 지방자치단체의 책무 등에 관한 기본적인 사항을 규정하여, 정치 · 경제 · 사회 · 문화의 모든 영역에서 남녀평등을 촉진하고 여성의 발전을 도모하기 위함이다. 같은 법 제7조에 의거 여성정책 기본계획을 수립하게 되는데, 이는 남녀평등 사회 실현을 위한 국가의 비전을 제시하고, 우리 사회 전반의 분야별 여성 발전을 이루기 위한 종합계획이다.

이는 여성정책 추진 주체의 정책추진 역량을 강화하기 위한 도구로, 정책에 남녀평등 관점을 통합하기 위한 다양한 정책방안을 제시함으로써 정책 담당자의 여성정책 추진능력과 여성정책 추진기구의 기획·종합기능을 향상시키는 데 이바지하고 있다고 평가된다. 제1차(1998~2002년)와 제2차(2003~2007년) 기본계획 추진을 통하여 양성평등을 위한 법적·제도적 기틀을 마련하고, 10년간의 여성정책 추진 성과를 바탕으로 실질적 성 평등을 이루기 위하여 제3차(2008~2012년) 기본계획의 비전을 '지속가능한 성 평등 사회'로 정하였다.

또한, 같은 법 제30조에 의해 여성발전기금이 조성되어 여성의 권익 증진을 위한 사업, 여성단체사업, 여성 관련 시설의 설치와 운영, 여성의 국제협력사업 및 남녀평등 실현, 여성 발전 및 가족 지원 등을 위하여 대통령령으로 정하는 사업에 지원이 이루어지고 있다. 한편, 특정 성(性)에 대하여 불평등이 발생하지 아니하도록 여성과 남성에게 미치는 영향을 인식·반영하는 능력을 증진시키는 '성인지(性認知) 교육'과 양성평등교육을 효율적이고 체계적으로 추진, 진흥시키기 위하여 '한국양성평등교육진흥원'을 설립하였다(같은 법 제21조의 3 제1항). 이 밖에도 성매매를 방지하고 성매매 피해자 및 성을 파는 행위를 한 자의 보호와 자립을 지원하기 위하여 2004년 성매매 방지 및 피해자 보호 등에 관한 법률이 제정되었다.

(2) 혼인과 다양한 가족을 지원하는 법률

맞벌이, 이혼과 재혼, 국제결혼이 증가하면서 맞벌이가족, 한부모가족, 재혼가족, 다문화가족 등 다양한 가족이 증가하였다. 다양한 가족에서의 여성과 아동의 지위와 사회적 적응을 지원하기 위해 여러 가지 법이 개정되거나 신설되고 명칭도 성 평등적인 개념으로 수정되었다.

2005년 호주제 폐지를 중심으로 한 「민법」이 개정되어 2008년부터 시행되고 있다. 또한, 혼인과 이혼에서의 양성평등을 위한 법 개정이 2007년 12월에 이루어지면서, 혼인이 가능한 나이가 남녀 모두 18세로 동일하게 바뀌었다. 협의

이혼 절차도 개선되어 협의상 이혼을 할 때 가정법원이 제공하는 이혼에 대한 안내를 받아야 하고, 가정법원은 필요하면 당사자에게 전문 상담인의 상담을 받도록 권고할 수 있게 되었다. 또 자녀의 권리로서 면접교섭권을 인정함으로써 자녀의 복지에 중요한 이바지를 하였다.

맞벌이가족이 증가하면서 「남녀고용평등법」이 「남녀고용평등과 일·가정 양립 지원에 관한 법률」로 개정되었다. 또 급속히 진행되는 저출산·고령화와 여성의 경제활동 참여 증가 등 사회환경이 변화함에 따라 가정생활과 직장생활을 조화롭게 병행할 수 있는 사회적 분위기나 제도적 장치 마련에 대한 필요성이 증대되었다. 이에 따라 가족친화적인 환경의 정착 및 국민 삶의 질 향상을 위해 가족친화 사회환경의 조성 촉진에 관한 법률도 2008년 6월에 제정되었다. 이 법을 통해 5년마다 가족친화 사회환경 조성 기본계획을 수립하며, 정책의 수립·시행을 위하여 기업·공공기관 및 마을의 가족친화 사회환경 조성 실태에 관한 조사를 시행한다. 또 가족친화 사회환경 조성을 위해 가족친화제도에 대한 컨설팅, 직장 내 가족친화교육 시행 및 강사 양성, 가족친화 프로그램 개발·보급 등에 관한 사항을 지원한다. 아울러 기업과 공공기관의 가족친화지수를 측정하고 공표하며(같은 법 제14조), 가족친화제도를 모범적으로 운영하고 있는 기업이나 공공기관에 대하여 가족친화 인증을 시행한다(같은 법 제15조).

참고자료 13-1

가족친화 기업들 생산성도 '쑥쑥'

가족친화경영이 기업 성과에는 어떤 영향을 미칠까? 가족친화경영이 우리나라 기업의 생산성에 긍정적인 영향을 미치는 것으로 나타났다. 가족친화 경영지수가 1단위 증가하면 1인당 매출액이 약 0.4% 증가하고, 노동자의 이직률이 0.23% 감소하는 것으로 나타났다. 또 가족친화 인증기업(159곳)과 일반기업을 비교분석해 보니 인증기업들이 수익성, 안정성, 성장성, 배당성향 등에서 개선되고 있는 것으로 조사됐다.

가족친화정책이 자리를 잡은 유럽이나 미국에서는 가족친화경영과 기업 성과의 상관관계가 더 확실히 발견된다. 영국 가족친화정책의 기업 성과와 관련해 살펴보면, 유연근무제와 휴가제도를 제공하는 기업에서는 노사관계가 좋아지고(71%), 노동자의 조직헌신과 사기가 높아지며(69%), 이직률이 줄고(54%), 노동자 채용이 늘며(47%), 결근율이 줄고(48%), 생산성이 늘어나는 것(49%)으로 나타났다. 이에 영국 정부는 '일 · 가정 양립기금'을 설립해, 가족친화정책을 시행하는 기업을 재정적으로 지원하고 있다. 미국에서도 유연근무제도가 노동자의 헌신, 직장 만족도, 직장 유지, 정신건강 등 네 가지 면에서 모두 긍정적인 결과를 낳는 것으로 조사됐다. 보고서는 "실제로 우수 여성인력들은 일터를 선택할 때 가족친화제도가 잘 제공되는 기업을 중요한 조건으로 꼽고 있고, 기업 역시 가족친화경영을 통해 우수인력의 채용을 유지할 수 있다."라며, 가족친화경영을 기업의 '비용'이 아니라 '투자'로 인식해야 한다고 밝혔다.

주: 가족친화 경영지수란 육아휴직, 직장어린이집 등 모성보호 및 육아지원 제도와 관련한 16가지 항목에 대해 시행하지 않는 경우 0점, 시행하지만 활용이 잘 안 되는 경우 1점, 실제 활용도 잘되는 경우 2점을 부여해 그 점수를 합한 것을 말한다.

출처: 한겨레(2012. 4. 19)에서 발췌 편집. 정은주 기자.

가족친화 인증기업 변화 추이
(단위: 곳, 대기업 / 중소기업 / 공공기관)

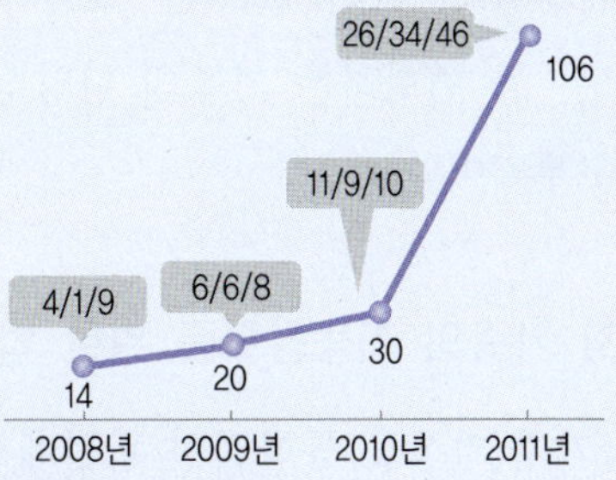

가족친화경영 지수(16개 항목)

- 육아휴직
- 배우자 출산휴가(남성)
- 직장어린이집
- 보육료 지원
- 생리휴가(무급이나 유급)
- 수유시간 보장
- 수유공간 제공
- 임신한 여성의 야간근무 제한
- 임신한 여성의 휴일근무 제한
- 임신한 여성의 초과근무 제한
- 임신한 여성을 유해한 업무에 종사시키지 않음
- 임신한 여성에게 작업전환 시행
- 출산 후 1년이 되지 않은 여성을 유해한 업무에 종사시키지 않음
- 태아검진휴가(임신한 여성을 위한 사전 진찰휴가)
- 유·사산 휴가
- 불임휴직제

점차 증가하는 다문화가족을 지원하기 위해 「다문화가족지원법」이 2008년 3월에 제정되어 같은 해 9월부터 시행되고 있다. 결혼이민자 및 그 자녀 등으로 구성된 다문화가족은 언어 · 문화적 차이 때문에 사회 부적응과 가족구성원 간 갈등, 자녀교육에 심각한 어려움을 겪고 있다. 다문화가족이 우리 사회의 구성원으로 통합되어 안정적인 가족생활을 영위할 수 있도록 하기 위한 가족상담, 부부교육, 부모교육, 그리고 가족생활교육 등을 추진하고, 문화의 차이 등을 고

려한 언어통역, 법률상담, 행정지원 등의 전문적인 서비스를 제공하도록 하는 등 다문화가족에 대한 지원정책의 제도적인 틀을 마련하려는 것이 이 법의 중요 취지이다. 한편, 2008년 「모부자복지법」의 명칭을 「한부모가족지원법」으로 바꾸는 등 변화하는 가족의 다양성을 인정하는 방향으로 법률이 개정되는 것은 고무적이다.

(3) 가족의 기능강화를 위한 법률

국가가 가족을 통합적인 관점에서 지원하여 기족의 삶의 질을 향상시키고자 하는 관심은 2005년부터 시행된 「건강가정기본법」에 잘 나타나 있다. 이 법은 건강한 가족생활의 영위와 가족의 유지 및 발전을 위한 국민의 권리·의무와 국가 및 지방자치단체 등의 책임을 명백히 하고, 가족문제의 적절한 해결방안을 강구하며 가족구성원의 복지증진에 이바지할 수 있는 지원정책을 강화함으로써 건강가족 구현에 이바지하는 것을 목적(같은 법 제1조)으로 제정되었다. 국가 및 지방자치단체는 개인과 가족의 생활실태를 파악하고, 건강가정 구현 및 가정문제 예방 등을 위한 서비스의 욕구와 수요를 파악하기 위하여 5년마다 가족실태조사를 실시하고 그 결과를 발표하고 있다(같은 법 제20조 제1항). 또 국가 및 지방자치단체는 가정이 원활한 기능을 수행하도록 다음 사항을 지원하고 있다(같은 법 제21조): ① 가족구성원의 정신적·신체적 건강지원, ② 소득보장 등 경제생활의 안정, ③ 안정된 주거생활, ④ 태아검진 및 출산·양육의 지원, ⑤ 직장과 가정의 양립, ⑥ 음란물·유흥가·폭력 등 위해환경으로부터의 보호, ⑦ 가정폭력으로부터의 보호, 그리고 ⑧ 가정친화적 사회분위기의 조성 등이다.

이 밖에도 2008년부터 가족 돌봄에 대한 사회적 지원의 제도화를 위해 노인장기요양보험제도가 도입되었다. 또 보육정책, 가족 돌봄자에 대한 지원의 제도화, 돌봄 인력 공급과 관리 등도 이슈화되고 있다. 또한, 우리나라 출산율이 계속 감소하여 경제협력개발기구(OECD) 34개국 가운데 최하위권 수준으로 저출산 문제가 심각한 사회문제로 대두되고 있다. 이에 따라 자연분만에 의한 출산과 신생아에 대한 입원진료로 보건복지부장관이 정하는 요양급여를 받을 때, 본인이 부담할 비용을 면제하도록 함으로써 출산장려정책을 시행하려는 취지로 국민건강보험법 시행령도 개정되었다.

(4) 가족의 돌봄 노동 지원제도

가족의 돌봄 노동 지원제도 중에는 노인복지시설이 있다. 노인복지시설에는 재가노인복지시설과 노인주거 · 의료복지시설[83]이 있는데, 재가노인복지시설이란 방문요양서비스, 주 · 야간보호서비스, 단기보호서비스, 방문목욕서비스, 그리고 재가노인지원서비스 중 하나 이상의 서비스를 제공하는 시설을 말한다.

재가노인복지시설의 이용대상은 장기요양급여수급자, 심신이 허약하거나 장애가 있는 65세 이상의 자(이용자로부터 이용비용 전부를 수납받아 운영하는 시설은 60세 이상의 자)로서 다음에 해당하는 노인이다. ① 1일 중 일정시간 동안 가정에서의 보호가 필요한 자(방문요양서비스), ② 주간 또는 야간 동안의 보호가 필요한 자(주 · 야간보호서비스), ③ 월 1일 이상 15일 이하 단기간의 보호가 필요한 자(단기보호서비스), ④ 가정에서의 목욕이 필요한 자(방문 목욕서비스), ⑤ 위 ①부터 ④까지의 서비스 이외의 서비스로서 상담 · 교육 및 각종 지원 서비스가 필요한 자(재가노인지원서비스) 등이다. 재가노인복지시설의 서비스 종류와 내용은 〈표 13-1〉과 같다.

〈표 13-1〉 재가노인복지시설의 서비스 종류와 내용

종 류	내 용
방문요양서비스	가정에서 일상생활을 영위하고 있는 노인으로서 신체적 · 정신적 장애로 어려움을 겪고 있는 노인에게 필요한 각종 서비스 제공
주 · 야간보호서비스	부득이한 사유로 가족의 보호를 받을 수 없는 심신이 허약한 노인과 장애노인을 주간 또는 야간 동안 시설에서 보호
단기보호서비스	부득이한 사유로 가족의 보호를 받을 수 없어 일시적으로 보호가 필요한 심신이 허약한 노인과 장애노인을 시설에 단기간 입소시켜 보호
방문목욕서비스	목욕 장비를 갖추고 재가노인을 방문하여 목욕을 제공
재가노인지원서비스	재가노인에게 노인생활 및 신상에 관한 상담 제공, 재가노인 및 가족 등 보호자 교육, 각종 편의 등을 제공(방문요양서비스, 주·야간보호서비스, 단기보호서비스, 방문목욕서비스 이외의 서비스 제공)

83) 노인주거복지시설에는 양로시설, 노인공동생활가정, 노인복지주택 등이 있고, 노인의료복지시설에는 노인요양시설, 노인요양공동생활가정 등이 있다.

2) 가족지원제도와 단체

(1) 여성가족부 발족과 여성정책의 변화

사회적 변화에 따른 다양한 정책과 법의 제정은 여성가족부의 활동과 깊은 관련이 있다. 우리나라에서 여성정책을 담당하는 국가 기구의 출발은 1988년 2월 설치된 정무장관실이다. 정무장관실은 대통령 및 그 명을 받아 국무총리가 지정하는 사무를 수행하면서, 사회·문화에 관한 업무를 대상으로 하되 특히 여성분야에 중점을 두어 전반적인 여성정책에 대하여 총괄·조정하는 역할을 하였다. 각 부처 간의 협조요청 업무와 여성의 권익과 지위에 영향을 미치는 법률안 및 정책입안 시 사전 협조를 통하여 부처 간 상충하는 시책에 대해서 조정하고 사전대책을 강구할 수 있도록 하였다. 그러나 정무장관실은 몇 차례 「정부조직법」 개정을 거치다가 1998년 폐지되었다.

그 후 「정부조직법」에 의거 1998년 2월 대통령 소속하에 여성특별위원회가 설치되어 여성정책 관련 종합적인 기획·조정에 관한 사무를 관장했다. 특히, 1999년 2월 「남녀차별금지 및 구제에 관한 법률」[84]을 제정함으로써 사회 모든 영역에서 남녀차별을 금지하고, 이로 말미암은 피해자 권익을 구제하는 제도를 마련하였다. 그러나 여성특별위원회는 조직과 기능, 인력과 예산 등 여러 가지 한계가 지적되어 새로운 조직을 검토하기에 이르렀다. 이에 따라 정부 각 부처에 분산된 여성 관련 업무를 일괄해서 관리·집행할 여성부를 신설하였다. 여성부는 기존의 여성특별위원회 업무와 함께 보건복지부로부터 가정폭력, 성폭력 피해자의 보호, 윤락행위 등의 방지업무 및 일제하 일본군 위안부에 대한 생활안정지원 사무를 이관받았다. 그러다가 2004년 6월 보건복지부로부터 이관받은 영유아 보육업무까지 수행하게 된 여성부는 여성정책의 기획·종합, 남녀차별의 금지 및 구제 등 여성의 지위와 권익뿐만 아니라, 여성 인적자원의

84) 이 법은 성 차별로 말미암은 불이익을 방지하고 이를 구제하기 위하여 1999년 7월 1일부터 시행되었으나 2005년 6월 23일 폐지되었다. 「정부조직법」을 개정하여 여성부를 여성가족부로 개편함과 동시에 종전 여성부의 사무로 되어 있는 남녀차별의 금지·구제에 관한 업무를 여성가족부의 사무에서 제외하고, 이를 국가인권위원회에서 수행하도록 함에 따라 2005년 3월 24일 법률 제7422호(2005년 6월 23일 시행)에 의해 본 법률이 폐지되었다.

성장 동력화를 통하여 국가경쟁력 제고 및 양성평등 사회의 구현이라는 역할을 담당하는 국가기구로 발전하였다.

저출산·고령화 사회로 접어들면서 전통적 가족구조와 역할이 변화하고 가족해체 문제가 심각해졌다. 이에 따라 이를 예방하고 새롭게 형성되는 다양한 형태의 가족이 가족공동체로서의 역할을 할 수 있도록 지원하는 일이 시급해졌다. 그리하여 2005년 「정부조직법」을 개정하여 여성부가 수행하는 기능 이외에 통합적 가족정책을 수립하고, 각 부처의 가족정책을 수립·조정·지원하는 기능을 수행할 수 있도록 여성가족부로 개편되었다. 그러나 정부기능을 효율적으로 재배치하는 「정부조직법」이 2008년 다시 개정되면서 여성가족부가 수행했던 가족 및 보육정책 기능은 보건복지부로 이관되어 보건복지가족부로 되었고, 여성가족부는 여성정책의 조정·종합, 여성의 권익증진 등 지위 향상 기능을 수행할 수 있도록 여성부로 개편되었다.

[그림 13-1] 여성가족부의 설립목적

출처: 여성가족부 홈페이지(http://www.mogef.go.kr, 2012. 10. 1).

그런데 2010년 또 다시 「정부조직법」이 개편되어 현재까지 가족 관련 정책과 보육정책을 통합하여 여성가족부로 재개편되었다. 2012년 현재 여성가족부의 주요업무는 다음과 같다. ① 여성정책의 기획·종합 및 여성의 사회참여 확대, ② 정책의 성별영향 분석·평가, ③ 여성인력의 개발·활용, ④ 청소년정책의 협의 · 조정, ⑤ 청소년 활동진흥 및 역량개발, ⑥ 유해환경으로부터의 청소년 보호, ⑦ 위기청소년 등의 보호 · 지원, ⑧ 가족 및 다문화가족 정책의 기획 · 종합, ⑨ 양육 · 부양 등 가족기능의 지원, ⑩ 다문화가족의 사회통합 지원, ⑪ 성폭력 · 가정폭력 예방 및 피해자 보호, ⑫ 성매매 예방 및 피해자 보호, ⑬ 아동 · 청소년 등의 성보호, 그리고 ⑭ 이주여성 · 여성장애인 등의 권익보호 등이다.

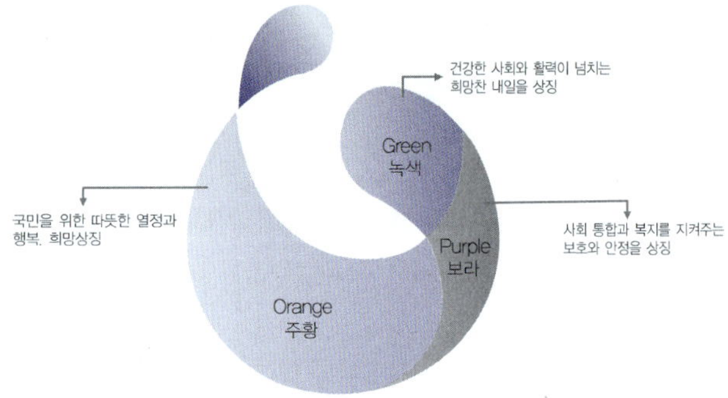

[그림 13-2] 보건복지부 로고배너

출처: 보건복지부 홈페이지(http://www.mw.go.kr, 2012. 10. 1).

(2) 여성의 역량강화를 위한 사회운동

① 세계적 조직의 사회운동

- **세계 여성의 날**

세계 여성의 날(International Women's Day)은 매년 3월 8일로 여성의 경제적, 정치적, 사회적 업적을 범세계적으로 기리는 날이다. 19세기 후반 산업혁명으로 여성이 노동시장에 진입하게 되면서, 1857년 미국 뉴욕(New York)시의 방직, 직물공장에서 열악한 노동환경과 저임금에 시달리던 많은 여성 노동자가 시위에 나섰다. 이 과정에서 부당한 진압 등으로 2년 뒤인 1859년 3월 여성들이 최초로 노동조합을 결성하게 된다. 이후 1908년 2월 28일에 이어 같은 해 3월 8일 15,000명 이상의 여성 노동자가 근무시간 단축, 임금 인상, 투표권 등을 요구하며 뉴욕시로 행진하였다.

독일의 노동운동 지도자 클라라 체트킨(Clara Zetkin)이 매년 같은 날, 모든 나라에서 동시에 여성의 권리 신장을 주장하는 '여성의 날' 행사를 제안하였고, 이 주장이 받아들여져 1911년 3월 19일 첫 번째 '세계 여성의 날' 행사가 열렸다. 몇몇 국가에서 이 행사는 원래의 정치적 색채를 잃고, 어머니날이나 밸런타인 데이(Valentine's Day)[85]처럼 남성의 여성에 대한 사랑을 표현하는 행사로 전락하기도 했다. 하지만 대부분의 경우, 세계 여성의 날은 여전히 인권 등의 정치적 문제를 중심 주제로 삼고 있으며, 국제적인 여성들의 투쟁에서 이어지는 정치적, 사회적 자각을 잘 드러내 주는 행사로 자리를 잡고 있다.

한편, 우리나라에서 세계 여성의 날 행사는 여러 가지 사회 운동에 대한 탄압적인 정책을 유지했던 이승만, 박정희, 전두환 집권 시절에는 공개적으로 진행되지 못하고 뜻있는 소수에 의해서만 치러지는 작은 행사에 불과했다. 이런 상황은 1985년에 가서야 일부 해소되었는데, 그때야 비로소 3월 8일을 세계 여성의 날로 공개적으로 기념할 수 있었다. 그러다가 1987년 6월 항쟁을 계기로 세계 여성의 날은 본격적인 정치색을 가지게 된다. 이후 세계 여성의 날은 한국여성노동자회협의회, 전국여성노조, 민주노총 및 각종 여성주의 단체가 주최 및 후원하는 전국적인 정치, 문화 행사로 자리를 잡는다.

- **세계여성대회**

세계여성대회는 국제연합(UN) 차원에서 전 세계 비정부기구(NGO)[86]가 참여

85) 밸런타인데이는 연인들이 서로의 사랑을 확인하는 날이다. 매년 2월 14일에 기념된다. 여성이 남성에게 선물을 주는 날이라는 식의 발상은 과도한 상술로 말미암은 일본에서 생겨난 관습이다. 밸런타인데이의 유래에 대해서는 로마 가톨릭교회의 성 밸런타인 주교가, 군인들의 군기 문란을 우려하여 남자들을 더 많이 입대시키기 위해 결혼을 금지하던 황제 클라우디우스 2세의 명령을 어기고 군인들의 혼배성사를 집전했다가 순교한 날인 2월 14일을 기념하기 위한 축일이라는 주장과 서양에서 새들이 교미를 시작하는 날이 2월 14일이라고 믿은 데서 유래했다는 주장이 있다. 세계 각지에서 이날은 남녀가 서로 사랑을 맹세하는 날로서의 의미를 지니고 있다.

86) 비정부기구(Non-Governmental Organization)란 정부기관 또는 정부기구(Governmental Organization: GO)와 다르게 민간 활동을 하는 단체를 말하며, 여성과 관련된 사회활동을 펼치는 민간단체를 일컬어 여성 NGO 또는 여성 관련 비정부기구라 한다. 여성 NGO 또는 비정부기구의 활동은 정부기구 대표들로 이루어지는 공식 활동이 각 기관의 견해를 밝히고, 정치적 이슈 등 이해관계에 치중되는 단점을 보완 및 지원하는 데 중점을 둔다. 여성 NGO는 정부기관에서 여성의 발전과 관련하여 수립한 정책 목표를 달성하기 위해 구체적인 실천 및 행동을 전개하고, 일반인의 여론을 적극 반영하기 위해 노력한다.

하여 여성의 관심과 경험을 나누는 국제회의이다. 유엔은 1975년을 '세계 여성의 해'로 선언하고 멕시코에서 제1차 세계여성대회를 개최하였다. 이 대회에서는 국가적, 지역적, 국제적 차원의 모든 발전계획과 수행 과정에서 여성문제를 통합할 목적으로 유엔여성발전 10년(1976~1985)이 선포되었다. 1995년 북경에서 열렸던 제4차 대회에서는 빈곤, 교육과 훈련, 건강, 여성에 대한 폭력, 무력분쟁, 경제, 권력 및 의사결정, 제도적 장치, 인권, 미디어, 그리고 환경 등 12개 분야의 전략목표와 행동계획인 북경행동강령이 채택되었다.

2012년 3월 8일 유엔사무총장 사무국은, 반기문 유엔사무총장과 나세르(Nasser) 제6회 유엔총회의장이 오는 2015년에 제5차 세계여성대회를 개최하여 세계가 직면한 많은 도전이 여성들에게 주는 각종 영향을 논의할 것을 공동 제안하였다고 밝혔다. 성명은 제4차 세계여성대회가 개최된 지 이미 20년이 되었다고 말하면서, 현재 세계인구의 절반을 차지하는 여성은 세계의 발전과 밀접히 연관되어 있으며 중요한 역할을 발휘하고 있다고 했다. 성명은 현재 세계에 급격한 변화가 일어나고 있어 여성들에게 적극적인 영향과 기타 분야의 영향을 미치고 있으며 때문에 현 단계에 대회를 개최하는 것은 시기가 적절하다고 하였다. 반기문과 나세르는 국제사회가 이 제안을 환영할 것을 확신한다고 하면서, 각 회원국이 제66회 유엔총회기간 여성대회개최와 관련해 필요한 조처를 하고, 이번 회의 소집을 위임할 것을 바란다고 했다.

- **세계 가족의 해**

1994년 유엔이 정한 '세계 가족의 해'를 기념하여 몰타(Republic of Malta)에서 열린 컨퍼런스(conference)에서는 가족에 대한 다음과 같은 일곱 가지 원리가 장려되었다(정혜정 외, 2009). 첫째, 가족은 사회의 기본적인 단위로 특별한 관심이 보증되어야 한다. 둘째, 나라마다 가족은 다양한 형태와 기능을 가진다. 셋째, 세계 가족의 해 활동은 인간의 기본적인 권리와 근본적인 자유를 증진하는 관점에서 이루어져야 한다. 넷째, 정책은 가족 내에서 여성과 남성 간의 평등을 북돋아야 한다. 다섯째, 세계 가족의 해에 이루어지는 활동은 지역, 국가, 전세계적인 수준에서 이루어져야 하지만, 가장 중요한 수준은 지역과 국가 수준에서의 활동이다. 여섯째, 가족기능을 대체하기 위한 프로그램이 아니라, 가족이 기능을 잘 수행하도록 지원하는 것이어야 한다. 즉, 가족의 고유한 건강성을 증진하고, 자활을 위한 활동을 조장하여야 한다. 일곱째, 이러한 활동이 세계 가족의 해에 그치지 않고 지속해서 이루어지도록 해야 한다.

• **지방자치단체의 활동**

서울특별시는 우리나라 여성정책이 중앙부처 주도하에 여성은 남성보다 상대적으로 차별을 받고 있다는 시각에서 출발하여 성차별 극복과 평등이념이 정책의 주요 지향점이었다고 평가한다. 한편, 서울특별시 여성정책도 여성의 권익증진과 사회참여 확대 등에 주력해 옴으로써, 여성의 사회·경제적 지위 향상과 법·제도적 차원의 평등은 주목할 만큼 개선되었다고 자평한다.

그러나 기존의 여성정책이 일자리 및 고용환경, 건강, 안전, 주거 등에서 여성이 주체가 되는 성 평등 실현에서 미흡하였다는 반성에 따라 '여성의 삶을 바꾸는 서울 비전'을 발표하였다(http://www.seoul.go.kr, 2012. 3. 6). 이 비전을 구체화하는 10대 핵심과제는 다음과 같다. ① 성 평등 추진시스템 구축 및 강화, ② 도시공간 및 시설에 성 평등 관점 도입, ③ 일하는 여성 근로환경개선, ④ 여성일자리지원, ⑤ 일·가족 양립 환경조성, ⑥ 생애주기별 여성건강관리, ⑦ 여성안전 환경조성, ⑧ 싱글여성 지원, ⑨ 장애여성 및 이주여성 등 지원, 그리고 ⑩ 보육 공공성 확보 등이다.

② 젠더와 가족 관련 학계 활동

• **세계여성학대회**

세계여성학대회(International Interdisciplinary Congress on Women)는 3년마다 열리는 국제학술대회이다. 다양한 학문영역에서 학문적으로 젠더 연구에 초점을 맞추고, 세계 유명대학과 전문연구소, 국제기구, 비정부기구 등에 종사하는 다양한 분과의 여성학자, 여성운동자, 여성정책 관련 사람들이 참여하는 대규모 학술대회이다. 1981년 36개국의 대표 623명이 참가한 제1차 이스라엘 대회를 시작으로 2011년 제11차 대회가 캐나다의 수도 오타와(Ottawa)에서 열렸다.

2005년 6월 아시아에서 최초로 제9차 대회가 "경계를 넘어서: 동-서, 남-북(Embracing the Earth: East-West/South-North)"이란 주제로 우리나라에서 열렸다. 한국여성학회 · 이화여대가 공동주관한 대회에는 거투르드 몽겔라 범아프리카의회 의장, 세계적 생태학자 아이린 덴켈만, 여성주의 경제학자 낸시 포브르 등을 비롯해 70여 개국에서 2,000여 명의 여성학자와 여성운동가가 참가해 여성과 관련된 각종 이슈에 관해 논의하였다. 관심 끄는 주제를 보면, 성별과 생명과학, 매매춘, 에코 페미니즘, 군(軍)에서의 여성, 여성 리더십 개발 등으로, 사회 · 문화 · 예술 · 경제 · 환경 · 정치 · 생명과학 등 여러 분야에 걸쳐 사상 최대인 2,100여 편의 논문이 발표되었다. 이 대회는 우리나라를 포함한 아시아 여성들의 이슈를 부각시키고, 우리 사회의 발전된 위상과 여성의 사회 문화적 역량을 대내외적으로 알리는 계기가 되었다고 평가받는다.

(3) 가족과 여성지원 단체 및 제도

① 한국양성평등교육진흥원

한국양성평등교육진흥원은 「여성발전기본법」(제21조의 3)에 기초하여 양성평등 교육을 체계적으로 수행 · 지원하여, 우리 사회의 남녀 차별적 의식과 관행을 개선하고 개개인의 능력과 소질을 계발할 수 있는 건강한 사회기반 조성을 목적으로 설립된 교육기관이다. 2003년 재단법인으로 개원한 이래, 2006년 법정법인으로 새롭게 출발하여 공무원 교육을 중심으로, 북한이탈주민을 포함하여 사회 전반의 양성평등 교육과 진흥을 위한 다양한 사업을 진행한다. 특히 21세기 양성평등 사회 실현을 위해 양성평등정책 관련 교육과 성 평등한 지도자 역량강화를 위한 리더십 교육, 양성평등 의식을 확산할 전문인력 양성교육 등을 중점으로 시행한다. 또한, 전문성 강화와 확산을 위해 양성평등 프로그램 개발과 보급을 하고 있다(http://www.kigepe.or.kr, 2012. 9. 1).

② 여성단체

여성단체는 남녀평등 사회 구현이라는 여성주의 이념을 표방하는 조직체 혹은 여성이 겪고 있는 문제의 해결과 여성집단의 관심사를 추구하는 여성의 자발적인 집단으로 정의된다. 또한, 여성 및 사회문제를 포함하여 여성의 사회참여와 여성 발전을 추구하는 조직체로 정의되기도 한다(박재규, 2005)[87]. 1995년 베이징(北京)에서 열린 제4차 유엔세계여성대회에서 채택한 양성평등을 실현하기 위한 성주류화 전략에 대응하여, 1995년 제정된 「여성발전기본법」은 여성단체의 조직과 활동을 지원하는 안정적 기반으로 기능하였다. 「여성발전기본법」에서 여성단체란 "남녀평등의 촉진, 여성의 사회참여 확대 및 복지 증진을 주된 목적으로 설립된 법인 또는 대통령령으로 정하는 단체를 말한다."라고 정의하고 있다(같은 법 제3조).

1980년대 이전까지 제한적 활동에 머물던 우리나라 여성단체는 1980년대 민주화운동과 단체들이 조직의 자율성과 독립성을 갖추면서 여성해방운동의 성격을 띠기 시작하였다. 1980년대 이후 여성단체는 1980년대의 인적, 물적 기반 확대를 통해 활동영역이 전문화, 다양화되었다. 여성단체의 성장에는 기초지방자치제도의 도입과 유엔을 중심으로 한 성주류화 관점이 많은 영향을 미쳤으며, 지방자치선거를 통한 여성의 정치권 진출 등도 새로운 계기로 작용하였다(한정자 외, 2002; 박재규, 2005; 정혜정 외, 2009).

③ 성폭력상담소

- **한국성폭력상담소**

한국성폭력상담소는 1991년 4월 설립되어 성폭력 피해에 대한 상담, 지원 활동과 성폭력의 원인 및 대책에 대한 연구를 토대로 인간 중심적인 성문화의 정착과 여성의 인권 회복을 위한 활동을 하는 사단법인이다.

이 단체에서 하는 여성주의 상담은 여성이 자기 자신을 중심으로 해석할 수 있는 힘을 주는 것을 뜻한다. 성폭력 상담을 하는 여성의 고통은 많은 경우 성별 권력 관계로 말미암은 것이다. 하지만 여성의 몸에 대한 남성 중심적 해석이 일반적인 가부장제 사회에서, 여성이 자신의 성폭력 문제를 설명할 수 있는 언어를 찾기는 쉽지 않다. 여성은 개인의 처지에서 성폭력 경험을 말하기도 하지만, 어떤 때는 남성 중심 시각에서 말하기도 한다. 여성주의 상담은 이러한 과정에 상담자가 동참하여, 여성이 자기 경험을 자기 자신을 중심으로 해석할 수 있는 힘을 주는

87) 여성단체는 초기에는 여성이 참여하는 조직적 구성체로 정의되었으나, 단체의 활동과 영역이 확대됨에 따라 다양한 학자에 의해 다양하게 정의되고 있다.

것이다. 성폭력 피해 생존자가 된다는 것은 이렇게 자신의 성폭력 경험을 가부장적 통념이 아닌 새로운 시각으로 재해석하는 과정이다.

미 션	활동영역

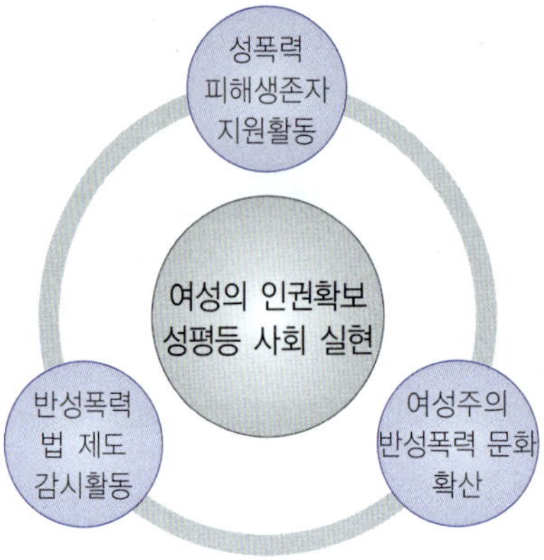

성폭력피해생존자상담지원
- 전화, 면접·온라인상담, 치유프로그램 운영
- 심리·의료·법률적 지원
- 성폭력피해생존자 쉼터 '열림터'운영

성차별적 성문화 바꾸기
- 성차별적, 성폭력 문화 비판 및 감시
- 성폭력피해생존자 인권확보 활동
- 캠페인, 대중행사
- 교육, 조사·연구 및 홍보·출판
- 온라인상의 반성폭력 활동

성폭력 관련 법·정책 감시 및 제언
- 성폭력 관련 법률 제·개정 제언활동
- 여성, 성폭력 관련 정부정책 감시 및 비판

[그림 13-3] 사단법인 한국성폭력상담소의 미션과 활동영역

출처: 사단법인 한국성폭력상담소 홈페이지(http://www.sisters.or.kr, 2012. 9. 1).

- **한국여성민우회 성폭력상담소**

1987년 창립된 사단법인 한국여성민우회는 성 평등한 민주사회와 여성대중운동을 지향하는 대표적인 여성단체이다. 이 단체는 '여성이라는 이유로 차별받지 않는 사회, 여성의 인권이 존중되는 사회, 여성이 사회 모든 영역에서 동등하게 참여하는 사회, 자연과 인간이 조화로운 사회'를 만들어 가는 것을 모토로 한다.

직장과 가정, 지역사회에서 여성의 일상생활 속 차별과 소외, 그리고 '참여하는 여성'을 운동의 과제로 삼으며, 법과 제도를 개선하고 생활의 가치와 문화를 바꾸는 활동을 전개한다. 특히 성폭력 피해상담 및 지원활동을 강화하고 피해자와 가해자 교육 시행, 정책 연구 및 제도 개선 활동, 캠페인 및 홍보활동 등을 수행한다. 그리하여 성폭력 예방과 바람직한 성문화, 성 가치관 정립, 차별과 폭력 없는 세상을 만들기 위해 부설로 성폭력상담소를 운영하고 있다.

3 여성의 역량강화를 위한 미시적 접근

1) 여성주의 상담

상담에서 젠더와 여성주의 원리를 적용한 것은 비교적 최근의 일이다. 상담 과정에서 내담자의 문화, 종교, 민족성과 개인적 특질의 다양성이 각 내담자의 삶에 부여하는 의미에 주의를 기울여야 하는 당위성에 따라, 여성주의적 관점을 수렴하고 통합하여 여성주의 상담에 대한 모델이 제안되었다(Worell & Remer, 김민예숙 · 강김문순 역, 2004).

워렐과 리머(Worell & Remer)는 여성주의적 상담이 필요한 이유를 크게 다음과 같은 세 가지로 설명한다. 첫째, 여성의 심리적 건강과 관련된 핵심 과제는 여성이 상담 장면으로 가져오는 특수한 문제와 계속되는 성별화된 사회화, 그리고 여성에 대한 제도적 억압에서 비롯되기 때문에 페미니즘적 시각이 필요하다는 것이다. 둘째, 현대의 이론, 연구, 실천이 다양한 여성의 삶을 이야기하는 데 적합하지 않기 때문이다. 셋째, 여성에 대한 개념화와 개입에 관한 새로운 접근법의 발달이 여성주의 상담에서의 특수성에 필요하기 때문이다. 이들의 상담방법을 "여성주의 역량강화 상담"으로 명명하는데, 이는 여성의 특수한 경험, 예를 들면, 근친강간, 강간, 아내학대, 성희롱, 직장 및 고용차별, 맞벌이부부, 어머니노릇, 이혼, 한부모 역할, 전문직 슈퍼우먼 증후군[88], 생리적인 특성으로 말미암은 경험(월경, 임신, 출산, 자궁절제, 폐경)과 나이 먹기, 날씬해야 한다는 끝없는 강박 등을 통해 형성된 개인적이면서도 정치적인 관념을 극복하기 위하여 여성의

88) 슈퍼우먼 증후군(superwoman syndrome)이란 여성이 가정과 직장에서 모든 사람을 위해 모든 일을 완벽하게 해내려고 할 때 경험하게 되는 신체적 · 심리적 대인관계의 스트레스 증후군을 말한다. 여성이 우선의 책임자로 규정되는 가정에서 아내 · 어머니 · 주부의 역할을 훌륭히 수행하는 동시에 직장에서 직장인의 역할을 완벽하게 수행하고자 할 때, 여성은 가정일과 직장일의 이중부담 속에서 심각한 피로와 스트레스를 겪게 된다. 그러나 가부장제 사회에서는 슈퍼우먼을 직장과 가정을 성공적으로 병행하고 있는 능력 있는 여성으로 본다. 이러한 시각은 사회 전체의 문제를 개인의 해결에 맡겨 버리는 모순이 있을 뿐 아니라 슈퍼우먼도 정작 자기 자신을 위해서는 아무것도 하지 못하는 희생자일 뿐이다.

역량강화가 필요하기 때문이다(Worell & Remer, 김민예숙 · 강김문순 역, 2004).

또한, 이들은 새로운 여성주의 상담을 위한 필요조건을 세 가지로 설명한다. 첫 번째 조건은 이론, 연구와 실천을 위한 지식을 구축하는 것이다. 이는 현대 사회의 여성과 그들의 삶의 다양성에 관한 새로운 정보와 섹스, 젠더, 성 역할, 젠더 관련 행동에 대한 수정된 견해를 갖는 것과 다양성과 다문화적 관점의 습득, 그리고 여성주의 심리학, 여성주의 이론에 대한 실천적 함의를 갖는 것이다. 즉, 여성의 상황적 맥락과 여성의 삶에 대한 새로운 인식이 바탕이 되어야 하는데, 이는 삶의 발달적 사건[89], 심리적 과정[90], 사회적 힘[91]의 세 가지가 어떻게 젠더화된 자기(여자/남자)로 되었는가에 관한 성 역할의 이해를 의미한다. 두 번째 조건은 내담자 집단이 요구하거나 목적으로 하는 것을 전통적 실천이나 과정에서 찾을 수 없다는 것으로, 여성내담자가 기존의 내담자와 어떻게 다르고, 이들의 특수한 요구가 무엇인가를 이해하는 것이다. 즉, 가족역할의 변동이나 폭력문제, 여성의 몸에 대한 사회적 인식 등에 대해 상담자가 새롭게 직면하는 것이다. 세 번째 조건은 여성의 정신건강 문제와 관련된 연구의 기반을 다지는 것이다.

이처럼 여성주의 상담은 여성의 일생에 걸친 그들의 경험과 발달의 전체 맥락을 인식하고 이해하는 데서 출발한다. 심리학적 특성에 대해 이해하고, 여성의 역량강화를 목표로 한다. 역량강화는 내담자가 문제해결에서 유연성을 성취하고 대인관계와 삶의 기술의 전 범위를 발전시킴으로써, 삶의 상황에 대처하는 데 힘을 갖게 하는 것이다. 이러한 힘의 개념은 자신의 책임을 인식하고, 개인의 힘과 자산을 인정하고 소중함을 배우는 것이다. 왜냐하면, 삶의 외부적 조건을 인식하고 도전하도록 격려하는 자원이기 때문이다(Worell & Remer, 김민예숙 · 강김문순 역, 2004).

---

89) 발달적 사건은 생물학적 진행, 생의 단계적 과제, 사회적 지원, 변화와 압력, 외상/상실, 역할 강조 등을 의미한다.

90) 심리적 과정은 정서, 인지, 속성/기대, 기술, 인간의 상호작용 등을 의미한다.

91) 사회적 힘은 가부장제, 경제적 구조, 성차별, 인종차별, 나이차별, 이성애주의, 자민족중심주의, 여성주의 등을 의미한다.

2) 양육자를 위한 중재 프로그램

서구에서는 만성적인 질병이나 기능적인 장애를 가진 가족구성원이 있는 가족의 요구에 따라 다양한 중재 프로그램이 개발되었다. 비겔과 와이더(biegel & Wieder, 2003)는 중재 프로그램을 크게 다섯 가지 영역으로 구분하였다(정혜정 외, 2009). 첫째, 지지집단은 도움을 필요로 하는 가족구성원에게 사회적·심리적 지지집단의 역할을 하는 집단이다. 지지집단은 특별한 병에 대한 정보를 제공하거나 질병의 극복에 대한 정보를 제공한다. 집단모임은 동료나 전문가에 의해 이끌어지며, 병원, 지역사회의 교회나 도서관 등 다양한 장소에서 이루어진다. 둘째, 교육으로 개별적 혹은 집단으로 이루어지며, 컴퓨터를 이용한 정보제공 교육이 이루어진다. 셋째, 심리교육으로 가족구성원이 문제를 해결할 수 있도록 행동이나 태도의 변화에 초점을 맞춘다. 정보 제공과 의사소통, 문제해결과 같은 기술훈련을 하며, 가장 핵심적인 변화의 주체는 가족이다. 심리교육의 목적은 환자의 증상과 기능에 영향을 맞춘다. 넷째, 상담과 가족지원으로 가족치료, 가족 컨설팅, 사례관리와 같은 방식으로 제공된다. 이러한 지원은 가족의 요구에 의해 시작되는 지속적인 과정이다. 다섯째, 휴식과 탁아서비스로 만성적인 질병을 가진 가족구성원을 위한 서비스도 있지만, 양육자가 양육부담으로부터 휴식을 취할 수 있는 기회를 제공하는 것이다. 이러한 지원은 가족이나 기관에서 다양한 시간대에 이루어진다. 만성장애를 가진 가족구성원의 양육에 관한 중재 효과에 대한 연구는 이러한 중재가 매우 포괄적이고, 광범위하고, 장기간 지속되고, 개인의 욕구에 맞게 만들어질 때 더 효과적이라고 한다(Mittleman et al., 1996).

이러한 프로그램이 얼마나 젠더 관점에서 이루어지고 있는가는 매우 회의적이다. 그러나 가족에서 여성의 돌봄 노동의 부담을 완화하기 위해 우리나라에서도 지지집단, 교육, 상담과 휴식서비스가 다양한 단체와 기관에서 이루어지고 있다. 다양한 집단을 대상으로 하는 가족생활교육이 가장 활발하게 이루어지고 있는데, 노인부모와 성인자녀의 양육에서의 중재 프로그램으로는 김태현과 전길량(1995)의 치매노인 가족을 위한 교육 프로그램, 전길량 등(1999)의 노부모부양가족을 위한 교육 프로그램과 홍숙자 등(1995)의 노부모부양가족을 위한 교육 프로그램 등이 있다.

김태현과 전길량(1995)의 프로그램은 교육적·지지적 접근을 통하여 치매노인 부양자들의 심리적·사회적·신체적 부담을 완화시키며, 문제해결에서 부양자 자신의 신뢰감을 증가시키고 대처능력을 향상시키는 프로그램이다. 특히, 치매노인과 가족의 상황, 자원 활용에 관한 지식 정보를 습득하고, 실생활에 적용할 수 있는 기술을 훈련하여 부양현장에서 자기효능감을 갖고 대응해 나갈 수 있도록 한다. 또 지식 정보를 통한 통찰력과 인식의 변화, 기술훈련을 통한 행동 변화를 가져와 궁극적으로 치매노인 가족의 삶을 향상시키는 것을 목적으로 한다. 프로그램에 참여한 부양자는 대체로 정보의 유익성, 유사한 감정의 공유, 집단구성원 간 응집과 신뢰성에서 높은 수준의 만족도를 나타냈다.

홍숙자 등(1995)의 프로그램도 노부모를 모시는 부양가족의 능력을 강화하여 현재 담당하고 있는 가족부양의 부담이나 어려움을 완화시키고, 궁극적으로 노부모부양가족의 생활의 질 향상을 목적으로 한다. 이를 위해 조부모가 한 분이라도 생존해 있는 성인자녀를 대상으로 노화와 생리적인 변화, 노인의 심리적 욕구 및 발달 과정을 이해하고, 노부모 성인자녀 간 관계의 증진을 위한 구체적 지식의 습득을 통하여 노인문제를 예방하고, 해결책의 모색에 도움이 되는 내용을 교육한다. 이 프로그램의 시행 전과 후, 그리고 한 달 후 추후 검사결과, 이 프로그램의 참여자들은 노부모부양에 필요한 지식과 정보 수준에서 향상한 것으로 나타났다. 또한, 부양자 자신의 자기통제력 수준과 노부모와의 관계의 질에서도 긍정적인 인식을 가져와 관계 향상에 도움이 되는 것으로 나타났다(정혜정 외, 2009).

제14장

패러다임 변화와 정책

1 작아지는 가족, 혼자 사는 사람의 증가

지난 30년간 우리 사회에서 3세대 가구와 2세대 가구(부부+자녀)의 비중이 점차 감소하고, 1인 가구와 2인 가구의 비중이 확대되는 추세이다. 가족구성원 일부가 따로 사는 분거가구의 증가도 가족 변화의 추세로 자리 잡고 있다. 이러한 변화는 가족의 전형적인 이미지로 핵가족을 떠올리는 많은 사람의 관념이 잘못된 것임을 보여 준다(한국여성연구소, 2014: 309-311).

통계청에 따르면, 2017년 우리 사회의 1인 가구 비중은 28.6%로 증가했다. 지난 2000년 15.5%에 불과했던 것과 비교하면 채 20년도 되지 않아 거의 2배로 늘어났다.[92] 이는 전 세계적으로 가장 빠른 수준의 증가세를 기록하고 있다. 2010년만 해도 가장 많은 비중을 차지했던 4인 가구를 누르고, 이제 1인 가구가 전체 가구에서 가장 많은 비중을 차지하기에 이르렀다. 2017년 1인 가구는 561만 677가구다. 2016년(539만 7,615가구)과 비교할 때 4%가 증가했다. 특히, 1인 가구 중에는 2030세대가 193만 252명으로 34%를 차지했다. 젊은 1인 가구가 증가한 셈이다. 이런 추세라면 2035년에는 1인 가구가 전체 가구의 약 35%를 차지할 것으로 예측된다.

---

92) 2000년에 이미 27.6%에 달한 일본의 1인 가구 비율은 최근 34.5%로 늘어났으며, 가족 단위의 소비자들을 중심으로 운영되는 백화점과 슈퍼마켓의 매출은 줄어든 반면 독신소비와 연관성이 높은 편의점 매출은 큰 폭으로 늘었다. 실제 편의점 간편식 매출은 2007년 2조 7086억 엔에서 2017년에는 4조 4231억 엔까지 증가한 것을 확인할 수 있었다.

그렇다면 1인 가구로 살아가는 사람들은 어떤 이들일까? 한국노동연구원의 분석에 따르면, 1인 가구의 평균연령은 약 57.9세로 65세 이상 노인이 26%를 차지한다. 여기서 여성은 54%로 남성보다 더 많다. 그리고 이들 중 상당수가 저소득층이다(한겨레, 2012. 8. 28). 취업하지 못한 산업예비군, 이혼 등 가족해체로 말미암은 독신자 그룹, 경제적 어려움으로 결혼하지 못한 비혼 그룹, 사별 후 홀로 사는 독거노인 등이 1인 가구의 다수를 차지한다. 그러나 1인 가구를 곧 빈곤과 직결시키는 것은 곤란할 수도 있다. 왜냐하면, 자발적으로 홀로 사는 삶을 선택한 사람도 증가하고 있기 때문이다. 또한, 1인 가구는 남성의 경우 40대까지 큰 비중을 차지하다가 50대가 되면 급격히 감소하지만, 여성은 50대 중반 이후 남성보다 더 많아진다. 이는 남성은 결혼 연령이 늦춰지면서 40대까지 독신으로 살아가는 사람이 많지만, 여성은 노년기에 혼자 남는 사람이 많다.

우리나라 1인 가구가 증가함에 따라 '직업의 세계'가 급변하고 있다. 4인가구가 주요 가구형태였던 시절과 비교하면 삶과 소비의 방식이 근본적으로 변화하고 있기 때문이다. 과거의 유망 직업이 사양길에 접어들고, 우습게 여겼던 산업이 급성장할 가능성에 사람들이 주목하기 시작했다. 또 소비 동향(trend)의 변화도 주목할 만하다. 대형마트에서 대량으로 구매하는 등의 전통적인 가족 유형의 소비가 주된 소비 동향이었다면 최근에는 외식과 조리식품을 선호하는 '나홀로 소비'로 대체되고 있다. 젊은 세대를 중심으로 가격이 중요한 선택기준이 되고, 독신세대의 생활패턴을 반영한 편의점 간편식 같은 품목의 수요도 늘어나고 있다. 현대인들 사이에서는 색다른 신조어도 발견됐다. 작지만 확실하게 실현 가능한 행복이라는 '소확행'과 가격 대비 마음의 만족을 추구하는 소비형태인 '가심비' 등의 신조어를 보면 알 수 있듯 유행하는 '인기소비'를 따라가는 것보다는 나만의 만족을 추구하는 추세(trend)가 확산되고 있다.

참고자료 14-1

7가구 중 1가구는 '이산가족'… 학업 · 직업 등

통계청이 발표한 '2010년 인구주택 총조사' 결과에 나타난 타지 거주 가족이 있는 가구의 현황 및 특성'을 보면 타지 거주 가족이 있는 가구는 245만 1,000가구로 전체의 14.1%를 차지했다. 외지 가족이 있는 가구란 한집에서 같이 살지 않는 가족구성원이 있는 가구를 뜻한다.

원인별 이산가족은 학업이 86만 2,000가구, 직업이 124만 5,000가구였다. 가족과 동떨어져 외지에 사는 가족구성원은 341만 4,000명으로 전체 가구원의 7.3%다. 이산가족을 둔 가구주의 나이는 50대가 102만 3,000명(41.7%)으로 가장 많았다. 이어 40대 66만 2,000명(27.0%), 60대 33만 4,000명(13.6%) 순이다. 교육 정도별로는 고등학교 출신 가구주 90만 1,000명(36.8%)이 가족과 떨어져 사는 사례가 가장 많았다. 배우자와 같이 살지 않는 가구는 115만 가구로, 동거하는 가구의 10%다. 비동거부부는 국내외 취업, 사회시설 입소 등으로 따로 사는 부부를 포괄한다. 비동거부부는 조사 때 중복으로 계산된 사례가 많아 실제 가구 수는 115만 가구보다 훨씬 적을 것으로 추정된다.

출처: 서울경제(2012. 10. 17). 이연선 기자.

2 새로운 가족과 젠더 패러다임

1) 성주류화와 평등한 가족

사전적으로, 국가란 통치조직을 가지고 일정한 영토에 정주(定住)하는 다수인으로 이루어진 단체이다. 코넬(Connell)은 국가를 "외부에 놓인 단일한 실체가 아니라 국가 엘리트의 조정에 따른 성별 권력의 핵심적인 제도인 동시에, 성별 관계를 구성하는 성별 정치학의 능동적인 행위자"라고 하였다. 코넬 이외에도 많은 학자는 국가를 다양한 집단이 서로 다른 방식을 통해 다양한 계기로 경합하는 '담론 투쟁의 장'으로 이해하고 있다(이재경 편, 2010: 13, 16). 실제로 우리가 앞에서 살펴보았듯이 국가의 어떤 정책이나 제도는 가부장적이지만, 어떤 제도나 프로그램은 평등을 추구하고 있다(정영애 · 장화경, 2010: 288).

후기 구조주의적 접근은 국가를 주어진 것으로 받아들이는 것이 아니라, 사회구성원에 의한 담론과 실천을 강조함으로써, 국가의 행위에 대해 사회구성원이 개입할 수 있는 전략적 가능성을 강조하고 있다. 이와 마찬가지로 가족 내에서 이루어지는 세대 재생산, 모성에 대한 요구, 노동시장과의 관계, 사회 통합과 질서 유지의 기능 등도 가족을 둘러싼 다양한 세력 간의 권력관계의 산물이다. 따라서 지배적 가치와 신념을 변화시키기 위한 비전과 전략을 수립하는 것은 매우 중요한 과제이다(정영애 · 장화경, 2010: 288-289).

이러한 노력의 출발로 성주류화(gender mainstreaming)[93] 전략을 제시할 수 있다. 성주류화는 1995년 북경 제4차 세계여성대회에서 명시적인 행동강령으로 채택되었고, 이후 모든 UN 여성활동의 최우선 전략 목표가 되었다. 많은 국가가 실천방법에서 여전히 추상적인 부분이 남아 있음에도 불구하고, 행동강령의 채택과 권고에 의해 성주류화 계획을 수립하였다. 우리나라 역시 1995년 12월 30일 「여성발전기본법」을 제정함으로써 여성발전 전략으로써 성주류화를 채택하게 되었다.

성주류화는 사회구조적으로 성별 불평등이 유지되고, 재생산되는 방식을 파악하고, 불평등한 기존 질서를 변화시키기 위해 '주류의 전환'을 통해 평등을 실현하려는 전략이다. 구체적으로 성주류화는 기존의 체계에 여성을 추가하여 기존 법 · 제도상의 동등한 권리확보나 여성의 특수한 욕구를 충족시키려는 목표를 넘어서서, 정책 기획의 초기단계부터 그것이 남녀평등에 미치는 구체적인 영향을 파악하고, 이를 바탕으로 모든 일반적인 정책과 제도를 동원하는 것을 의미한다. 결국, 성주류화는 '모든 정치적 · 경제적 · 사회적 영역의 정책과 프로그램에 대한 디자인, 실행, 모니터와 평가에서 여성과 남성의 관심과 경험을 통합함으로써, 여성과 남성이 동등하게 혜택을 받고 불평등이 조장되지 않도록 하기

93) 여성발전을 위한 패러다임 혹은 전략으로 '성주류화'라는 개념이 국제 사회에 처음 등장한 것은 1985년 나이로비 UN 3차 세계여성대회 이후의 일이다. 그 이전에 여성발전의 주요 전략은 '발전에의 여성참여(Women-in-Development: WID)'였다. WID 전략은 자유주의 페미니즘에 근거하여 여성을 '재생산자'로만 제한했던 '복지적 접근'의 대응 전략으로 개발되었다. 즉, WID전략은 생물학적인 조건에 의해 부여된 '재생산자'로서의 여성 역할에 '생산자'로서의 역할을 부가함으로써, 여성을 개발 과정의 생산노동에 적극 참여시켜 지위 개선을 모색하고자 하였다.

위한 전략이며, 그 궁극적 목적은 성 평등을 이루는 것'으로 재정의할 수 있다.

따라서 성주류화는 남녀가 사회 각 분야에 충분한 참여와 세력화를 이루기 위한 조직의 재구조화, 인력과 재정자원의 재분배, 제도와 문화의 변화 등 전반적이고 장기적인 변화과정을 의미한다. 이러한 성주류화 정책의 중요성은 첫째, 성별을 떠나 사람들을 정책결정의 중심에 놓는다는 점이다. 둘째, 더 많은 좋은 정보가 담긴 정책이 결정되도록 함으로써 더 좋은 정부를 만든다는 점이다. 셋째, 성별을 떠나 인적자원을 완전히 활용한다는 점이다. 넷째, 성주류화는 사회의 주류 내에서 성 평등 문제를 가시화할 것이라는 점이다. 다섯째, 남성과 여성 내부에 각기 존재하는 다양성을 인정한다는 점이다. 성주류화는 다양성에 대한 여지를 남겨 두기 때문에, 여성 내부의 서로 다른 집단이 처한 각각의 특수한 상황에 더욱 잘 개입할 수 있을 것으로 보고 있다.

성주류화 전략은 남성의 삶을 기준으로 한 '같음'과 '차이'를 뛰어넘어, 성차별을 계속해서 재생산하고 여성의 욕구를 '특수한' 욕구로 만들어 주변화하는 불평등한 체계와 구조에 대해 문제를 제기하게 해 준다(이재경 편, 2010: 83-84). 성주류화의 궁극적인 목적은 개별 가족 내의 개인이나 특정 가족이 어떤 삶의 방식을 선택하더라도 제도와 관행이 개인과 가족의 선택에 대해 중립적으로 작용하도록 사회의 틀을 확립해 나가는 것이다(Osawa, 김영 역, 2009: 91). 이러한 성주류화 전략 실현을 위한 구체적인 방법으로, ① 정책기구와 법·제도의 정비, ② 기금과 인적자원의 확충, ③ 의사결정 과정에 여성참여 확대, ④ 성별 통계의 구축, ⑤ 정책담당자의 성인지력 향상, ⑥ 정책의 성 분석, 그리고 ⑦ 정책의 모니터링 등을 제시할 수 있다.

2) 돌봄과 정의의 원리

가족과 사회 또는 시장의 관계는 배타적으로 사적 영역과 공적 영역, 돌봄의 원리와 정의의 원리가 지배하는 영역으로 범주화된다. 즉, 가족에서는 일차적이고, 친밀한 관계가 지배적이어서 이해관계는 개입되지 않지만, 시장이나 사회에는 반대의 특성과 원리가 지배하는 것으로 여겨져 왔다(정영애·장화경,

2010: 289-290).

롤즈(Rawls, 1985)[94]에 의하면, 정의는 공적이고 사회적인 영역에서 적용되는 도덕으로 다양한 사회제도를 통해 수행된다. 사회제도는 사회구성원들의 권리와 의무를 배분하고, 사회공동체로부터 생긴 이익의 분배를 정하는 방식으로, 특정사회 내 정의의 정도는 권리와 의무가 할당되는 방식이나 경제적 기회와 사회적 조건과 연관된다(황경석 역, 2001). 그렇다면 가족은 어떠할까? 그런데 가족은 생물학적 요소에 기반을 둔 자연적 제도이며 사랑과 공동의 이해관계로 구성된 집단이므로, 정의의 원리 밖에 존재한다.

그러나 이러한 이분화는 종종 가족 내에서 이루어지는 폭력이나 정의롭지 못한 상황을 은폐시키는 한편, 가족 밖에서 이루어질 수 있는 배려적 가능성을 축소한다. 또한, 실제 상황에서 정의나 공정성, 평등의 가치는 충분히 자비심이나 애정, 상호 배려의 가치와 조화될 수 있다(이재경, 2003; 허라금, 2006). 오히려 우리 사회에서는 급속한 자본주의적 경제성장이 특유의 가족주의와 결합하면서 가족관계도 가족경영체제나 부동산투기 등을 바탕으로 이익집단화하고, 자녀교육에 대한 과다한 투자나 혼인을 통하여 이루어진 유대 관계(婚脈)를 통해 계층 재생산이나 세대 간 계층 이동을 이루려는 현상이 확산하고 있다.[95]

최근 언론을 통해 접하게 되는 "부모입니까, 학부모입니까?"라는 광고처럼 종종 부모는 자녀에게 공동체 의식을 가진 민주사회의 시민이 되기보다는 경

94) '정의'라는 한 우물만 팠던 20세기 철학의 거목으로 '단일 주제의 철학자'라는 별명이 따라다닐 정도로 '정의'에서 학문적 목마름을 찾고 해갈에 힘썼다. 특히 필생의 대작으로 꼽히는 '정의론(1971 초판, 1991 개정판)'에서 사회구성원 개개인의 자유를 인정하면서도 소외된 사람까지 아우르는 독창적 이론을 제시, 자유주의와 평등주의를 통합한 학자로 이름을 올렸다.

95) 국내 주요 그룹들은 주로 다른 그룹과 사돈을 맺는 것으로 조사됐다. 또 과거 부모세대에서는 정·관계 집안과 혼맥(婚脈)을 형성하는 경우도 많았으나, 자녀세대에 들어서는 급격히 줄어든 반면 일반인 가정과의 혼사는 상대적으로 증가한 것으로 나타났다. 27일 기업 경영성과 평가사이트 CEO스코어에 따르면 총수가 있는 국내 100대 그룹의 부모세대와 자녀세대 가운데 경영에 참여했거나 참여 중인 이들의 혼맥도(이혼·재혼 포함)를 분석한 결과 재계끼리의 결혼이 전체 367건 가운데 50.7%(186건)를 차지한 것으로 집계됐다. 재계가 일반인과 결혼하는 비중은 부모세대에서는 12.7%에 그쳤으나, 자녀세대에서는 23.5%로 비교적 크게 늘어났다. 반면, '권력'을 매개로 한 정·관계 집안과의 혼사는 부모세대에서 23.4%에 달했지만, 자녀세대에서는 7.4%로 크게 줄어 과거 혼맥을 통한 '정경유착'은 상당 부분 사라진 게 아니냐는 해석이 나왔다(연합뉴스, 2018. 9. 27).

쟁에서 승리자가 되기를 기대한다. 이때 배려와 애정에 기반을 둔 여성의 돌봄 노동이 가족구성원의 경쟁 심리에 영향을 미치는 중요한 작용을 한다는 것은 매우 역설적이다. 가족관계를 평등이나 배려와 같은 비경쟁관계를 지향하는 영역으로 단정할 수 없듯이, 가족 밖의 시장관계도 정의나 합리성만을 지향하는 관계인 것은 아니다. 시장관계에 있는 개인도 친밀함과 상호 배려의 관계를 여전히 필요로 한다. 오히려 공적 영역에서의 돌봄 노동의 중요성이 커짐에 따라 좋은 돌봄에 대한 기준을 마련하는 일이 중요한 이슈가 되고 있다. 또 돌봄을 제공하는 사람에 대한 적절한 평가와 대우를 제공하는 문제 또한 중요한 이슈로 떠오른다.

이러한 상황에서 공적·사적 영역의 인위적인 이분법을 넘어서서 돌봄과 배려의 가치와 관계가 정의와 공정성의 가치나 관계와 어떻게 적절하게 연계되어야 할 것인지에 대한 진지한 검토가 필요하다. 토론토(Toronto)는 돌봄이 필요한 사람과 돌봄을 제공하는 사람 간의 평등한 관계가 전제될 때, 돌봄이 제대로 수행될 수 있다고 하였다. 돌봄과 배려는 희생적이고 고립적인 상황에서는 언제까지나 계속될 수 없다. 흔히 권력이 많은 사람의 돌봄 필요가 더 중요하다고 여기는 경우가 많으며, 상대적으로 권력이 더 적은 사람이 돌봄을 제공하는 구실을 하게 된다. 이와 같은 일방적 돌봄 관계에서 벗어나, 돌봄 관계 내에서의 공정성과 합리성을, 그리고 공적 관계 내에서 공동체적 배려와 호혜성(互惠性)[96]의 가치를 확보하는 일은 새로운 사회로의 변화를 위해 매우 의미 있다(이재경, 2003; 석재은, 2009; 정영애·장화경, 2010: 289-290).

3) 가족과 일, 젠더 간의 조화

새로운 가족과 젠더와의 관계를 추구해 나가기 위한 마지막 과제는 가족과 일, 젠더 간의 경계를 재구성하고, 돌봄 주체와 대상의 변화를 꾀하는 것이다. 최근 노동시장의 유연화나 높은 실업에 따른 가구 경제의 불안정성이 심화하

96) 호혜성이란 서로 혜택을 누리게 되는 성질(예: 남북 경협을 호혜성 경협으로 발전시켜 남북 경제의 동반 성장으로 나가야 한다는 주장이 일고 있다)을 뜻한다.

고, 여성의 교육수준 향상과 평생직업의 필요성에 대한 인식이 확산하면서 여성의 경제활동 참여율이 높아지고 생계부양자의 역할도 공유되고 있다. 그럼에도 가족 내에서 남성의 가사 양육 참여 정도는 그다지 변화하지 않고 있어, 일과 가족을 병행하고 조화를 추구하기 위한 갈등의 골이 깊어지고 있다. 이와 같은 상황을 학자들은 '빠르게 변하는 여성과 느리게 변하는 남성 간의 긴장' 혹은 '지연된 혁명'이라고 부르기도 한다(Hochschild, 백영미 역, 2001).

이러한 성별 인식차이의 원인은 무엇일까? 앞에서도 살펴보았지만, 가장 큰 원인은 가족 내 성별분업이 자유로운 개인 간의 선택이라기보다는 사회 전반에 내재화된 성별분업 규칙에 기반을 두었기 때문이다. 성별분업의 규칙은 공적·사적 공간의 분리를 초래할 뿐만 아니라, 시간의 사용방식에서도 성별차이를 결과로 한다. 일반적으로 생활시간은 노동시간, 여가시간, 그리고 수면이나 식사 및 기타 필수적인 행위를 하는 시간으로 분류된다. 그러나 이러한 시간 개념은 주로 남성의 경험이나 견해를 반영하는 것으로 대다수 여성의 경험과는 맞지 않는다. 8시간제 노동모델 또한 누군가가 대신 가사와 육아책임을 진다는 것을 전제로 하는 노동시간 규범이다. 따라서 현재의 노동시간 개념은 생산노동 이외에도 일상적 재생산활동, 자녀나 노인, 병자를 위한 돌봄 활동, 공동체 활동이나 자원 활동과 같이 개인과 사회를 위해 필요한 활동이 모두 고려되는 것으로 확대되어야 한다.

앞에서 살펴본 바와 같이 공적·사적 영역의 분리, 일과 가족의 분리, 위계적 성별분업은 모두 특정한 시대 상황의 산물이다. 후기산업사회, 지식정보사회로의 변화는 일·가족, 개인·사회 간의 새로운 패러다임을 요구한다. 프레이저(Fraser, 여성부 편, 2004)는 변화하는 사회의 대안적인 모델로 '보편적 양육자 모델(universal caregiver model)'을 제시하였다. 보편적 양육자 모델은 돌봄의 가치를 기반으로 사회를 재조직하여 여성뿐만 아니라 남성도 돌봄의 주체가 되며, 국가나 사회도 돌봄의 책임을 공유하는 모델의 사회를 지향한다. 즉, 양육자이자 부양자인 여성의 삶의 방식이 모든 인간의 규범으로 확대된 모델로, 사회적 노동은 모든 노동자가 양육 책임을 가지고 있다는 가정(假定)에서 조직화되며, 국가와 사회는 양육에 필요한 비용과 서비스를 지원한다.

변화하는 가족을 위한 새로운 패러다임의 준거 틀로 제시된 '성주류화 전략', '돌봄과 정의의 조화', '보편적 양육자 · 생산자 모델'은 모든 사회구성원에게 스스로 '좋은 삶'을 선택할 수 있는 자율성과 시간에 대한 자기결정권을 부여하고(Yamaguchi, 이충남 역, 2010: 358-359), 개인이나 가족이 택한 삶의 방식을 인정해주는 사회를 지향한다. 또한, 선한 사람이 더는 손해를 보지 않는 사회를 추구한다(Folbre, 윤자영 역, 2007). 그러나 이러한 사회는 자본주의적 경쟁이 심화하고 세계화가 급격하게 진행되는 현실세계에서는 하나의 이념형에 불과할 수도 있다. 또 사회제도의 변환은 그 사회를 이루는 개인 스스로의 변화와 함께 비로소 완성될 수 있다. 하지만 여러 한계와 어려움에도 불구하고 바람직한 이상을 지향하는 실천적 노력은 그 자체로 의미가 있는 일이다(정영애 · 장화경, 2010: 292-293).

3 새로운 가족정책의 방향

성인지적 관점에서의 새로운 가족정책은 어느 방향으로 가야 할까? 이제 여러분이 그 길을 찾아야 할 때다. 지금까지 논의한 바와 같이 우리나라 가족은 구조나 기능적인 면에서 급속히 변화하였다. 그뿐만 아니라 신세대 중심의 가족 가치관에서 새로운 방향으로의 변화를 쉽게 찾아볼 수 있었다. 이제는 시대적 요청과 변화를 고려하여 가족에 대한 국가의 책임을 확대하고 포괄적인 내용의 가족정책을 수립함으로써 사적 영역으로 치부되어 온 가족 관련 다양한 주제를 공적 영역으로 이끌어 내는 방안에 대해 논의할 필요가 있다. 급속히 늘어나는 기혼여성의 노동시장 참여 증대와 앞으로 예상되는 변화를 고려한다면 맞벌이가족을 지원해 줄 국가의 정책이 더욱 필요해졌음을 의심할 여지가 없다.

여러분은 지금까지의 우리나라 가족정책이 어땠다고 생각하는가? 우리나라에서는 국가적 차원에서 가족문제를 예방하고, 해결책을 수립하기 위한 종합적인 노력이나 시도가 거의 없었다. 아울러 보건복지부를 중심으로 요보호(要保護) 가족에 대해서만 협의의 복지서비스를 제공해 온 정도이다. 이 또한 각각의 과(課) 내에서 대상별·업무별로 국한된 서비스만을 하고 있는 형편이어서 개별사업 중심으로 업무가 분산되어 있다. 따라서 이제라도 정부 차원에서 우리나라 가족이 나아가야 할 방향을 제시하여야 할 것이다. 이와 같은 필요성에 의거, 변화하는 가족의 내용을 고려하여 가족정책의 방향을 종합적으로 마련하고, 가족지원업무를 실행하여야 할 것이다. 특히, 성인지적 관점을 적용하여 가족정책을 수행함으로써 기대할 수 있는 효과는 매우 클 수 있다. 이러한 측면에서 새로운 가족정책의 방향을 다음과 같이 제시한다(백경미, 2009).

첫째, 앞으로의 가족정책은 여성이 가사노동 전담자와 자녀 및 노부모부양의 주 책임자로서 겪는 경제적인 어려움이 매우 크다는 점을 고려하여야 한다. 즉, 가정 내에서 여성의 부담은 줄이고, 남성의 역할을 늘일 수 있는 방안을 마련하여야 한다. 둘째, 성인지적 관점을 활용하여 성 평등한 가족정책을 수립하고, 이를 효율적으로 실천할 수 있는 방안을 마련하여야 한다. 가족에 대한 복지서비스 수혜자 대다수가 여성이므로, 성인지적 시각에서 여성의 접근이 쉬운 전달체계를 갖추어야 한다. 셋째, 가족정책의 새로운 방향 제시와 실천 가능한 정책 마련은 「헌법」이 보장한 인간다운 삶의 확보를 위한 지름길이 되므로, 취약계층에 속한 여성과 남성 모두에게 직접적인 도움을 제공하여야 한다. 넷째, 가족정책을 요보호 가족 중심에서 모든 가족의 행복추구권을 확장하기 위한 방향으로 전환하여야 한다. 즉, 가족의 삶의 질 향상을 주요 목표로 달성하기 위하여 계획하여야 한다. 다섯째, 단기 치료 중심의 정책을 예방과 치료를 겸한 장·단기 정책으로 전환하여 실효성을 담보하는 포괄적인 가족정책을 제공하여야 한다. 여섯째, 가족 이기주의를 탈피하여 더불어 사는 사회로의 전환을 위한 노력을 전개하여야 한다. 그렇게 함으로써 민주시민의 자질을 함양하고, 한국사회의 선진화에 직접적으로 이바지할 수 있을 것이다. 일곱째, 가족의 기능 약화를 염려하여 여성이 가정으로 돌아갈 것을 정책적으로 강조하지 않아야 한다. 왜냐하면, 노동시장에 남아 있는 여성들은 대다수가 가족을 위해 일하고 있기 때문이다. 가족의 복지를 위해 일하는 어머니를 정책적으로 지원해야 함은 아무리 강조해도 지나치지 않다. 앞에서도 지적했지만, 현재의 성차별적 고용구조하에서 일하는 어머니를 지원하는 정책이 법제화된다고 하여도 그 혜택을 받을 수 있는 여성은 점차 줄어드는 것이 큰 문제이다. 따라서 여성의 일자리 창출이 시급한 과제이다. 여덟째, 효율적인 가족정책의 정립은 잘 교육받고 훈련받은 여성인적자원을 사회에 환원하는 방안을 겸하게 되므로, 지식기반 사회에서 국가경쟁력을 강화하는 데 크게 이바지할 것이다(손승영, 2011). 정부는 개별 가족을 도울 수 있도록 더욱 적극적인 다양한 정책을 펼쳐야 한다. 가족이 감당하지 못하는 부분을 복지정책으로 보완하고 일과 가정의 균형을 위한 다양한 가족정책을 과감하게 지원하여야 한다.

이상과 같은 방향으로 성인지적 관점을 우리나라 가족정책에 적용하면 가족이 더욱 건강하게 유지될 수 있을 것이다. 또 가족구성원이 민주적으로 소통할 수 있는 기반을 마련할 수 있을 것이다. 성(性)이나 나이에 따른 위계질서에 기반을 둔 가족이 아니라 각자의 권리를 인정하고 존중할 수 있을 때, 가정은 우리에게 진정한 애정의 장이 될 수 있을 것이다(백경미, 2009; 손승영, 2011).

참고문헌

강이수 편(2009). 일 · 가족 · 젠더: 한국의 산업화와 일-가족 딜레마. 파주: 한울.

강이수 · 신경아(2001). 여성과 일. 파주: 동녘.

강이수 · 김경희 · 권희경 · 김둘순 · 김미경 · 김혜경 · 류임량 · 마경희 · 박기남 · 신경아 · 이순미 · 장미경(2009). 일 · 가족 · 젠더. 파주: 한울.

고려대학교 민족연구소(1970). 한국 문화사대계IV-한국풍속과 예술사. 고려대학교.

고려대학교 · 보건복지부(2004). 인공임신중절 실태조사 및 종합대책 수립.

공미혜(1997). 가족주의와 가부장적 테러리즘으로서 아내구타. 가족학논집, 9, 49-79.

공미혜(2004). 성과 성정치학. 서울: 한울.

곽삼근 · 조혜선 · 윤혜경(2005). 생애주기별 성 역할 발달과 갈등. 한국여성학, 21(2), 147-179.

국회여성특별위원회 전문위원실(2000). 호주제 폐지관련 논의 및 추진방향. 여성특위 현안분석 제1호.

권금주(2011). 가족정책론. 파주: 교문사.

권석만(1997). 인간관계 심리학. 서울: 학지사.

권순형(2006). 고려의 혼인제와 여성의 삶. 서울: 혜안.

권희경 · 장영은 · 성미영(2010). 대학생의 어머니 취업에 대한 긍정적 신념에 영향을 미치는 요인. 한국가정관리학회지, 29(4), 43-66.

권혜자(2008). 왜 한국의 여성 경제활동참가율은 여전히 낮은가. 노동사회, 3월호.

김경신 · 김정란(1998). 대학생의 이성교제 중 폭력 행동과 관련 변인. 가정과학연구, 8(8), 1-15.

김기엽(2007). 저출산 시대의 고등학생의 자녀 출산에 대한 의식조사. 석사학위논문. 아주대학교 대학원.

김미숙(2010). 자녀가치와 가족가치에 대한 인식: 유아 부모와 외할머니 집단을 중심으로. 석사학위논문. 인하대학교 대학원.

김병서(1997). 기독교적 입장에서 본 결혼과 가정. 한국가족학회 추계학술대회 자료집.

김병수(2007). 혼외관계의 인식과 경험에 관한 연구. 한국가정과학회지, 10(2), 19-36.

김상원(2008). 성교육, 성상담의 이론과 실제. 서울: 교육출판사.

김애희(2004). 국어교과서의 상차별적 내용분석. 석사학위논문. 부산대학교 교육대학원.

김용미(1996). 미혼 대학생의 혼전 단계에서의 신체적 폭력에 관한 실태 조사 연구. 한국가정관리학회지, 14(1), 187-198.

김유숙(2006). 가족상담(2판). 서울: 학지사.

김은경 · 권정혜(2004). 동성애 관련 스트레스가 남성 동성애자의 정신건강에 미치는 영향. 한국심리학회지: 임상, 23(4), 969-981.

김이선(2008). 결혼이주여성의 문화적 갈등과 소통 경험을 통해 본 정신건강의 역동성. 한국심리학회 연차학술발표대회 논문집.

김익균(2008). 가족관계학. 파주: 교육과학사.

김정란(1999). 대학생의 이중교제 중 폭력과 대처행동. 석사학위논문. 전남대학교 대학원.

김정옥 · 구향숙 · 한동희 · 류도희 · 전형미 · 이현혜 · 이은경 · 정복희 · 김성희 · 장보임 · 엄인숙(2009). 새로 보는 결혼과 가족. 서울: 신정.

김정휘 · 김병선 · 김정인(1995). 여성은 남자와 무엇이 어떻게 다른가. 서울: 서원.

김주희(2005). 사진으로 보는 혼례 변천 100년사. 한국 문화인류학회 제37차 정기학술대회 자료집.

김준호(1996). 음란물과 비행. 한국청소년연구, 25, 5-32.

김진명(1994). 전통적 담론과 여성억압. 한국 문화인류학, 26, 119-156.

김태현 · 이성희(1996). 결혼과 사회. 성신여자대학교 출판부.

김태현 · 전길량(1995). 치매노인을 위한 교육프로그램 개발에 관한 연구. 한국가정관리학회지, 30, 77-95.

김현미(2003). 여성의 빈곤화와 이주여성. 이주여성문제 어떻게 볼 것인가? 이주여성인권센터 창립2주년 기념 심포지엄.

김현미(2007). 한국사회의 '다문화가족' 담론과 이주여성. 아시아여성 이주정책에 대한 여성주의적 접근: 한국여성학 30년의 경험을 중심으로. 여성가족부.

김현숙(1999). 대학생의 성 경험에 영향을 미치는 요인분석. 한국학교보건학회지, 12(2), 339-356.

김현희(2007). 특집: 현대의 다문화가족; 한국의 결혼이민 배경과 현황. 한국민족연구원 민족문화.

김혜경(2006). 식민지하 근대가족의 형성과 젠더. 파주: 창비.

김혜경 · 도미향 · 문혜숙 · 박충선 · 손홍숙 · 오정옥 · 홍달아기(2011). 가족복지론(4판). 고양: 공동체.

김혜선 · 이재림(2004). 30대 중후반 기혼남녀의 배우자선택과 결혼생활의 의미. 가족과 문화, 16(2), 3-54.

김혜순(2006). 한국의 다문화사회 담론과 결혼이주여성: 적응과 통합의 정책 마련을 위한 기본 전제들. 동북아시대위원회 용역과제, 06-8. 서울: 한국사회학회.

김혜순(2008). 결혼이주여성과 한국의 다문화사회 실험: 최근 다문화담론의 사회학. 한국사회학, 42(2), 36-71.

김혜영(2008). 한국가족의 다양성 증가와 그 이중적 함의. 아시아여성연구, 47(2), 7-37.

김혜정(2010). 미혼남녀별 기혼 및 자녀출산 인식에 영향을 미치는 요인. 석사학위논문. 경희대학교 대학원.

문혁준·양성은·김혜금·천희영·권영인·조한숙(2012). 가족관계. 서울: 창지사.

박경동(2008). 다문화가족 형성과 갈등에 대한 연구-한국의 광주·전남지역 사례를 중심으로. 청소년포럼, 18. 청소년문화연구소.

박숙자(2000). 세계 여성고용정책 비교. 부산대 여성연구소. 여성과 직업. 서울: 시그마프레스.

박영숙(2007). 세계미래학회의 2007 참관기-미래 사회의 10대 트렌드. 월간조선, 10월호.

박재규(2005). 17대 총선에서 여성단체의 여성후보 지원활동 분석. 한국사회학, 29(4), 131-162.

박주현·배은숙·임상록(2011). 건강가정론. 서울: 창지사.

박주현·임상록(2009). 건강가정정책론. 서울: 파란마음.

박주현·최덕경(2011). 다문화사회의 이해와 실천. 서울: 창지사.

백경미(2009). 성인지적 가족친화제도 모색을 위한 기업유형별 여성의 일과 삶 연구. 박사학위논문. 동덕여자대학교 대학원.

변화순(2010). 비혼, 결혼, 이혼 가족정책으로 바라본 여자 남자이야기. 파주: 교육과학사.

부산여성사회교육원(2007). 함께하는 여성지역문화. 서울: 신정.

서선희(1997). 유교의 가치관. 한국가족학회 추계학술대회 자료집.

서정애(2008). 출산을 택한 십대여성들. 나눔터, 61(가을).

석재은(2009). 좋은 돌봄을 위한 바람직한 돌봄 시스템의 모색: 돌봄의 상품화를 넘어서. 한국사회학회 전기사회학대회 발표문.

설동훈(2006). 다문화가족에 대한 사회적 인식. 국회도서관보, 43(5). 국회도서관.

설동훈·이혜경·조성남(2006). 결혼이민자 가족실태 조사 및 중장기 지원정책방안 연구. 여성가족부.

성미영·권희경·장영은(2010). 대학생의 어머니 취업력, 성취동기와 직업양성평등 의식이 어머니 취업에 대한 부정적 신념에 미치는 영향. 대한가정학회지, 48(3), 115-124.

성정현(2001). 이혼, 언제라도 너는 행복해야 한다. 서울: 함께읽는책.

성혜영·조희선(2001). 일상성에서 본 부부 평등성 경험연구. 한국가족관계학회지, 6, 65-83.

손병덕·황혜원·전미애(2008). 가족복지론. 서울: 학지사.

손승영(2002). 여성과 가족정책. 한국여성정책연구회. 한국의 여성정책. 서울: 지식마당.

손승영(2011). 한국 가족과 젠더. 파주: 집문당.

송관재(2003). 性 차이의 심리. 성남: 선학사.

송정아(2006). 성 역할과 성 역할 사회화에 관한 문헌 고찰. 진리논단, Vol. 14. 백석대학교.

신용주(2001). 영국의 한부모 정책. 한국여성학, 17(2), 129-156.

여성부 편(2004). 주류화와 성평등의 논리: 한국 여성정책의 뉴 패러다임 정립을 위한 편역서.

여성을 위한 모임(1992). 일곱 가지 여성콤플렉스. 서울: 현암사.

여성을 위한 모임(1994). 일곱 가지 남성콤플렉스. 서울: 현암사.

여성한국사회연구회(2001). 가족과 한국사회. 서울: 경문사.

옥선화 · 고선주 · 최중인 · 홍준희(1998). 가족/친족 구조의 해체와 재구성-서울시 실태조사를 중심으로-. 대한가정학회지, 36(11), 157-181.

유영주 · 김순옥 · 김경신(2008). 가족관계학(2판). 파주: 교문사.

유지나(2003). 모성애 신화를 넘어서: 집으로, 마요네즈, 안토니아스 라인을 대상으로. 부경대학교 인문사회과학연구소, 어머니 당신은 누구세요, 191-210.

윤강재 · 김계연(2010). OECD 국가의 행복지수 산정 및 비교. 보건복지포럼, 159, 86-98.

윤근섭 · 김경희 · 김기환 · 김선욱 · 박경애 · 박신규 · 박영도 · 송정기 · 신영숙 · 윤홍선 · 이춘옥 · 이옥지 · 정숙경(1995). 여성과 사회. 서울: 문음사.

윤인진(1999). 탈북자의 남한사회 적응 실태와 정착지원의 새로운 접근. 한국사회학, 33, 511-549.

이기숙 · 공미혜 · 김득성 · 김은경 · 손태홍 · 오경희 · 전영주(2001). 결혼의 기술. 서울: 신정.

이기숙 · 박충선 · 권희경 · 김순남 · 김영주 · 박해숙 · 이연화 · 홍명신(2011). 가족과 젠더. 서울: 창지사.

이기영(1992). 아동의 성이해 수준과 이야기 유형에 따른 성역할 고정관념의 변화. 석사학위논문. 계명대학교 대학원.

이동원 · 공선영 · 구자순 · 김미숙 · 김종숙 · 김현주 · 김혜경 · 박옥희 · 원영희 · 이여봉 · 장화경 · 최선희 · 함인희(2001). 변화하는 사회 다양한 가족. 파주: 양서원.

이동원 · 김현주 · 최선희 · 함인희 · 김선영(2002). 현장연구 리포트: 한국가족의 현주소. 서울: 학지사.

이성희 · 한희선(2009). 여성과 가족. 서울: 파란마음.

이수자(2006). 지구화와 이주과정에서 발현되는 문화혼성성 -재독 한인여성과 재한 외국인여성의 문화적응 비교분석을 중심으로-. 한국사회과학논총, 16(2), 191-228.

이숙인(1999). 유교의 관계윤리에 대한 여성주의적 해석. 한국여성학, 15(1), 39-69.

이연정(1999). 여성의 시각에서 본 모성론. 심영희 외. 모성의 담론과 현실. 파주: 나남출판.

이영숙 · 박경란 · 전귀연(2008). 가족문제와 복지. 서울: 신정.

이윤상(2008). 낙태권, 가부장제 국가와 싸워라. 나눔터, 61(가을).

이원숙(2012). 가족복지론(3판). 서울: 학지사.

이재경(2000). 성별화된 이혼과 여성. 가족과 문화, 12(2), 81-98.

이재경(2003). 가족이란 이름으로: 한국 근대가족과 페미니즘. 서울: 또하나의문화.

이재경(2004). 한국 가족은 '위기'인가?: '건강가정' 담론에 대한 비판. 한국여성학, 20(1), 229-244.

이재경 편(2010). 국가와 젠더: 성주류화의 이론과 실천. 파주: 한울.

이재경 · 조영미 · 민가영 · 박홍주 · 이박혜경 · 이능아(2007). 여성학. 서울: 미래M&B.

이정덕(1997). 불교의 가정윤리. 한국가족학회 추계학술대회 자료집.

이혜경(1997). 아시아 태평양 지역의 외국인 노동자 고용에 관한 연구. 한국사회학논집, 31(가을호), 497-527.

이효재(1983). 가족과 사회. 서울: 경문사.

이효재(1990). 한국가부장제의 확립과 변형. 한국가족론. 여성한국사회연구회 편. 서울: 까치.

이효재(2003). 조선조 사회와 가족. 서울: 한울아카데미.

임정빈 · 정혜정(1997). 성 역할과 여성. 서울: 신정.

장상희(1992). 성 역할 사회화. 부산대학교 여성연구소.

장현섭(1994). 가족의 현황과 전망. 열린사회와 가족. 서울: 한국여성개발원·유네스코한국위원회.

장혜경 · 김영란(2000). 북한이탈 주민가족의 가족안정성 사회적응과 여성의 역할. 서울: 한국여성개발원.

장혜경 · 김혜경 · 오학수 · 이기영(2003). 외국인 노동자 가족 관련 정책 비교연구. 서울: 한국여성개발원.

장휘숙 · 조현각(2001). 대학생 이성교제폭력의 실태와 위험요인들. 한국가족복지학, 8, 179-204.

전길량 · 송현애 · 고선주 · 김일명(1999). 노년기 준비교육프로그램: 풍요로운 노후 가꾸기. 한국가족상담교육단체협의회 학술대회 자료집.

전우택(1997). 탈북자들의 주요 사회 배경에 따른 적응과 자아정체성에 관한 연구. 통일연구, 2, 107-167.

정영애(1998). 여성해방론적 가족 연구: 회고와 전망. 가족철학. 이화여자대학교 출판부.

정영애 · 장화경(2010). 가족과 젠더. 파주: 교문사.

정유성(2005). 한국남성과 남성학. 한국 문화인류학회 연차대회 자료집.

정현숙(2006). 혼인율 특성, 변화요인분석과 가족정책 제언. 한국가정관리학회지, 24(6), 177-194.

정현숙(2007). 가족생활교육. 서울: 신정

정현숙 · 옥선화(2009). 가족관계. 한국방송통신대학교 출판부.

정현숙 · 유계숙(2001). 가족관계. 서울: 신정.

정현숙 · 유계숙 · 최연실(2003). 결혼학. 서울: 신정.

정해숙 · 정경아(1996). 남녀공학 고등학교의 운영 개선방안에 관한 연구. 서울: 한국여성개발원.

정혜정 · 공미혜 · 전영주 · 정현숙(2009). 가족과 젠더. 서울: 신정.

정황순 · 박주현 · 김준환(2012). 가족복지론. 서울: 창지사.

조성연 · 백경숙 · 옥경희 · 전효정 · 전연진(2009). 가족관계. 파주: 양서원.

조정문 · 권명수 · 이의수 · 이옥 · 이나영(2000). 남성학과 남성운동. 서울: 동문사.

조옥라(1986). 가부장제에 관한 이론적 고찰. 한국여성학, 2(1), 9-49.

조은(2004). 세계화의 최첨단에 선 한국의 가족-신글로벌 모자녀 가족 사례 연구. 경제와 사회, 64.

조정아 · 임순희 · 정진경(2006). 새터민의 문화 갈등과 문화적 통합 방안. 경제 · 인문사회연구회 협동연구총서. 서울: 한국여성개발원·통일연구원.

조형(1992). 가부장적 사회의 부부관계의 성격. 여성한국사회연구회 편. 한국가족의 부부관계. 서울: 사회문화연구소.

조형(1996). 법적 양성평등과 성의 정치. 한국여성학, 12(1), 7-44.

조희선 · 류미현(1999). 사례를 통해서 본 혼수관행 문제연구. 한국가정관리학회지, 17(1), 179-190.

주희(2008). 여성의 낙태와 재생산권: 다양한 삶의 조건에서 시작되는 이야기. 나눔터, 61(가을).

지선(2008). 임신과 낙태에 있어 자애여성의 선택권. 나눔터, 61(가을).

차선자(2008). 새로운 변화와 여성문제. 서울대학교 출판부.

최규련(2007). 가족관계론. 고양: 공동체.

최덕경 · 박주현(2012). 가족정책론. 파주: 양서원.

최양숙(2006). 부부분거경험의 성별차이를 중심으로 본 기러기가족 현상. 가족과 문화, 18(2), 37-65.

최홍기(1997). 유교적 친족제도에로의 변천 과정. 한구가족학회 추계학술대회 자료집.

최홍기(2006). 한국가족 및 친족제도의 이해. 서울대학교 출판부.

통계청(2007). 2007 통계로 보는 여성의 삶.

통계청(2008). 2008 통계로 보는 여성의 삶.

통계청(2012). 2010 인구주책총조사.

통계청(2012). 2011년 국제인구이동 통계.

통계청(2012). 2012 통계로 보는 여성의 삶.

한국가족학연구회(1991). 가족학연구의 이론적 접근. 파주: 교문사.

한국동북아지식인연대 편(2004). 동북아공동체 형성의 기초로서의 동북아 가족론. 서울: 동아일보사.

한국여성개발원(1996). 호적제도의 개선방안에 관한 연구. 서울: 한국여성개발원.

한국여성연구소(2005). 새 여성학 강의. 서울: 동녘.

한국여성연구소(2014). 젠더와 사회. 파주: 동녘.

한국여성정책연구회(2000). 복지국가와 여성정책. 서울: 새물결.

한국염(2007). 다문화가족에 대한 친밀성 재구성을 위한 과제. 국회도서관보, 44(5). 국회도서관.

한봉희(2005). 가족법. 서울: 푸른세상.

한선(2008). '엄마가 뿔났다'에 재현된 '모성이데올로기'의 전복과 저항: 시청자 게시판의 담론 분석을 중심으로. 2008년 한국가족관계학회 추계학술대회 발표논문집.

한정자·정숙경·고선주(2002). 여성단체의 사이버공간을 활용한 여성운동 활성화 방안연구. 서울: 한국여성개발원.

함인희(1999). 가족 주기 변화와 주부역할의 딜레마-여성잡지 광고의 내용분석을 중심으로-. 가족과 문화, 11(2), 47-92.

함인희(2005). 사회 경제적 변화와 한국의 남성문화. 한국 문화인류학회 제37차 정기학술대회 자료집.

허라금(2005). 성주류화 정책 패러다임의 모색: '발전'에서 '보살핌'으로. 한국여성학, 21(1), 199-231.

허라금(2006). 보살핌의 사회화를 위한 여성주의의 사유. 한국여성학, 22(1), 115-145.

홍숙자·이형실·전길량(1995). 성인자녀를 위한 노인 부양 프로그램. 대한가정학회지, 33(5), 122-141.

홍승아·류연규·김영미·최숙희·김현숙·송다영(2008). 일가족 양립정책의 국제비교연구 및 한국의 정책과제. 서울: 한국여성정책연구원.

홍승아·이미화·김영란·유계숙·이영미·이연정·이채정(2009). 일가족 양립정책의 국제비교연구: 정책이용실태 및 일가족 양립현실. 서울: 한국여성정책연구원.

황근수(2007). 법학의 이해. 서울: 한국학술정보.

황정미(2007). 여성사회권의 담론적 구성과 아내·어머니 노동자 지위. 페미니즘 연구, 7(1), 13-54.

Barber, K. M., & Allen, K. R.(1992). *Women and families: Feminist reconstruction*. NY: The Guilford Press.

Bart, A. D.(2001). Unmasking male depression. 남성 우울증. 조현주·현명호·김정미 역 (2006). 서울: 학지사.

Baruch, G., Barnett, R., & Rivers, C.(1983). *Life prints*. NY: McGraw-Hall.

Bernard, J.(1972). *The Future of marriage*. NY: World.

Biegel, D. E., & Wieder, B. L.(2003). Caregiving: Informal. In J. J. Ponzetti Jr.(Ed.), *International encyclopedia of marriage and family(2nd ed.)*, Vol 1, 198-205. NY: MacMillan Reference USA.

Blankenhorn, D.(1998). The diminishment of American fatherhood. In S. J. Fergerson(Ed.), *Shifting the center: Understanding contemporary families*, 337-355. CA: Mayfield.

Blumberg, R. L.(1991). *Gender, family, and economy*. Newbury Park: Sage Publication.

Bools, C. H.(2003). Motherhood. In J. J. Ponzetti Jr.(Ed.), *International encyclopedia of marriage and family(2nd ed.)*, Vol. 3, 1146-1152. NY: MacMillan Reference USA.

Bose, C. E.(1987). Dual spheres. In B. B. Hess & M. M. Ferree(Eds.), *Analyzing gender*, 267-285. Newbury Park, CA: Sage.

Bowlby, J.(1951). *Attachment and loss*. NY: Basic Books.

Brooks-Gunn, J., & Mattews, W. S.(1979). *He and she*. NJ: Prentice Hall.

Butler, R., & Lewis, M.(1993). *Love and sex after sixty*. NY: Ballantine Books.

Chafetz, J. S.(1990). *Gender equality: An integrated theory of stability and change*. Newbury Park, CA: Sage.

Chodorow, N.(1978). *The Reproduction of Mothering: Psychoanlysis and the sociology of gender*. CA: Stanford University Press.

Coleman, M. T.(1991). The division of household labor: Suggestions for future empirical consideration and theoretical development. In R. L. Blumberg(Ed.), *Gender, family, and economy*. Newbury Park, CA: Sage Publication.

Coltrane, S.(2009). Household labor and the routine production of gender. In Fox, B.(Ed.), *Family Patterns: Gender relations(3rd ed.)*, 367-384. Ontario: Oxford University Press.

Cook, R. J., & Dickens, B. M.(2000). Human rights to safe motherhood. *International Journal of Gynaecology and Obstetrics, 76*(2), 225-231.

Cornell, R. W.(1987). *Gender and power: Society, the person and sexual politics*. Stanford, CA: Stanford University Press.

Cowan, R. S.(1987). Women's work, housework, and history: The Histrical roots of inequality in work-force participation. In N. Gerstel & H. E. Gross(Eds.), *Families and work*. Philadelphia: Temple University Press.

Crompton, R.(2006). Employment and the Family: The Reconfiguration of Work and Family Life in Contemporary Societies. Cambridge: Cambridge University Press.

Diduck, A. D., & O' Donovan, K.(2006). Feminist Perspectives on Family Law. In A. Diduck & K. O' Donovan(Eds.), *Feminist Perspectives on family law*, 1-74. NY: Routiedge-Cavendish.

Doherty, W.(1999). Post-modernism and Family Theory. In M. Sussman, S. Steinmetz, and G. Peterson(Eds.), *Handbook of Marriage and the Family*. NY: Plenum Press.

Duvall, E. M.(1980). *Marriage and family development(5th ed.)*. Philadelphia: Lippincott.

Elkind, D. 변화하는 가족: 새로운 가족 유대와 불균형. 이동원 외 역(1999). 이화여자대학교출판부.

Ferguson, A.(1977). Androgyny as an Ideal for Human Development. In M. Vetterling -Braggin, F. A. Elliston and J. English(Eds.), *Feminism and Philosophy*. NJ: Littlefield.

Folbre, N. The Invisible Heart. 보이지 않는 가슴. 윤자영 역(2007). 서울: 또하나의문화

Fox, B.(2009). *Family patterns: Gender relations(3rd ed.)*. Ontario: Oxford University Press.

Fox, B.(2009). When the baby comes home: The dynamics of gender in the making of family. In Fox, B.(Ed.), Family patterns: *Gender relations(3rd ed.)*, 292-309. Ontario: Oxford University Press.

Giddens, A. 현대사회와 성・사랑・에로티시즘: 친밀성의 구조변동. 황정미 외 역(2003). 서울: 새물결.

Gittins, D.(1985). Family in question : changing households and familiar ideologies. 가족은 없다: 가족 이데올로기의 해부. 안호용 외 역(1997). 서울: 일신사.

Glasser, W. 결혼의 비밀. 우애령 역(2000). 서울: 하늘재.

Goleman, D.(1995). *Emotional Intelligence*. NY: Bantam.

Gottman, J. M.(1994). *Why marriage succeed or fail and how you can make your last*. NY: Simon & Schuster.

Harding, L. F.(1999). Family Values and Conservative Government Policy: 1979-97, *Changing Family Values*, edited by C. Wright and G. Jagger, London and NY: Routledge, chapter 6.

Hartman, H. 가족연구의 관점과 쟁점. 이효재 편(1988). 서울: 까치.

Hochschild, A. R. 돈 잘 버는 여자, 밥 잘 하는 남자. 백영미 역(2001). 서울: 아침이슬.

Hochschild, A. R. 감정노동: 노동은 우리의 감정을 어떻게 상품으로 만드는가. 이가람 역(2009). 서울: 이매진.

Hochschild, A. R.(1989). *The second shift: Working parents and the revolution at home*. NY: Viking.

Hochschild, A. R.(1999). Understanding the future of fatherhood: The daddy hierarchy and beyond. In C. C. Albers(Ed.), *Sociology of families: Readings*, 195-207. CA: Pine Forge.

Huber, J., & Spitze, G.(1983). *Sex stratification: Children, housework and jobs*. NY: Academy Press.

Hunt, M.(1974). *Sexual behavior in the 1970s*. Chicago: Playboy Press.

Kane, M. 무자녀 혁명. 이한중 역(2003). 서울: 북키앙.

Kaplan, A. G., & Sedney, M. A. 성의 심리학. 김태련 · 이선자 · 조혜자 역(1988). 서울: 이화여자 대학교 출판부.

Katts, G. R., & Davis, K. E.(1970). The dynamics of sexual behavior of college students. *Journal of Marriage and the Family*, 32, 390-399.

Lorber, J. 젠더 불평등. 최은정 외 역(2005). 서울: 일신사.

Luxton, M.(2009). Wives and husbands. In Fox, B.(Ed.), Family patterns: Gender relations(3rd ed.), 156-179. Ontario: Oxford University Press.

Michele, A.. 가족과 결혼의 사회학(2판). 변화순 · 김현주 역(2007). 서울: 한울아카데미.

Makepeace, J.(1981). Courtship violence among college students. *Family Relations, 30*, 97-102.

Matthaei, J. A.(1982). *An Economic history of women in America: Women's work, the sexual division of labor and the development of capitalism*. NY: Schochen Books.

Mittleman M. S., Ferris, S. H., Shalmn, E., Steisberg, G., & Levin, B.(1996). A family intervention to delay nursing home plaement of pakents with Alzheimer's disease. *Journal of the American Mental Association*, 276, 1725-1731.

Morgan, D. H.(2004). The sociological significance of affairs, 15-34. In J. Duncombe, K. Harrison, G. Allan and D. Marsden(Eds.). *The State of affairs explorations in infidelity and commitment*. NJ Mahwah: Lawrence Erlbaum Associates.

Murdock, G. 사회구조: 가족과 친족의 인류학. 조승연 역(1991). 서울: 파란나라.

Murray, C.(1984). *Losing Ground: American Social Policy 1950-1980*. NY: Basic Books.

Osawa, M. 현대일본의 생활보장체계. 김영 역(2009). 서울: 후마니타스.

Parcel, T., & Managhan, E.(1994). *Parents jobs and children's lives*. NY: Aldin & Gruyter.

Popenoe, D.(1999). Parental androgyny. In C. Albers(Ed.), *Sociology of families: readings*, 187-194. CA: Pine Forge.

Powell, J. R., & George-Warrenenoe, H.(1994). *The working women's guide to managing stress*. NJ: Prentice Hall.

Rawls, J.(1985). 사회정의론. 황경석 역(2001). 파주: 서광사.

Rolland, J. S.(1994). *Families, illness and disability: An integrated treatment model*. NY: Basic Books.

Roseanne, M. 행복한 결혼의 일곱 가지 비밀. 김정옥 · 옥선화 · 김태현 역(2006). 서울: 신정.

Ryle, R.(2014). *Questioning Gender: A Sociological Exploration*(2nd ed.). 조애리 · 강문순 · 김진옥 · 박종성 · 유정화· 윤교찬 · 이혜원· 최인환 · 한애경(2015). 파주: 한울.

Schartz, M. A., & Scott, B. M.(1999). *Marriage and families*. NJ: Prentice Hall.

Shiner, R. 여성주의 철학 2. 한국여성철학회 역(2000). 파주: 서광사.

Salughter, D.(19183). Early intervention and its effects on maternal and child development. *Monographs of the society for research on child development, 48*(4), Serial No. 202.

Stacey, J.(1990). *Brave new families: Stories of domestic upheaval in late twentieth century America*. NY: Basic.

Strong, B., & DeVault, C.(1978). *The marriage and family experience*. NY: West Publishing Company.

Tavris(1978). *The longest war: Understanding Sex Difference*. NY: Harcourt Bracl Jovanovich.

Teyber, E. 이혼가정 자녀 어떻게 돌볼 것인가. 성정현 · 김희수 · 박한샘 외 5명 역(2006). 서울: 청목출판사.

Tharan, C.(2004). Feminization in Migration. *Migration for Development and its feminization Process*. Regional Conference on Migration in Asia, 2004.

Thorne, B., & Yalom, M.(1982). Rethinking the Family. NY: Longman.

Tibbits, D. 용서의 기술. 한미영 역(2008). 서울: 알마.

Tilley, L. A., & Scott, J. W. 여성 노동 가족. 김영 · 박기남 · 장경선 역(2008). 서울: 후마니타스.

West, C., & Zimmerman, D. H.(1977). Women's place in everyday talk: Reflections onparent-child interaction. *Social Problems*, 24, 521-528.

West, C., & Zimmerman, D. H.(1987). Doing gender. *Gender & Society*, 1, 125-151.

Wood, E., Desmarais, S., & Gugula, S.(2002). The impact of parenting experience on gender stereotyped toy play of children. *Sex Roles*, 47, 39-49.

Worell, J., & Remer, P.(1996). Feminist perspectives in therapy: Empowering diverse women. 여성주의 상담의 이론과 실제. 김민예숙 · 강김문순 역(2004). 서울: 한울아카데미.

Yamaguchi, K. 일과 가정의 양립과 저출산. 이충남 역(2010). 서울: 한국보건사회연구원.

Zilbach, J. J.(1978). *Family Development and Familial Factors in Etiology*. NY: Basic Book.

Zimmerman, S.(1988). *Understanding Family Policy*. London: Sage Publications.

경남도민일보(2011. 5. 9). 자녀 양육, 되찾아야 할 아버지 역할.

경향신문(2011. 12. 26). 우리나라 출산 성적표 '34.4점.'

경향신문(2012. 10. 2). 60대 이상 자살, 전 연령대 중 최다.

국민일보(2012. 9. 16). 가치관 혼란 탓인가 교육부재 탓인가 … "부부갈등 일어나면 이혼해야."

노컷뉴스(2010. 3. 1). 국민들, 인공임신 중절에 이중적 태도 보여.

뉴스엔(2012. 10. 4). 니콜 키드먼 입 열었다 "톰 크루즈와 이혼사유 불임+우울증."
뉴스와이어(2012. 1. 10). 유쾌한 섹슈얼리티, 이젠 성인용품 쇼핑도 당당하게.
뉴시스(2012. 9. 28). '된장녀' 한국 세계최고…결혼조건 1위는 경제력.
뉴시스(2012. 10. 9). 국민 70% "자녀 양육, 일 · 가정 양립 지원 필요."
매일경제(2012. 5. 11). 男대학생 2명중 1명은 성경험…女대생은 '헉.'
매일경제(2012. 6. 4). 서울 100가구 중 12가구 '싱글女'.
매일경제(2012. 6. 17). "자녀 있어도 이혼할 수 있다" 50%.
매일경제(2012. 9. 15). 전업주부의 연봉, 얼마나 될까?
매일경제(2012. 10. 6). "바람 피는 것보다 싫어"…이혼사유 1위는?
문화일보(2012. 6. 11). 결혼비용 분담 황금비율?… '가정형편 고려.'
문화일보(2012. 8. 9). 무관심…눈치…겉도는 '불임휴직제.'
문화일보(2012. 8. 27). 돌싱들이 이혼 이야기 꺼리는 이유는?
문화일보(2012. 10. 2). 가정폭력, 40代부부 - 대졸 이상 - 우발적 많다.
문화일보(2012. 10. 8). 올 추석연휴 직후 이혼신청 '평소의 3배.'
문화일보(2012. 12. 28). '탈북자 부부 신체폭력' 일반가구의 3배.
부산일보(2012. 4. 9). 자연분만은 생명의 섭리…제왕절개 신중하게.
서울경제(2012. 5. 20). 2012년 6월23일 19시 대한민국 인구 5000만 명 찍는다.
서울경제(2012. 10. 2). 남교사 없는 학교까지…교사 '여초' 심각.
서울경제(2012. 10. 17). 7가구 중 1가구는 '이산가족'…학업 · 직업 등 이유.
서울시정일보(2011. 3. 28). 대한민국 가족의 변화, 어떻게 볼 것인가?
서울신문(2012. 4. 12). 작년 1,000쌍당 9.4쌍 이혼…10년 만에 이혼율 최저.
세계일보(2008. 6. 24). 이혼녀·미망인 차별, 한국 주요국 중 '최악'.
세계일보(2012. 10. 3). "내 짝이 없어요!" 남성들 아우성…3년 뒤 '결혼대란' 온다.
스포츠한국(2012. 10. 9). 부부 성격차이 이혼, 가능할까?
시사포커스(2011. 6. 23). 달콤한 연애의 이면 '데이트 폭력', 살인까지 부른다.
여성신문(2012. 6. 22). 30만 가사노동자, 이대로 둘 것인가.
연합뉴스(2011. 7. 25). 노르웨이 테러범, "한 · 일처럼 가부장제 회복."
연합뉴스(2012. 2. 20). 교육비 지출 비중 추이.
연합뉴스(2012. 5. 12). 오바마 동성결혼 지지는 사회변화 속도 반영.
연합뉴스(2012. 6. 1). 여성부, 이혼위기 부부 · 자녀 지원사업.
연합뉴스(2012. 9. 11). 정부, 국민연금 부분 연기제도 도입 검토.

연합뉴스(2018. 9. 27). 재벌가, '끼리끼리 혼맥'…100대 그룹 혼인 51% '재계 간.'

오늘의뉴스(2012. 9. 25). 콘돔 꺼리는 2030 싱글남성, 이유는? "성감이 떨어져서."

오마이뉴스(2012. 5. 16). 한국남성 가사노동 시간, OECD 국가 중 가장 적어.

유니온프레스(2011. 7. 8). 국내 최초 性카운슬링 프로그램 탄생…'부부性상담 닥터K.'

유코피아(2012. 4. 27). 전업주부의 가사일, 연봉으로 환산하면 '6,620만 원'…남편은.

이투데이(2012. 5. 10). 이주노동자 가정 수십만인데 법적보호 못 받아 '고립된 성.'

조선일보(2012. 4. 12). 여자와 수학.

조선일보(2012. 10. 4). 男 넷 중 셋 "순결한 여성이 이상적."

주간경향(2012. 3. 27). '인사이트 노동자' 시대 온다.

중도일보(2012. 5. 21). 소득격차 무려 5배…양극화 여전.

중앙일보(2012. 7. 4). 10대 3명 중 1명 섹스팅 즐겨…이 중 80%가 성경험.

중앙일보(2011. 7. 23). "승진 · 성공 뒤 아빠 노릇? 그땐 너무 늦죠."

중앙일보(2012. 10. 5). 450년 전 판결로 본 조선 상속소송 "요절한 부인 재산, 친정에 절반 줘라."

중앙일보(2012. 10. 10). "아들 한 명은 있어야" 29%뿐.

한겨레(2009. 4. 24). 여자는 선천적으로 운전을 못 한다?

한겨레(2010. 12. 28). 부부 6쌍 중 1쌍 '가정폭력.'

한겨레(2012. 4. 19). 가족친화 기업들 생산성도 '쑥쑥.'

한겨레(2012. 8. 28). 화려한 싱글? 1인 가구 '힘겨운 삶.'

한겨레(2012. 9. 19). 기초수급자수 8년 새 최저…가정폭력에 집 나왔는데 지원 삭감.

한국경제(2012. 5. 9). '동거 천국' 프랑스…10커플 중 3쌍은 '동거.'

한국일보(2012. 8. 6). 행복한 결혼생활 비결 '용서하지 않고 화내라.'

한국일보(2012. 10. 9). "아직도…" 이주여성 폭행한 못난 남편들.

한국NGO신문(2012. 10. 1). 맞벌이 여성, 가사 노동 시간 남성의 6배.

헤럴드경제(2011. 2. 14). 결혼이주여성 가정폭력 '위험수위'.

현대불교(2018. 9. 21). 관계 회복은 명상 수행으로.

MBC 스페셜(2012. 6. 17). 신궁합/결혼체크리스트.

SBS 뉴스(2012. 6. 23). "제왕절개 아기, 특정 질환에 걸릴 확률 높다."

YTN 뉴스(2011. 3. 9). 지적장애 여성, 숨진 영아 안고 도심 배회.

국가통계포털(http://www.kosis.kr).

보건복지부(http://www.mw.go.kr).

서울연구원(http://www.si.re.kr).

서울특별시(http://www.seoul.go.kr).

여성가족부(http://www.mogef.go.kr).

통계청(http://www.kostat.kr).

한국성폭력상담소(http://www.sisters.or.kr).

한국양성평등교육진흥원(http://www.kigepe.or.kr).

찾아보기

저자소개

박 주 현

백석문화대학교 사회복지학부 및 백석대학교 평생교육원 교수,
사회복지학 석사와 성경학 석사, 사회복지학 박사, 한국아동가족복지학회 사업이사,
한국부모교육학회 부회장, 한국코칭학회 상임이사, 사회복귀시설 품 운영위원장

최근 저서와 논문

『탈북자, 그들도 대한민국 국민?』, 『사회복지정책론』, 『다문화사회의 이해와 실천(2판)』, 『건강가정론(4판)』, 『사회복지발달사』, 『사회복지법제론(2판)』, 『국제사회복지론』(역서)

"아버지 양육행동, 아동의 자아개념, 심리행동문제 및 학교적응 간의 구조모형분석: 다문화가족을 중심으로"(한국가족복지학, 2017), "베이비붐세대의 부양의식에 미치는 영향: 노인 이미지와 친밀감 중심으로"(한국가족복지학, 2017), "부모 간 갈등과 아버지 양육행동 및 폭력허용도가 학교폭력 가해행동에 미치는 영향"(한국가족복지학, 2016), "언론에 나타난 보육교사 이미지에 관한 연구"(한국가족복지학, 2016)

정 미 현

남서울실용전문학교 아동가족학부 학과장, 고려대학교 대학원 가정학과 아동학전공 박사수료
건국대학교 졸업, 건국대학교 대학원 졸업
전) 고려대학교/상명대학교/상명대학교 대학원 외래교수, 한국아동가족코칭연구소 부소장

최근 저서와 논문

『아동복지론』(공저, 2014), 『지역사회복지론』(공저, 2014), 『인간행동과 사회환경』(공저, 2014), 『보육과정』(공저, 2012), 『성격과 코칭의 이해』(공저, 2011), 『부모상담의 이해와 기법』(공저, 2008)

"양육지식과 양육효능감의 관계"(부모교육연구, 2012), "The relations between parenting knowledge and parenting efficacy"(Korean Journal of Parent Education, 2012), "코칭대화모델을 적용한 아동의 자기주도학습 코칭프로그램 개발 탐색연구"(공저, 코칭연구, 2012), "청소년의 스트레스가 비행행동과 자살생각에 미치는 영향에 관한 경로분석"(공저, 한국가족복지학, 2011), "영유아기 자녀를 둔 부모의 양육지식 척도개발"(부모교육연구, 2011), "한국의 코칭연구 경향에 관한 분석"(코칭연구, 2011), "영유아기 자녀를 둔 어머니의 양육효능감 척도개발"(부모교육연구, 2010), "조직의 성과달성을 위한 리더십코칭 연구경향"(공저, 코칭연구, 2010), "한부모가족 지원체계로서의 리더십코칭접근"(코칭연구, 2009), "The effects of family leadership coaching program on parenting efficacy and child rearing stress"(International Journal of Family Welfare, 2008)

제3판

가족과 젠더

초 판 1쇄 발행 2013년 1월 10일
제2판 1쇄 발행 2016년 1월 25일
제3판 1쇄 발행 2019년 2월 12일

지은이 | 박주현 · 정미현
펴낸이 | 김기섭
편집인 | 김민수
펴낸곳 | 창지사 www.changjisa.com
08589 서울시 금천구 가산디지털 1로 83 파트너스타워 1차 9층
전화 (02) 719-2211~3
팩스 (02) 701-9386
등 록 | 1977년 4월 28일 · 제1-421호

ISBN 978-89-426-1202-4 (93330)

값 20,000원

「이 도서의 국립중앙도서관 출판예정도서목록(CIP)은 서지정보유통지원시스템 홈페이지(http://seoji.nl.go.kr)와 국가자료공동목록시스템(http://www.nl.go.kr/kolisnet)에서 이용하실 수 있습니다.(CIP제어번호: CIP2019003678)」